Début d'une série de documents en couleur

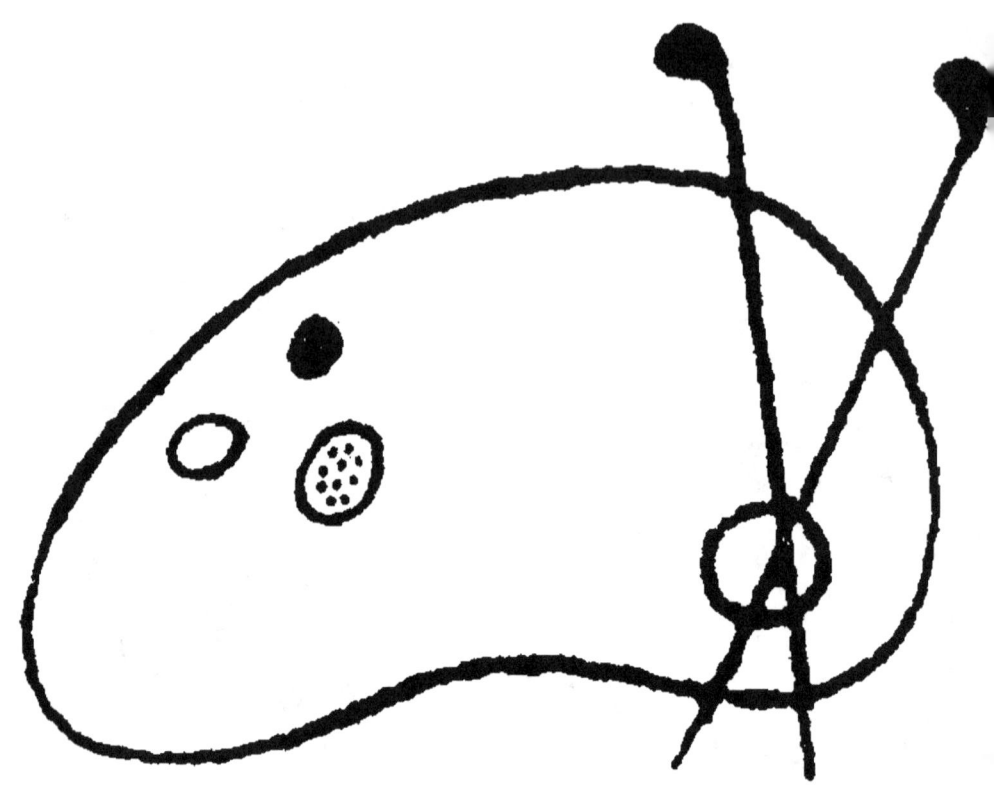

Fin d'une série de documents en couleur

V

# MANUEL

## D'ICONOGRAPHIE CHRÉTIENNE

### GRECQUE ET LATINE

# MANUEL
## D'ICONOGRAPHIE CHRÉTIENNE

GRECQUE ET LATINE

AVEC

## UNE INTRODUCTION ET DES NOTES

### PAR M. DIDRON

DE LA BIBLIOTHÈQUE ROYALE
SECRÉTAIRE DU COMITÉ HISTORIQUE DES ARTS ET MONUMENTS

TRADUIT

DU MANUSCRIT BYZANTIN, LE GUIDE DE LA PEINTURE
*Par Denys.*
### PAR LE D<sup>r</sup> PAUL DURAND

CORRESPONDANT DU COMITÉ HISTORIQUE DES ARTS ET MONUMENTS

## PARIS
### IMPRIMERIE ROYALE

—

M DCCC XLV

# A MONSIEUR
# VICTOR HUGO.

Mon illustre ami,

En quelques semaines vous avez construit, dans Notre-Dame de Paris, la cathédrale du moyen âge; moi, je voudrais passer ma vie à la sculpter et à la peindre. Engagez-moi donc, architecte sublime, parmi vos ouvriers les plus dévoués, sinon les plus habiles.

Prenez, pour les parois et les chapiteaux, les tympans et les voussures, les verrières et les rosaces de votre monument colossal, ces personnages de l'Ancien et du Nouveau Testament, de l'histoire, de la légende et de la symbolique : Dieu avec ses anges, ses patriarches, ses prophètes, ses apôtres et ses innombrables légions de saints; avec les Vertus et les Vices, le paradis et l'enfer.

La moitié de ce livre est à un moine byzantin; le reste est à moi. Recevez, poëte des Orientales et des Feuilles d'automne, ce que vous envoie le peintre du mont Athos, ce que vous apporte l'archéologue de Paris, l'Orient par un grand artiste, l'Occident par un humble explorateur du passé.

Faites bon accueil à notre travail commun; ce sera pour moi un témoignage public de votre amitié, qui fait mon orgueil.

DIDRON.

Paris, octobre 1844.

# INTRODUCTION.

Malgré les terribles guerres qui l'ont saccagée à diverses reprises et surtout depuis trois siècles, la ville d'Athènes contient encore quatre-vingt-huit églises. Ces églises, il est vrai, ne sont que des chapelles, si on les compare aux nôtres[1]; mais chacune d'elles forme

[1] L'ancienne cathédrale d'Athènes, bibliothèque publique en 1839 et redevenue église depuis trois ans, a onze mètres de longueur dans œuvre, six mètres vingt-cinq centimètres de largeur, et sept mètres de hauteur. La plus grande des églises anciennes, nommée la Kamkaréa, a treize mètres de long sur onze de large. On voit que ces édifices sont à peine des oratoires, puisque la Sainte-Chapelle de Paris, par exemple, a, dans œuvre, trente-quatre mètres de long sur dix de large. Hors d'œuvre, la Sainte-Chapelle est longue de trente-sept mètres, haute de trente-huit et large de seize. Hors d'œuvre et jusqu'au sommet de la coupole, la cathédrale d'Athènes a dix mètres, le quart à peu près de la chapelle de saint Louis, même privée de la haute flèche qui la dominait. Les églises de Salamine, surtout celles du mont Athos, de Salonique et de Constantinople, sont plus grandes; mais c'est encore bien petit, quand on compare cela à nos cathédrales de Reims, d'A-

un petit monument ayant un porche, une nef, un chœur et un sanctuaire; le tout est surmonté d'une ou de plusieurs coupoles.

Autrefois ces petits édifices étaient peints à fresque ou couverts de mosaïques, depuis le soubassement jusqu'aux coupoles; mais les Grecs modernes, comme les Français de notre époque, comme les Turcs de tous les temps, ennemis des figures et amoureux du badigeon, ont effacé les personnages et les sujets historiques qu'on y avait peints. Cependant, cinq églises, dont quatre abandonnées et l'autre (l'ancienne cathédrale) convertie d'abord en bibliothèque publique, puis et définitivement en chapelle baptismale, ont échappé au lait de chaux, et conservé à peu près tous leurs saints. Dans les autres, on retrouve encore une Vierge au fond de l'abside, un Pantocrator dans la coupole, un saint Démétrius sur un contre-fort. Au Parthénon même, nous avons admiré, tracés à cru sur le marbre des parois intérieures, quelques longs personnages debout, et des bustes encadrés dans des médaillons fleuris. Ces peintures remarquables ont été faites par les chrétiens, lorsqu'ils changèrent, en église consacrée à Marie, le temple dédié à Minerve, la vierge du paganisme.

Dans un pli du mont Hymette, au charmant mo-

miens, de Chartres et de Paris. Notre moyen âge occidental est un colosse devant le moyen âge de l'Orient. Si les monuments religieux fourmillent en Orient, c'est parce qu'ils sont nains; une église n'y atteint guère que les proportions d'un oratoire particulier.

nastère de Césariani, l'église (porche, nef, chœur, bas côtés, sanctuaire et coupoles) est entièrement peinte à fresque. Sur la route d'Athènes à Éleusis, au monastère de Daphné, l'église est couverte de mosaïques anciennes et d'un grand caractère. En Livadie, au pied de l'Hélicon, sur le penchant d'un mamelon qui regarde au sud le golfe de Lépante, le couvent de Saint-Luc possède une grande église. Bâtie à peu près sur le plan de Sainte-Sophie de Constantinople, elle est complétement revêtue de mosaïques à fond d'or et d'un style remarquable. L'église moyenne du même couvent est peinte à fresque. A Delphes, au confluent des eaux qui sortent du Parnasse, de ce fameux rocher dont on distingue si bien les deux têtes, un petit prieuré ($\mu\varepsilon\tau o\chi\eta$), se cache à l'ombre d'oliviers nombreux. Ce prieuré renferme une église historiée à fresque, sur enduit gypseux. Tout le grand couvent de Mégaspilœon, en Achaïe, est peint à fresque et en mosaïque.

A Mistra, la grande église, appuyée contre le rocher qui porte le château ou l'acropole, est peinte à fresque du pavé à la voûte et du porche au fond du sanctuaire. L'église d'Arachova en Laconie, l'église d'Argos dédiée à la mort de la Vierge, quelques pauvres églises de Corinthe et de Mégare, sont également couvertes de peintures en détrempe appliquées sur des couches de chaux.

Pendant le voyage que je fis dans ces contrées, en août et septembre 1839, j'étudiai ces fresques et ces mosaïques avec le plus grand soin. Je prenais des notes minutieuses, destinées à complèter les dessins que relevaient mes compagnons de voyage. Les sujets et personnages figurés dans ces églises sont, comme dans les nôtres, toujours à peu près les mêmes; c'est de la Bible, du Martyrologe, de la Légende et de la Symbolique religieuse qu'on les tire. Rien de plus simple. Mais chez nous, une scène de l'Ancien ou du Nouveau Testament, représentée dans un édifice du XII$^e$ siècle, diffère notablement de la même scène figurée dans un édifice du XIII$^e$ siècle, du XIV$^e$, du XV$^e$ et surtout du XVI$^e$. En Grèce, à Saint-Luc, le Baptême de Jésus-Christ, ou bien la Pentecôte, Moïse ou bien David, sont peints en mosaïque, absolument comme sont peints à fresque, dans Césariani, David, Moïse, la Pentecôte et le Baptême du Christ. Cependant, Saint-Luc est du X$^e$ siècle, et Césariani du XVII$^e$. En France, dans des monuments de même époque et de même style, mais de province différente, on surprend de curieuses variétés dans la représentation d'un sujet semblable. Ainsi, à la chute d'Adam, le fruit qui séduit Ève est souvent un raisin en Bourgogne et en Champagne; c'est ordinairement une figue ou une orange en Provence, et quelquefois une pomme en Normandie. Mais, en Grèce, dans la ville d'Athènes comme dans celle de Mistra, dans la Béotie comme dans le Péloponnèse, toutes les images sont des copies prises l'une sur l'autre, et comme des contre-épreuves.

# INTRODUCTION.

M. Paul Durand, un de mes compagnons, s'étonnait de retrouver à la Métamorphose (Transfiguration) d'Athènes, à l'Hécatompyli de Mistra, à la Panagia de Saint-Luc, le saint Jean-Chrysostome qu'il avait dessiné dans le baptistère de Saint-Marc, à Venise. Ni le temps, ni le lieu ne font rien à l'art grec ; au XVIII° siècle, le peintre moréote continue et calque le peintre vénitien du X°, le peintre athonite du V° ou du VI°. Le costume des personnages est partout et en tout temps le même, non-seulement pour la forme, mais pour la couleur, mais pour le dessin, mais jusque pour le nombre et l'épaisseur des plis. Ceux des saints grecs qui portent les vêtements longs se reconnaissent tous à un petit pli particulier que la robe forme au-dessous et au-dessus du genou. On ne saurait pousser plus loin l'exactitude traditionnelle, l'esclavage du passé. Si, pour des détails aussi minimes, les sujets religieux peints par les Grecs se ressemblent à ce point, on peut croire que la distribution de ces sujets dans une église byzantine doit être à peu près la même partout. La place affectée à un personnage divin, céleste ou sanctifié, est en effet à peu près invariable. En France même, où l'artiste a toujours eu de grands priviléges et joui d'une liberté réelle [1], nous savons où, dans une cathé-

---

[1] Guillaume Durand, évêque de Mende et vivant au XIII° siècle, fait ce curieux aveu dans son *Rationale divinorum officiorum*, lib. I, cap. III : « Diversæ historiæ tam Novi quam Veteris Testamenti pro « voluntate pictorum depinguntur ; nam pictoribus atque poetis quæ-

drale et même une simple église, il fallait mettre Dieu, la Vierge, les apôtres et les autres saints, les sujets de l'Ancien et ceux du Nouveau Testament, les scènes lé-

« libet audendi semper fuit æqua potestas. » Durand cite Horace, *De arte poetica*, v. 9 et 10 :

Pictoribus atque poetis
Quidlibet audendi semper fuit æqua potestas.

Pour se donner le plaisir de citer Horace, G. Durand exagère beaucoup l'indépendance des artistes ; les monuments sont là pour restreindre les expressions du vieux liturgiste. Mais il est incontestable que nos artistes chrétiens du moyen âge ont toujours possédé une espèce de libre arbitre qu'on a eu tort de nier. En Grèce, au contraire, et dans tout l'Orient, la théologie comprime l'art dans le plus étroit despotisme. Le canon suivant du second concile de Nicée, comparé au passage de Durand, exprime à merveille la condition de dépendance où vivaient les artistes grecs. Dans une république religieuse, comme celle des Grecs, l'art est esclave ; dans une monarchie ecclésiastique, comme celle des Latins, l'art est libre. Cependant la religion est la même chez les Latins et chez les Grecs ; le dogme, au moins jusqu'au schisme et jusqu'à une époque assez rapprochée de nous, est absolument identique. C'est une étrange opposition, qui demanderait bien à être expliquée.

Voici le texte du concile de Nicée :

« Non est imaginum structura pictorum inventio, sed Ecclesiæ ca« tholicæ probata legislatio et traditio. Nam quod vetustate excellit « venerandum est, ut inquit divus Basilius. Testatur hoc ipsa rerum « antiquitas et patrum nostrorum, qui Spiritu sancto feruntur, do« ctrina. Etenim, cum has in sacris templis conspicerent, ipsi quoque « animo propenso veneranda templa extruentes, in eis quidem gratas « orationes suas et incruenta sacrificia Deo omnium rerum domino « offerunt. Atqui consilium et traditio ista non est pictoris (ejus enim « sola ars est), verum ordinatio et dispositio patrum nostrorum, quæ « ædificaverunt. » (*SS. Concilia*, par le P. Philippe Labbe, t. VII, *synodus Nicæna II*, actio VI, col. 831 et 832).

gendaires et les actions historiques. En Grèce, l'artiste est l'esclave du théologien; son œuvre, que copieront ses successeurs, copie celle des peintres qui l'ont précédé. L'artiste grec est asservi aux traditions comme l'animal à son instinct; il fait une figure comme l'hirondelle son nid ou l'abeille sa ruche. Le peintre grec est maître de son exécution; l'art est à lui, mais l'art seul; car l'invention et l'idée appartiennent aux pères, aux théologiens, à l'Église catholique.

Après avoir étudié l'Attique, la Béotie, la Livadie et l'ancien Péloponnèse, j'entrevoyais bien certaines lois auxquelles me paraissait obéir l'iconographie byzantine; mais je n'étais pas encore maître de la règle qui se révélait matériellement à mes yeux. Les exemples observés n'étaient pas assez nombreux. Les églises peintes entièrement, dans une même époque, sous l'influence d'une idée unique et par la main d'un seul artiste, étaient encore trop rares ou trop peu importantes pour qu'il me fût permis de poser des conclusions générales et péremptoires. Mais je crus tenir la solution que je cherchais quand j'arrivai en vue de Salamine. J'avais lu, en effet, dans le voyage de M. Pouqueville, que la grande église du monastère de la Panagia-Phaneroméni, à Salamine, était complétement couverte de fresques, et que le nombre des figures qu'on y voyait peintes s'élevait à cent cinquante mille[1]. L'exagération est ef-

---

[1] *Voyage en Grèce*, par Pouqueville, tome IV, liv. XII, chap. XII, page 501.

frayante, on le sent bien. Cependant, ce nombre étant écrit en toutes lettres et non en chiffres, on ne pouvait croire à une erreur typographique; l'hyperbole même indiquait, par sa monstruosité, que la quantité de ces peintures devait être considérable.

Effectivement, lorsqu'on entre dans cet édifice par un soleil de deux heures de l'après-midi, ainsi qu'il nous est arrivé, avec une lumière qui éclaire également l'église tout entière, on est bien près d'absoudre M. Pouqueville. Malgré l'habitude qu'on peut avoir de compter les figures d'un tableau ou les personnages qui tapissent un monument, on est étourdi à la vue de ces figures hautes depuis six pieds jusqu'à six pouces, qui s'alignent le long des murs, qui s'enroulent autour des archivoltes, qui escaladent les tambours des coupoles, qui se promènent au pourtour des absides, qui sortent de partout, s'enfoncent dans toutes les longueurs, et montent à toutes les hauteurs. Cependant, il faut rabattre singulièrement du nombre donné par M. Pouqueville ; car tous ces personnages, comptés avec la meilleure envie de n'en passer aucun, ne s'élèvent qu'à trois mille cinq cent trente, ou à trois mille sept cent vingt-quatre, en y ajoutant les cent quatre-vingt-six qui décorent la chapelle adjacente où les religieux font l'office quotidien. Mais ce nombre, ramassé dans un petit espace, vous enlève de surprise à la première vue; il peut justifier M. Pouqueville[1], qui n'avait pas le

[1] Ou plutôt son frère, car c'est le frère qui a donné ce renseigne-

temps de compter ces figures une à une, ainsi que je l'ai fait.

La quantité de ces figures est du plus haut intérêt; mais leur disposition générale et l'arrangement de tous les groupes en particulier importent plus encore. La cathédrale de Chartres, l'unique en ce genre, est habitée à l'intérieur et à l'extérieur par neuf mille figures peintes et sculptées. Tous ces êtres, créés par l'art, sont disposés dans un ordre remarquable et suivant lequel défile régulièrement sous nos yeux l'histoire figurée de la religion, depuis la création jusqu'à la fin du monde, en passant par les patriarches, les juges, les rois et les prophètes; par la Vierge et Jésus-Christ; par les apôtres, les martyrs, les confesseurs et tous les saints. Cet ordre est exactement le même, et se montre aussi complet sur les fresques de Salamine. Il était naturel, puisqu'il est chronologique.

Mais entre Salamine et Chartres on constate de singulières analogies. A Chartres, comme à Salamine, le jugement dernier est à l'entrée de l'église, contre la paroi occidentale, tandis qu'une grande Vierge tenant Jésus se montre à l'orient, au fond de l'abside. A Salamine, comme à Chartres, l'Ancien Testament se développe sur le côté gauche de l'église; le Nouveau, sur le côté droit. Ce système de décoration, épars ou incomplet dans les autres églises byzantines que nous

---

ment à l'écrivain. M. Pouqueville n'avait pas pu aller visiter lui-même l'île de Salamine.

avions visitées jusqu'alors, nous le trouvions concentré et parfaitement développé dans ce curieux édifice de Salamine. Du reste, à Salamine, chaque personnage ressemble exactement au même personnage peint à Athènes, en Livadie ou en Morée; chaque tableau, lorsqu'il représente le même sujet, est partout traité et disposé de même. Les saints portent des banderoles sur lesquelles sont écrites des sentences tirées de leurs ouvrages ou de leur biographie; aux tableaux sont attachées des inscriptions extraites de l'Écriture sainte, dont ils offrent les histoires. Ces sentences et ces inscriptions sont presque les mêmes partout.

Si, de nos jours, en France, où nos grands peintres sont assez instruits, un seul artiste était chargé de figurer dans un monument, dans la cathédrale de Paris, je suppose, l'histoire universelle de la religion exposée par les héros et les faits de cette histoire, il est douteux qu'il pût exécuter une aussi vaste composition sans faire des études longues et approfondies. Je dis plus, nous n'avons pas un seul peintre capable de mener à bien un pareil travail; il n'y en a pas un seul assez instruit ou assez fort pour porter un pareil fardeau. Mais, à Salamine, on n'a pas seulement peint des personnages et figuré des scènes; on y a encore baptisé les individus et les traits historiques au moyen d'inscriptions ou d'épigraphes qui les désignent ou les expliquent, et ces épigraphes sont extraites de toute la Bible d'abord, et ensuite d'une grande quantité de livres religieux. Les œuvres des pères, la Vie des saints, le grand Ménologe du Métaphraste ont été mis à contribution. Sur la banderole que tient saint Jean-Damascène, est écrite une sentence tirée des ouvrages de ce grand docteur; il en est de même pour saint Grégoire de Nazianze, saint Basile, saint Jean-Chrysostome et pour tous les autres. La difficulté augmente ainsi, et la science que devrait posséder l'artiste français chargé d'un pareil travail, ne se trouverait assurément chez personne. Quel homme devait être ce peintre de Salamine pour avoir accompli une pareille entreprise! Je ne revenais pas de mon étonnement, que mes compagnons partageaient au plus haut degré.

J'interrogeai les moines du couvent, surtout les plus instruits, et je n'en pus rien tirer. Enfin, sur la paroi occidentale de l'église, à l'intérieur, je vis une inscription que portait un ange peint, et dont voici la traduction:

1735.

Ce temple vénérable et sacré a été peint..... par la main de Georgios Marcos, de la ville d'Argos, avec l'aide de ses élèves, Nicolaos Benigelos, Georgakis et Antonis [1].

---

[1] Ἱσ7ορίθη ὁ θεῖος καὶ πάνσεπ7ος ναὸς τοῦτος..... διὰ χειρὸς Γεωργίου Μάρκου ἐκ πόλεως Ἄργου, καὶ τῶν μαθητῶν αὐτοῦ Νικολάου Μπενιγέλος, καὶ Γεωργάκις, καὶ Ἀντῶνις. — Peindre, couvrir de figures historiques les parois d'un monument, s'appelle constamment en Grèce *historier*. C'est un excellent mot, que nous avons; nous devons donc le conserver et le rendre à sa primitive acception.

Qu'était-ce que ce Georges Marc? Un grand homme assurément. Sa patrie est Argos, d'où j'arrivais, et qui est à deux journées seulement de Salamine; il peignait en 1735, à cent quatre ans seulement du jour où je faisais des questions sur lui et sur ses élèves, et personne ne put me répondre. Cependant j'étais à Salamine, dans l'église même où il avait dû passer sa vie, et je m'adressais à des moines dont les prédécesseurs immédiats avaient été les contemporains du peintre.

Rentré dans Athènes, je pris, auprès des hommes les plus instruits, des informations sur Marc d'Argos et ses trois élèves: toutes mes questions restèrent sans réponse.

Après quinze jours employés à revoir les petites églises d'Athènes et à repasser le système de décoration peinte, dont Salamine venait de nous offrir un si complet modèle, nous poursuivîmes nos recherches sur l'iconographie byzantine en Thessalie et dans la Macédoine. Les églises de Triccala, de Kalabach, de Larisse, la grande église du principal couvent des Météores et celle de Saint-Barlaam[1], la petite Sainte-Sophie de Salonique, nous offrirent des sujets peints à fresque et en mosaïque comme à Césariani, à Saint-Luc, à Mistra et à Salamine. Partout même abondance,

[1] Nous avons donné (*Annales archéologiques*, vol. I, p. 173-179) la description des Météores et celle du couvent de Saint-Barlaam. Une gravure représentant le monastère de Saint-Barlaam est jointe à cette notice.

même profusion de décoration peinte; partout même disposition, même costume, même âge, même attitude des personnages sacrés. Le Pantocrator de la petite Sainte-Sophie est un autre exemplaire de celui de Daphné; la Panagia de Larisse n'est qu'un reflet en quelque sorte de celle d'Argos. On dirait qu'une pensée unique, animant cent pinceaux à la fois, a fait éclore d'un seul coup presque toutes les peintures de la Grèce.

L'atelier où se préparent ces peintures et où se forment ces artistes byzantins, est le mont Athos; c'est véritablement l'Italie de l'église orientale. Le mont Athos, cette province de moines, contient vingt grands monastères, qui sont comme autant de petites villes; dix villages, deux cent cinquante cellules isolées et cent cinquante ermitages. Le plus petit des monastères renferme six églises ou chapelles, et le plus grand trente-trois; en tout deux cent quatre-vingt-huit. Les villages ou skites possèdent deux cent vingt-cinq chapelles et dix églises. Chaque cellule a sa chapelle et chaque ermitage son oratoire. A Karès, la capitale de l'Athos, on voit ce qu'on peut appeler la cathédrale de toute la montagne, et ce que les caloyers nomment le Prôtaton, la métropole. Au sommet du pic oriental, qui termine la presqu'île, s'élève l'église isolée dédiée à la Métamorphose ou Transfiguration. Ainsi l'on compte dans l'Athos neuf cent trente-cinq églises, chapelles et oratoires. Presque tout cela est peint à fresque et rempli de tableaux sur bois. Dans les grands couvents, la plupart des réfectoires sont également couverts de peintures murales; on voit quelques mosaïques dans les riches monastères de Vatopédi et de Sainte-Laure.

Avec d'aussi nombreux objets d'étude, avec autant d'éléments de comparaison, je pouvais espérer résoudre les difficultés que les églises de la Grèce proprement dite, de la Thessalie, des Météores et de la Macédoine m'avaient offertes. Je ne fus pas trompé dans mon attente.

Le premier couvent où nous entrâmes, en pénétrant dans le mont Athos, fut celui d'Esphigménou. La grande église, nouvellement bâtie, était en ce moment même échafaudée; un peintre de Karès, aidé par son frère, par deux élèves et deux jeunes apprentis, couvrait de fresques historiées tout le porche intérieur qui précède la nef. Le premier des élèves, qui était diacre et le plus âgé, devait reprendre l'atelier à la mort du maître.

Ma joie fut grande de ce hasard heureux qui paraissait me livrer le secret de ces peintures et de ces peintres, et qui répondait ainsi aux inutiles questions que j'avais faites à Salamine et dans la ville d'Athènes. Je montai sur l'échafaud du maître peintre, et je vis l'artiste, entouré de ses élèves, décorant de fresques le narthex de cette église. Le jeune frère étendait le mortier sur le mur; le maître esquissait le tableau; le premier élève remplissait les contours marqués par le chef dans les tableaux que celui-ci n'avait pas le temps de terminer;

## INTRODUCTION.

un jeune élève dorait les nimbes, peignait les inscriptions, faisait les ornements; les deux autres, plus petits, broyaient et délayaient les couleurs. Cependant, le maître peintre esquissait ses tableaux comme de mémoire ou d'inspiration. En une heure, sous nos yeux, il traça sur le mur un tableau représentant Jésus-Christ donnant à ses apôtres la mission d'évangéliser et de baptiser le monde. Le Christ et les onze autres personnages étaient à peu près de grandeur naturelle. Il fit son esquisse de mémoire, sans carton, sans dessin, sans modèle. En examinant les autres tableaux qu'il avait terminés, je lui demandai s'il les avait exécutés de même; il répondit affirmativement, et ajouta qu'il effaçait très-rarement un trait qu'il avait une fois tracé.

Nous étions dans l'étonnement, car ces peintures étaient incontestablement supérieures à celles de nos artistes de second ordre qui font des tableaux religieux. Par quelques personnes, et je suis de ce nombre, le peintre du mont Athos pourrait être mis certainement sur la ligne de nos meilleurs artistes vivants, surtout lorsqu'ils exécutent de la peinture religieuse.

Ce peintre si alerte m'étonnait encore par sa prodigieuse mémoire. Non-seulement il traçait ses esquisses et les achevait sans dessin ni carton; mais je le voyais dictant à son second élève les inscriptions et les sentences que devaient porter les tableaux et les divers personnages. Il débitait tout cela sans livre ni notes, et tout cela était rigoureusement le texte des sentences et des inscriptions que j'avais relevées dans l'Attique, dans le Péloponnèse et à Salamine. Je lui témoignai mon admiration; mais ma surprise l'étonna beaucoup lui-même, et il me répondit, avec ce que je croyais une rare modestie, que c'était bien simple et beaucoup moins extraordinaire que je ne le pensais. Puis il se remit tranquillement à l'œuvre.

Nous ne nous arrêtions à Esphigménou que pour laisser reposer nos montures et nos bêtes de somme, que pour prendre en quelques instants une idée sommaire d'un couvent athonite. Nous allions droit à Karès, capitale de l'Athos, siége du gouvernement ecclésiastique, pour présenter au voïvode turc et aux épistates, ou gouverneurs grecs, les lettres de recommandation que l'archevêque et le pacha de Salonique avaient bien voulu me remettre. Je comptais demander aux chefs grecs et au chef turc d'autres lettres, qui devaient me permettre de voir en détail et commodément les monastères, les skites, les cellules et les ermitages de la montagne. Je quittai donc Esphigménou, qui est à l'entrée de l'Athos, me promettant bien de revenir, à la fin du voyage, y passer un jour ou deux, pour interroger de nouveau et à fond le peintre et ses élèves.

Un mois fut employé à visiter les monastères, les skites et les cellules. Tous les couvents, sans exception, furent étudiés avec le plus grand soin. Je ne vis que deux ermitages, parce que les ermitages sont des grottes au fond ou auprès desquelles est placé un petit oratoire, qui est charmant quelquefois sous le rapport pittoresque, mais qui n'a aucune importance archéologique. Les dix-neuf églises du couvent de Dochiarion, les dix-huit de Chilindari, les trente d'Ivirôn, les trente-trois de Xéropotamou et surtout les trente-quatre de Sainte-Laure, qui est le plus ancien et le plus beau couvent de toute la montagne, furent étudiés en détail. Mon compagnon mesurait et dessinait; moi, je prenais des notes. A Ivirôn, j'ai décrit une à une les figures de la grande église et celles de la chapelle des Archanges. Partout des peintures, les unes anciennes, les autres nouvelles; celles-là du IX$^e$ siècle, celles-ci du XVIII$^e$. Des fresques en abondance, mais fort peu de mosaïques. Non-seulement les églises sont peintes, mais encore les réfectoires, comme à Sainte-Laure, à Vatopédi, à Ivirôn. En face de la grande église s'élève un petit édifice circulaire, une coupole portée par six, huit, dix ou douze colonnes de marbre, et cette coupole est peinte elle-même. Cette petite rotonde, dans les églises paroissiales de la Grèce, sert ou servait de chapelle du baptême, de fonts baptismaux; au mont Athos, où personne ne vient au monde, où ceux qui l'habitent y arrivent par recrutement et tout baptisés, elle sert de bénitier monumental, et de fontaine pour les ablutions religieuses.

Toutes ces peintures, à part des différences à peu près insignifiantes, ressemblaient identiquement à celles que nous avions vues ailleurs. Après un mois de tournée dans cette admirable montagne et parmi ces curieuses habitations, nous rentrions à Esphigménou, munis de notes, munis de dates, assez riches de noms d'artistes tracés sur les murailles avec le pinceau; mais l'esprit toujours embarrassé de cent difficultés relatives à la manière de peindre. Notre peintre d'Esphigménou avait fort avancé son œuvre. Je lui adressai plusieurs questions sur ces artistes anciens, nouveaux ou presque contemporains, dont j'avais relevé le noms; il ne restait d'eux que leurs œuvres et les inscriptions que j'avais trouvées sur les murailles des églises ou des réfectoires. Leur existence s'était effacée de la mémoire, de la tradition, même orale, et n'avait jamais été consignée dans des livres. Un seul excepté, le plus ancien, le plus illustre, le maître dont on allait étudier les œuvres au Prôtaton de Karès ou au Catholicon (la grande église) de Vatopédi, tous étaient complétement oubliés; même on ne se souvenait que vaguement des peintres du xviii$^e$ siècle. Quant au chef, au patriarche de l'école athonite ou aghiorite[1], il s'appelle Pansélinos, et vivait au xi$^e$ siècle. On verra son nom glorifié dans l'ouvrage qui suit; c'est de lui et de ses œuvres vénérables que relève toute la peinture byzantine.

Pendant que Joasaph, le peintre d'Esphigménou, me donnait ces détails, il n'en continuait pas moins ses

---

[1] Ἁγίον Ὄρος, Sainte-Montagne, Monte-Santo, est le nom qu'on donne aujourd'hui, dans toute la Grèce, au mont Athos.

esquisses et ses peintures; et moi, toujours de m'extasier devant sa prodigieuse facilité et son étonnante mémoire. « Mais, monsieur, me dit-il enfin, tout cela est moins extraordinaire que vous ne dites, et je m'étonne de votre surprise, qui augmente loin de cesser. Tenez, voici un manuscrit où l'on nous apprend tout ce que nous devons faire. Ici, on nous enseigne à préparer nos mortiers, nos pinceaux, nos couleurs, à composer et disposer nos tableaux; là, sont écrites les inscriptions et les sentences que nous devons peindre, et que vous m'entendez dicter à ces jeunes gens, mes élèves. »

Je saisis avec empressement, avec avidité, le manuscrit que me montrait Joasaph, et je lus en effet, à la table des chapitres, que l'ouvrage se composait de quatre parties. Dans la première, qui est toute technique, on expose les procédés de peinture employés par les Grecs, la manière de préparer les pinceaux et les couleurs, de disposer les enduits pour les fresques et les tableaux, et de peindre sur ces enduits. Dans la seconde partie, sont décrits, en détail et avec une précision remarquable, les sujets de la symbolique, mais surtout de l'histoire que la peinture peut représenter. La troisième partie détermine le lieu où il convient de placer tel sujet ou tel personnage de préférence à tel autre, dans une église, un porche, un réfectoire ou une fontaine. Enfin, un appendice fixe le caractère du Christ et de la Vierge, et donne quelques-unes des inscriptions qui abondent dans les peintures byzantines.

Ce manuscrit avait pour titre : Ἑρμηνεία τῆς ζωγραφικῆς, GUIDE DE LA PEINTURE.

Je m'expliquai alors la constance et l'identité des types figurés dans toutes les parties de la Grèce, depuis Syra, Mistra et Smyrne, jusqu'à Triccala, les Météores, Salonique, le mont Athos et Constantinople. La forme des cheveux et de la barbe, l'âge, la physionomie, le costume, l'attitude, sont consignés dans ce livre. Ainsi donc, avec une mémoire ordinaire et une intelligence assez commune, servies par ce code d'une part, de l'autre par la vue ou l'étude continuelle des anciennes peintures et surtout par la pratique constante de l'art, un artiste, quel qu'il soit, peut facilement être un Joasaph. J'admirais, en effet, cet homme, le voyant faire de pareilles œuvres, lui que rien ne recommandait quant au regard, à la parole ou au geste, et qui était plutôt médiocre que distingué. Ainsi s'expliquait le bel ordre des peintures de Salamine, et l'oubli profond où s'est perdu Géorgios Marcos. Ce qui se passait au mont Athos avait dû se passer en France et dans toute l'Europe chrétienne au moyen âge. La composition et la distribution des sculptures qui décorent les portails des cathédrales d'Amiens, de Reims, de Chartres surtout, témoigneraient d'un grand génie, si quelque artiste picard, champenois ou beauceron les avait inventées; mais elles ne réclament qu'un homme ordinaire, assisté d'un code analogue à celui du mont Athos. Il en est de même pour la peinture sur verre. Je tenais donc enfin la solution d'un problème qui m'avait tourmenté depuis longtemps, et qui s'obscurcissait à mesure que j'étudiais et que j'admirais nos monuments du moyen âge.

Ce manuscrit, en effet, est ancien comme rédaction primitive et comme noyau; mais il s'est étendu et complété avec les siècles. La copie que j'avais sous les yeux ne remontait pas à trois cents ans; elle était d'ailleurs chargée de notes écrites par Joasaph lui-même et par son maître, notes qui entreront dans le corps de l'ouvrage lorsqu'on le recopiera, comme déjà étaient entrées celles que les peintres des xv$^e$ et xvi$^e$ siècles avaient dû y attacher. Ce sont de ces livres qui grossissent de siècle en siècle et d'année en année.

Je priai le père Joasaph de me vendre ce manuscrit, si précieux pour moi; j'étais décidé à faire les plus grands sacrifices pour l'emporter. Mais il me répondit, réponse naïve et pleine de vérité, que, s'il se dépouillait de ce livre, il ne pourrait plus rien faire. En perdant son Guide, il perdait son art; il perdait ses yeux et ses mains. Il ne pouvait plus peindre, ni même voir ce qu'il peignait. « Du reste, ajouta-t-il, vous trouverez d'autres copies de ce manuscrit à Karès; chaque atelier en possède un exemplaire, et, malgré la décadence où la peinture est tombée dans notre sainte montagne, il existe encore à Karès quatre ateliers complets. »

Désormais, je n'avais plus qu'à chercher les moyens de me rendre possesseur du précieux manuscrit. Je me rendis en hâte à Karès, et j'allai de suite dans l'atelier d'un vieux peintre, le père Agapios (tous ces peintres aghiorites sont moines, et quelques-uns à la fois moines et prêtres). Agapios, très-âgé, ne peignait plus que pour se distraire et chasser l'ennui en tuant les jours qui lui restaient encore à vivre; il fut sur le point de me céder son Guide de la peinture. Il avait besoin d'argent pour exister, et, comme la faveur avait quitté ce vieillard, qui ne recevait plus de commandes, il voulait tirer une petite somme du livre qui lui avait fait gagner sa longue vie. Cependant il se ravisa. Il crut que la mort n'arriverait pas sitôt; il espéra qu'on lui commanderait encore quelques peintures; il craignit que ses confrères ne lui permissent pas de prendre sur leur manuscrit une copie destinée à remplacer celle que je le priais de me vendre; il voulut peut-être laisser son vieux Guide en héritage à l'un de ses deux jeunes élèves qui peignaient près de lui. J'eus beau insister, il refusa. Pour adoucir ce que le refus, après une sorte d'assentiment, pouvait avoir de fâcheux, il céda à M. Paul Durand, pour une très-faible somme, un joli dessin original représentant, au crayon rouge, la Vierge tenant l'enfant Jésus. Nous avons rapporté ce dessin en France, comme un spécimen de l'art du mont Athos.

J'étais fort contrarié, on peut le croire, car je voyais m'échapper un livre auquel j'attachais la plus grande importance. Si, en entrant dans le mont Athos, j'avais connu l'existence du manuscrit, je l'aurais fait copier par Caraiannis, élève de l'université d'Athènes, qui voulait bien m'accompagner comme interprète. Mais on était au milieu de novembre; les neiges allaient venir et nous auraient emprisonnés dans l'Athos, où elles tombent en abondance durant très-longtemps, et interceptent les communications, assez difficiles en toute saison. Je me rendis tout consterné chez le père Macarios, le meilleur peintre aghiorite après le père Joasaph. Macarios possédait un bel exemplaire du manuscrit grec : c'était le plus ancien et celui qui me sembla le plus soigneusement exécuté. Le peintre refusa de me céder son exemplaire. Cette bible de son art était étalée au milieu de l'atelier, et deux de ses plus jeunes élèves y lisaient alternativement à haute voix, pendant que les autres étaient à peindre en écoutant cette lecture[1]; mais il offrit de m'en faire exécuter une copie, dans l'espace de deux mois, par un moine reconnu pour le meilleur écrivain de la montagne, moyennant deux cent quatre-vingts piastres (soixante et dix francs). Puisque je ne pouvais emporter le manuscrit avec moi, j'acceptai cette offre avec empressement, avec reconnaissance. J'allai avec le père Macarios à l'épistasie, résidence des chefs religieux de la montagne, et, en présence des quatre gouverneurs ou épistates, nos conventions débattues furent arrêtées. Je

[1] Cette scène me rappela Namatia, femme de Namatius, évêque de Clermont en Auvergne, lisant au peintre qui décorait la cathédrale les histoires de la Bible que ce peintre devait représenter. (Voyez Grégoire de Tours, *Historia eccles. Francorum.*)

donnai d'avance cent quarante piastres au peintre, et je confiai les cent quarante autres aux épistates, qui s'engageaient à ne les remettre à l'écrivain que quand le travail de transcription serait terminé et la copie remise entre leurs mains, bien et dûment collationnée par le secrétaire général de l'épistasie. M. Durand n'ayant pas voulu courir la chance de payer d'avance une copie que nous n'emportions pas et qu'on pouvait oublier de faire exécuter ou de nous envoyer, je tirai de ma seule pauvre bourse la petite somme qu'on me demandait; ainsi le manuscrit était à moi et n'appartenait qu'à moi seul.

L'écrivain tomba malade, et ce fut seulement une année après mon retour que le manuscrit me parvint à Paris. Il était parfaitement exécuté, et conforme en tout à celui du père Macarios. L'écrivain avait même poussé le scrupule jusqu'à donner aux têtes de chapitres et aux lettres majuscules la forme et la couleur qu'elles ont dans l'original. Je dois et j'offre au père Macarios, aux quatre épistates de l'Athos et au jeune moine de Vatopédi qui est le secrétaire perpétuel du gouvernement, l'expression de ma plus vive reconnaissance. C'est par la bienveillante entremise de M. Prassakaki, célèbre et savant médecin de Salonique, que le manuscrit, recommandé au consulat français de Salonique et à l'ambassade française de Constantinople, m'arriva sous le couvert du ministre de l'instruction publique.

M. Paul Durand, mon compagnon de voyage, me

pria de lui laisser faire la traduction de ce livre. Dans le but unique d'être utile à mon ami, je me suis rendu à ce désir avec empressement; mais j'ai revu la traduction avec le plus grand soin, et j'y ai fait de notables changements. Ces changements portent principalement sur la valeur, et quelquefois sur le sens des phrases et des expressions. Je dois remercier M. Durand du dévouement qu'il a mis à faire ce travail, qui n'était pas sans des difficultés de différentes espèces. Des mots turcs et italiens troublent souvent la terminologie; des expressions techniques, et qui n'ont pas d'analogues dans l'ancienne langue, embarrassent des tournures toutes particulières; des fautes probablement, parce qu'enfin c'est une copie de copie qu'on traduisait, obscurcissent ou altèrent un sens que ne contribuent pas à éclaircir des allusions à des cérémonies différentes des nôtres, à une liturgie que nous connaissons mal. La plupart de ces difficultés ont dû être surmontées heureusement, car M. Hase, l'helléniste que toute l'Europe connaît, a bien voulu donner des conseils et proposer des explications sur des sens douteux. Caraiannis, mon généreux interprète [1], qui a vécu avec nous au mont Athos, où il étudiait en

---

[1] Ce jeune homme, âgé de vingt-cinq ans, élève distingué de l'université d'Athènes, m'accompagna, par pur dévouement, pendant tout mon voyage. Il vint en France étudier l'agriculture à la ferme de Grignon, où, par l'entremise de M. Coletti, ambassadeur grec à Paris, il obtint une bourse. Il se distinguait dans ses études, et promettait à la Grèce, qui en a un si grand besoin, un excellent agriculteur, lorsqu'il est mort, atteint d'une fièvre cérébrale, à la ferme de Grignon,

même temps que nous ces curieuses peintures byzantines et cette liturgie si intéressante, a été du plus grand secours au traducteur, qui l'a consulté dans ses embarras. MM. Proïos et Cavriéras, Grecs de Chio, qui connaissent et qui parlent la langue turque, ont expliqué les expressions turques disséminées dans tout ce livre. Enfin M. Démidès, jeune peintre grec, né dans la plaine de Troie, et qui est à Paris en ce moment, a aidé M. Durand pour toutes les expressions techniques qui abondent, surtout dans la première partie. Je dois les plus grands remercîments à tous ces messieurs pour le secours important qu'ils ont bien voulu me prêter dans cette occasion.

Le travail des notes et de la traduction étant terminé, j'écrivis à M. Martin (du Nord), ministre de la justice et des cultes, pour lui demander l'impression de ce livre, qui me paraissait rentrer dans la catégorie de ceux auxquels s'applique le fonds spécial des impressions gratuites.

« A une époque, disais-je dans ma lettre, où l'on s'occupe avec zèle et succès de l'étude et de la conservation des monuments religieux, le Guide de la peinture est appelé à rendre des services; il donnera un appui certain aux peintres sur verre ou sur mur et aux sculpteurs qui sont chargés de réparer nos anciennes églises ou d'en décorer de nouvelles. Les prescriptions

en 1842. Que mon souvenir, mes remercîments et ma reconnaissance le suivent du moins au delà du tombeau!

du peintre byzantin étaient à peu près suivies par les artistes romans et gothiques de notre moyen âge.

« D'un autre côté, les hellénistes peuvent avoir intérêt à étudier ce livre sous le rapport de la langue. Écrit par un moine et dans un pays qui a conservé, mieux que la Morée ou le reste de la Grèce, les traditions de l'ancien langage, il est plus pur probablement que les autres ouvrages contemporains. L'époque où il a été rédigé m'a été donnée comme très-ancienne par les moines du mont Athos, qui le croyaient du xie siècle; mais, quoique beaucoup plus moderne, il n'en est pas moins digne d'intérêt. M. Hase, qui l'a vu et qui a aidé de ses conseils le traducteur, juge que ce livre mérite une sérieuse attention. »

Au nom de M. le garde des sceaux, ma demande fut soumise au comité des impressions gratuites; elle fut accueillie avec bienveillance, et les hommes éminents qui composent le comité donnèrent un avis favorable sur notre travail. On n'a pas jugé nécessaire d'imprimer le texte grec, mais on a pensé que la traduction et les notes seraient d'un véritable intérêt. M. le garde des sceaux, adoptant l'avis du comité, proposa au Roi d'accorder un crédit pour l'impression du Guide de la peinture. Cette haute faveur dont je viens d'être l'objet me dédommage des sacrifices que j'ai dû faire pendant mon voyage.

Pour acquitter une dette de reconnaissance inviolable, je priai M. Victor Hugo d'accepter la dédicace de mon travail. Si je fais de l'archéologie, c'est à l'immortel auteur de Notre-Dame de Paris que je le dois. Le généreux poëte a comblé mon désir, et bien au delà, en m'écrivant la lettre suivante. Je transcris ces trop bienveillantes paroles, parce qu'une lettre de M. Victor Hugo ne doit pas rester inconnue; mais je suis bien forcé de ne pouvoir accepter les beaux éloges qui m'y sont donnés et les magnifiques promesses qui m'y sont faites; c'est beaucoup trop éclatant pour moi.

Voici la lettre :

« Comment vous remercier dignement, mon cher et très-honorable ami? Vous attachez mon nom à une publication qui a le plus haut prix à mes yeux. Le curieux et excellent livre que vous mettez au jour s'adresse tout à la fois aux hommes de science et aux hommes d'imagination. Tout s'y trouve, mêlé et combiné dans une puissante et singulière unité : l'art et l'histoire, la poésie et la religion.

« Vous faites une œuvre noble et utile, et j'y applaudis de tout cœur. Vous êtes du petit nombre de ces esprits élevés et patients qui expliquent, savamment et poétiquement, à l'Europe son architecture, à l'Église son symbolisme, au prêtre sa cathédrale, à tous les peuples leur passé, à tous les arts leur avenir, à tous les hommes le mystère qui est au fond de tous les temples.

« Continuez. Ayez courage. Ce que vous faites est

bon et beau. Dans le temps où nous vivons, tôt ou tard, les grandes pensées sont récompensées par les grands résultats et par les grands succès. L'ensemble de vos travaux embrasse l'art chrétien tout entier. Le livre, si intéressant et si complet, que vous allez publier, ajoute un titre nouveau à vos titres anciens déjà nombreux. C'est grâce à vous, c'est grâce à quelques hommes comme vous, que l'Europe voit se tourner aujourd'hui vers l'art si profond, si étrange et si admirable du moyen âge, non-seulement tous les antiquaires, mais encore tous les penseurs. Pour les uns, c'est une étude; pour les autres, c'est une contemplation.

« Je vous serre la main, et je suis à vous du fond du cœur.

« Votre ami,

« VICTOR HUGO.

« Paris, 27 novembre 1844. »

On voit qu'à l'occasion du Guide de la peinture je suis magnifiquement traité : le Gouvernement fait imprimer mon travail, M. Victor Hugo en accepte la dédicace, et, je dois l'ajouter, le roi de Bavière m'en demande communication. Effectivement le roi, Louis I$^{er}$, ayant appris par un journal allemand que les moines du mont Athos m'avaient envoyé le Guide de la peinture, me fit demander, par M. le comte de Luxbourg, son ambassadeur à Paris, une copie ou un extrait du manuscrit. Je répondis à M. le comte de Luxbourg qu'on faisait une traduction du Guide, et que j'accompagnerais ce travail de notes nombreuses et complémentaires sur l'art chrétien des Grecs et des Latins; que je serais heureux, à l'apparition de ce livre, d'en faire hommage au roi de Bavière; que ce prince éclairé, à qui l'on doit la renaissance de l'art catholique en Allemagne, trouverait peut-être, sur les procédés de peinture, sur l'iconographie, sur les types des représentations figurées, sur la disposition générale et particulière des images, certains renseignements qui ne seraient pas inutiles aux artistes chargés d'exécuter, par ses ordres et sous sa direction, des monuments byzantins et gothiques, tant à Munich que dans le reste de la Bavière. En écrivant au roi de Bavière, je saisis l'occasion de recommander la conservation des monuments chrétiens de la Grèce, monuments presque tous menacés de ruine ou de mutilation.

Peu de temps après, je reçus de M. le comte de Luxbourg une lettre d'où j'extrais les passages suivants, qui prouveront la noble sollicitude du roi de Bavière pour la conservation des monuments anciens, pour la décoration des monuments nouveaux.

« Conformément au désir exprimé dans votre dernière lettre, je me suis empressé de mettre, sous les yeux du Roi mon maître, la note que vous aviez adressée à Sa Majesté relativement à la conservation des monuments chrétiens de la Grèce.

« Je suis aujourd'hui chargé de vous faire les remercîments de mon auguste souverain, qui a lu cet écrit avec le plus grand intérêt, et qui sait apprécier dans toute leur valeur les idées que vous y émettez par rapport à la conservation de monuments aussi précieux.

« Je dois aussi vous remercier de l'obligeance avec laquelle vous avez bien voulu nous promettre la traduction du manuscrit que vous tenez des moines du mont Athos, et vous exprimer en même temps le désir de Sa Majesté, qui, outre cette traduction, voudrait aussi avoir, pour la faire déposer dans la Bibliothèque royale de Munich, une copie exacte du manuscrit en question. »

Au lieu d'envoyer une copie du manuscrit, c'est le manuscrit même que j'ai offert au roi de Bavière, en le priant d'en faire exécuter à Munich une copie fidèle, que je destine à notre Bibliothèque royale.

Voilà comment le Guide de la peinture a été cherché, découvert, transcrit, amené en France, traduit, annoté, dédié, imprimé ; voilà comment je l'ai offert au roi de Bavière. Maintenant quelques mots sur ce qu'il contient et sur les services qu'il pourra rendre.

La première partie, qui apprend à préparer les enduits, les plâtres, les couleurs et les pinceaux; qui enseigne à peindre à fresque, à fixer toutes les couleurs et surtout l'or ; qui indique en quelle proportion chaque substance doit entrer pour former un amalgame colorant, cette partie nous laisse des regrets. Elle semblait, à la première vue, être la plus importante, et elle s'est trouvée, par le fait, n'avoir qu'une assez mince valeur. Les recettes données se comprennent mal ou ne se comprennent nullement ; les substances nommées ne paraissent pas avoir d'analogues chez nous, soit à cause de leur différence réelle, soit parce qu'on n'en a pas trouvé la synonymie. On n'est sûr ni des mesures, ni des proportions, ni de la terminologie des substances. J'avais prié M. Mialle, professeur de pharmacie à la faculté de médecine de Paris, de vouloir bien étudier cette partie du manuscrit, et de me dire à quelle substance d'aujourd'hui et connue en France pouvaient se ramener les diverses substances nommées dans ce livre. M. Mialle fut bientôt obligé de renoncer à ce travail, et il m'écrivit ce qui suit : « Je vous transmets quelques notes que j'ai cru pouvoir faire ; j'aurais pu aisément en augmenter le nombre, si je n'avais crains de fausser la vérité. Ce Guide me semble, du reste, fort incomplet et difficile à consulter. Ce que le Guide appelle bol est le bol d'Arménie. Le plomb rouge est le minium. L'eau forte n'est pas l'acide nitrique, mais l'eau seconde de potasse. Le raki est l'esprit de vin. Le péséri est très-probablement de l'huile siccative. » On voit que ces remarques se réduisent à fort peu de choses ; il faut en prendre son parti, et abandonner à peu près toutes ces recettes. Du reste, la valeur de l'ouvrage n'est pas dans la technique, dans les recettes, dans ces leçons ou procédés de peinture, mais bien dans les trois autres parties, dans l'iconographie proprement dite.

Pour l'iconographie byzantine, cet ouvrage est d'une importance capitale. Rédigé, à une époque ancienne, par le moine Denys [1], peintre du couvent de Fourna, près d'Agrapha, qui avait étudié avec amour les belles et célèbres peintures de Pansélinos, cet ouvrage s'est complété de siècle en siècle, jusqu'à notre époque; il résume donc l'ensemble du système de la peinture grecque. C'est un traité presque complet sur la matière.

Pour l'iconographie latine et même gothique de nos contrées, il est d'une valeur réelle, évidente. En effet, entre l'Église grecque et l'Église latine, les relations ont été fréquentes. Jusqu'au schisme, les deux communions n'en faisaient qu'une; après la séparation, les échanges détournés, directs même, ont été nombreux. En fait d'art, nous avons trouvé de singulières ana-

[1] En tête du manuscrit, après une dédicace ou plutôt une invocation à la vierge Marie, l'auteur du manuscrit se nomme dans une allocution qu'il adresse aux peintres. Il dit qu'il a étudié son art avec beaucoup de peine à Salonique, et que, pour éviter aux autres le mal qu'il s'est donné, il a écrit ce livre avec l'aide de son élève, maître Cyrille de Chio, qui a corrigé son travail avec beaucoup de soin. On croit, dans le mont Athos, que ce manuscrit est très-ancien, du $x^e$ ou $xi^e$ siècle; mais il ne remonte probablement pas plus haut que le $xv^e$ ou le $xvi^e$. Du reste, la date importe assez peu. Ce qui nous intéresse, nous autres, c'est d'avoir un traité complet d'iconographie chrétienne; la paléographie est tout à fait secondaire dans un ouvrage de ce genre.

logies entre la cathédrale de Chartres ou celle de Reims et les églises de Saint-Luc en Livadie, de Sainte-Sophie à Salonique, de Sainte-Laure au mont Athos. Le sceau dont les moines gouverneurs de l'Athos scellent leurs décisions, et dont nous avons donné la gravure dans le premier volume des Annales archéologiques, est peint sur une verrière de la cathédrale de Chartres d'une façon frappante.

En Grèce, on voit un sujet magnifique et qui remplit le tambour des grandes coupoles ; on l'appelle la mystagogie ou la divine liturgie[1]. A l'orient de cette coupole, le Christ se montre de face et tournant le dos à un grand autel figuré en peinture. Le Christ est là en grand archevêque[2], comme disent les Grecs ; il se prépare à célébrer lui-même le sacrifice de la messe. Cependant, tout autour de la coupole, défilent une grande quantité d'anges, portant les ornements, les vases sacrés et les autres objets qui vont servir pour la messe. L'un tient un encensoir, un autre une navette, le troisième un missel, le quatrième l'aube, le cinquième la chasuble, d'autres les différents ornements pontificaux. Puis se succèdent d'autres anges qui portent des candélabres, des croix, des bannières. Puis d'autres qui tiennent des calices, la petite lance et le plat destinés, l'une à percer, l'autre à contenir l'hostie. Enfin s'avance, portée par six anges, la représentation du Christ dans

---

[1] Ἡ θεία λειτυργία. Voyez-en la description, page 229.
[2] Ὁ μέγας ἀρχιερεύς.

son tombeau, du Christ qui va mourir de nouveau et se livrer en nourriture à ses fidèles. C'est là un remarquable, un admirable sujet ; il est peint constamment à fresque ou en mosaïque dans les coupoles, et il les remplit tout entières. Eh bien, ce sujet est sculpté à la cathédrale de Reims d'une manière fort analogue. A l'extrémité de chaque contre-fort qui butte les murailles de la nef, du chœur et du sanctuaire, s'élève un clocheton à jour, formant une niche surmontée d'une flèche. Dans chaque clocheton se tient debout un ange de douze pieds de haut, ailes déployées, portant ou un calice, ou des burettes, ou un missel, ou un encensoir, ou un candélabre, comme chez les Grecs. Ces anges s'avancent de la nef au chœur, du chœur au sanctuaire, et de là à la partie extrême de l'abside, au rond-point proprement dit. A ce rond-point, on voit le Christ, celui qui se prépare à célébrer le sacrifice, et entre les mains de qui les anges semblent venir déposer les divers objets qu'ils tiennent à la main et qui vont servir à la célébration de la messe.

Avant d'avoir été en Grèce, je n'avais pu comprendre ce curieux sujet, figuré sur les coupoles byzantines : comme on le verra, il est décrit tout au long dans le Guide de la peinture.

Ce qu'on vient de dire de la sainte liturgie, il faut l'appliquer à l'ensemble de notre iconographie gothique. Le système selon lequel sont distribués les nombreux personnages, sculptés ou peints, qui ornent nos cathédrales, est absolument le même dans toute la Grèce : la Panagia de Salamine peut être déclarée la sœur de la Notre-Dame de Chartres. Beaucoup de figures étaient anonymes ou innommées encore à Chartres; on peut maintenant les baptiser presque toutes à l'aide du manuscrit byzantin.

En effet, chez nous, on n'a pas toujours pris la précaution de faire connaître, par une inscription, le nom d'un personnage ou le sujet d'un tableau. Quand, par hasard, des inscriptions ont été peintes ou sculptées, les intempéries des saisons ou les injures des hommes les ont mutilées, effacées, altérées, ainsi qu'il est advenu dans la plupart de nos monuments religieux. A Chartres, les banderoles que tenaient les grandes statues des portails et qui étaient chargées de sentences, ont disparu en grande partie; celles qui subsistent encore sont rongées à la surface, et tout au moins frottées ou lavées, en sorte que les sentences qui y étaient peintes sont complétement effacées. De toutes ces inscriptions de Chartres, je n'ai pu en lire que cinq. Cependant, de pareilles épigraphes disent les noms des personnages; car elles donnent ces noms mêmes, ou bien elles sont extraites des ouvrages qu'ils ont composés. Le Guide de la peinture, qui nous fournit la série des personnes et des sujets, nous transcrit encore les noms, les sentences et les inscriptions. Avec un pareil secours, il devient plus facile de nommer les figures et les tableaux exécutés dans nos cathédrales.

On disserte depuis longtemps, et sans résultat, sur l'influence que l'art byzantin a exercée sur le nôtre; on ne s'est pas encore entendu. Les uns confondent à tout propos le byzantin avec le roman; ils les amalgament, en appelant romano-byzantines les églises cintrées, ornées de mosaïques, ou portant une décoration dont l'or, les perles, les riches tissus font les frais. Les autres, ce sont les plus instruits et les moins nombreux, établissent des distinctions fondamentales entre le byzantin et le roman, et ne voient pas en quoi les églises de l'Auvergne, par exemple, ressemblent, soit à la Métamorphose d'Athènes, soit à Sainte-Sophie de Constantinople. Si l'on excepte certaines églises du Périgord, du Limousin, de l'Angoumois et de la Saintonge, ou plutôt si l'on retranche Saint-Front de Périgueux, duquel procèdent nos quelques églises à branches égales, ou longues et couvertes en coupoles, la France ne possède aucun édifice auquel puisse convenir la qualification de byzantin. Les Grecs brisent les statues et ne sculptent pas; donc notre statuaire ne provient pas des Byzantins. Dieu seul peut faire quelque chose avec rien, et les artistes du moyen âge ne pouvaient tirer la moindre statue d'une source byzantine, qui n'a jamais existé. Quant à la peinture, elle est moins fondamentalement différente en Grèce et en France; mais les analogies, extrêmement curieuses à constater, viennent sans doute de l'époque antérieure au schisme, alors que les deux Églises, grecque et latine, n'en faisaient qu'une. Ces analogies ont pu se perpétuer longtemps après la séparation, tantôt ici et tantôt là. Mais, d'une ressemblance souvent fortuite et plus souvent nécessaire, il ne faudra pas toujours conclure que l'influence des Byzantins s'est exercée directement sur nous. Du reste, chemin faisant, nous constaterons en notes, au bas des pages, ces ressemblances intéressantes. Quant aux différences, qui sont fort nombreuses, elles seront signalées aussi, quand, toutefois, elles ne ressortiront pas d'elles-mêmes.

Quoique les ressemblances qu'on surprend entre l'iconographie grecque et la nôtre puissent s'expliquer très-souvent par des raisons bien simples, surtout par l'uniformité de la croyance et de la pratique, du dogme et de la morale, cependant il faudra les noter soigneusement, parce qu'elles peuvent recéler plus d'un fait curieux. Ainsi, pour prendre quelques exemples, les Grecs comme les Latins représentent Dieu, père ou fils, bénissant les hommes. Mais la bénédiction latine se fait en ouvrant les trois premiers doigts de la main droite, et en tenant fermés l'annulaire et l'index; la bénédiction grecque, au contraire, tout empreinte de mysticisme, s'opère en formant avec les cinq doigts une sorte de monogramme divin, IC XC, Jésus-Christ. L'index s'ouvre et forme l'I; le grand doigt s'arrondit en C, ancien sigma; le pouce se croise avec l'annulaire pour faire le X, et le petit doigt s'arrondit en C. Cette façon de bénir est constante chez les Grecs, et, comme on le pense bien, leur est particulière, puisqu'elle dessine des lettres dont, sur quatre, trois sont uniquement grecques.

Les Grecs, comme les Latins, entourent d'un nimbe et d'un nimbe crucifère la tête des personnes divines. Mais, chez nous, les trois branches visibles de la croix du nimbe, quoique plus ou moins ornées, ne portent aucun signe emblématique. Chez les Grecs, au contraire, trois lettres sont peintes sur ces trois branches et forment les deux mots ὁ ὤν, qui signifient l'être; car Dieu est CELUI QUI EST, comme il le déclare à diverses reprises dans l'Ancien Testament.

Chez les Grecs, comme chez nous, est figuré saint Jean-Baptiste; mais les Grecs, plus attachés que nous autres à la lettre de l'Écriture sainte, voyant que le Précurseur était nommé le Messager céleste, l'Ange de Dieu, ont fait de saint Jean un homme-ange, et lui ont mis des ailes aux épaules, comme leurs ancêtres en avaient mis aux pieds et à la tête de Mercure, le messager de l'Olympe.

Les Grecs ont une certaine façon de représenter la Vierge tenant l'enfant Jésus, et qui est à peu près constante; elle se résume dans le type adopté par les moines du mont Athos, et qui est gravé sur le sceau du gouvernement.

Les Grecs, pour représenter la Transfiguration, montrent le Christ au sein d'une roue de feu, à laquelle s'attachent des rayons qui partent de l'Homme-

Dieu, centre ou moyeu de cette roue céleste. Chez nous, il n'y a pas de roue, et le Christ resplendit dans une auréole diffuse.

Les Grecs, dont était saint Denys l'Aréopagite, qui a formulé la hiérarchie des anges, représentent souvent cette hiérarchie complète, les trois ordres subdivisés chacun en trois classes pour faire les neufs chœurs. Chez nous, où l'on est moins bien informé des choses du ciel, la hiérarchie ne se voit pas, ou bien elle est presque toujours incomplète.

Enfin, la liturgie, motif admirable, si merveilleusement développé par les Grecs, et dont nous avons déjà parlé, n'existe pas chez nous; tout au plus la voit-on en germe dans la cathédrale de Rheims, comme on vient de le dire.

Cependant, si, comme dans un poëme de Rhaban Maur, archevêque de Mayence, on voit le Christ avec un nimbe crucifère et marqué de lettres ayant la même valeur que ὁ ὤν; si, comme à la cathédrale de Chartres, on voit le Christ transfiguré dans une roue [1], ou bien la Vierge tenant Jésus à la façon du mont Athos [2], ou bien encore la hiérarchie des anges sculptée au portail latéral du sud et peinte dans le croisillon de droite;

[1] Nous avons donné (*Annales archéologiques*, vol. I, p. 153) une gravure de cette Transfiguration byzantine, qui se trouve peinte sur verre dans la cathédrale de Chartres.

[2] Dans l'Iconographie du Saint-Esprit, page 475, planche 125, nous avons donné ce groupe de Chartres où la Vierge tient l'enfant Jésus comme dans les peintures grecques.

si, comme à la cathédrale de Reims, on voit les anges et le Christ, exécutant la liturgie à peu près comme ils l'accomplissent dans le tambour des coupoles byzantines ; si, comme à la cathédrale du Puy, on voit une main divine bénissant à la manière grecque, et formant avec les doigts le monogramme de Jésus-Christ[1], il faudra bien reconnaître qu'une certaine influence grecque a soufflé, directement ou non, sur Rhaban et sur les cathédrales de Reims, de Chartres et du Puy. Quitte à expliquer plus tard ces curieuses analogies, il n'en faudra pas moins commencer par les signaler et les décrire. Voilà, sans compter les autres, un service assez important que peut rendre la publication du Guide de la peinture. Après l'avoir lu et l'avoir contrôlé par les nombreuses statues et figures qui décorent les voussures et les fenêtres de nos cathédrales, on saura réellement ce que l'iconographie grecque a pu donner à la nôtre ; on connaîtra le nombre et la mesure des emprunts que nous avons pu faire à l'art byzantin.

[1] M. Auguste Aymard, correspondant du comité historique des arts et monuments (ministère de l'instruction publique), vient de trouver, peinte à fresque dans un médaillon qui décore la cathédrale du Puy, une main divine bénissant à la manière grecque. Cette découverte est tout à fait capitale ; elle prouve que Notre-Dame du Puy, quoique longue et non circulaire ou carrée de plan, a été bâtie sous une influence byzantine certaine. Les coupoles qui couvrent ce remarquable monument trahissaient déjà le style byzantin, que la main peinte à fresque vient accuser plus positivement encore.

Comme on sentira facilement l'importance du manuscrit byzantin, même pour le système iconographique de l'Église latine et des périodes romane et gothique de la France, je m'en tiendrai à ce qui précède. Des notes, qui toutes m'appartiennent[1], ont pour but précisément de montrer le rapport qui existe entre nos monuments figurés, nos statues, nos vitraux et les descriptions du Guide.

Il faut en convenir, l'ouvrage du peintre Denys ne dit pas tout. Pour les sujets qu'il décrit, il est beaucoup trop court, et il suppose à ses lecteurs des connaissances acquises par l'étude approfondie des monuments figurés. Le sujet si considérable de la mystagogie ou sainte liturgie est à peine indiqué par le moine byzantin. Le Christ, baptisé dans le Jourdain, pose, chez les Grecs, les pieds sur une pierre carrée d'où s'élancent des serpents, un à chaque angle; le Guide ne dit absolument rien de ce bizarre et curieux motif. J'avais donc songé à compléter le manuscrit par des notes très-étendues et que j'ai recueillies dans tout le cours de mon voyage, à Mistra et à Constantinople, à Triccala et à Salonique, à Syra, dans la ville d'Athènes, à Smyrne, surtout aux Météores et au mont Athos; mais les notes auraient considérablement dépassé le texte.

[1] Cinq notes seulement, relatives à l'interprétation des mots grecs, appartiennent à M. Paul Durand; j'ai eu soin de faire mettre au bas : *Note de M. Paul Durand,* pour qu'à chacun de nous reviennent le mérite et la responsabilité de son travail.

## INTRODUCTION.

Pour donner le complément, les variantes et les explications, il aurait certainement fallu trois volumes au lieu d'un. J'ai dû renoncer à ce projet, au moins comme je l'avais conçu, et j'offre le manuscrit tel qu'il est, avec ses défauts, avec ses erreurs même (car il y en a bien quelques-unes), avec ses obscurités et ses lacunes. Je donne donc le texte nu, mais cependant avec les notes qui m'ont paru nécessaires et que je crois suffisantes.

Plus tard, je ferai sans doute une iconographie chrétienne de la Grèce, et je l'ouvrirai par un travail détaillé sur les peintres morts ou vivants du mont Athos. Cette école aghiorite, comme on l'appelle en Grèce, est inconnue chez nous. Cependant, elle a eu et elle a même encore son importance : le nombre des fresques et des tableaux qu'elle a exécutés est vraiment immense, comme on peut en juger par le petit calcul que nous avons fait sur les églises d'Athènes et du mont Athos, qui étaient ou sont encore toutes peintes. La beauté des anciens ouvrages de cette école est incontestable, et M. Mérimée lui-même m'a déclaré, il y a quelque temps, qu'il avait vu dans l'église de Sainte-Photine, à Smyrne, un tableau aussi remarquable que ceux de Giotto. Ce tableau représente la Vierge; il a été exécuté par un peintre smyrniote, il y a quarante ans à peu près. A la beauté de la peinture et à l'observation de certains caractères archéologiques, M. Mérimée avait pensé d'abord que ce tableau avait dû être exécuté par un grand peintre du XIII<sup>e</sup> ou du XIV<sup>e</sup> siècle. Ce peintre smyrniote serait-il celui dont j'ai vu au grand couvent de Sainte-Laure, dans le mont Athos, un remarquable tableau peint sur bois et signé au bas : Χεὶρ χάτζη Λαμπρυνοῦ Σμυρνετοῦ? Il n'y a pas de date à ce tableau, mais ce peintre Lamprynos, surnommé Chadzi, ou pèlerin, ne peut être ancien assurément ; du reste, la peintur m'en a semblé toute récente. Je ne connais rien de plus beau que les peintures murales du Parthénon, exécutées par les chrétiens ; que les mosaïques de Saint-Luc en Livadie ou de la rotonde de Salonique, que celles de Vatopédi ou de Sainte-Laure de l'Athos. Les mosaïques de Saint-Vital, à Ravenne, jouissent d'une célébrité justement acquise. Or tout cela est sorti de l'école byzantine du mont Athos. Cette école a donné des maîtres et des élèves fameux à Constantinople et à Venise, à Salonique et à la ville d'Athènes, à Ravenne et à Mistra ; aujourd'hui encore, elle en fournit à toute la Russie, à la Grèce et à la Turquie chrétienne.

J'ai relevé sur les fresques, les mosaïques et les tableaux mobiles, trente-cinq noms de peintres morts : vingt-trois dans le mont Athos même, et douze dans les autres contrées. J'ai visité les ateliers de quatorze peintres vivants, dont quatre maîtres et dix élèves. J'ai vu le peintre Joasaph exécutant avec son frère et ses quatre élèves les peintures d'Esphigménou du mont Athos. J'ai vu peindre des tableaux sur bois, à Karès, par le vieux père Agapios et le père Macarios, celui qui m'a fait transcrire le manuscrit. J'ai acheté à l'un des moines sculpteurs, le père Benjamin, une de ces jolies croix de bois, tout historiée des sujets de la Passion et de la vie du Christ, semblable à celles qu'on garde précieusement dans nos musées, et qu'on croit, bien à tort, de l'époque romane ou byzantine, du temps de Justinien et même de Constantin.

Deux moines graveurs et enlumineurs, les pères Grégorios et Philothéos, m'ont vendu une série de gravures sur cuivre représentant les principaux types de l'iconographie byzantine, et les vues, avec plusieurs détails, des vingt monastères du mont Athos. Ces gravures sont fort médiocres; mais il y a peu d'objets plus curieux. M. Durand a copié les dessins manuscrits originaux, les minutes mêmes d'un architecte vivant, qui bâtissait, lors de notre passage, la grande église du couvent de Saint-Paul, au mont Athos. J'ai fait à cet architecte toutes les questions qui pouvaient éclaircir mes doutes sur les procédés de l'architecture byzantine, sur la perpétuité des formes traditionnelles, sur la direction qu'il donnait à ses ouvriers maçons, tailleurs de pierre et sculpteurs; sur la nature, la valeur et le mode de payement des honoraires qui lui sont alloués, et sur le prix des journées que gagnent ses ouvriers. J'ai vécu avec le père Joasaph à Esphigménou, avec le père Macarios à Karès. Le père Macarios, excellent homme, tout dévoué à son art, nous a dit qu'aujourd'hui, et il s'en plaignait amèrement, les peintres athonites travaillaient beaucoup trop vite et dans la seule vue de gagner de l'argent. « Autrefois, s'écriait-il avec chagrin, les pinceaux étaient meilleurs, les couleurs de qualité excellente, les mains habiles, les cœurs ardents; on peignait lentement et avec réflexion pour faire de belles œuvres et pour gagner le ciel. » Ce généreux artiste nous a traités comme des amis, et nous a offert cette gracieuse hospitalité, si douce en Orient.

Si jamais je retournais dans cet admirable pays (Dieu veuille que cela soit bientôt!), je porterais moi-même au brave Macarios des pinceaux et des couleurs de chez nous. Mais que cet homme bienveillant, que cet artiste dévoué, reçoive du moins tous mes remercîments pour ses bons soins à mon égard.

Assurément il y aurait eu de l'intérêt à publier des détails étendus sur l'iconographie et la peinture byzantines, et des renseignements sur les artistes morts et vivants de l'école aghiorite; mais il faut de la place et du temps pour cela. Que le manuscrit suivant soit donc accueilli comme une préface à ce que je voudrais bien accomplir un jour; en attendant, les notes que j'attache au bas des pages pourront suffire.

Paris, janvier 1845.

# GUIDE

DE

# LA PEINTURE.

# A MARIE

## MÈRE DE DIEU ET TOUJOURS VIERGE.

O vous, qui êtes aussi resplendissante que le soleil, très-chérie et toute gracieuse mère de Dieu, Marie! saint Luc, source d'éloquence, très-savant médecin, maître parfait et docteur accompli dans toutes les sciences et dans toutes les connaissances, après avoir été sanctifié par les préceptes de l'Évangile, qu'il prêcha à haute voix et qu'il écrivit, voulut montrer évidemment à tout le monde le très-saint amour qu'il avait pour votre gracieuse et divine grandeur: il jugea, et avec raison, que, de tout ce qu'il possédait en science et en richesses spirituelles, il n'y avait rien dont il pût vous faire dignement l'offrande, si ce n'est la représentation de votre beauté admirable et pleine de charmes, qu'il avait contemplée véritablement de ses yeux. Ce saint et savant personnage employa toutes les ressources des couleurs et des mosaïques dorées [1] pour peindre et graver fidè-

---

[1] Dans une notice sur des ouvrages relatifs à l'architecture arabe, M. Reinaud, membre de l'Institut, s'exprime ainsi: «Les mosaïques étaient appelées par les Grecs du nom général de ψήφωσις, d'un mot qui signifie *construction en petits cailloux*. Les Arabes, en adoptant ce genre de décoration, firent usage du mot *fsefysa*, qui est la reproduc-

lement cette image sur des tableaux, d'après les règles de son art. Moi, à mon tour, faible imitateur, j'ai voulu suivre les traces de ce savant, et je me suis adonné à la peinture sacrée, avec la confiance que mes moyens ne seraient pas au-dessous de mon bon vouloir, pour accomplir mon devoir envers votre sainte personne, votre vénérable grandeur et votre admirable magnificence[1]. Mais j'avoue que je me suis bien trompé dans ce hardi projet ; car ma capacité et mes moyens n'ont pas répondu à mes désirs. Je n'ai pas voulu, néanmoins, abandonner complétement ce beau dessein, ni perdre tout le fruit de mes travaux, et j'ai osé vous offrir et remettre entre vos mains l'explication et l'interprétation de cet art, dont je m'étais enquis avec le plus grand soin et la plus attentive exactitude, afin de former la méthode la plus convenable. Car je n'ignore pas, ô Vierge !

tion évidente du grec ; leurs écrivains s'accordent à dire que cette branche de l'ornementation était d'origine chrétienne. Ainsi, d'après la chronique arabe du patriarche Eutichius, lorsque les musulmans envahirent pour la première fois la Palestine, ils trouvèrent l'église de Bethléem, église qui avait été bâtie par les soins de sainte Hélène, ornée de *fsefysa*. Suivant Ebn-Sayd, une des conditions de la paix conclue, au commencement du viii° siècle, entre le khalife Valid et l'empereur de Constantinople, fut que le premier fournirait une certaine quantité de *fsefysa* pour la décoration de la mosquée de Damas, que le khalife faisait construire en ce moment. Enfin Édrisi, dans sa description de la mosquée de Cordoue, affirme que l'enduit qui couvre encore les murs de la Kibla fut envoyé de Constantinople, vers le milieu du x° siècle, à Abdérame III, par l'empereur Romain II. » ( *Notice sur deux ouvrages de M. Girault de Prangey, Journal asiatique*, extrait n° 6, année 1842, p. 9-10.) — Nous voyons le même mot ψῆφοι employé par notre manuscrit pour désigner des mosaïques. Mais ce sont des mosaïques de verre, mosaïques transparentes et à fond d'or, comme les mots ψῆφοις χρυσέοις l'indiquent. Du reste, ce sont des mosaïques de ce genre qui tapissent les voûtes, les coupoles, les pendentifs et une partie des parois de Sainte-Sophie de Constantinople, de Sainte-Sophie de Salonique, de Vatopédi et de Sainte-Laure du mont Athos, de Daphné près d'Athènes, de Saint-Luc en Livadie, des Rotondes de Salonique et de Ravenne. J'ai rapporté, de la Rotonde de Salonique, de ces petits cubes de verre doré, de ces petits cailloux d'or, comme s'exprime notre manuscrit. Il est intéressant de constater que la mosaïque est byzantine et chrétienne, et que les Arabes, qui n'ont qu'une architecture d'emprunt, ont emprunté même une forte portion de leur ornementation.

[1] L'effusion orientale et la richesse byzantine rayonnent dans le nombre et l'éclat de ces qualifications surchargées d'épithètes.

que, vous et le créateur de toutes choses, vous daignez agréer avec bienveillance tout ce que l'homme peut faire. Je vous présente donc cette œuvre, que j'ai destinée aux peintres ornés des dons de la nature, pour les aider dans les commencements de cet art, et surtout pour indiquer un bon système, l'emploi des couleurs, le choix des sujets. Je montre comment et dans quels endroits des temples sacrés il faut les distribuer, afin que les murs soient décorés d'une manière convenable et agréable par ces peintures. Je désire surtout que votre éblouissante et gracieuse image se réfléchisse sans cesse dans le miroir des âmes, et les conserve pures jusqu'à la fin des siècles; qu'elle relève ceux qui sont courbés vers la terre, et qu'elle donne de l'espoir à ceux qui considèrent et imitent cet éternel modèle de beauté. Puissé-je aussi moi-même, par le secours de vos saints mérites, obtenir le bonheur de vous contempler face à face !

# A TOUS LES PEINTRES

ET A TOUS CEUX QUI, AIMANT L'INSTRUCTION, ÉTUDIERONT CE LIVRE,

## SALUT DANS LE SEIGNEUR.

---

Sachant, ô vous tous, disciples des peintres laborieux, que le Seigneur, dans son saint Évangile, a maudit celui qui avait enfoui son talent, en lui disant : « Méchant et paresseux serviteur, tu devais faire valoir l'argent que je t'avais confié, afin qu'à mon retour je pusse le retrouver avec profit, » j'ai craint moi-même d'encourir cette malédiction. Je n'ai donc pas voulu cacher mon talent, c'est-à-dire le peu d'art que je connais, que j'ai appris depuis mon enfance et étudié avec beaucoup de peine, m'efforçant d'imiter, autant qu'il m'était possible, le célèbre et illustre maître Manuel Panselinos de Thessalonique[1].

---

[1] Panselinos est ce peintre du XII$^e$ siècle, le Raphaël ou plutôt le Giotto de l'école byzantine, dont on montre des fresques dans la principale église de Karès, au mont Athos. On dit qu'il vivait sous l'empereur Andronic I$^{er}$. Ces fresques, assez remarquables de dessin et d'expression, ont beaucoup souffert dans la couleur, qui est enfumée. Il est difficile de dire si ces peintures datent réellement du XII$^e$ siècle; elles nous ont semblé, du reste, beaucoup plus anciennes que les peintures analogues qu'on voit dans les différents monastères du mont Athos et des Météores. Les seuls couvents de Vatopédi et de Sainte-Laure, au mont Athos, pourraient, à la rigueur, en posséder d'aussi vieilles.

8        A TOUS LES PEINTRES.

Après avoir travaillé dans les églises admirables qu'il a ornées de peintures magnifiques dans la montagne sainte de l'Athos, ce peintre jeta autrefois un éclat si brillant par ses connaissances dans son art, qu'il était comparé à la lune dans toute sa splendeur [1]. Il s'est élevé au-dessus de tous les peintres anciens et modernes, comme le prouvent encore évidemment ses peintures sur mur et sur bois. C'est ce que comprendront très-bien tous ceux qui, possédant un peu la peinture, contempleront et examineront les œuvres de ce peintre. Cet art de la peinture, qui, dès l'enfance, m'a coûté tant de peine à apprendre à Thessalonique [2], j'ai voulu le propager pour l'utilité de ceux qui veulent également s'y adonner, et leur expliquer, dans cet ouvrage, toutes les mesures, les caractères des figures, et les couleurs des chairs et des ornements, avec une grande exactitude. En outre, j'ai voulu expliquer les mesures du naturel [3], le travail particulier à chaque sujet, les différentes préparations de vernis, de colle, de plâtre et d'or, et la manière de peindre sur les murs avec le plus de perfection. J'ai indiqué aussi toute la suite de l'Ancien et du Nouveau Testament; la manière de représenter les faits naturels et les miracles de la Bible, et en même temps les paraboles du Seigneur; les légendes, les épigraphes qui conviennent à chaque prophète; le nom et les caractères du visage des apôtres et des principaux saints; leur martyre et une partie

---

[1] Πᾶσα Σελήνη, d'où Πανσέληνος.

[2] A Salonique, qui est la porte du mont Athos, devait se trouver autrefois une grande école de peinture. Les mosaïques de la Rotonde sont les plus anciennes et les plus belles de la Grèce entière; celles de la petite Sainte-Sophie, également à Salonique, sont des plus remarquables. Cette ville, où saint Paul a laissé tant de traces, est bien déchue aujourd'hui : le maître Pansélinos et Denys, son disciple, n'y retrouveraient plus que des lambeaux de leurs anciennes peintures, et pas le moindre artiste ayant réellement conservé leurs traditions.

[3] Τὰ μέτρα τοῦ νατουράλε signifie sans doute les mesures du corps humain. Il en sera question plus bas. Le mot νατουράλε est de ceux qui, tirés d'une langue étrangère, abondent dans ce manuscrit et en ont rendu la traduction fort difficile.

de leurs miracles, selon l'ordre du calendrier. Je dis comment on peint les églises, et je donne d'autres enseignements nécessaires à l'art de la peinture, ainsi qu'on peut le voir dans la table. J'ai rassemblé tous ces matériaux avec beaucoup de peine et de soins, aidé de mon élève, maître Cyrille de Chio, qui a corrigé tout cela avec une grande attention. Priez donc pour nous, vous tous, afin que le Seigneur nous délivre de la crainte d'être condamnés comme mauvais serviteurs.

Le plus indigne des peintres,

DENYS,<br>Moine de Fourna d'Agrapha.

QUELQUES

# EXERCICES PRÉLIMINAIRES

## ET INSTRUCTIONS

POUR CELUI QUI VEUT APPRENDRE L'ART DE LA PEINTURE.

---

Que celui qui veut apprendre la science de la peinture commence à s'en approcher et à s'y préparer d'avance pendant quelque temps, en dessinant sans relâche et simplement, sans employer de mesure, jusqu'à ce qu'il ait acquis un peu d'expérience et qu'il fasse preuve de capacité. Puis qu'il adresse à Jésus-Christ la prière et oraison suivante, devant une image de la Mère de Dieu, de la Vierge CONDUCTRICE [1], pendant qu'un prêtre

---

[1] De même que les Latins, les Grecs donnent un grand nombre de qualifications différentes à la Vierge Marie. Notre-Dame-des-Grèves, Notre-Dame-des-Neiges, Notre-Dame-d'Espérance, Notre-Dame-de-Bon-Secours, etc. sont invoquées contre les avalanches, les tempêtes, les dangers de toute espèce, le désespoir, etc. En Grèce, la Vierge-Conductrice ($\delta\delta\eta\gamma\dot{\eta}\tau\rho\iota\alpha$) guide les fidèles dans toutes leurs entreprises, les voyageurs dans leur route, les artistes dans leurs travaux. Au couvent athonite de Philothéou, une vieille peinture sur bois représente la Vierge tenant Jésus. Cette Vierge est dite Γλυκοφιλοῦσα, parce qu'elle embrasse avec tendresse l'enfant divin. Les iconoclastes je-

le bénit : « Roi du ciel, etc. etc. » ensuite l'hymne de la Vierge[1], un invitatoire et les versets de la transfiguration[2]. Puis, ayant tracé sur sa tête le signe de la croix, qu'il dise à haute voix : « Prions le Seigneur : Seigneur Jésus-Christ, notre Dieu ! vous qui êtes doué d'une nature divine et sans bornes, qui avez pris un corps dans le sein de la Vierge Marie pour le salut de l'homme ! vous qui avez daigné dessiner le caractère sacré de votre visage immortel et l'imprimer sur un saint voile, qui servit à guérir la maladie du satrape Abgare[3], et à éclairer son âme pour la connaissance du vrai Dieu ! vous qui avez illuminé de votre saint Esprit votre divin apôtre et évangéliste Luc, afin qu'il pût représenter la beauté de votre mère très-pure[4], de celle qui vous

tèrent à la mer cette peinture, mais elle fut retrouvée longtemps après dans un endroit d'où s'échappe aujourd'hui encore une source d'eau douce. Cette vierge est très-révérée et toute couverte de pièces d'or.

[1] Le *Magnificat*.

[2] La transfiguration, si chérie des peintres byzantins, est un sujet parfaitement approprié à l'artiste qui transforme ce qu'il touche et change le réel en idéal. Il n'y avait que la Grèce pour introniser ainsi l'art sur la montagne du Thabor.

[3] Abgare, roi d'Édesse, était gravement malade depuis longtemps, lorsqu'il apprit les prodiges que faisait Jésus-Christ. Il écrivit donc au Fils de Dieu de venir le guérir, lui offrant de partager avec lui sa petite ville d'Édesse. Jésus lui répondit qu'il devait accomplir en ce moment sa mission, et ne pouvait aller le trouver ; mais que, quand il serait retourné vers son Père, il lui enverrait un de ses disciples (ce disciple fut l'apôtre Thaddée), qui le guérirait. Chagriné de ne pas voir Jésus, Abgare voulut au moins avoir son portrait. Il envoya donc des ambassadeurs au Fils de Dieu, et les chargea de faire exécuter le portrait par un peintre. « Jésus, à qui rien n'est caché, et qui peut tout, dit le Damascène, ayant connu le dessein d'Abgare, prit un morceau d'étoffe, y appliqua sa figure, et y peignit sa propre image. Cette image, parfaitement conservée, se garde encore aujourd'hui à Édesse. » (Voyez les Œuvres de saint Jean Damascène, Paris, 1712, in-f°, vol. I, *Oratio prima de imaginibus*, p. 320 ; voyez aussi p. 631 et 632, même volume. Voyez Eusèbe, *Hist. eccles.* lib. I, cap. XIII ; Nicéphore Callixte, *Hist. eccles.* lib. II, cap. VII.)

[4] Les Grecs ont un tel amour pour les images, qu'ils représentent, la plupart du temps, saint Luc dans un atelier et peignant la Vierge. Chez nous, saint Luc est toujours écrivant son Évangile et très-rarement occupé à peindre. Ce seul fait peut suffire à caractériser les deux pays, au moins sous le rapport de l'art. Les Grecs sont peintres ; les peuples de l'Europe occidentale sont sculpteurs et surtout architectes.

a porté tout petit enfant dans ses bras, et qui disait: « La grâce de celui qui est né de moi s'est répandue sur les hommes ! » vous, maître divin de tout ce qui existe, éclairez et dirigez mon âme, et le cœur et l'esprit de votre serviteur (N.); conduisez ses mains, afin qu'il puisse représenter dignement et parfaitement votre image, celle de votre très-sainte mère et celle de tous les saints, pour la gloire, la joie et l'embellissement de votre très-sainte Église. Pardonnez les péchés de tous ceux qui vénéreront ces images, et qui, se mettant pieusement à genoux devant elles, rendront honneur au modèle qui est dans les cieux. Sauvez-les de toute influence mauvaise, et instruisez-les par de bons conseils. Je vous en conjure, par l'intermédiaire de votre très-sainte mère, de l'illustre apôtre et évangéliste saint Luc, et de tous les saints. Amen. »

### INVITATOIRE ET CONCLUSION.

Après la prière[1], que l'élève apprenne avec exactitude les proportions et les caractères des figures; qu'il dessine beaucoup, qu'il travaille sans relâche, et, avec le secours de Dieu, il deviendra habile au bout d'un certain temps, ainsi que l'expérience me l'a montré pour mes disciples. C'est dans ce but que j'ai travaillé avec plaisir à cet ouvrage, afin que les peintres, mes frères en Jésus-Christ, et tous ceux qui adopteront ce livre, puissent agir pour la gloire de Dieu. Qu'ils prient Dieu pour moi ! Mais, si quelque envieux ou méchant vient blâmer, en quelque façon que ce soit, mon but désintéressé, qu'il sache qu'il ne se fera tort qu'à lui-même; car, comme l'a dit un auteur, l'envie est une chose mauvaise, mais au moins a-t-elle un avantage, c'est qu'elle dévore les yeux et le cœur de celui

---

[1] Avant de peindre, Fra Angelico de Fiesole se mettait en prières, et pratiquait ainsi le conseil pieux donné par le peintre byzantin.

qui en est possédé. Dieu le sait, je n'ai fait cet ouvrage que pour être utile, autant qu'il a dépendu de moi, à celui qui se consacre à cet art, qui s'y adonne avec le goût d'un disciple zélé et désireux surtout de posséder les enseignements de ce livre. C'est à celui-là que j'adresse, avec une une grande amitié, les conseils suivants. Sachez bien, ô studieux élève, que, si vous voulez vous consacrer à cette science de la peinture, il faut que vous alliez trouver un maître savant, qui vous l'enseignera en peu de temps, s'il vous dirige comme nous le disons. Mais, si vous ne rencontrez qu'un maître dont l'instruction et l'art ne soient qu'imparfaits, tâchez de faire comme nous, c'est-à-dire recherchez quelques originaux du célèbre Manuel Pansélinos. Travaillez longtemps d'après cela, faisant des efforts, comme nous vous l'avons déjà dit, jusqu'à ce que vous parveniez à bien saisir les proportions de ce peintre et les caractères de ses figures. Allez ensuite dans les églises qu'il a peintes pour y lever des anthiboles [1], de la manière indiquée plus bas. Ne commencez pas votre ouvrage au hasard et sans réflexion; mais agissez, au contraire, avec la crainte de Dieu et avec piété dans cet art, qui est une chose divine. Faites donc attention, avant de prendre un calque, soit sur un mur, soit sur un tableau, de bien laver l'original ou prototype avec une éponge très-propre, afin d'effacer tout le noir qui s'y trouve; car, si vous ne le lavez pas tout de suite, le noir y restera et ne pourra plus disparaître, et ainsi vous serez regardé comme un impie et un contempteur des saintes images. En effet, selon le grand saint Basile, le respect que l'on rend à une image, on le rend au prototype, et le mépris d'une image entraîne souvent au mépris de la réalité. Si je vous donne, ô mes amis, ce petit avertissement et cette instruction, je le fais pour l'amour de Dieu et de mes frères, et parce que je crains le péché; car, dans plusieurs pays où j'ai passé, j'ai

[1] C'est-à-dire des calques.

trouvé des tableaux où des peintres avaient levé des calques. Ces peintres, soit qu'ils fussent ignorants, soit qu'ils ne craignissent pas le péché, ont laissé sur les tableaux le noir, qu'il m'était impossible d'enlever, quelque effort que je fisse pour cela. Mais, si le tableau que vous voulez calquer est vieux, la couleur effacée, le plâtre pourri, et que vous ayez à craindre qu'il ne soit fatigué par le travail du calque, employez la méthode suivante. D'abord, lavez avec précaution le tableau, restaurez-le avec adresse, passez dessus un vernis, et ensuite prenez un calque; enfin, après cela, lavez-le encore une fois, comme nous l'avons indiqué. — Voici, avec l'aide de Dieu, tout ce que je me suis efforcé de vous expliquer avec désintéressement et franchise. Maintenant, mon cher ami, avancez courageusement, sans redouter la peine, mais avec le plus de soin et de persévérance possible, afin d'apprendre cet art parfaitement ; car c'est une œuvre divine et que Dieu nous a enseignée, ainsi que cela est évident pour tout le monde par beaucoup de raisons, et principalement par l'existence de la vénérable image acheiropoiète[1], sur laquelle l'Homme-Dieu, Jésus-Christ, imprima son visage sacré, et qu'il envoya sur un voile, comme le type exact et divin de son visage, à Édesse, au satrape Abgare. Cette œuvre excellente fut également agréable à la sainte Mère de Dieu, et bien vue d'elle, ainsi que personne ne l'ignore, puisqu'elle encouragea et bénit l'apôtre et évangéliste saint Luc, à cause de cette science, en lui disant : « La grâce de celui que j'ai enfanté s'est répandue sur eux à cause de moi. » Ce n'est pas seulement saint Luc qui est béni, mais tous ceux qui représentent et travaillent à montrer les miracles,

---

[1] *Sine manu facta*, à laquelle la main de l'homme n'a pas travaillé. Ces images acheiropoiètes sont nombreuses, très-anciennes et très-précieuses. La plus célèbre est celle du Sauveur, la Sainte-Face, recueillie par sainte Véronique, et celle que Jésus fit envoyer au roi Abgare. Il y a des images et des statues de la Vierge qui sont également acheiropoiètes. On ne saurait étudier avec trop de soin ces œuvres si hautement vénérées.

les portraits sacrés du Seigneur, de la Mère de Dieu et des autres saints; car cet art de la peinture est agréable à Dieu et bien vu de lui. Aussi, tous ceux qui travaillent avec soin et avec piété reçoivent du ciel des grâces et des bénédictions. Mais tous ceux qui ne font d'efforts que pour l'amour de l'argent [1], et abandonnent les soins et la piété, qu'ils réfléchissent bien avant leur mort : ils doivent se rappeler avec crainte le châtiment de celui qu'ils imitent, de Judas, expiant son crime dans les tourments du feu de l'enfer, dont nous espérons tous être rachetés par les mérites de la Mère de Dieu, de l'apôtre saint Luc et de tous les saints. Amen.

[1] Le P. Macarios, peintre, le même qui me fit copier le Guide, se plaignit à moi que les peintres du mont Athos travaillassent pour de l'argent et le plus vite possible, et non plus, comme autrefois, pour la piété sincère et avec réflexion.

# GUIDE
## DE
# LA PEINTURE.

## PREMIÈRE PARTIE.

#### Comment il faut lever des calques [1].

Lorsque vous voulez lever un calque, faites de la sorte. Si le tableau original est dessiné des deux côtés, enduisez le papier avec de l'huile de sésame non bouillie; laissez-le un jour à l'ombre, afin que la matière pénètre bien. Frottez ensuite ce papier avec une pierre ponce pour enlever l'huile, afin que la peinture que voulez mettre puisse bien se coller, et que l'original ne soit pas sali par l'huile; puis, attachant les quatre coins du prototype avec votre papier imbibé d'huile, faites un peu de couleur noire délayée dans de l'œuf, et tracez avec soin les contours à jour; puis mettez les ombres. Ensuite, faites du fard et colorez votre papier; puis, avec un fard plus étendu d'eau, vous ferez les reflets [2], et ainsi il se fera comme une image, parce

---

[1] Le titre de ce chapitre porte : «Comment vous devez tirer des anthiboles : Πῶς νὰ εὐγάλῃς ἀνθίϐολα.»

[2] Les parties éclairées, λάμματα.

que le papier est transparent et que les contours de l'original paraissent au travers. Seulement, afin qu'il n'y ait pas de frottement, faites attention de n'employer que des coups de pinceau très-légers.

S'il arrive que la partie postérieure du tableau original ne soit pas tachée de peinture, mettez dessus du papier non huilé, et, l'ayant placé vis-à-vis de la lumière d'une fenêtre, ou sur un carreau de verre, ou sur un châssis, alors vous apercevrez les contours distinctement. Puis, appuyant votre main sur le papier, tracez les contours avec soin, et remplissez les lumières avec de la peinture rouge. De cette manière vous obtiendrez une copie conforme à l'original.

Mais, si l'original est sur un papier huilé, faites ainsi. Mettez dans une coquille[1] de la couleur noire et du suc d'ail, le même qui sert à dorer au pinceau; mêlez ces substances, et suivez tous les contours de l'image du saint que vous voulez copier, qu'elle soit peinte sur papier huilé, ou sur une planche, ou sur un mur, ou sur un subjectile quelconque. Ensuite, étendez les couleurs de la figure et des vêtements, et, si vous voulez, faites une seconde et une troisième couleur, et passez les teintes éclairées. Ayez soin seulement que les couleurs soient distinctes l'une de l'autre et

---

[1] Un petit vase, une coupelle, un godet. Les peintres que j'ai vus au mont Athos n'avaient pas de palette et ne fondaient pas leurs couleurs, comme on fait chez nous. Ils délayent dans un godet chacune des couleurs qu'ils emploient, et y trempent alternativement le même pinceau; de là des tons, crus presque toujours, mais sales quelquefois aussi. Plus bas, le Guide recommande l'usage d'une sorte de palette; mais, dans l'Athos, aujourd'hui, on ne défère pas à ce conseil. On se contente, lorsqu'on peint à fresque, d'essayer les couleurs, surtout pour les parties délicates, sur le champ du nimbe, qu'on ne termine qu'à la fin.

restent intacts. Ensuite, mouillez une feuille de papier de la même grandeur que l'original ; mettez-la entre d'autres feuilles de papier, pour que l'eau soit absorbée, mais cependant de manière à laisser un peu d'humidité ; placez-la ensuite sur l'original, et pressez doucement avec votre main. Faites cependant bien attention qu'il n'y ait aucun déplacement. Soulevez un des coins, et voyez si l'impression est bien faite ; si elle laisse à désirer, pressez encore avec plus de soin. Ainsi, en retirant cette feuille de papier, vous aurez un calque imprimé et en tout semblable à l'original.

Tâchez seulement, lorsque l'original est une vieille peinture sur mur, ou sur une vieille planche, d'employer plus de suc d'ail. Mais, si l'original est une peinture nouvellement faite sur mur, ou une image neuve récemment vernie, il faut moins de suc d'ail et plus de couleur. Vous pouvez essayer d'abord sur un peu de papier. Si, après avoir donné un ou deux coups de pinceau, l'impression réussit bien, peignez le reste. Faites toujours attention à ne rien entreprendre sans avoir fait un essai préalable ; autrement, vous travailleriez en vain.

### Comment il faut préparer le charbon pour dessiner.

Prenez un gros morceau bien sain de noisetier sec ou de myrte ; coupez-le en plusieurs tronçons avec une scie, et fendez-le avec une hachette en brins menus, que vous amincirez encore avec un couteau, pour leur donner la forme de crayons ; remplissez-en une marmite, dont vous couvrirez la partie supérieure avec de la toile, et que vous enduirez complétement avec de la terre. Puis allumez un four, et, lorsqu'il sera à moitié allumé, mettez la marmite au milieu de ce four; alors les morceaux de bois s'allumeront aussi et flamberont. Aussitôt que vous ne verrez plus de flammes, retirez la marmite du four, et couvrez-la de cendre ou de terre sèche. Faites attention de ne pas retirer le bois qui est dans la marmite, avant que le tout ne soit refroidi; car, si vous découvrez la marmite avant le refroidissement, le bois se consumera, et vous perdrez votre peine.

Si vous voulez obtenir une préparation plus prompte, faites ainsi. Enveloppez plusieurs morceaux de bois dans du papier ou dans de la toile, et entourez-les de charbons ardents. Ces morceaux de bois brûleront et produiront de la fumée; mais ayez soin de les retirer tous avec une pelle aussitôt que la fumée aura cessé; puis enterrez-les dans de la cendre froide ou dans de la terre, jusqu'à ce qu'ils soient éteints, et alors vous aurez fini. C'est ainsi que les peintres préparent le charbon pour dessiner.

### Sur la préparation des pinceaux.

Lorsque vous voulez préparer des pinceaux pour peindre, il faut vous procurer des queues de blaireau; vous enlèverez tous les poils qui en garnissent les côtés. Choisissez les poils droits et égaux, et rejetez ceux qui sont de travers ou qui ont des nœuds. Coupez ces poils avec des ciseaux, et mettez-les séparément sur une planche, un à un; ensuite, réunissez-les ensemble, mouillez-les avec de l'eau, serrez leurs extrémités avec les ongles de la main gauche; avec la main droite vous les tirerez par l'autre bout. Vous les préparerez avec soin, et vous les attacherez adroitement avec un fil de soie ciré; ayez soin de ne pas faire une ligature trop longue. Vous aurez l'attention de faire macérer dans l'eau la plume dans laquelle vous voulez introduire le pinceau, afin qu'il ne puisse en sortir; car, autrement, vous ne réussiriez pas. Mettez de côté tous les sommets des queues ; ils serviront à faire de grands pinceaux pour polir les enduits [1].

### Sur la préparation de la colle.

Lorsque vous voulez préparer de la colle, agissez ainsi. Prenez des peaux tannées dans la chaux; jetez-les dans l'eau tiède pour les bien détremper; lavez-les et nettoyez-les, afin d'enlever les chairs et les malpropretés qu'elles peuvent avoir; ensuite, faites-les bouillir avec de l'eau propre dans un vase de cuivre. Observez bien le moment où elles entreront en ébullition et commenceront à se dissoudre, et faites-les égoutter sur un tamis; remettez-les ainsi une seconde et une troisième fois dans l'eau, jusqu'à ce qu'elles se soient entièrement dissoutes. Si vous ne trouvez pas de peaux tannées, prenez-en qui ne le soient pas, et choisissez de préférence celles qui proviennent des pieds ou des oreilles de bœuf, et d'autres peaux qui ne puissent servir à aucun autre usage, ou de peu de valeur. Peu importe que ces peaux soient grosses; celles des buffles sont aussi bonnes que celles des bœufs. Ensuite, vous les préparerez comme il suit. Prenez de la chaux vive, mettez-la dans un seau, et ajoutez de l'eau jus-

---

[1] Le P. Macarios, qui usait de ces procédés, m'a dit que ses pinceaux étaient fort mauvais. Il désirait beaucoup que je lui envoyasse de France, où nous allions retourner, des pinceaux, qu'il savait, dit-il, être excellents.

qu'à ce que la chaux soit bien dissoute et délayée; mettez les peaux là-dedans, et vous les y laisserez jusqu'à ce que les poils tombent d'eux-mêmes, c'est-à-dire environ une semaine. Ensuite, retirez-les, lavez-les et nettoyez-les bien. Puis vous les ferez sécher, et, lorsque vous voudrez faire de la colle, vous agirez comme nous l'avons dit plus haut. Mais, si vous êtes pressé et que vous n'ayez pas de chaux, faites macérer les peaux sans être tannées; puis faites-les un peu bouillir. Tirez-les de la marmite, enlevez bien toute la graisse et toute la chair, et coupez-les avec une hachette, afin qu'elles puissent cuire plus promptement. Ne séparez pas entièrement les morceaux les uns des autres, mais laissez-les adhérents, afin de pouvoir faire égoutter plus facilement. Ainsi, en les faisant bouillir, vous obtiendrez de la colle. Si vous voulez la faire dessécher, faites-la bouillir seule, sur un peu de feu, jusqu'à ce qu'elle se coagule; mais ne la perdez pas de vue, car elle peut s'emporter et déborder. Il est donc nécessaire que vous soyez présent, afin que, lorsqu'elle bout, vous l'ôtiez du feu au moment où elle va déborder. Vous faites cesser ce débordement en plaçant le fond du vase sur de l'eau froide, que vous avez préparée pour cela auprès de vous. Remettez la colle plusieurs fois sur le feu, jusqu'à ce qu'elle soit coagulée, et faites-la refroidir. Tendez un fil fortement, et servez-vous-en pour couper la colle en petits morceaux. Placez ces morceaux sur une planche, où vous les laisserez deux ou trois jours, jusqu'à ce qu'ils commencent à durcir; ensuite, vous les enfilerez dans une corde, et vous les suspendrez à l'air jusqu'à ce qu'ils soient complétement desséchés. Vous pouvez, après cela, les garder, pour vous en servir au besoin. Ayez soin de choisir un temps froid pour préparer la colle; car, lorsqu'il fait chaud, elle ne réussit pas aussi bien, mais elle se corrompt facilement.

### Comment il faut préparer le plâtre.

Lorsque vous voulez cuire et fabriquer du plâtre, agissez ainsi. Choisissez-le d'abord avec soin; puis cassez-le au marteau en petits fragments; n'employez que celui qui est bien blanc et brillant. Ensuite, allumez un four et faites-le rougir. Otez les charbons. Balayez bien et promptement avec une branche, et mettez immédiatement le gypse dans le four, dont vous empêcherez le refroidissement en le couvrant avec soin et en faisant un enduit avec de la terre détrempée, préparée d'avance et toute prête. Veillez à ce qu'il ne se fasse aucune crevasse jusqu'à ce que la terre soit bien sèche, car le calorique s'échapperait; pour éviter cet inconvénient, il faut que tout soit hermétiquement bouché. Trois jours après, retirez le plâtre du four. S'il est bien cuit, tant mieux; s'il ne l'est pas assez vous en serez quitte pour avoir un peu plus de peine à le piler. En le tirant du four, broyez-le sur un marbre et passez-le dans un tamis bien fin; ce qui reste sur le tamis, vous le pilerez de nouveau, et vous le tamiserez jusqu'à ce qu'il soit bien fin. Ensuite, vous préparerez votre plâtre de la manière suivante. Faites tiédir de l'eau dans un vase de cuivre, et ayez soin d'avoir toujours auprès de vous de l'eau froide et de l'eau tiède, parce qu'il faut que vous puissiez mettre le gypse dans une eau qui ne soit ni trop chaude ni trop froide. Trempez vos mains dans l'eau et agitez-la, afin que le plâtre ne se fixe pas aux parois du vase. Une autre personne versera le plâtre tout doucement et peu à peu dans l'eau, et vous, vous aurez soin de l'agiter et de le délayer, afin qu'il ne se forme ni gros ni petits morceaux. Si vous laissiez des morceaux se former, ils deviendraient aussi durs que des pierres, et ne pourraient plus s'écraser. Faites aussi attention de ne pas mettre beaucoup de plâtre dans les vases de cuivre; car, lorsque les vases ne contiennent pas beaucoup d'eau, le gypse s'attache à leurs parois et devient dur comme une pierre, ce qui vous empêche de le retirer sans perdre les vases. Dans un vase qui contiendra cinquante ocques d'eau, vous ne mettrez que vingt ocques de gypse, ou même moins, si vous voulez, mais pas davantage. En résumé, pour faire de bon plâtre, il faut en mettre une petite quantité dans un vase contenant beaucoup d'eau. Vous le laisserez ensuite se précipiter au fond du vase, dont vous retirerez l'eau peu à peu, jusqu'à ce que le plâtre reste comme coagulé; vous le retirerez alors du vase, et vous l'étendrez sur des planches jusqu'à ce qu'il soit complétement desséché. Si vous êtes pressé, filtrez-le sur une toile, ce qui se fera promptement; puis étendez-le sur des planches, comme nous l'avons dit. Lorsqu'il sera bien sec, chauffez le four une seconde fois, et faites recuire le plâtre. Vous le pilerez et le préparerez comme la première fois, et vous le ferez dessécher sur des planches. Ou bien, pour aller plus vite, placez-le dans un four échauffé, ou exposez-le au soleil, ce qui ne le gâtera pas, mais, au contraire, le rendra meilleur. Enfin, vous le pilerez bien et vous le conserverez, pour le mêler avec la colle et faire des enduits de plâtre, lorsque vous le voudrez[1].

[1] Le même peintre Macarios regrettait que les artistes du mont Athos

### Comment il faut enduire de plâtre les tableaux.

Lorsque vous voulez enduire des tableaux avec du plâtre, et que ces tableaux sont grands et nombreux, faites cuire des peaux pour faire de la colle neuve, comme nous l'avons expliqué, parce que la vieille colle s'aigrit, si l'on met trop de temps à faire les enduits. Mais, si vous êtes pressé et que les images ne soient pas nombreuses, agissez ainsi. Cassez de la colle sèche en petits morceaux; mettez tremper ces morceaux pendant une nuit, dans un vase, en un endroit frais, afin que la colle ne tourne pas; ensuite, faites-la bouillir et remuez-la avec un morceau de bois jusqu'à ce qu'elle soit fondue. Prenez-en la quantité nécessaire pour les tableaux que vous avez à préparer, et ajoutez-y un peu d'eau pour la rendre moins épaisse. Passez une couche de colle sur les tableaux, en ayant soin de l'empêcher de briller ou de former des bouillons; mais il faut qu'elle soit absorbée par la planche. S'il y a du soleil, exposez à ses rayons cette première couche, afin que l'humidité s'évapore; plus tard, il ne faudrait pas exposer la planche au soleil, parce que le plâtre se gonflerait. Lors donc que les tableaux seront secs, mêlez du plâtre avec de la bonne colle, en quantité suffisante pour donner trois ou quatre couches. Essayez d'abord sur une petite planche, et, si le plâtre est trop dur, ajoutez de l'eau chaude, afin qu'il se ramollisse; si, au con-

---

fussent obligés de tout faire par eux-mêmes, leurs pinceaux, leur colle, presque leurs couleurs. Il disait, non sans raison, que le temps considérable employé à ces préparations l'était au détriment de l'art, chaque peintre faisant mal ces choses et y perdant beaucoup de temps.

traire, le plâtre est trop mou, ajoutez de la colle pour obtenir un degré convenable. Passez ainsi deux ou trois couches; à la quatrième, vous ajouterez du péséri et une petite quantité de savon, que vous repasserez plusieurs fois, et l'opération sera finie. Ayez soin de ne pas vous presser, et de ne pas mettre une trop grande quantité de plâtre pour aller plus vite; car, lorsque vous voulez gratter pour polir, la première couche se sépare de la seconde, et le tableau devient inégal. Étendez donc le plâtre en couches minces et nombreuses, afin d'obtenir une bonne surface de plâtre. Si vous êtes en été, et si vous craignez que le gypse ne se fende, vous préparerez de la colle séparément, et vous en ajouterez une petite quantité à chaque couche de plâtre. On évite ainsi que la colle, abandonnée trop longtemps avec le plâtre, ne se gâte, et que le tableau ne se fende. Ensuite vous dessinerez et dorerez votre tableau.

#### Comment il faut faire les nimbes sur les tableaux.

Lorsque vous dessinerez une image, décrivez un cercle avec un compas. Prenez un fil de coton et trempez-le dans le gypse, afin qu'il en soit bien enduit; puis vous le placerez tout autour du nimbe, en suivant la ligne tracée au compas. Vous ferez ensuite tourner le compas dans la partie intérieure du cercle décrit par ce fil, afin de le rendre plus régulier. Mettez un fil mince pour les petites images, et un fil plus gros pour les grandes. Quand cela sera sec, ajoutez un enduit de plâtre, si vous voulez que le nimbe soit en relief[1]; dessinez-y ensuite l'ornement que vous voudrez, et

---

[1] Le nimbe est un ornement circulaire, une petite auréole, dont on entoure

ajoutez du plâtre sur les rinceaux et sur les fils, afin d'obtenir un peu de saillie. Puis grattez soigneusement, et dorez les fleurs, que vous achèverez avec un os pointu. Vous aurez soin de rehausser les fleurs en rendant ce plâtre différent de celui que vous avez employé d'abord; pour cela, vous y ajouterez un peu d'ocre pour le jaunir.

Comment il faut enduire de plâtre une clôture de chœur [1].

Lorsque vous voulez enduire de plâtre une clôture qui n'est pas encore clouée, commencez par faire cuire des peaux pour avoir de la colle. Ensuite couchez à terre la clôture, et, s'il fait beau et que le lieu le permette, exposez-la au soleil, afin que les planches s'échauffent un peu. Ensuite,

la tête des saints et des personnes divines; il en sera question plus loin. En Grèce, comme en Italie, et très-rarement chez nous, on modèle les nimbes avant de les peindre. C'est au relief des nimbes que j'ai soupçonné, en 1836, sous un badigeon très-épais, l'existence de peintures à fresque dans une des chapelles absidales de Saint-Julien de Brioude. Ces fresques, qu'on va débadigeonner, si elles ne le sont déjà, représentaient de grands saints en pied, parmi lesquels j'ai cru reconnaître saint Pierre au relief de ses clefs peintes et modelées comme les nimbes.

[1] Les clôtures de chœur, les récentes surtout, sont en bois, remarquablement sculptées à jour; elles montent quelquefois jusqu'à la naissance de la voûte, et font comme un mur de refend; c'est une cloison, si ce n'est qu'on voit le jour à travers les rinceaux et les sujets sculptés. Chose singulière, les Grecs, qui sont briseurs de figures en relief, sculptent cependant des scènes religieuses, la vie de la Vierge, celle de Jésus-Christ, divers sujets de l'Ancien et du Nouveau Testament, sur ces clôtures. Les plus belles clôtures que j'aie vues sont à Saint-Jean-l'Évangéliste, la principale église de Smyrne; au couvent de Saint-Karalampos, aux Météores; à celui de Zographou, au mont Athos. Les anciennes clôtures, celle, entre autres, du couvent de Saint-Luc en Livadie, sont de construction en pierre ou en marbre, à colonnes et arcades, ou bien en plate-bande, comme celle de Saint-Marc, à Venise.

délayez de la colle avec de l'eau dans un vase de cuivre, et faites-en fondre une quantité suffisante pour donner une couche à toute la clôture. Il faut que la colle soit un peu chaude, autrement elle se coagulerait trop vite. Vous prendrez une planche de la clôture, vous la placerez au-dessus de l'orifice du vase de cuivre, et, prenant de la colle dans un tube, vous la verserez sur les sculptures, jusqu'à ce qu'elles en soient entièrement couvertes. Prenant ensuite une brosse, frottez les sculptures pour les imprégner complétement; retournez la planche, et faites retomber dans le vase le surplus de la colle. Faites-en autant à toutes les planches les unes après les autres. Si la colle venait à se refroidir, chauffez-la à plusieurs reprises, afin de l'empêcher de se coaguler ou de former des bouillons. Si les planches sont très-grandes, qu'un ou deux hommes les retournent et versent la colle pendant qu'un troisième frottera avec une brosse. Exposez ces planches au soleil, s'il n'est pas trop ardent, afin de les faire sécher; si vous voyez quelque bouillon, corrigez-le avec un couteau. Ayez toujours soin d'essayer la colle sur une petite planche, afin qu'elle ne soit pas trop épaisse ni brillante, parce qu'alors le plâtre se fendrait en séchant; mais il faut que les planches puissent boire la colle pour que la clôture soit bien faite. Ensuite, préparez du plâtre bien délayé dans le même vase; versez-le avec le petit tube sur les sculptures, et renversez les planches comme vous l'avez exécuté en appliquant la colle, afin de faire écouler le surplus du liquide. Vous aurez soin de faire aussi l'essai du plâtre sur une petite planche, afin qu'il ne soit ni trop dur ni trop mou. Passez plusieurs couches, et empêchez le plâtre de se coaguler dans les sculptures; maintenez-le dans un état qui ne soit ni trop épais ni trop liquide. Pour que cet enduit de plâtre puisse se terminer en deux ou trois couches, mêlez bien le plâtre et la colle, et laissez-les sécher. Si le soleil n'est pas trop ardent, sortez les planches entre la première et la seconde couche seulement; il faut même avoir soin de ne pas les exposer au soleil immédiatement après avoir mis l'enduit, mais lorsqu'il aura déjà séché à l'ombre. Si vous les exposiez trop tôt au soleil, l'enduit s'écoulerait des parties saillantes, et se ramasserait dans les creux, ce qui empêcherait l'opération de se bien faire. Dans la troisième ou la quatrième couche, vous ajouterez un peu de péséri [1] et une petite quantité de savon, que vous ferez fondre dans de l'eau chaude avant de le mêler avec le plâtre. S'il se faisait des fentes, vous agiriez comme nous avons dit plus haut pour les tableaux. Vous finissez ainsi par obtenir un plâtre si uni, qu'il n'a pas besoin d'être gratté. Si vous êtes en hiver, vous allumerez du feu dans une grande salle, afin que le plâtre ne gèle pas et que les planches absorbent bien la colle. C'est ainsi que vous enduirez de plâtre les clôtures non clouées; elles n'ont pas besoin d'être polies ni grattées, mais seulement d'être réunies, couvertes d'ampoli [2] et dorées.

**Comment il faut enduire de plâtre une clôture de chœur sans la déplacer.**

Si la clôture est clouée et immobile, faites d'abord une échelle, et commencez par la partie la plus élevée, et endui-

---

[1] On va dire plus bas ce que c'est que le péséri.
[2] Plus bas, on définira l'ampoli.

sez-la de plâtre absolument de la manière indiquée pour les tableaux. Donnez cinq ou six couches avec la brosse. Lorsque ces couches seront sèches, égalisez avec une râpe; ensuite, vous passerez de l'ampoli, et vous dorerez comme nous vous l'indiquerons plus bas.

### Sur la préparation du rouge ampoli.

Prenez du bol. Ayez soin de choisir le meilleur : c'est celui qui n'est pas très-rouge et qui présente à l'intérieur des veines blanches. Il faut, pour qu'il soit de bonne qualité, que ces veines ne soient pas dures comme de la pierre ou de la terre, car alors il est mauvais. Mêlez dix-huit drachmes de ce bol, deux drachmes d'ocre de Constantinople, une demi-drachme de lampezi, c'est-à-dire de plomb rouge, et une demi-drachme de suif. Brûlez ensuite une feuille de papier, et ajoutez-la avec une demi-drachme de mercure. Apprenez comment il faut diviser le mercure : vous le mettez peu à peu dans une de vos mains avec de la salive, et, avec les doigts de l'autre main, vous l'écrasez et vous parvenez à le diviser. Ensuite, vous placerez toutes ces substances ensemble sur un marbre, et vous les broierez avec force. Puis passez de l'ampoli sur ce que vous voudrez; appliquez deux ou trois couches très-minces de dorure à l'aide du raki[1], et vous obtiendrez un résultat qui vous étonnera.

### Autre ampoli.

Prenez du bol, comme plus haut, et une même quantité

---

[1] Eau-de-vie, ou plutôt espèce d'alcool.

d'ocre; pilez-les bien ensemble. Broyez aussi un peu de savon et de blanc d'œuf. Employez cet ampoli, et dorez comme plus haut.

### Autre ampoli.

Prenez du kilermeni, c'est-à-dire du même bol, huit drachmes; une drachme de mercure, une drachme de suif, une ou deux drachmes de plomb rouge, une drachme de cinabre, une drachme de fiel, cinq drachmes d'ocre de Constantinople; ajoutez un peu de blanc d'œuf. Pilez tout cela ensemble, et servez-vous de ce composé pour fixer l'or.

### Comment il faut dorer les images.

Dessinez une image avec une pointe très-fine; nettoyez bien ensuite le tableau, et enlevez les taches s'il y en a, en grattant avec précaution. Mettez ensuite deux ou trois couches très-minces d'ampoli sur l'image. Lorsque ces couches seront sèches, placez le tableau horizontalement devant vous. Prenez des feuilles d'or et adaptez-les sur le tableau, en fixant chaque feuille par ses extrémités avec un instrument en os, afin que le vent ne les emporte pas. Mettez ensuite du raki dans une petite cafetière, et versez cette liqueur sur les bords du tableau. Puis vous soulèverez le tableau afin de faire couler le raki et d'imprégner toute la surface. Ayez soin d'humecter promptement, afin que le plâtre ne se sèche pas. Redressez ensuite le tableau, raccommodez les petits défauts, laissez-le sécher, et enfin brunissez-le.

### Comment il faut dorer une clôture qui n'est pas encore en place.

Passez de l'ampoli sur cette clôture comme sur les tableaux. Placez devant vous la planche que vous voulez dorer; et, si les sculptures ne sont pas profondes, étendez dessus les feuilles d'or et appuyez-les avec l'os, afin qu'elles se fixent bien sur les sculptures. Puis versez du raki en quantité suffisante, et redressez la planche, afin que le raki s'écoule au dehors et que toutes les sculptures en soient imprégnées. Si quelque partie n'est pas humectée, introduisez un peu de raki avec une plume, et pressez avec du coton, afin que l'or se fixe bien. Placez ensuite la planche verticalement pour la faire sécher, et brunissez-la. Pour les sculptures profondes et les morceaux de bois sphériques, qui ne peuvent pas être mouillées commodément, passez dessus un tampon de coton ou une éponge imprégnée de raki; et, soulevant une feuille d'or avec du papier, appliquez d'abord les quatre angles avec une plume sur une partie bien mouillée, afin qu'il y ait adhérence. Enlevez le papier avec précaution, et l'or restera fixé sur le plâtre. Reprenez les parties où l'or n'a pas été adhérent, en introduisant de l'ampoli avec une plume, et brunissez ensuite comme vous avez appris plus haut.

### Comment il faut dorer une clôture qui est en place.

Après avoir disposé un échafaudage pour appliquer l'enduit de plâtre, entourez cet échafaudage avec des nattes et des tapis, afin que le vent ne vienne pas vous gêner pour l'application de l'or. Mettez ensuite de l'ampoli sur la clôture, comme vous l'avez vu plus haut. Taillez les feuilles d'or en morceaux de la grandeur qui vous plaira. Prenez du raki avec une éponge ou avec une brosse douce faite de poils de blaireau, ou avec un tampon de coton, et mouillez l'endroit où vous avez mis de l'ampoli. Immédiatement après, prenez de l'or et posez-le sur l'endroit mouillé ; arrangez-le ensuite et brunissez-le avec soin. Sous les sculptures, vous mettrez de la couleur avec de la colle de peau ou avec de l'œuf, et continuez ainsi jusqu'à la fin. Si vous voulez, faites ce que je vais vous dire, et profitez du conseil d'un maître expérimenté : prenez de l'ocre de Constantinople, pilez-la avec de la colle et un peu de crocus, et enduisez avec cette préparation tout ce que vous voudrez dorer. Ensuite, vous mettrez de l'ampoli rouge aux extrémités des fleurs, et vous les dorerez avec le raki [1].

Sur la préparation du proplasme de Pansélinos.

Prenez du fard,...[2] drachmes; de l'ocre,... drachmes; du vert,... drachmes, et du noir,... drachmes. Broyez tout cela à la fois sur un marbre, et recueillez ce mélange dans un encrier, pour enduire les endroits où vous voulez peindre des chairs.

[1] Les clôtures du sanctuaire sont dorées entièrement, du bas en haut. Ces gros rinceaux d'or en bosse, à travers lesquels on voit le jour et l'on entrevoit le fond du sanctuaire et le magnifique ciborium, produisent l'effet le plus magique.

[2] Le manuscrit ne détermine pas les quantités. Cette omission n'a peut-être pas une grande importance : évaluées en drachmes, ces quantités seraient encore très-vagues pour nous.

### Comment il faut esquisser les yeux, les sourcils et toute autre partie d'une image où il faut employer la couleur de chair. (Du même Panselinos.)

Mêlez du noir et de l'oxy. Esquissez les yeux, d'abord très-finement, puis un peu plus fortement ; passez ensuite aux prunelles, aux sourcils et aux narines.

### Autre manière. (Du même.)

Prenez de l'ombre,... drachmes, et du bol,... drachmes ; mélangez-les sur un marbre ; quand vous les aurez recueillis vous vous en servirez pour dessiner les yeux, les bouches, etc. Dans les parties plus foncées, vous donnerez de la force avec de l'ombre seulement : ajoutez du noir pour les prunelles et les narines.

### Comment il faut faire la couleur de chair. (Du même.)

Prenez du fard[1] de Venise ou du bon fard de France, en trochisques,... drachmes ; de l'ocre de Venise,... drachmes (ou une autre si vous ne pouvez vous procurer de celle-ci), et du cinabre,.... drachmes. Si vous voulez que cette cou-

---

[1] Il n'est pas probable que l'auteur entende par ce mot le fard des parfumeurs, couleur très-peu solide ; c'est plutôt un *blanc* employé en peinture, comme le blanc de céruse, par exemple. La préparation indiquée page 48, et celle indiquée page 58, donnent toutes deux des *blancs* très-différents de composition chimique et que l'auteur appelle cependant du même nom de fard. La céruse, d'ailleurs, ne s'est-elle pas appelée autrefois blanc de fard? (Note de M. Paul Durand.)

leur soit plus belle, commencez par piler le cinabre; précipitez-le dans l'eau, recueillez cette eau, et n'employez que le dépôt qui se formera à sa partie inférieure. Vous obtiendrez ainsi une très-belle couleur.

### Autre chair.

Prenez du fard,... drachmes, et l'ocre jaune rougeâtre, ... drachmes. Pilez-les ensemble et faites les chairs. Si vous n'avez pas d'ocre jaune rougeâtre, prenez une autre ocre; mêlez-la et combinez-la avec un peu d'œuf pour la rendre plus rouge. Ensuite, faites les chairs comme vous l'avez appris plus haut, mais faites attention de ne pas les faire trop rouges. Si vous avez de l'ocre de Thasos, vous n'aurez pas besoin d'ajouter du bol.

### De la préparation du glycasme.

Prenez deux parties de la couleur de chair et une partie, ou un peu moins, de proplasme; unissez-les dans une coquille, et vous aurez un glycasme qui vous servira à faire les chairs que vous voudrez.

### Comment il faut faire les carnations.

Lorsque vous aurez fait le proplasme et esquissé un visage ou une autre partie, vous ferez les chairs avec le glycasme dont nous avons donné la recette, et vous l'amincirez sur les extrémités, afin qu'il s'unisse bien au proplasme. Vous ajouterez de la couleur de chair sur les parties saillantes, en l'amincissant comme le glycasme, peu à peu. Chez les vieillards, vous indiquerez les rides, et chez les jeunes gens les angles des yeux. Ensuite, vous emploierez le fard avec précaution pour donner de la lumière, mélangeant les touches de fard et celles de couleur de chair, d'une manière très-légère d'abord, et augmentant ensuite la force. C'est ainsi que l'on fait les chairs, suivant Pansélinos.

### Des rouges.

Sachez que, pour la figure de la sainte Vierge et des jeunes saints, il faut mettre une couche très-mince de fard sur le milieu du visage, en prenant bien soin d'unir le cinabre avec la couleur de chair. Dans les ombres, et sur le contour des mains, il faut mettre une couche très-mince de bol, ainsi que pour faire les rides des vieillards. Les parties qui sont au-dessus des yeux devront être séparées avec le glycasme, comme nous l'avons dit plus haut.

### Des chevelures et des barbes.

Prenez de l'ocre foncée; brûlez-la au feu jusqu'à ce qu'elle devienne d'un rouge noir, et, lorsque vous voudrez peindre les cheveux du Christ et des jeunes saints, ajoutez-y un peu de noir et broyez-les ensemble. Prenez ensuite un peu de proplasme et de noir, et faites des ombres peu foncées. Pour les ombres qui sont très-obscures, employez du proplasme pur : du noir et de l'ocre pour la première couche; pour la seconde, de l'ocre pur, que vous aurez soin de fondre sur les extrémités. Pour faire les lèvres des saints, mêlez du fard et du cinabre; pour les bouches, n'employez que du cinabre; pour l'ouverture de la bouche, mêlez du cinabre à d'autres couleurs. Dans les parties privées de lumière presque complétement, employez du noir et de l'ombre; pour les sourcils, mettez d'abord du glycasme fin, que vous rehausserez en donnant un peu de lumière. C'est ainsi que se font les chevelures, les lèvres, les bouches et les sourcils des jeunes saints. Mais les barbes et les chevelures des vieillards, faites-les ainsi : mettez du fard et un peu de noir avec du proplasme, et passez une première couche; ensuite, passez-en une seconde plus claire dans les lumières, et ajoutez du noir dans les ombres. Pour donner du relief aux barbes, rehaussez-les avec un peu de fard; elles seront ainsi plus lumineuses. Vous ferez de même pour les moustaches, et vous n'emploierez que du bol pur pour les bouches. Sur les lèvres, vous mettrez un peu de couleur de chair rouge; sur les sourcils, vous pouvez mettre du glycasme, ou n'en pas mettre du tout. C'est ainsi que se font les cheveux, les barbes et les lèvres des vieillards.

### Comment il faut donner des reflets[1] aux habits.

Lorsque vous voulez rehausser les vêtements avec une couleur quelconque, faites d'abord une couleur brillante avec un peu de couleur et de fard, et employez cela pour passer une première couche sur un vêtement que vous aurez enduit de proplasme. Passez ensuite une couche plus foncée, qui se fonde bien sur les ombres. Ajoutez du fard sur les lumières, mais ayez soin, au contraire, de ne pas employer

---

[1] Λαμματίζειν, donner du brillant, du lustre.

de fard dans les ombres. C'est ainsi que se font les reflets naturels.

### Comment il faut travailler sur la nacre.

Enduisez la nacre avec du proplasme d'œuf bien délayé, et propre à recevoir la peinture. Ensuite, dessinez avec une pointe fine la figure du saint que vous voulez peindre, et passez une seconde couche de proplasme et de fard. Dessinez bien le saint avec une couleur aqueuse, et passez plusieurs couches très-minces de proplasme, que vous laisserez bien dessécher, afin qu'il ne forme pas de fentes ni d'écailles lorsqu'on aura mis le vernis. Faites le nimbe avec un mordant.

### Comment il faut travailler sur toile avec l'œuf, pour n'avoir pas de fentes.

Clouez d'abord quatre morceaux de bois et étendez la toile sur ce châssis. Vous mettrez ensuite de la colle, du savon, du miel et du gypse avec soin ; et, les délayant dans de l'eau chaude, vous imprégnerez la toile à deux ou trois reprises, jusqu'à ce qu'elle soit bien uniforme. Lorsque la toile sera bien sèche, vous la polirez bien avec l'os, et alors vous pourrez travailler avec l'œuf. Vous fixerez l'or sur les nimbes avec un mordant ; et, si vous voulez, vous passerez une légère couche de vernis, ce qui réussit fort bien[1].

---

[1] Pour cette première partie du Guide, il est nécessaire de lire Théophile (*Diversarum artium schedula*), dans l'excellente édition et traduction qu'en a donnée M. le comte Charles de l'Escalopier; Paris, 1843, in-4° de LXXII et 314 pages. Il y a d'utiles comparaisons à faire entre Théophile et Denys, entre le moine latin et le moine grec.

## PREMIÈRE PARTIE. 39

Sur le mordant à l'ail, ou comment il faut préparer l'ail pour la dorure.

Prenez une bonne quantité d'ail au mois de juillet ou d'août. Épluchez cet ail et écrasez-le dans un mortier; passez-le dans dans un linge propre au-dessus d'un vase, et mettez-le au soleil, jusqu'à ce qu'il soit bien coagulé. Mais veillez à ce qu'il n'y tombe pas des poils ni des insectes. Lorsque vous voudrez dorer au pinceau, vous mélangerez avec ce suc une autre couleur, en ayant soin de mettre une plus grande quantité de suc que de couleur, afin que l'or adhère bien. Lorsque vous l'aurez appliqué sur un objet, vous le laisserez un peu se sécher, et vous appliquerez l'or en chauffant avec votre haleine; puis nettoyez avec la patte de lièvre. Lorsque vous voulez passer le vernis sur une image, exposez-la d'abord au soleil pour l'échauffer, car il arrive souvent que les endroits préparés avec le suc d'ail prennent de l'humidité et se détachent.

### Comment il faut cuire le péséri.

Prenez du péséri et mettez-le dans un large bassin de cuivre; exposez-le à un soleil ardent pendant quarante jours. Faites attention seulement à ne pas le laisser se coaguler trop solidement; car il y a du péséri qui se prépare très-vite, et d'autre plus lentement. Lorsqu'il aura la consistance du miel, il sera bon; si vous le laissiez épaissir davantage, vous ne pourriez plus le mêler à d'autres substances ni l'étendre sur les images sans qu'il fît des grumeaux. Vous aurez donc soin de le couvrir tous les soirs ou de le rentrer à la maison, car la rosée de la nuit le gâte. Lorsque vous le verrez arrivé à un degré convenable, vous le passerez dans un linge pour le purifier des poils et des insectes qui ont pu le salir, et vous aurez alors du péséri cuit au soleil.

### Comment il faut faire la pégoula.

Prenez de la résine de sapin, autant d'ocques que vous voudrez ; mettez-la dans un vase de cuivre d'une capacité double du poids de la résine, et placez-la sur le feu pour la faire cuire. Ayez soin de l'empêcher de déborder ; si vous la voyez monter, retirez-la du feu et soufflez dessus avec un chalumeau, ou placez la chaudière dans un autre vase rempli d'eau froide, ce qui arrête sur-le-champ le débordement. Remettez-la ensuite sur le feu, et recommencez ainsi à plusieurs reprises, jusqu'à ce que la résine cesse de déborder. C'est ainsi que se prépare la pégoula. Retirez-la du feu et versez-la dans un vase de cuivre plein d'eau, que vous aurez préparé pour cela. Recueillez ensuite la pégoula et conservez-la.

### Vernis de péséri.

Prenez du péséri que vous aurez fait cuire au soleil, cent drachmes, et de la pégoula, soixante et quinze drachmes. Mettez-les dans une marmite sur le feu, afin de faire fondre et combiner ensemble ces deux substances. Filtrez et employez ce vernis en l'exposant au soleil. Faites attention de passer la première couche aussi mince que possible, pour éviter les bouillons. Si le mélange est trop épais, et qu'il soit difficile de l'étendre, ajoutez du naphte ou du péséri non cuit; par ce moyen, vous obtiendrez un vernis plus liquide. Si vous avez une grande quantité de mastic, prenez cinquante drachmes de pégoula et vingt-cinq drachmes de mastic; ce mélange vous donnera un vernis très-bon et très-brillant.

### Autre vernis de sandaloze [1].

Prenez cent drachmes de sandaloze; pilez-les sur un marbre ou dans un mortier, pour en faire une poudre très-fine. Mettez cette poudre dans une marmite, avec un peu de naphte et un peu de péséri, pour l'empêcher de brûler ou de noircir en fondant. Placez le vase sur des charbons allumés et couvrez-le avec une plaque; découvrez-le souvent pour remuer avec un bâton jusqu'à ce que tout soit bien fondu. Lorsque ce sera fondu et qu'il se formera de l'écume, retirez le vase du feu, et ajoutez une demi-ocque de péséri cuit au soleil et chauffé d'avance. Puis vous filtrerez dans une toile fine, et vous conserverez ce vernis dans un vase; s'il se durcit trop, vous ajouterez du naphte, ce qui permettra de l'étendre facilement et sans qu'il fasse de bouillons.

### Vernis de naphte.

Prenez douze drachmes de sandaraque et trente drachmes de pégoula. Pilez sur un marbre la sandaraque et passez-la dans un tamis; faites de même pour la pégoula. Mettez-

---

[1] Σανταλόζι, dit le manuscrit.

les fondre ensuite séparément, dans des marmites placées sur des charbons ardents. Puis vous les réunirez, en ajoutant du naphte et en remuant avec une baguette. Ajoutez ce naphte peu à peu, afin que la sandaraque ne se coagule pas; si par hasard elle se coagulait, retirez de suite le naphte, et replacez le vase sur le feu jusqu'à ce que tout soit bien fondu. Remettez du naphte, chauffez et filtrez dans une toile fine. Si ce vernis est trop épais, ajoutez un peu de naphte au moment de vernir. Ce vernis se sèche à l'ombre en un jour, et quelquefois plus vite. Lorsque vous voudrez vernir une image, chauffez-la un peu au soleil ou au feu, afin d'empêcher les préparations d'ail de se détacher. Il faut avoir soin de tenir l'image dans une position horizontale, pour empêcher le vernis de couler. Ce vernis s'étend facilement, mais n'est pas le meilleur.

### Du vernis jaune.

Prenez vingt drachmes de sandaraque et dix d'aloès. Pilez-les pour les réduire en poudre, et passez-les dans un tamis. Puis faites-les fondre dans une marmite. Ajoutez du péséri cuit au soleil, cinquante drachmes. Lorsque vous voudrez vernir, vous étendrez ce mélange avec un peu de naphte; il peut vous servir pour vernir de l'argent et le rendre jaune.

### Vernis de raki, pouvant se sécher au soleil.

Prenez du raki très-fort, distillé quatre ou cinq fois. Mettez vingt drachmes de ce raki dans un petit vase, et faites-le bouillir sur les charbons. Pendant qu'il est en ébullition, ajoutez dix drachmes de sandaraque bien pulvérisée. Quand cette substance sera fondue, ajoutez cinq drachmes de pégoula, et laissez le mélange sur le feu quelque temps. Puis vous filtrerez dans une toile fine, et l'opération sera terminée. Lorsque vous voudrez employer ce vernis, exposez d'abord pendant quelque temps l'image au soleil ou au feu pour l'échauffer; chauffez aussi un peu le vernis, et étendez-le avec un pinceau, en une ou plusieurs couches. — Sachez aussi que les Vénitiens ne mettent pas d'or aux images; mais ils emploient, pour le remplacer, un vernis qui, dans la langue allemande, porte un nom que l'on peut traduire dans la nôtre par ceux-ci : couleur d'or, ou or-couleur.

### Comment il faut nettoyer les vieilles images.

Lorsque vous voulez nettoyer les vieilles images, remplissez d'eau un pétrin assez grand pour contenir le tableau étendu sous l'eau. Couchez ensuite le tableau sur le dos, la peinture tournée en haut. Prenez de l'eau forte, filtrée et tiède, et versez-la sur le tableau, en l'étendant avec un grand pinceau de soie de sanglier. Frottez de manière à ne pas enlever les couleurs; car une friction trop active enlèverait les couleurs et le vernis. Il vaut mieux ne pas laver toute l'image simultanément; mais seulement peu à peu, afin de ne pas la gâter. Ainsi donc, lavez une partie du tableau avec le pinceau et l'eau forte; puis trempez l'image sous l'eau dans le pétrin, afin que les ordures et l'eau forte s'en aillent. Continuez de même pour un autre endroit, et replongez le tableau dans l'eau. Vous parviendrez ainsi à nettoyer toute la surface sans rien gâter. Mais si vous voulez nettoyer tout le tableau à la fois, vous mettrez trop de temps à cette opération, l'eau forte, restant trop long-temps sur la couleur, l'altérera ainsi que le gypse. Agissez donc comme nous vous l'avons indiqué. Lorsque le tableau sera entièrement nettoyé, restaurez les endroits effacés, et passez un vernis qui lui rendra tout son éclat. Ayez soin de vous essayer d'abord sur un petit tableau. Si vous réussissez, entreprenez-en un plus grand; sinon, abandonnez ce soin, pour ne pas vous mettre mal avec le maître. Ce que j'écris ici, il ne faut pas le regarder comme un conte; car moi-même, après avoir essayé, j'ai bien réussi; mais un autre, qui voulut m'imiter sans faire d'essai, perdit un tableau, et il ne lui resta plus entre les mains qu'une planche nue.

Comment il faut faire la peinture pour donner du lustre[1].

Prenez de la colle, de l'eau forte et de la cire blanche en égale quantité; mêlez-les ensemble et placez-les sur le feu pour les faire fondre. Ajoutez la couleur dans ce mélange; délayez-la bien, et peignez ce que vous voudrez avec un pinceau. Laissez d'abord cette couleur sécher, et ensuite vous pourrez la rendre brillante. L'or, si vous en mettez, deviendra très-brillant; il est inutile de mettre du vernis[2].

[1] Cet article est obscur; il vaudrait peut-être mieux l'intituler : « Comment il faut s'y prendre pour obtenir une peinture luisante ou brillante. » Ou bien : « Quelle préparation il faut employer pour donner du lustre ou du brillant à la peinture. » (Note de M. Paul Durand.)

[2] Il est fâcheux que les savants chimistes auxquels j'ai soumis cette partie technique du Guide n'aient à peu près rien compris à ces recettes; cependant, les peintres du mont Athos en usent encore aujourd'hui.

### Comment il faut faire l'or en coquille.

Mettez des feuilles d'or dans un vase de porcelaine; ajoutez de la gomme dissoute, ayant la consistance du miel. Vous agiterez longtemps avec votre doigt, pour bien pulvériser l'or; lavez votre doigt au-dessus de ce vase que vous remplirez d'eau. Laissez l'or se précipiter. Enlevez l'eau avec précaution, afin de ne pas laisser l'or s'écouler. Remplissez le vase, à deux ou trois reprises, afin de bien laver l'or; ramassez-le ensuite dans une coquille. Ajoutez de la gomme, et servez-vous en pour travailler sur les tableaux.

### Comment on fait des lettres dorées.

Prenez du fard et du mercure; placez-les sur un marbre avec de l'étain. Ajoutez du vinaigre très-fort et du plomb ou de l'argent. Broyez ces substances, jusqu'à ce qu'il se forme de l'eau; recueillez cette eau et employez-la avec un pinceau. Lorsque les lettres seront sèches, vous pourrez les rendre très-brillantes.

### Comment on fait des dorures.

Tâchez de trouver un escargot; recueillez sa salive dans une coquille ou dans un vase. Mais apprenez comment on recueille cette salive. Mettez de la cire ou une bougie allumée sur l'orifice du trou par lequel l'escargot respire, et aussitôt il jettera sa salive; vous la recueillerez et vous la mettrez sur un marbre pour la mélanger avec de l'or et de l'alun, en y ajoutant un peu de gomme. Vous pourrez vous en servir pour peindre tout ce que vous voudrez, d'une manière qui vous surprendra.

### Comment on applique de l'or sur le papier.

Enduisez d'abord le papier avec de la colle ou de la gomme. Mettez ensuite de l'or sur le papier ainsi mouillé, et laissez-le sécher. Vous pourrez ensuite le polir très-bien.

### Comment il faut faire la laque choisie avec le crépézi.

Mettez une demi-ocque d'eau dans un vase étamé, et deux drachmes et demie de tzouga. Placez ce vase sur le feu et laissez cuire longtemps; en le retirant du feu, vous filtrerez dans un autre vase que vous placerez sur le feu, en ajoutant cinq drachmes de crépézi pulvérisé. Remuez avec une baguette, et, lorsque l'ébullition commencera, préparez deux drachmes et demie de loter broyé aussi fin que le crépézi, et jettez-les dans le vase. Remuez, retirez du feu, et ajoutez une demi-drachme d'alun pulvérisé. Filtrez ce mélange dans deux vases bien propres (car il faut que vous sachiez aussi que ce que vous filtrerez dans le premier vase sera d'une qualité supérieure au contenu du second vase), et laissez reposer. Recueillez adroitement avec une cuiller l'eau qui surnage. Laissez encore la liqueur se précipiter pendant un jour ou deux, et enlevez l'eau jusqu'à ce que vous ne puissiez plus la prendre avec une cuiller. Alors agissez ainsi : lorsque le liquide sera bien reposé, prenez et tordez un peu de laine; formez-en une espèce de mèche, et mouillez-la. Trempez une de ses extrémités dans le vase où est la couleur, et faites attention de ne toucher que la partie supérieure du liquide, sans atteindre la couleur, car vous pourriez la perdre. Pour l'autre extrémité, laissez-la pendre hors du vase et placez au-dessous un vase pour recevoir l'eau. Vous verrez alors cette mèche pomper l'eau d'une manière étonnante. Enfin, achevez de faire sécher cette laque à l'ombre. C'est ainsi que l'on fait la bonne laque de crépézi. Il faut avoir soin de la préparer toujours en été, car pendant l'hiver elle se sèche lentement et se gâte.

### Comment il faut faire la bardamon.

Jetez de petits morceaux de cuivre dans du vinaigre bien fort et dans un vase de cuivre. Couvrez ce vase et exposez-le dans un lieu où le soleil soit très-ardent, jusqu'à ce que le vinaigre soit coagulé. Retirez ensuite les morceaux de cuivre et mettez-les dans un autre vase pour les sécher. C'est ainsi que l'on prépare le bardamon ou le tzinkiari.

### Sur la préparation du cinabre.

Prenez cent drachmes de mercure, vingt drachmes de soufre et huit drachmes de sanguine. Pilez la sanguine et le soufre séparément sur un marbre, et réduisez-les en poudre très-fine. Exposez-les dans des vases séparés, sur un feu de charbon de chêne. Agitez avec une petite baguette de fer faite exprès pour cela, et réunissez ces substances avec le mercure, pour en faire un amalgame. Remuez encore avec la petite baguette de fer, jusqu'à ce que vous la voyiez noircir. Alors versez ces substances sur une plaque bien propre et laissez-les refroidir. Pulvérisez-les de nouveau, comme auparavant, et mettez-les dans un pot à goulot long et étroit. Couvrez ce pot et agitez, jusqu'à ce que vous voyiez la baguette devenir blanche. Alors bouchez le vase hermétiquement. Enterrez-le vase dans les charbons, jusqu'à l'endroit où il est rempli. Entretenez bien le feu pendant une nuit et un jour. Puis vous casserez le vase, et vous obtiendrez ainsi un très-bon cinabre.

### Comment il faut faire le fard.

Prenez du plomb, coupez-le en larges morceaux, et suspendez ces morceaux dans une marmite remplie de vinaigre. Bouchez hermétiquement cette marmite, et enterrez-la dans du fumier non fermenté et dans un endroit chaud. Au bout de dix ou quinze jours, déterrez la marmite, et faites tomber les morceaux de plomb sur du marbre pour les broyer. Recueillez le produit dans un vase large où vous le ferez sécher, et vous aurez ainsi de bon fard.

### Comment on prépare le lazouri avec le tsimarisma.

Prenez une partie de chaux vive et une égale quantité de bonne cendre de chêne. Mettez d'abord de l'eau, pour que le mélange soit bien accompli; ajoutez encore de l'eau, et laissez le précipité se former. Prenez de la chaux pure et mettez-la dans une marmite neuve. Prenez aussi la quantité que vous voudrez de tsimarisma et jetez-le dans cette lessive, jusqu'à ce que la couleur soit obtenue. Alors retirez cela du feu. Filtrez avec une toile, au-dessus d'un autre vase, et rejetant en dehors le tsimarisma. Lavez bien la marmite ; remettez-y la couleur avec de l'alun en poudre et un peu de blanc d'œuf. Remuez bien, faites bouillir, retirez du feu, et votre couleur sera préparée. Vous la mettrez dans de l'eau pure, vous la laverez, et vous la verserez sur une toile épaisse; l'eau sortira et la peinture restera sur le linge.

### Autre préparation du lazouri.

Prenez une marmite neuve, avec un goulot un peu étroit ; remplissez-la jusqu'à la moitié, ou un peu plus, de chaux éteinte et pulvérisée comme de la farine. Remplissez-la ensuite jusqu'au goulot avec du vinaigre très-fort. Mettez cette marmite sur le feu, et laissez-la bouillir jusqu'à ce que le vinaigre soit entièrement combiné. Retirez la marmite du feu, et remettez d'autre vinaigre jusqu'à ce que la chaux soit couverte. Bouchez-la bien avec de l'étoupe et de la pâte, et enterrez-la dans du fumier de cheval non fermenté et dans un endroit chaud. Recouvrez-la avec soin, et faites-la changer de place tous les trois jours, en la mettant dans du fumier encore plus chaud. Vous continuerez ainsi pendant trente-six jours ; puis vous découvrirez le vase et vous trouverez du bon lazouri.

### De la préparation de l'encre.

Prenez une ocque d'écorce de pommier ; mettez-la dans un vase avec environ une ocque et demie d'eau. Laissez-la tremper une semaine ou deux en l'exposant au soleil, si vous voulez. Retirez cette eau. Pilez dix drachmes de noix de galle et quinze drachmes de calacanthi. Mettez le tout ensemble dans une marmite ou dans un vase de cuivre, et faites cuire jusqu'à réduction de moitié. Filtrez sur une toile fine, et lavez le résidu avec dix drachmes d'eau, que vous mettrez dans le melagni. Filtrez encore sur une toile fine. Remettez l'encre pure dans le premier vase où vous l'avez fait cuire. Pilez dix drachmes de gomme bien pure; jetez-les dans la liqueur, et posez-la sur le feu jusqu'à ce que la gomme soit fondue. Il vaudrait mieux cependant faire fondre sans feu. Conservez ensuite cette encre dans du verre, et écrivez lorsque vous voudrez, parce que cette encre est très-bonne.

### Comment il faut préparer le cinabre pour écrire sur le papier.

Prenez du cinabre, . . . . .[1] drachmes. Broyez-le sur un marbre, d'une manière si parfaite qu'en en mettant dans votre bouche vous ne puissiez pas sentir les grains. Ramassez-le adroitement et mettez-le dans un encrier. Pilez de la gomme, . . . . drachmes, et du sucre candi, . . . . drachmes. Faites-les fondre avec le cinabre, et écrivez avec cette préparation. Si cette encre ne donnait pas un beau rouge, faites ainsi : laissez le cinabre se précipiter au fond de l'encrier; versez dans un autre vase l'eau colorée qui surnageait, et écrivez avec le résidu, qui doit être très-brillant.

---

[1] La quantité manque. C'est non-seulement dans cette copie, mais encore dans les autres manuscrits du mont Athos, que les quantités sont absentes; on semble en laisser l'évaluation aux artistes, auxquels l'expérience sert de de guide.

### Comment travaillent les Moscovites.

Lorsque vous aurez dessiné le saint sur le tableau, dorez d'abord le nimbe. Puis vous ferez le fond de la manière suivante. Prenez du fard; broyez-le avec de l'indigo, jusqu'à ce que ce fard ait disparu. Au lieu d'indigo, vous pouvez employer le bleu de Perse, ou du tzingiari et un peu d'œuf. Enduisez-le légèrement de proplasme; ensuite, vous pouvez faire les reflets avec de l'or moulu, et éclaircir les parties saillantes. Vous achèverez en donnant du lustre avec l'os. Vous ferez les lettres du saint avec de l'or, ainsi que les fleurs et les ornements sur le fond du tableau, et vous leur donnerez du poli comme nous avons dit plus haut. C'est ainsi que les Russes travaillent.

### Comment travaillent les Crétois.

Peignez ainsi les vêtements : préparez un proplasme foncé, esquissez et faites les reflets à deux ou trois reprises. Employez le fard pour les figures, et peignez-les ainsi qu'il suit : mettez de l'ocre foncé, un peu de noir et très-peu de fard; employez le proplasme, et achevez d'esquisser avec du noir très-foncé. Faites les yeux. Pour les prunelles, vous n'emploierez que du noir pur. Vous mêlerez du fard, un peu d'ocre et de cinabre, afin que les chairs ne soient pas jaunes, mais plutôt d'un rouge blanc. Faites attention de ne pas couvrir entièrement le visage, mais seulement les parties éclairées, et d'aller en diminuant sur les bords. Ajoutez un peu de couleur de chair presque blanche, sur les lumières, et redonnez un peu de force aux ombres et quelques touches de fard. Vous pourrez travailler ainsi pour les pieds et pour les mains. Les cheveux des jeunes gens, vous les ferez de la manière suivante : faites un proplasme noir foncé ; esquissez avec un autre noir, et faites les parties lumineuses, qui se fondront avec celles qui sont dans l'ombre. Vous éclairerez d'une autre manière les barbes et les cheveux des vieillards, en employant le *linum*[1] et en donnant quelques touches de fard.

### Indications des proportions du corps humain.

Dessinez, sur la page qui est en face, la figure d'un homme et de ses membres[2].

Apprenez, ô mon élève, que le corps de l'homme a neuf têtes[3] en hauteur, c'est-à-dire neuf mesures depuis le front jusqu'aux talons. Faites d'abord la première mesure de façon à la diviser en trois parties : le front pour la première, le nez pour la seconde et la barbe pour la troisième. Faites les cheveux en dehors de la mesure, de la longueur d'un nez[4]. Divisez de nouveau en trois parties l'espace compris entre la barbe et le nez; le menton est pour deux mesures, la bouche pour une, et la gorge vaut un nez. Ensuite, à partir du menton

---

[1] L'huile de lin ?

[2] Ce dessin manque dans le manuscrit.

[3] Ἐννέα αὐγά. Αὐγή signifie jour, lumière ; αὐγαί, yeux. Je traduis donc αὐγά par tête, d'autant mieux que, comme je le dis dans la note de la page suivante, c'est encore par tête que l'on établit les proportions du corps humain dans le mont Athos. J'ai vu le peintre Joasaph exécuter treize figures en faisant et en appliquant ce calcul.

[4] Μίτη pour μύτις.

jusqu'au milieu du corps, il y a trois mesures; jusqu'aux genoux, deux autres mesures. Il y a une mesure de nez pour le genou; depuis les genoux jusqu'à l'astragale, deux autres mesures; puis, de l'astragale jusqu'aux talons, une mesure de nez. De là jusqu'aux ongles, une mesure. Depuis le larynx jusqu'à l'épaule, une mesure également; de même jusqu'à l'autre épaule. Pour la rondeur de l'épaule, une mesure; depuis le coude jusqu'aux os carpiens, une mesure; depuis les os carpiens jusqu'aux ongles de la main, une mesure. Une mesure encore jusqu'aux bouts des doigts. Les deux yeux sont égaux l'un à l'autre, et l'intervalle qui les sépare est égal à un œil. Lorsque la tête est de profil, mettez la distance de deux yeux entre l'œil et l'oreille; si la tête est de face, il ne faut qu'un œil. L'oreille doit être égale au nez. Quand l'homme est nu, il faut quatre nez pour la moitié de sa largeur; lorsqu'il est habillé, la largeur de la poitrine est d'une mesure et demie; la ceinture doit être élevée jusqu'aux coudes[1].

[1] Aujourd'hui, dans le mont Athos, les peintres ne donnent plus à leurs figures l'élancement que prescrit notre manuscrit. Au lieu de un sur neuf, ce n'est plus qu'un sur huit; les personnages sont plus courts. On prend la tête pour unité de mesure, et l'on dit que le corps doit avoir huit têtes de longueur. Le bassin est à quatre têtes du talon et à quatre têtes du sommet du crâne; il est juste au milieu du corps. Le genou est à cinq têtes et demie. Du reste, comme dans le manuscrit, il y a, de la naissance à la fin du nez, même distance que de la naissance du nez à l'extrémité d'un œil. C'est avec un compas que le P. Joasaph déterminait les proportions de ses personnages, les proportions et le contour de la tête, les proportions du buste et de tout le corps. Dans notre art roman, qu'on appelle si improprement byzantin, les figures ont neuf têtes; huit et demie à peu près dans le xiiie siècle; huit et sept et demie dans le xive et le xve. Au xvie, avec la renaissance, la taille se relève, et certaines figures de Jean Goujon atteignent neuf têtes. Lesueur aimait ces longues figures; si le saint Bruno qui prie agenouillé était debout, il aurait peut-être plus de neuf têtes. La proportion réelle du corps humain est environ de sept

### De la préparation des couleurs, et comment on peint à l'huile sur toile.

D'abord broyez bien les couleurs dans l'eau, et laissez-les se dessécher complétement. Broyez-les une autre fois avec du péséri non cuit, et recueillez-les sur le marbre pour les mettre dans des godets. Lorsque vous voudrez travailler, vous soulèverez la croûte formée à la surface, pour prendre de la couleur. Pour le fard, la meilleure manière est de le broyer avec de l'huile de noix. Clouez ensuite quatre morceaux de bois ensemble, et tendez une toile sur ce châssis. Si le tissu que vous employez est de la soie, vous pouvez dessiner de suite et travailler; mais si c'est du lin ou une autre toile, il faut commencer par faire dessus un enduit épais, que l'on étend au pinceau et que l'on laisse sécher. Ensuite, vous dessinerez avec le blanc, et vous recommencerez à travailler. Vous vous préparerez une petite planche en forme de palette, sur laquelle vous pourrez mélanger vos couleurs et les délayer avec du naphte. Commencez par faire les ombres, et successivement les parties de plus en plus éclairées, finissant par l'emploi du blanc. Tâchez de ne pas mettre une couche sur l'autre; mais posez les couches adroitement, chacune à leur place; autrement elles ne peuvent sécher sans faire de tache. Faites de même pour les chairs, c'est-à-dire commencez par les ombres et finissez par les lumières. Lorsque vous travaillerez, vous inclinerez votre tableau, et, en finissant, vous lui donnerez une couche de vernis. Sachez qu'il faut un pinceau pour chaque couleur,

têtes et trois quarts ou de huit; c'est celle que nos peintres et sculpteurs, qui préfèrent à l'idéal la réalité, ont adoptée de nos jours.

et que ces pinceaux soient longs et durs. Vous devrez avoir dans votre armoire un grand nombre de cases pour ranger vos pinceaux à l'abri de la poussière. Lorsque vous voudrez les laver, préparez une boîte de fer-blanc divisée en deux compartiments. Placez dans l'un du péséri non cuit ; vous en mettrez un peu dans votre main pour amollir le pinceau. Lorsque la couleur sera amollie, vous presserez les pinceaux dans l'autre compartiment, pour recueillir ce résidu, qui peut encore servir à peindre [1]. Lavez ensuite les pinceaux dans du savon ou dans un peu d'eau forte : ceci les nettoie parfaitement bien, ainsi que le marbre à broyer. Voilà la méthode et l'indication pour la préparation et l'emploi des couleurs à l'huile.

Guide pour la peinture sur mur, c'est-à-dire manière de peindre sur le mur et de préparer les pinceaux destinés à cet usage.

Sachez que les pinceaux dont on se sert pour esquisser se préparent avec la crinière de l'âne, le fanon du bœuf, les poils roides de la chèvre, ou la barbe du mulet. Vous les ferez en liant ces poils et en les assujettissant dans une plume d'aigle. Ils vous serviront à esquisser, à faire les chairs et les parties éclairées, ou d'autres choses. Pour les pinceaux à enduits, il faut employer les poils de cochon. Vous les fixerez d'abord avec de la cire ; puis vous les attacherez sur un manche de bois, sans employer des plumes [2].

[1] Cette économie recommandée aux artistes aghiorites pourra faire rire les artistes parisiens, et cependant il vaudrait mieux peindre comme les PP. Macarios et Joasaph que comme certains artistes fort renommés chez nous.

[2] Le P. Macarios nous dit, en s'en plaignant beaucoup, que ses pinceaux et ses brosses ne valaient rien.

### Comment on purifie la chaux.

Lorsque vous voudrez peindre des murs, choisissez de la bonne chaux; qu'elle soit grasse comme de l'axonge, et qu'elle ne contienne pas de pierres non calcinées. Si elle est maigre et remplie de ces sortes de pierre, faites-vous une auge en bois. Creusez une fosse de la grandeur nécessaire. Mettez la chaux dans l'auge, et ajoutez de l'eau que vous remuerez soigneusement avec un crochet, jusqu'à ce que la chaux paraisse bien délayée. Versez cette chaux dans un panier placé au-dessus de la fosse et qui arrêtera les pierres. Puis le lait de chaux ainsi obtenu sera laissé tranquille, jusqu'à ce qu'il soit coagulé et susceptible d'être pris à la pelle.

### Comment on mêle la chaux avec la paille.

Prenez de la chaux purifiée et mettez-la dans une grande auge. Choisissez de la paille fine et sans poussière; mélangez-la avec la chaux, en remuant avec une pioche. Si la chaux est trop épaisse, ajoutez de l'eau pour arriver au point de l'employer facilement pour travailler. Laissez les choses fermenter deux ou trois jours, et vous pourrez ensuite faire des enduits.

### Comment on mêle la chaux avec l'étoupe.

Choisissez la meilleure chaux que vous aurez préparée; mettez-la dans une petite auge. Prenez de l'étoupe bien nettoyée de toute écorce et bien écrasée; tordez-la comme pour faire une corde, et, à l'aide d'une hachette, coupez-la le plus menu que vous pourrez ; agitez-la bien, pour faire tomber les ordures, et jetez-la dans l'auge, où vous la mélangerez soigneusement à l'aide d'une pelle ou d'une pioche. Vous aurez soin d'essayer et de recommencer, jusqu'à ce que la chaux ne se fende pas sur le mur. Laissez-la également fermenter comme l'autre, et vous aurez ainsi la chaux préparée à l'étoupe pour former les enduits superficiels.

### Comment on enduit les murs.

Lorsque vous voulez peindre une église, il faut commencer par les parties les plus hautes et finir par les plus basses. Pour cela, vous commencez par placer une échelle. Ensuite, prenez de l'eau dans un large vase, et jetez-en avec une cuillère contre le mur, afin de l'humecter. Si ce mur est bâti en terre, grattez la terre avec une truelle autant que vous pourrez, parce que, surtout à la voûte, la chaux se détacherait plus tard. Mouillez de nouveau et polissez la surface. Si le mur est en briques, vous le mouillerez à cinq ou six reprises, et vous ferez un enduit de chaux, de l'épaisseur de deux doigts et plus, pour retenir de l'humidité, et pour que vous puissiez vous en servir. Si le mur est en pierre, mouillez-le seulement une ou deux fois, et mettez une bien plus petite quantité de chaux, car la pierre prend facilement l'humidité et ne se sèche pas. Pendant l'hiver, mettez un enduit le soir, et un autre plus superficiel le lendemain matin. Dans la belle saison, faites ce qui vous sera le plus commode, et, après avoir mis le dernier enduit, égalisez-le bien ; laissez-lui prendre de la consistance, et travaillez.

### Comment il faut dessiner lorsqu'on travaille sur les murs.

Lorsque vous voudrez dessiner sur un mur, égalisez bien d'abord sa surface. Puis prenez un compas, et attachez à l'une et à l'autre de ses branches des bâtons de bois, pour l'agrandir autant que vous voudrez. Attachez un pinceau à l'extrémité d'un de ces bâtons. Vous décrirez les nimbes de vos personnages, et vous indiquerez toutes les mesures qui vous sont nécessaires. Faites ensuite une très-légère esquisse avec de l'ocre; achevez vos contours. Si vous voulez effacer quelque chose, employez de l'oxy. Repassez les nimbes, repolissez bien la surface, et employez le noir; polissez les vêtements et mettez-y un proplasme. Tâchez de terminer très-vite ce que vous aurez poli; car, si vous tardiez trop, il se formerait à la surface une croûte qui n'absorberait pas la couleur. Travaillez de même le visage; vous en désignerez les contours avec un os taillé en pointe, et mettez la couleur de chair le plus promptement possible, avant la formation d'une croûte, ainsi que nous l'avons dit plus haut.

### Comment on prépare le fard pour peindre sur mur.

Prenez de la chaux très-ancienne; essayez-la sur votre langue: si elle n'est ni amère, ni styptique, mais insipide comme de la terre, alors elle est bonne. C'est avec cette chaux, bien choisie et bien broyée, que se prépare le fard. Si vous ne pouvez trouver de la chaux de pareille qualité, prenez de vieux plâtras sur lesquels on ait peint; grattez bien les couleurs et broyez ce plâtre sur un marbre; jetez-le dans un vase plein d'eau, laissez-le se précipiter, et filtrez. Vous obtiendrez du fard par cette méthode. Si vous ne pouviez pas non plus trouver de semblable plâtre, il faudrait faire cuire de la chaux, l'éteindre, la faire sécher, et enfin la broyer. Ayez toujours soin d'essayer si elle est amère ou styptique ; car il faudrait la rejeter, parce que c'est alors que la croûte se forme le plus vite, ce qui gêne beaucoup le travail : si elle n'est pas amère, vous pouvez travailler sans crainte.

### De la préparation du proplasme pour peindre sur mur.

Prenez de la laque verte,....[1] drachmes; de l'ocre foncé, .....drachmes; du fard de mur, ....drachmes; du noir .....drachmes. Broyez bien toutes ces substances, et mettez du proplasme là où vous voudrez.

### De l'esquisse des yeux et des sourcils, et des autres endroits où l'on emploie la couleur de chair.

Prenez de l'ombre ou du noir avec égale quantité de bois noir ; broyez-les bien, et faites l'esquisse des yeux, des nez, des mains et des pieds. Pour la prunelle des yeux, il faut employer du noir très-fin, comme celui que l'on recueille à la fumée du bois gras : car, si vous employez le noir qui est usité pour les fonds et les vêtements, il s'effacera facilement.

---

[1] Le manuscrit, malheureusement, ne donne ni les quantités, ni les proportions ; nous ne savons pas trop à quoi attribuer cette omission, qui doit être assurément volontaire, puisqu'elle se retrouve sur les autres manuscrits du mont Athos.

*Comment il faut faire les chairs et le glycasme pour peindre sur mur.*

Prenez du fard de mur,... drachmes; de l'ocre de Thasos, ... drachmes; du bol,... drachmes. Broyez-les avec soin sur un marbre, et vous obtiendrez une belle couleur pour les chairs. En ajoutant du proplasme à cette couleur, vous obtiendrez un glycasme tel que celui qui est usité dans les tableaux choisis. Si vous voulez peindre plus vite, vous commencerez par faire les chairs avec cette couleur, et vous terminerez les contours en la fondant avec du glycasme.

*Comment on emploie les rouges.*

Vous ferez la bouche des jeunes gens avec du bol pur. Vous mêlerez le rouge avec le bol et la couleur de chair pour le bord des lèvres, et vous en ferez emploi pour les ombres des mains ou d'autres membres. Dans les ombres des vieillards, vous pourrez employer du bol très-fin; quant aux cheveux et aux barbes, vous agirez sur le mur comme pour les tableaux.

*Comment on donne des reflets sur le mur avec l'azur.*

Mettez sur votre palette de l'azur. Ajoutez de l'indigo pour empêcher l'azur de moisir sur le mur. Ajoutez du fard en quantité égale à l'indigo; broyez-les bien ensemble, et recueillez-les dans un godet. Vous pourrez alors faire des reflets avec cette préparation d'azur. L'ombre foncée peut aussi servir au même usage.

Quelles sont les couleurs que l'on peut employer sur mur, et quelles sont celles qui ne peuvent être employées ainsi.

Le fard de tableau, le tzingiari, le lachouri, la laque, l'arsenic, ne peuvent s'employer dans la peinture sur mur ; toutes les autres couleurs peuvent servir. Seulement, il faut observer que vous ne pouvez employer le cinabre pour peindre dans un endroit situé en dehors de l'église et très-exposé au vent, parce que cette couleur noircirait. Il faut alors le mêler avec beaucoup de blanc. A l'intérieur, vous pouvez l'employer sans le voir noircir, en y ajoutant du fard de mur ou une petite quantité d'ocre de Constantinople.

Comment-il faut faire les nimbes en relief sur les murs.

Lorsque vous aurez esquissé le saint, décrivez le nimbe avec un compas. Ajoutez alors sur ce nimbe une couche épaisse de chaux, en ayant soin de ménager les cheveux. Collez ensuite des feuilles d'or battu, et couvrez entièrement la chaux. Décrivez de nouveau un cercle avec le compas, pour former un contour bien net.

Comment on emploie l'azur sur le mur.

Prenez du son, lavez-le et rincez-le. Faites ensuite reposer l'eau qui aura servi à cet usage ; puis faites-la bouillir, et, lorsqu'elle sera cuite, vous pourrez la mêler avec l'azur et peindre les fonds. D'autres assurent que pour faire une eau assez collante, il faut faire bouillir le son très-longtemps, puis filtrer. De toute façon, avant d'employer l'azur, assurez-vous que le mur est bien sec.

### Comment on fait le mordant pour dorer.

Prenez du soulougeni, 30 drachmes; ocre fine, 3 drachmes; coquilles, 5 drachmes; tzingiari, 1 drachme; fard, 1 drachme. Pilez toutes ces substances bien sèches sur un marbre, sans y rien ajouter; recueillez le résultat, et gardez-le pour vous en servir lorsque vous voudrez dorer. Ou, si vous voulez, prenez seulement du soulougeni sec et pilé; faites bouillir du péséri jusqu'à consistance mielleuse; mêlez ces substances, et vous pouvez vous en servir pour enduire les nimbes des saints sur mur, et ensuite les dorer. Il faudra de même enduire de mordant tout ce que vous voudrez dorer, soit du cuir, soit du verre, soit du marbre. Lorsque vous voulez dorer une pierre calcaire et poreuse, il faut d'abord l'imprégner d'une préparation de melineli, qu'on laisse sécher pendant trois jours avant de dorer. Si cette pierre calcaire ne se trouve pas exposée à l'air, il suffira de l'encoller avant de la dorer. Agissez de même pour le fer, le cuivre et le plomb. Pour la toile, il faudra la bien imprégner de colle et y mettre ensuite le mordant.

### Comment on emploie l'or sur les murs pour les nimbes et autres ornements.

Lorsque vous aurez terminé la peinture sur mur, laissez-la se bien sécher. Préparez ensuite une quantité suffisante de mordant; enduisez les endroits nécessaires, comme les nimbes ou les étoiles. Il faut faire attention de peindre les étoiles avant de mettre l'azur, car autrement l'effet paraît d'abord meilleur, mais les étoiles se détachent facilement. Lors donc que vous voudrez dorer des étoiles ou autre chose, agissez ainsi : placez votre enduit et laissez-le épaissir; vous pourrez essayer avec le doigt s'il est bien collant ou s'il est séché. Vous couperez l'or avec des ciseaux, en même temps que le papier qui le contient, et vous ferez autant de morceaux que vous voudrez. Vous vous servirez du papier pour placer l'or aux endroits convenables, en ayant soin de ne pas dévier. Aussitôt que l'or aura pris, vous retirerez le papier avec adresse et légèreté. Puis on nettoie avec la patte de lièvre. Vous pouvez ainsi dorer tout ce qu'il vous plaira. Si le pinceau que vous employez ne glisse pas facilement, il suffit d'ajouter au mordant un peu de naphte. C'est ainsi que l'on termine la peinture sur mur. Vous savez aussi que l'on peut très-bien dorer avec le suc d'ail, mais seulement dans les endroits secs; car, si un endroit est humide ou exposé à l'air, on ne doit jamais employer le suc d'ail, parce qu'alors il se gâte. Dans ce cas, n'employez que le mordant, comme nous avons vu un peu plus haut.

### Comment on restaure un tableau ancien et gâté.

Lorsque vous voulez restaurer un tableau ancien et détérioré, agissez ainsi. Si c'est la partie postérieure qui soit pourrie et mangée aux vers, il faut d'abord bien nettoyer le bois pourri et secouer la poussière; puis l'imprégner avec de la colle, et mettre le bois sécher au soleil. Prenez ensuite de la sciure de bois; mélangez-la avec de la colle, et bouchez tous les trous. Quand cela sera sec, faites un enduit de plâtre ou collez une toile sur la partie postérieure, qui, par ce moyen, redeviendra très-solide. Si c'est la partie antérieure qui s'est gâtée dans les fonds, sans avoir compromis la figure du saint, agissez comme plus haut ; grattez l'ancien plâtre, faites un enduit de colle, bouchez les trous avec de la sciure, remettez un nouvel enduit de plâtre que vous pourrez dorer, faites la restauration du personnage, et passez un vernis. Par ce moyen, vous aurez remis à neuf votre tableau.

### Avis exact pour la chrysographie.

Après avoir pris de l'or pur, comme par exemple un ducat, mettez-le dans un creuset avec du mercure et du tzambarick. Entourez le creuset, et couvrez-le entièrement de charbons ardents. Soufflez le feu, jusqu'à faire rougir le creuset; vous verrez alors le mercure fumer et brûler. Lorsque cette fumée aura cessé, vous saurez que l'or est dissous et que le mercure s'est évaporé. Retirez de suite le creuset, avant que l'or ait pu se solidifier de nouveau. Lorsque le creuset sera refroidi, vous ajouterez du soufre pur en quantité double de celle de l'or. Vous écraserez ces substances sur un porphyre avec un pilon également de porphyre. Après avoir bien broyé, vous verserez le mélange dans un grand creuset, et vous l'exposerez à un feu vif. Lorsque le soufre aura complétement disparu par la combustion (ce que l'on sait en voyant la fumée cesser), retirez le creuset du feu, remettez l'or sur le porphyre, et broyez-le fortement, jusqu'à ce qu'il soit pulvérisé complétement et comme un sable très-fin. Vous aurez soin d'ajouter, pour ce broiement, un peu d'eau et de sel très-pur. Vous pourrez ensuite recueillir l'or et le laver à plusieurs reprises dans un vase très-propre ; lorsqu'il sera complétement purifié, mettez-le dans une coquille pour l'employer au besoin [1].

[1] Il ne sera peut-être pas sans intérêt de résumer une partie de ces recettes et de ces procédés, en racontant les quelques observations que j'ai faites et l'entretien que j'ai eu avec le P. Joasaph, un des meilleurs peintres du mont Athos. Les procédés d'aujourd'hui sont les mêmes, à peu près, que ceux d'autrefois.

Voici donc la manière dont j'ai vu peindre à fresque dans le monastère d'Esphigménou, par le P. Joasaph, par son frère, par un premier élève qui était diacre et l'héritier futur de l'atelier, et par deux enfants de douze ou quinze ans.

Le porche de l'église, ou narthex, qu'on peignait lors de notre passage, venait d'être bâti ; il était échafaudé pour recevoir des peintures à fresque dans le haut des voûtes. Des ouvriers, sous la direction des peintres, préparaient dans la cour la chaux mêlée qui devait servir d'enduit. Comme on fait deux enduits, il y a deux espèces de chaux : la première, sorte de torchis assez fin, se mélange avec de la paille hachée menu, qui lui donne une couleur jaunâtre ; dans la seconde, qui est de qualité moins grossière, on mêle du coton ou du lin. C'est avec la chaux de couleur jaune qu'on fait le premier enduit : elle colle au mur mieux que la seconde. La seconde est blanche, fine, et donne, au moyen du coton, une pâte assez ferme : c'est elle qui reçoit la peinture.

Les ouvriers apportent donc la chaux jaune, et appliquent sur le mur une couche d'une épaisseur d'un demi-centimètre à peu près. Sur cette couche, quelques heures après, on étend une pellicule de chaux fine et blanche. Cette seconde opération demande plus de soin que la première, et j'ai vu le frère du peintre Joasaph, peintre lui-même, appliquer cette deuxième couche de chaux. On attend trois jours pour que l'humidité s'évapore. Si l'on peignait avant ce temps, la chaux souillerait les couleurs ; après, la peinture ne serait pas solide, et n'entrerait pas dans le mortier, qui serait trop dur, trop sec pour absorber les couleurs. Il va sans dire que l'état thermométrique de l'atmosphère abrége ou recule l'intervalle qu'il faut mettre pour laisser sécher convenablement l'enduit avant de peindre.

Avant de dessiner, le maître peintre unit la chaux avec une spatule ; puis, au moyen d'une ficelle, il détermine les dimensions que doit avoir son tableau.

Dans ce tableau, dans ce champ à personnages, il mesure avec un compas les dimensions qu'auront les différents objets qu'il veut représenter. Le compas dont se servait le P. Joasaph était tout uniment un jonc plié en deux, fendu au milieu, et assujetti par un morceau de bois qui réunissait les deux branches et qui les rapprochait ou les éloignait à volonté. L'une des branches était aiguisée en pointe; l'autre branche était garnie d'un pinceau. On ne peut faire un compas d'une façon ni plus simple, ni plus commode, ni plus économique.

Ce pinceau, qui garnit l'extrémité d'une branche du compas, est trempé dans du rouge ; c'est avec cette couleur que se trace légèrement le trait et qu'on esquisse le tableau. Le compas sert principalement pour les nimbes, les têtes et les parties circulaires; le reste se trace à la main, qui est armée seulement d'un pinceau. En un peu moins d'une heure, le P. Joasaph a tracé devant nous un tableau entier, dans lequel figuraient le Christ et ses apôtres, de grandeur naturelle; il a fait cette esquisse uniquement de tête, sans hésitation aucune, sans carton, sans modèle, et sans même regarder les personnages déjà peints par lui dans d'autres tableaux voisins. Je ne l'ai pas vu effacer ni rectifier un seul trait, tant il était sûr de sa main. Il commença par esquisser le personnage principal, le Christ, qui était au milieu de ses apôtres. Il fit d'abord la tête, puis le reste du corps, en descendant. Ensuite, il dessina le premier apôtre de droite, puis le premier de gauche, puis le second de droite, puis le second de gauche, et ainsi des autres, symétriquement. Le peintre trace ses esquisses à main levée, pour ainsi dire, et sans se servir d'appuie-main ; cet instrument, dont se servent nos peintres, enfoncerait dans l'enduit qui est encore humide, dans la chaux qui est trop molle. Cependant la main, quand elle tremble ou se fatigue, on l'appuie sur le mur même.

Dans l'intérieur de ce trait rouge, qui arrête la silhouette des personnages, un peintre inférieur étend un fond noir, qu'il relève avec du bleu, mais en teinte plate, comme le fond noir lui-même. C'est dans ce champ que ce peintre, espèce de praticien, dessine les draperies et les autres ornements. Quant aux nus, il n'y touche pas; on les réserve au maître. Toutes les draperies sont faites, et le trait circulaire du nimbe est tracé avant la tête, les mains et les pieds.

Le maître reprend alors cette figure ébauchée, et fait la tête. Il étend à deux reprises une couche de couleur noirâtre sur toute la face, et arrête au trait, avec une couleur plus noire encore, les lignes de la figure. Il peint deux figures à la fois, allant sans cesse de l'une à l'autre, pour épuiser toute la couleur que tient le pinceau; il faut d'ailleurs que la couleur d'une tête ait le temps de s'imbiber dans le mur pendant que se fait la seconde tête. Puis, avec du jaune, il fait le front, les joues, le cou, la chair proprement dite.

Une première couche de jaune éteint la couleur noire; une seconde éclaire la figure. Ici la nuance importe, et le ton doit être juste. Le peintre essaye le degré de sa couleur sur le nimbe, qui est tracé, mais non peint encore, et qui lui sert comme de palette dans cette circonstance.

Après ces deux couches de jaune, l'une qui éteint le noir, l'autre qui éclaire le nu, on sent la chair venir. Une troisième couche de ce jaune clair, plus épaisse que les deux premières, donne le ton général des carnations. Le peintre ne fait pas sa figure partie à partie, mais tout entière à la fois; il étend une couche sur toute la face avant de passer à une autre couche. Les yeux seuls sont exceptés; on les réserve pour la fin. Puis, avec du vert pâle, il adoucit le noir qu'il a laissé dans les parties ombrées, et qu'il avait avivé déjà par du bleu. Puis, avec du jaune, il resserre les empiétements du vert. Ce vert, qui tempère le noir, donne les ombres.

La chair ainsi venue, il la fait vivre : il passe une couleur rosée sur les pommettes, sur les lèvres, aux paupières, pour les enluminer et y faire circuler le sang. Puis, sous du brun foncé, on voit pousser les sourcils, les cheveux, la barbe, et c'est alors que s'arrête la ligne du visage.

Les yeux n'existent pas encore; ils sont restés noirs sous les deux couches premières et générales. Avec du noir plus foncé, il fait la prunelle, et, avec du blanc, la sclérotique. Ensuite, du rose pâle et fin donne le petit point lumineux de l'œil; la vue s'allume et la figure voit clair.

Les lèvres n'étaient qu'indiquées, le trait de la bouche était trop noir; le peintre éclaire et termine la bouche et les lèvres. Puis il cerne d'une ligne très-noire la figure entière pour la faire ressortir. Chez nous aussi, à l'époque romane surtout, on creusait une ligne profonde tout autour d'une figure sculptée, pour lui donner de la saillie.

Puis quelques coups de pinceau, d'un blanc rosé, sont donnés çà et là, pour atténuer et pâlir la vivacité du rouge dans certaines veines de la chair. Puis, quelques coups de brun, pour faire des rides aux vieillards. Enfin, quelques coups de couleurs diverses, pour donner la dernière façon à ces têtes et les achever.

Deux têtes se font simultanément, comme je l'ai vu pratiquer à Joasaph; il a mis une heure à peine pour toutes les deux. En cinq jours, Joasaph avait peint à fresque une Conversion de saint Paul, tableau de trois mètres en largeur et de quatre en hauteur. Douze personnages et trois grands chevaux occupaient ce champ assez étendu. Cette peinture n'était pas un chef-d'œuvre assurément, mais elle valait mieux que ce qui coûte six et huit mois à un de nos peintres de second ordre. Je doute même que nos grands peintres, chargés d'une composition religieuse, fassent plus uniformément bien; il y aurait plus de qualités, mais plus de défauts aussi dans leur travail, que dans la fresque du mont Athos.

Quand le tableau est terminé, on attend que la chaux sèche à peu près complétement; alors on achève les personnages. On attache l'or et l'argent aux nimbes et aux vêtements; on enrichit les peintures des plus fines couleurs, de l'azur vénitien particulièrement, et l'on fait les fleurs et ornements qui décorent l'intérieur des nimbes, l'étoffe des habits, le champ du tableau. Il faut, pour cela, que les couleurs plus grossières dont on s'est servi pour peindre les personnages soient bien sèches, afin qu'elles ne gâtent ni les couleurs précieuses, ni l'argent, ni l'or.

La figure faite, on la nomme; le personnage terminé, on le baptise et on le fait parler. Un artiste spécial, un écrivain chargé uniquement de la lettre, écrit le nom du personnage dans le champ du nimbe ou à l'entour; il trace, sur la banderole que tient ce personnage, patriarche, prophète, juge, roi, apôtre ou saint, la légende consacrée, et que le Guide de la peinture recommande. Après cela on n'y touche plus, et tout est fait.

Voilà ce que j'ai observé avec le plus grand soin dans l'église d'Esphigménou du mont Athos. Pendant que le peintre faisait son travail, je l'interrogeais, et j'écrivais sur place, et comme sur sa dictée, ce que je venais de voir et d'entendre. Ce sont mes notes prises alors que je viens de transcrire. On voit que les prescriptions du Guide sont toujours observées au mont Athos, et qu'on n'y déroge pas notablement. On n'y peint presque jamais à l'huile, parce que, m'a dit le P. Joasaph, pou... indre à l'huile, il faudrait attendre que l'enduit fût sec, et, comme la couleur ne pénétrerait pas dans la chaux, ce serait moins solide.

La division du travail, principe si fécond dans l'industrie, est usitée dans l'art, au mont Athos. Un artiste gâcheur prépare et applique les mortiers; deux petits élèves broient et détrempent les couleurs. Ces couleurs s'achètent à Karès, petite ville capitale du mont Athos; ell... tirent de Smyrne ou de Vienne, ou bien elles arrivent de France et d'Italie. Un maître peintre compose le tableau, place et dessine au trait les figures; un élève, le premier ou le second, fait les draperies. Le maître reprend les têtes, les pieds, les mains, les carnations. Un élève, le second ordinairement, brode les ornements, applique l'or et l'argent. Un écrivain fait la lettre. C'est à cette division du travail, à l'absence de modèle qui pose, à la connaissance du Guide, que les artistes aghiorites doivent de peindre si rapidement des tableaux qui sont réellement remarquables. Il faut dire cependant que ce partage du travail n'existe que pour les tableaux ordinaires, que pour les personnages communs. Quand il s'agit d'une *cène* ou d'un *crucifiement*, quand c'est le Christ Pantocrator ou la Vierge qu'il faut peindre, alors le maître se réserve exclusivement ces sujets importants; lui seul y met la main, même pour les travaux de second ordre. Il traite cela avec plus de soin et plus d'amour. Aussi, n'est-il pas rare de voir dans un tableau un Christ ou une Vierge remarquablement exécutés, tandis que les autres personnages sont fort médiocres. Le maître seul a fait le Christ et la Vierge; aux élèves revient la plus grande part dans les autres figures. Chez nous aussi, au moyen âge, on avait introduit la division du travail dans les œuvres d'art. Quand un portail était à sculpter, au maître revenaient le Christ, les personnes divines, les principaux apôtres; les artistes inférieurs ou les élèves étaient chargés des autres personnages. La plupart de ces statues qu'on nomme le Beau-Dieu, à Chartres, à Reims, à Amiens, etc. sont des chefs-d'œuvre; mais, à côté, on voit des figures de personnages communs ou de saints ordinaires qui sont assez médiocres et quelquefois fort mauvaises. Mais même chez nous autrefois, comme au mont Athos aujourd'hui, on partageait le travail pour une figure unique. Ainsi, sur les vitraux, ceux de Chartres, entre autres, qui représentent des sculpteurs faisant des statues, on voit plusieurs ouvriers, deux pour une seule figure : l'un ébauche le corps avec un marteau; l'autre creuse les plis avec un ciseau; un troisième polit sa pierre de liais avec un ciseau long et qu'il pousse à deux mains, un quatrième avait peut-être sculpté les chairs, la tête et les mains.

Ce que nous disons des statues, il faut le dire également des peintures et des vitraux. Ces grandes vierges, nos Panagias latines, qui brillent à la fenêtre centrale du sanctuaire, tout à fait à l'orient, sont remarquablement plus belles que les autres personnages qui défilent à la droite et à la gauche du chœur, ainsi qu'on le remarque dans Notre-Dame de Reims.

La division du travail est un excellent système en industrie; il permet de faire mieux et plus vite. En art, il n'en est peut-être pas ainsi; on fait plus vite certainement, comme les peintres du mont Athos en donnent la preuve, mais il n'est pas sûr qu'on fasse mieux. Du reste, ce principe est déjà introduit chez nous. En sculpture, le maître fait la maquette, le praticien met au point et le maître termine. Dans un tableau où entre du paysage, le perspecteur établit les plans et prépare; le paysagiste fait la nature; le peintre d'histoire achève des figures qu'il avait tracées d'abord, et qu'un élève a ensuite ébauchées.

# DEUXIÈME PARTIE.

COMMENT ON REPRÉSENTE LES MERVEILLES
DE L'ANCIENNE LOI.

Sur les neuf chœurs des anges.

Les chœurs des saints anges sont au nombre de neuf, suivant saint Denys l'Aréopagite, et divisés en trois ordres :

1ᵉʳ ORDRE.
Trônes, Chérubins, Séraphins.

Les Trônes sont représentés comme des roues de feu, ayant des ailes à l'entour. Le milieu des ailes est parsemé d'yeux : l'ensemble de la configuration représente un trône royal [1].

Les Chérubins sont représentés avec la tête seulement, et deux ailes.

Les Séraphins, avec six ailes, dont deux montent vers la

---

[1] Dans l'église du couvent de Césariani, sur le mont Hymette, une fresque représente la Trinité. Le Père, en vieillard ; le Fils, en homme de trente-cinq ans ; l'Esprit, en colombe, sont figurés tous trois comme nous les connaissons. Les pieds nus du Père et du Fils posent sur un cercle de feu, ailé de deux ailes de feu : c'est ainsi que les Grecs figurent le chœur des anges auxquels on donne le nom de Trônes. Ce cercle ailé et enflammé est comme le trône des pieds divins. Nous avons fait graver, pour l'Iconographie chrétienne, une de ces roues symboliques.

tête, deux descendent vers les pieds, et deux sont déployées comme pour voler; ils portent dans chaque main le *flabellum* avec cette inscription : « Saint, Saint, Saint. » C'est ainsi que les vit le prophète Isaïe[1].

### Comment on représente les Tétramorphes.

Ils ont six ailes, la tête nimbée, le visage d'un ange; ils soutiennent de leurs mains, contre la poitrine, l'Évangile. Entre les deux ailes qui surmontent la tête, il y a un aigle,

---

[1] Le flabellum, ou éventail, est appelé hexaptéryge, parce qu'il porte la représentation peinte ou ciselée des Séraphins à six ailes. C'est un objet qui n'était guère usité chez nous qu'avant le XIIIᵉ siècle; depuis, il a disparu complétement. Le flabellum provenant de Tournus est un rare et précieux exemple de cet instrument, qui servait à éventer le calice à la consécration, à chasser les insectes pendant la célébration de la messe, à éteindre les cierges et les lampes après les offices. Chez les Grecs, le flabellum n'est plus guère en usage, mais il est fréquent dans les églises; on le place ordinairement près de l'autel. Le flabellum que j'ai vu au célèbre couvent de Mégaspilæon, en Achaïe, est en argent, avec figures et ornements repoussés ou ciselés. A la circonférence sont attachées, par une chaîne ou un fil de métal, de petites languettes d'argent. Ces languettes rendent un son quand on agite l'instrument, et avertissent les fidèles qu'on est arrivé à certaines parties importantes de la messe. C'est effectivement à cet office, que les sonnettes rendent dans l'Église latine, qu'on affecte le flabellum encore aujourd'hui, chez les Arméniens et autrefois chez les Grecs. Le flabellum n'est plus qu'un ornement chez les Grecs d'à présent; on le porte aux processions, comme on porte chez nous une croix ou une bannière. Les paroles du *Te Deum* sont écrites sur ces flabellums, et rappellent que les Séraphins, entre les mains desquels les Grecs figurent cet instrument, louent constamment Dieu, en disant surtout : « Saint, Saint, Saint. » Chez nous, au lieu de donner aux séraphins un flabellum, on leur met une banderole sur laquelle on écrit : *Et clamant S.S. SS. SS.* comme on le voit, entre autres exemples, à Saint-Saturnin de Toulouse. Ce Séraphin de Toulouse est en marbre blanc, datant, suivant certains antiquaires, de l'époque carlovingienne. On lit, sur le cordon d'archivolte où il est inscrit : POSSIDET INDE SACRAM SERAFIN SINE FINE SINISTRAM.

sur l'aile du côté droit, un lion; sur l'aile du côté gauche, un bœuf. Ces trois animaux symboliques regardent en haut et tiennent entre leurs pieds des évangiles; tels étaient les Tétramorphes que vit le prophète Ézéchiel [1].

[1] Le Tétramorphe est la réunion des quatre attributs des évangélistes en une seule figure; c'est un corps unique à quatre têtes. L'ange de saint Matthieu, l'aigle de saint Jean, le lion de saint Marc et le bœuf de saint Luc ont leur tête groupée sur un corps humain ailé, un corps d'ange : c'est une façon de dire que les quatre évangiles n'en font qu'un. Le Tétramorphe, absent à peu près dans l'iconographie chrétienne de l'Occident, est très-fréquent dans l'iconographie grecque. Le manuscrit d'Herrade, que possède la bibliothèque de Strasbourg, l'*Hortus deliciarum*, en offre un curieux exemple : c'est un quadrupède à quatre têtes, sur lequel est assise la personnification de la religion chrétienne. Cette bête, appelée *animal Ecclesiæ*, a les quatre têtes des attributs des évangélistes sur un corps de cheval. Chacune de ses pattes appartient aussi à l'un de ces attributs. Sur le devant, la patte droite est d'homme, la patte gauche d'aigle; derrière, la patte droite est de bœuf, la patte gauche est de lion. Ici on a mis le lion après le bœuf, pour la patte comme pour la tête; mais c'est une erreur de l'artiste, une transposition. L'ordre constant est celui-ci : ange, aigle, lion, bœuf. L'ange, nature céleste, est toujours le premier, et il occupe la plus honorable place; le bœuf, qui est le plus lourd, le plus vulgaire des quatre, se met à la fin; le lion rugissant de saint Marc vient après l'aigle sublime de saint Jean. Dans les textes et dans les monuments, voilà le rang, sauf erreur, qu'on attribue à ces quatre symboles. C'est au crucifiement qu'est peinte, dans le manuscrit d'Herrade, cette représentation du tétramorphe, qui ferait croire, quand on n'aurait pas d'autres preuves, mais elles abondent, que ce beau manuscrit a été exécuté sous une influence byzantine. Cependant, chez les Byzantins, le corps du Tétramorphe est humain, angélique et non bestial. Chez nous, les quatre attributs sont accouplés quelquefois pour figurer leur unité, comme lorsqu'ils tirent le char de l'Église, sur un vitrail de Saint-Étienne-du-Mont, sur les stalles de l'église de Recloses (près de Fontainebleau); mais ils sont distincts, non soudés, et encore moins confondus. L'ange, cela doit être, occupe toujours la première place. Les trois attributs animaux, l'aigle, le lion et le bœuf, tirent le char, comme des bêtes de somme; l'ange, intelligence supérieure, les guide, ainsi qu'un cocher guide ses chevaux, et tient les rênes avec lesquelles il les gouverne.

2° ORDRE, SURNOMMÉ GOUVERNEMENT.
Les Dominations, les Vertus, les Puissances.

Elles portent des aubes allant jusqu'aux pieds, des ceintures d'or et des étoles vertes. Elles tiennent de la main droite des baguettes d'or, et dans la gauche ce sceau (X̄) [1].

3° ORDRE.
Les Principautés, les Archanges, les Anges.

Ceux-ci sont représentés avec des vêtements de soldats et des ceintures d'or. Ils tiennent dans leurs mains des javelots avec des haches; les javelots se terminent en fers de lance [2].

---

[1] C'est ce qu'on appela, durant tout le moyen âge, le sceau de Dieu, *signaculum Dei*. L'*Hortus deliciarum*, manuscrit de la bibliothèque de Strasbourg, en met un, et il le nomme ainsi, à la main gauche de Lucifer, avant sa chute. Ce Lucifer est gravé dans nos instructions sur l'iconographie chrétienne. Cette figure se change quelquefois en bouclier, plus souvent en boule du monde, et l'on écrit dessus ĪC X̄C, monogramme de Jésus-Christ.

[2] Cette classification de la foule des anges appartient à saint Denys l'Aréopagite, qui l'a développée dans un livre spécial, intitulé : *De cœlesti hierarchia*. Mais saint Denys, contrairement au Guide, qui se trompe, met les Trônes à la fin du premier groupe, et non à la tête ; ce sont les Séraphins qu'il place avant tout. Voici donc la distribution donnée par l'Aréopagite :

| 1ᵉʳ ORDRE. | Séraphins. Chérubins. Trônes. | 2° ORDRE. | Dominations. Vertus. Puissances. | 3° ORDRE. | Principautés. Archanges. Anges. |
|---|---|---|---|---|---|

Ce partage en trois grandes classes, subdivisée chacune en trois sections, a été adopté par les deux Églises, latine et grecque. Saint Grégoire de Nazianze, saint Chrysostome, saint Ignace, saint Jérôme, Origène, le pape saint Grégoire (lib. II *Moral.*), saint Bernard, Denys le Petit, Jacques de Vorage, Dante et d'autres, de tout âge et de tout pays, se sont exercés sur cette hiérarchie

## DEUXIÈME PARTIE.

### Chute de Lucifer.

**Le ciel. Le Christ assis comme un roi sur un trône et tenant l'Évangile ouvert à ces mots : « J'ai vu Satan tombant** des natures célestes. Lisez, dans la Légende dorée, à la fête de saint Michel archange (*De sancto Michaele archangelo*), des développements curieux sur cette classification et sur le sens qu'on y attache. Saint Bernard déplace les Principautés; il les fait monter, avec assez de raison, à la place des Vertus, qui descendent ainsi au troisième ordre. Le premier ordre se compose des conseillers intimes de Dieu; le second, des gouverneurs; le troisième, des ministres, ou de ceux qui exécutent les volontés de ceux qui les précèdent. Par conséquent, les Principautés doivent appartenir aux gouverneurs, et les Vertus, aux exécuteurs. Quoi qu'il en soit, la classification de saint Denys, telle que nous l'avons donnée, a prévalu; Dante l'adopte explicitement dans le chant xxviii° du Paradis.

La hiérarchie complète des anges est assez rare chez nous. La cathédrale de Chartres en offre un exemple sculpté au portail méridional, et un autre peint sur une verrière du croisillon sud. A la sainte-chapelle de Vincennes, le cordon de la voussure du portail est occupé par la hiérarchie, nettement et complétement caractérisée; il y a deux exemples pour chacun des neuf groupes. A Cahors, dans une chapelle méridionale de la cathédrale, on a sculpté en détail toute l'armée céleste. A Chartres, c'est du xiii° siècle, du xiv° à Vincennes, du xv° (1484) à Cahors. Voilà les trois exemples où la hiérarchie se développe dans toutes ses divisions. Partout ailleurs, les natures angéliques abondent, sculptées ou peintes, mais sont représentées dans deux, trois ou quatre de leurs divisions, et non pas dans toutes. En Grèce, il en est de même; cependant, la patrie de saint Denys est plus riche que la nôtre en séries complètes. Un des plus beaux exemples à citer est celui qu'on voit au grand couvent d'Ivirôn (au mont Athos), dans la coupole d'une église dédiée aux Archanges. Le Pantocrator domine au fond de la coupole; tout autour de lui se placent, sur neuf rangs, les neuf chœurs des anges. Une inscription règne au-dessus de chaque chœur, pour en dire le nom et les fonctions. Une foule qui se perd dans les nuages représente chacun des groupes, et au-dessus de cette foule se détache un petit ange qui tient une banderole où est écrit le nom du groupe auquel il appartient. On lit CEPAΦIM sur la banderole de l'ange aux Séraphins, Χερ sur celle de l'ange aux Chérubins, et ainsi de suite :

du ciel comme un éclair. » Tout autour, les chœurs des anges dans une crainte profonde. Michel se tient au milieu, disant sur un cartel : « Que notre maintien soit plein de

Θρον, Κυρ, Εξυσι, Δυνα, Αρχαι, Αρχαγ, Αγγε, pour les Trônes, les Dominations, les Vertus, les Puissances, les Principautés, les Archanges, les Anges. La Vierge Marie fait partie des Trônes ; elle est debout, mains en l'air, portée sur des nuages, avec cette inscription :

ΕΞΑΙΡΕΙ ΘΡΟΝΟΥΣ ΤΟΥ ΘΕΟΥ ΟΝΤΩΣ ΘΡΟΝΟΣ ΘΕΟΥ.

Voici, en quelques mots, la description de ces différents groupes.

*Séraphins*. — Anges complétement rouges comme du feu, à trois paires d'ailes rouges, épée flamboyante à la main droite. Pieds nus. Pas d'autre vêtement que les ailes. Les Séraphins sont les ardeurs.

*Chérubins*. — Pieds richement chaussés. Robe, manteau et tunique par dessus ; ces trois vêtements sont extrêmement ornés de broderies. La tunique descend au genoux. Deux ailes seulement.

*Trônes*. — Une roue de feu, ailée de quatre ailes ocellées. Une tête d'ange, nimbée, sort du bas de la roue et monte vers le centre. La Vierge fait partie des Trônes, et les domine, comme dit l'inscription.

*Dominations*. — Pieds chaussés, une paire d'ailes, robe et manteau sans ornements. Ils tiennent à la main droite un long bâton terminé en croix ; à la gauche, une boule où est écrit $\overline{IC}$ $\overline{XC}$. Parmi les Dominations est saint Jean Baptiste, ailé, vêtu de sa robe de peau et de son manteau ; lui, il a les pieds nus.

*Vertus*. — Pieds nus, une paire d'ailes, robe et manteau sans ornements ; ils portent les mêmes attributs que les Dominations.

*Puissances*. — Pieds nus, une paire d'ailes, robe, manteau, et, par-dessus, tunique descendant jusqu'aux genoux. Ourlets ornés à la robe, en bas ; ourlets de même à la tunique ; collet du manteau brodé. Mêmes attributs qu'aux Dominations.

*Principautés*. — Comme les Puissances, mais vêtements plus riches et pieds chaussés. Au lieu du bâton croisé à la main droite, branche de lis.

*Archanges*. — Habillés en soldats, mais sans casque. Cuirasse, bottines. A la main gauche, le globe avec le monogramme $\overline{IC}$ $\overline{XC}$ ; à la main droite, une épée nue, pointe en l'air. Une paire d'ailes.

*Anges*. — Habillés comme les diacres : aube, tunique, manipule. Ils tiennent le globe à la main droite, avec le monogramme $\overline{IC}$ $\overline{XC}$ ; à la gauche, un long bâton croisé. Pieds richement chaussés.

Cette description, on le voit, est assez différente de celle du Guide ; mais

crainte, adorons ici le roi notre Dieu. » Au-dessous, des montagnes; au milieu d'elles, une grande ouverture au-dessus de laquelle on lit cette inscription : LE TARTARE[1]. Lucifer et toute son armée tombent du ciel. Tout en haut, ils paraissent très-beaux; au-dessous, ils deviennent anges de ténèbres; plus bas, ils paraissent plus ténébreux et plus noirs; plus bas encore, ils sont à moitié anges et à moitié démons; enfin ils deviennent entièrement démons noirs et hideux. Tout en bas, sous tous les autres, au milieu de l'abîme, le diable Lucifer, le plus noir et le plus affreux de tous, étendu sur le ventre, et regardant en haut[2].

la peinture d'Ivirôn est du xviiie siècle, et, chez les Grecs comme chez nous, les traditions iconographiques se sont fort altérées depuis cent ans.

Dans l'Iconographie chrétienne, Histoire de l'ange, nous décrirons en détail les différents chœurs des anges sculptés et peints à la sainte-chapelle de Vincennes, à la cathédrale de Chartres, à celle de Cahors, à celles d'Albi et de Reims. Nous donnerons la définition de leur nom et celle de leurs fonctions auprès de Dieu et auprès des hommes. Jusqu'à présent, on n'a nommé que les groupes, et pas les individus; nous baptisons ces indiv... dans l'Iconographie. Michel, Gabriel, Uriel, Raphaël, Cali, Antisero, Salathiel, etc. sont des noms d'Archanges, d'Anges, de Séraphins. Réduit à une note, je ne puis qu'indiquer tous ces points, qui ont toute leur place dans l'Iconographie chrétienne.

Les Grecs aiment à représenter en un seul tableau la réunion de tous les Anges et surtout des Archanges. On y voit principalement Michel en guerrier, Gabriel en prêtre, et Raphaël en costume civil. Derrière eux tourbillonne la foule des natures célestes. Les trois anges qui sont au premier plan portent une grande auréole, une gloire, au sein de laquelle brille l'enfant Jésus ailé, comme un Ange, et donnant sa bénédiction. Cette composition charmante s'appelle la Σύναξις τῶν ἀγγέλων ou Σύναξις τῶν ἀρχαγγέλων.

[1] On est chez les Grecs, qui conservent toujours les noms et les traditions de la mythologie.

[2] Il existe à la bibliothèque de l'Arsenal un manuscrit du xiiie siècle, qu'on dit avoir appartenu à saint Louis, et dont une miniature représente la chute des mauvais anges. La dégradation physique, qui déforme ces anges et se pro-

La création d'Adam.

Adam, jeune, imberbe, debout, nu [1]. Le père éternel denonce de plus en plus à mesure qu'ils s'éloignent du ciel pour s'engloutir en enfer, est parfaitement rendue par le dessin. En tombant du ciel, ils sont anges encore : ils ont le nimbe, les ailes, la robe. Mais déjà les traits se contractent, la bouche se change en gueule, et le nez s'aiguise en bec. Lorsqu'ils entrent dans le gouffre, ils n'ont plus de nimbe ni plus de robe ; la queue a poussé au bas de l'échine, les pieds et les mains sont devenus des pattes, les ongles sont des griffes, toute la peau est velue comme celle du singe, la tête grimace et n'est plus humaine, mais bestiale et monstrueuse. On dirait que le Psautier de saint Louis a traduit par le dessin et la couleur les prescriptions du Guide.

Le diable Lucifer, l'empereur des démons, comme l'appelle un manuscrit de la Bibliothèque royale, est représenté sous les traits les plus variés. Il a souvent trois têtes dont chacune dévore un damné. Ces trois têtes ont été exécutées en France, bien avant Dante, qui en fait une si horrible description dans son enfer, bien avant Orcagna, qui les a si remarquablement peintes sur les murs du Campo-Santo de Pise. C'est une nouvelle preuve, ajoutée à tant d'autres, que Dante est venu en France, et, qu'ayant vu nos Paradis, nos Purgatoires et nos Enfers sculptés dans les voussures et peints sur les vitraux de nos grandes cathédrales, il s'est, assez souvent, contenté d'en donner la description poétique. Le Satan de Dante dévore et ronge Judas, Brutus et Cassius. Il serait important de savoir quels sont les réprouvés français que nos artistes ont mis dans les gueules de Satan, et que Dante, le fougueux gibelin, a remplacés par des Romains, Brutus et Cassius. On voit notamment à Saint-Bazile d'Étampes un diable à trois têtes dévorant ainsi trois personnages ; c'est une sculpture du XIIe siècle. Nous avons fait graver, pour l'iconographie du diable, le Satan à trois têtes peint par Orcagna dans le Campo-Santo.

[1] Au couvent de Saint-Grégoire, dans le mont Athos, j'ai vu un Adam et une Ève sans nombril ; ailleurs, presque partout, j'ai remarqué le nombril sur le ventre d'Adam comme sur celui d'Ève. Il en est de même chez nous, où l'on ne paraît pas s'être préoccupé beaucoup de la question de savoir si l'on devait ou non donner à Adam et à Ève cette marque d'une naissance ordinaire. Il y a plus : dans ce même monastère de Saint-Grégoire, ni Adam ni Ève n'ont de parties sexuelles. Quelques-uns de nos manuscrits à miniatures représentent Adam et Ève également sans sexe ; mais c'est avant la chute. Après, nos pre-

vant lui, environné d'une lumière éclatante, le soutient de la main gauche. Tout autour, des arbres et divers animaux. En haut, le ciel avec le soleil et la lune.

### Adam imposant des noms aux animaux.

Le paradis avec divers arbres et beaucoup de petites fleurs. Adam assis au milieu, une main étendue et l'autre sur ses genoux. Devant lui, les bêtes et les animaux de la terre, qui le regardent[1].

### La formation d'Ève.

Le paradis comme ci-dessus. Adam, nu, endormi, la tête appuyée sur sa main. Ève sort du côté d'Adam; elle a le

miers parents aperçoivent et cachent leur nudité, parce que cette nudité leur était venue seulement alors. C'est une façon d'expliquer la Genèse, mais qui n'est pas conforme à la lettre. La Genèse dit qu'Adam et Ève, après avoir mangé le fruit défendu, eurent les yeux ouverts et virent qu'ils étaient nus; la nudité semble donc avoir été préexistante. Certains commentateurs crurent que cette nudité et la reproduction charnelle étaient des conséquences du péché, et que, sans le péché, l'homme et la femme, qui étaient immortels, se seraient multipliés par voie de création, en quelque sorte, plutôt que par voie de génération. Il faut donc constater soigneusement l'absence ou la présence du nombril et des parties sexuelles sur Adam et Ève avant et après la chute.

[1] Il est impossible de donner une description du paradis, tant les formes qu'on lui a prêtées sont nombreuses et diverses aux différents siècles et dans les divers pays. Une histoire complète, une monographie du paradis en France, d'après les descriptions et les œuvres d'art de toutes nos provinces et de toutes les époques de notre moyen âge, depuis les premiers siècles jusqu'au nôtre, serait une œuvre des plus intéressantes; nous la recommandons aux jeunes archéologues français. Si, de la France, on étendait le travail à l'Europe entière, à toute la chrétienté, et du christianisme aux autres religions, on ferait une œuvre d'une importance vraiment majeure.

bras étendu en l'air. Devant elle, le père éternel resplendissant de lumière : il la soutient de la main gauche et la bénit de la droite.

### La chute d'Adam et d'Ève.

Le paradis comme ci-dessus. Adam et Ève debout et nus, Devant eux, un grand arbre semblable à un figuier et couvert de fruits; un serpent entortillé autour, avec la tête tournée du côté d'Ève. D'une main, Ève cueille du fruit, et, de l'autre, en offre à Adam, qui l'accepte [1].

[1] La Genèse ne s'explique pas sur l'essence de l'arbre du bien et du mal. En général, c'est le figuier qu'on a choisi, surtout en Grèce, parce que cet arbre est le préféré pour la douceur et la quantité de ses fruits. Dans le couvent de Saint-Grégoire, où sont Adam et Ève sans nombril, l'arbre de la science est un oranger. En Italie, aussi, l'oranger et le figuier sont les deux arbres qu'on représente assez volontiers comme ayant séduit les regards et le goût d'Ève et d'Adam. Dans le *Speculum humanæ salvationis* (Suppl. lat. 1041), manuscrit latin exécuté en Italie au xiv° siècle, l'arbre de la science est un figuier; Adam et Ève ont chacun un serpent réel qui leur offre une figue. Dans la *Biblia sacra*, 6829, dont les miniatures, qui sont du xv° siècle, ont été, pour quelques-unes du moins, exécutées en Italie, l'arbre fatal est un oranger. Le serpent est à tête de femme. Ces deux manuscrits sont à la Bibliothèque royale. En Bourgogne et en Champagne, où l'oranger est inconnu et où le figuier donne des fruits sans sirop, on a quelquefois figuré la vigne comme arbre de la science du bien et du mal. En Normandie, où la vigne ne vient pas et se remplace par le pommier, une des richesses de la contrée, c'est autour d'un pommier chargé de fruits abondants et vermeils que les sculpteurs et les peintres ont parfois enroulé le serpent. Le cerisier n'a pas été dédaigné, et je crois l'avoir remarqué en Picardie et dans l'Ile-de-France. Il y a, quant aux différents siècles, une variété analogue à celle que donnent les divers pays. Dans une époque, un goût se prononce chez toute une nation pour tel arbre et tel fruit, qui sont abandonnés vingt-cinq, cinquante ans plus tard, pour un autre arbre et pour un autre fruit. Ce que nous voyons de nos jours se voyait autrefois : la mode s'empare d'un arbre étranger, qui succède à un autre arbre

… DEUXIÈME PARTIE.

### Expulsion d'Adam et d'Ève.

Le paradis comme ci-dessus. Adam et Eve nus, ils ont entrelacé des feuilles de figuier autour de leurs reins. Ils fuient en regardant derrière eux. Un ange de feu, à six ailes[1], les poursuit en tenant un glaive flamboyant.

### Lamentation d'Adam et d'Ève.

Le paradis fermé. Devant la porte, un glaive de feu. Adam

préféré, et qui est remplacé lui-même par un nouveau venu. De là, en conséquence de la liberté que laissait la Genèse, l'arbre de la science a dû être assez divers. L'arbre varie donc; mais l'idée qui fait choisir celui-ci dans une contrée, celui-là dans une autre, ce figuier au XII° siècle, ce pommier au XIV°, ce cerisier au XVI°, l'idée est la même : on choisit l'arbre réputé le plus précieux dans le pays et à l'époque où l'on vit. Il y aurait, sur la forme que prit le démon pour séduire Ève, bien des remarques à faire et des idées à soulever; mais nous les réservons pour un travail spécial sur l'histoire du diable, dans l'Iconographie chrétienne. Qu'il suffise de dire que ce démon a été pris à la lettre le plus souvent, et qu'on l'a figuré sous la forme d'un serpent. Mais un serpent qui parle a choqué certains artistes, et ils lui ont donné une tête humaine pour sauver ce qui leur paraissait invraisemblable. Cette tête est assez souvent celle d'une jeune fille, ou de *virgine,* comme dit un manuscrit de la Bibliothèque royale; quelquefois c'est une tête de jeune homme, et il semble, dans cette circonstance, que le serpent cherche à exercer une séduction toute charnelle sur Adam et principalement sur Ève. Un manuscrit italien, qui est à la Bibliothèque royale, montre un serpent à deux têtes humaines : l'une regarde Ève, et l'autre Adam. La miniature n'est pas assez grande pour qu'on voie nettement si la tête qui se tourne vers Adam est une tête de jeune fille, et celle qui regarde Ève, de jeune homme; mais c'est probable. J'ai fait graver cette curieuse miniature pour l'Histoire du diable; on la trouve dans les Annales archéol. vol. I, p. 74. Ce serpent à deux têtes s'enlace autour d'un oranger,

[1] C'est un Séraphin. Quelquefois on met saint Michel lui-même, un Archange, à la garde du paradis.

et Ève à demi-nus sont assis auprès, se lamentant et s'arrachant les cheveux.

### Adam bêchant la terre.

Adam, armé d'un hoyau à deux dents, fouille le sol. Ève, assise vis-à-vis, tient une quenouille et file au fuseau.

### Naissance de Caïn.

Une grotte. Ève, au dedans, étendue sur ses vêtements. Adam, le premier père, assis; il tient Caïn, petit enfant, enveloppé dans des langes.

### Naissance d'Abel.

Une grotte. Ève, couchée sur ses vêtements. Adam lave Abel dans un bassin. Caïn tient un vase et verse de l'eau.

### Caïn travaillant à la terre.

Caïn, jeune, imberbe, dans un champ avec deux bœufs sous le joug et une charrue; d'une main, il soutient la charrue; et, de l'autre, il pique les bœufs avec une pointe. On le voit aussi moissonnant du blé.

### Abel faisant paître des moutons.

Abel, jeune, sans barbe, portant un bâton; une foule de brebis devant lui.

## DEUXIÈME PARTIE. 83

### Sacrifice de Caïn et d'Abel.

Un autel. Dessus, une brebis qui brûle; la flamme monte vers le ciel. Le juste Abel est auprès, élevant les mains et les yeux vers le ciel. A côté, un autre autel, sur lequel brûle une gerbe de blé. Caïn au-devant, les mains sur la figure : la flamme de l'autel se recourbe vers lui comme une voûte.

### Caïn tuant Abel.

Montagnes. Abel étendu sur la terre et blessé; Caïn, plus loin, tient un poignard [1].

### Adam et Ève pleurent Abel.

Abel renversé à terre; le sang coule de sa tête. Adam, en cheveux gris, et Ève pleurent leur fils. Un ange dit à Adam sur un cartel : « Ne pleure pas, il ressuscitera au dernier jour [2]. »

### Noë reçoit de Dieu l'ordre de fabriquer l'arche.

Noë, debout, regarde en haut. Au-dessus, le ciel. Un

---

[1] On voit dans tout cela une certaine absence de vérité historique. Le bassin de cuivre, d'argent même, où Adam lave Abel le nouveau-né, et le poignard dont Caïn vient de percer Abel, ne conviennent guère à ces sujets. Où étaient les orfèvres et les armuriers d'Adam et de Caïn? Chez nous, il n'y a pas de bassin ni de poignard; Abel vient au monde comme le petit d'un animal, et Caïn tue son frère à coups de bêche ou de massue plus souvent encore.

[2] Au moment où la mort paraît, la résurrection est révélée au genre humain.

rayon descend vers Noë; au milieu de ce rayon, il y a ces mots: « Fabrique-toi une arche de bois équarri, car voici que je vais envoyer le déluge. »

### Noë fabrique l'arche.

Un grand vaisseau. Au-devant, Noë, tenant un vase, enduit ce vaisseau de bois avec de la poix. Ses fils le calfatent, d'autres l'équarrissent avec la hache. Les femmes sont dans l'arche. Au dehors, des hommes : les uns mangent, boivent, et font de la musique avec des femmes; d'autres se moquent de Noë. Des bêtes fauves, des oiseaux, et toutes sortes d'animaux entrent dans l'arche [1].

### Le déluge.

Grande étendue d'eau; beaucoup d'hommes noyés. Au milieu des eaux, on voit paraître des sommets de montagnes; sur l'un d'eux l'arche est assise. Noë ouvre une fenêtre, et tient d'une main une colombe.

### Sacrifice de Noë.

Montagnes. En haut, l'arche; bêtes fauves, animaux domestiques, oiseaux sortant de l'arche. Au dehors est un

---

[1] Les savants qui s'occupent d'archéologie navale auraient bien des observations à faire sur l'arche, sur sa forme et sur les instruments dont Noë se sert pour la fabriquer. Dans l'arche figurée par les peintures byzantines, j'ai cru, était-ce une illusion, reconnaître plus d'un souvenir des vaisseaux antiques? Le navire Argo et le vaisseau d'Ulysse ont-ils réellement prêté quelques-unes de leurs formes à l'arche de Noë?

autel sur lequel il y a une brebis avec d'autres animaux purs et des oiseaux. Noë, ses fils et leurs femmes sont autour, les mains élevées au ciel.

### Noë plante la vigne.

Des hommes piochent, d'autres remuent la terre avec le hoyau. Noë, par derrière, tient des ceps de vigne d'une main, et, de l'autre, il en plante plusieurs.

### Noë, enivré par le vin, montre sa nudité.

Maisons. Noë, assis, tient un broc et boit du vin doux [1]. On le voit, plus loin, endormi et le ventre découvert. Deux de ses fils, Seth et Japhet, tiennent un manteau sur leurs épaules et marchent vers lui à reculons. Par derrière, Cham regarde Noë, et le montre du doigt à ses frères.

### Construction de la tour de Babel [2].

Une ville fortifiée et une tour très-élevée, sur laquelle sont des hommes occupés à bâtir. Les uns ont des marteaux; d'autres, divers outils; d'autres portent des briques; d'autres, de l'eau; d'autres, du mortier; d'autres cuisent des briques.

---

[1] Ce sujet, on le conçoit, est traité avec prédilection dans les pays vignobles; on le voit, en fort beaux vitraux du xvi° siècle, dans l'église d'Épernay, en Champagne.

[2] Les nombreuses représentations de ce sujet doivent être soigneusement étudiées par ceux qui s'occupent de la construction au moyen âge et de l'histoire des anciens artistes. Nous indiquons, sans nous y arrêter, ce vaste sujet d'études.

Au-dessus de la tour, beaucoup de nuages ; il en sort des langues de feu qui se partagent sur chacun des ouvriers [1].

### Abraham reçoit de Dieu l'ordre de quitter son pays.

Abraham, debout, regarde en haut. Au-dessus est le ciel ; un rayon en descend vers le patriarche. Au milieu de ce rayon sont écrits ces mots : « Sors de ton pays et de celui de ta famille, et va vers la terre que je te montrerai. »

### Abraham allant en Égypte.

Abraham à cheval, Sara derrière lui. Au-devant d'eux, une ville, à la porte de laquelle des hommes qui les regardent.

### Pharaon, ayant pris Sara, la femme d'Abraham, est réprimandé par Dieu.

Des palais. Le roi Pharaon endormi sur un lit d'or ; en haut, un ange tenant une épée le frappe de terreur. Dans un coin, Sara en prières.

---

[1] Ces langues de feu indiquent l'origine des différents langages qui prirent naissance alors. Lorsque le saint Esprit descend, à la Pentecôte, sur les apôtres réunis dans le cénacle, on voit une langue ou un rayon de feu se poser sur la tête de chaque apôtre. A la tour de Babel, il y a confusion, et dans le cénacle, connaissance des langues; mais, dans ces deux circonstances, les individus apprennent à parler des langues qu'ils ignoraient, et ces rayons rouges, ces langues de feu, sont le signe visible des langues parlées. La forme des langues varie dans les représentations figurées : tantôt ce sont des langues ou larmes de feu, tantôt des rayons ou filets minces et longs, tantôt de petits ruisseaux ; la couleur est toujours à peu près celle de la flamme.

Abraham, emmenant sa femme, que Pharaon a respectée, se dirige vers le désert.

Des palais. Pharaon assis sur un trône; des soldats tout autour. Abraham devant lui, tenant Sara par la main; le roi la lui montre. Plus loin, Abraham à cheval et Sara derrière lui. Loth, et ses esclaves mangeant avec lui. Des brebis et d'autres animaux.

Abraham, ayant vaincu Chodorlahomor[1] et ses compagnons, délivre Loth.

Des soldats poursuivant d'autres soldats et un roi; ils les taillent en pièces. Abraham au milieu d'eux, avec ses armes, tient Loth d'une main. Derrière eux, des chevaux, des brebis, des bœufs.

Melchisedech vient au-devant d'Abraham.

Le juste Melchisedech, portant un vêtement sacerdotal, tient des plats avec trois pains et un flacon de vin[2]; Abraham, en costume de guerre, devant lui, avec Loth. D'autres soldats, des chevaux et des bœufs.

---

[1] Il y a dans le texte χολοδογόμωρ.

[2] Le grand prêtre Melchisedech, dont on ne connaît pas le père, et qui offre le pain et le vin, est l'image de Jésus-Christ, né d'une vierge, et qui s'offre sous la forme du pain et du vin. « Tu es sacerdos in æternum, secundum or- « dinem Melchisedech, » dit le psaume CIX, verset 4. Dans nos cathédrales, à Chartres surtout et à Reims, on voit Melchisedech en regard de Jésus-Christ, dont il est l'ombre en quelque sorte.

### Hospitalité d'Abraham.

Maisons. Trois anges assis à table, ayant devant eux, dans un plat, une tête de bœuf, des pains ; d'autres vases avec des mets, des flacons de vin et des coupes. A leur droite, Abraham avec un plat couvert ; à gauche, Sara en apporte un autre sur lequel est un oiseau cuit [1].

### Embrasement de Sodôme.

Du milieu des nuages, trois anges regardent sur la terre ; des flammes descendent de ces nuages. Au-dessous, maisons en ruine et embrasées ; parmi elles, des hommes morts. On voit, sur une montagne, Loth fuyant avec ses deux filles ; plus en arrière, sa femme, blanche comme du sel, et le dos tourné.

[1] Cette hospitalité ou philoxénie d'Abraham est une figure de la Trinité. Abraham, dit un Père, vit trois anges, et n'en adora qu'un seul (*tres vidit, unum adoravit*), parce qu'il n'y a qu'un seul Dieu en trois personnes. C'est de là que les représentations figurées offrent ces anges caractérisés comme les personnes divines. Les peintres qui veulent montrer les trois personnes font à chacun de de ces anges le nimbe crucifère, qui est le caractère de la divinité ; ceux qui songent à l'unité de Dieu ne donnent le nimbe crucifère qu'à un seul des trois, celui aux pieds duquel Abraham se prosterne. Cette scène est très-fréquemment reproduite chez nous, et sous les motifs les plus variés. La Bible n° 6 de la Bibliothèque royale montre deux anges imberbes, à nimbe uni, se tenant derrière un troisième personnage barbu, portant un nimbe crucifère. Ce personnage est Dieu ; Abraham l'adore. (Voyez dans l'Iconographie chrétienne, Histoire du nimbe, page 31, planche 19, cette apparition des trois personnages divins ou célestes au patriarche Abraham. Dans l'église Saint-Étienne-du-Mont, à Paris, ce sujet est figuré sur un vitrail du xvii° siècle.)

### Sacrifice d'Abraham.

Abraham, en haut d'une montagne, lie sur du bois son jeune fils Isaac; il tient un glaive pour le sacrifier. En haut, un ange lui montre le bélier pris par les cornes dans un buisson, et il lui dit, sur un cartel : « Abraham, Abraham, ne porte pas la main sur l'enfant. » Au bas de la montagne, deux jeunes gens retiennent un âne harnaché [1].

### Isaac bénissant Jacob.

Maisons. Isaac, très-vieux, sur un lit; auprès de lui, une table couverte de mets. Jacob, jeune, à genoux devant lui. Isaac tient Jacob d'une main et le bénit de l'autre. On voit dans le lointain Ésaü sur une montagne, tenant un arc et chassant des animaux.

### Échelle de Jacob.

Jacob, le patriarche, endormi. Au-dessus de lui, une échelle appuyée au ciel. Les anges du Seigneur montent et descendent sur cette échelle [2].

---

[1] Une variété presque infinie existe dans la représentation de ce sujet, qui n'a cessé d'être figuré, en sculpture et en peinture, depuis les premiers siècles de l'église jusqu'au nôtre, dans les catacombes de Rome et dans nos églises modernes. Isaac, qui va périr sur le bois dont il est chargé, est l'image de Jésus-Christ, mort sur la croix qu'il a portée.

[2] Il est rare de rencontrer ce sujet, soit en sculpture, soit en peinture dans notre art du moyen âge.

### Songes de Joseph.

Joseph, jeune, imberbe, endormi. Au-dessus de lui, le soleil, la lune et onze étoiles. Devant lui, douze gerbes : l'une est droite, les autres sont inclinées tout autour, comme pour l'adorer.

### Joseph vendu par ses frères aux Ismaëlites.

Une fosse [1]; dedans, Joseph imberbe. Deux de ses frères le soutiennent par les bras et le retirent de la fosse. Près de là, sont les autres frères et des brebis. Les Ismaëlites, avec des chameaux, comptent sur une pierre de l'argent, que les autres reçoivent.

### Joseph, abandonnant son manteau, évite le péché.

Palais. Une femme, couchée sur un lit, saisissant Joseph par son manteau. Joseph se sauve et lui laisse son manteau entre les mains.

### Joseph, dans la prison, explique les songes du pannetier et de l'échanson.

Une prison. Au milieu, Joseph ; deux hommes agenouillés devant lui semblent lui parler. L'un a sur la tête un grand

---

[1] C'est toujours une citerne dans les peintures orientales; chez nous, c'est un puits fort souvent, surtout pendant le moyen âge proprement dit et alors qu'on ne se préoccupe nullement de la couleur locale.

plat avec des aliments; des oiseaux surviennent au-dessus et mangent. Le second porte d'une main une coupe; de l'autre, il y écrase une grappe de raisin.

### Joseph expliquant les songes de Pharaon.

Palais. Le roi endormi sur un lit en or. En dehors du palais, des montagnes et le fleuve. Auprès du fleuve, on voit paître sept vaches grasses et blanches; sept autres vaches noires et maigres sortent du fleuve. Près de là, sept épis beaux et pleins, et sept autres laids et maigres. Plus loin encore, le roi assis sur son trône et Joseph devant lui disant sur un cartel: « Les sept vaches grasses sont sept années fertiles; les sept vaches maigres sont sept années stériles. »

### Joseph établi par Pharaon maître de toute la terre d'Égypte.

Pharaon assis sur un trône entouré de soldats; devant lui, Joseph assis sur un char d'or traîné par deux chevaux. Au-devant, un homme sonne de la trompette; par derrière, soldats nombreux avec des lances, et beaucoup d'autres hommes qui les accompagnent.

### Joseph adoré par ses frères.

Palais. Joseph, le patriarche, assis comme un roi sur un trône; ses dix frères agenouillés devant lui. Au-dessous du palais, des bêtes de somme chargées de sacs [1].

[1] On pense bien qu'en Orient ces bêtes de somme sont presque toujours des chameaux.

### Joseph se faisant reconnaître par ses frères.

Palais. Au dedans, Joseph embrasse ses frères. Au dehors, on voit encore les frères de Joseph dans la désolation : bêtes de somme ; sacs renversés à terre ; soldats qui les ramènent. Un de ces soldats retire du sac de Benjamin une coupe d'argent.

### Joseph allant à la rencontre de son père Jacob et de ses frères.

Une ville. Au dehors, des soldats, des officiers, des cavaliers ; au-devant, un cheval, avec une selle dorée et un frein d'or, est conduit par deux soldats revêtus d'or ; devant eux, Joseph, à pied, embrasse son père Jacob. Les frères sont derrière Jacob. Bêtes de somme chargées. Chars avec des femmes qui portent des enfants.

### Jacob bénit les fils de Joseph, Éphraïm et Manassé, et figure d'avance la croix du Seigneur.

Jacob assis sur un lit. Devant lui, à droite, Manassé ; à gauche, Éphraïm. Jacob, ayant ses mains sur leurs têtes, figure une croix en plaçant la main droite sur Éphraïm et la main gauche sur Manassé. Joseph derrière ses fils et dans l'étonnement[1].

---

[1] Dans l'Église latine aussi bien que dans l'Église grecque, cette bénédiction de Jacob est regardée comme la figure de la croix. Jacob mit ses mains en croix sur la tête de ses petits-fils ; mais, en outre, il fit Éphraïm plus grand que Manassé, son aîné. De même aussi Jésus, sur la croix, appela les nations au premier rang des enfants de Dieu, tandis que les juifs, les aînés cependant, furent déshérités et relégués au second plan. Les monuments et les textes qui

## DEUXIÈME PARTIE. 93

Jacob bénit ses douze fils.

Jacob, assis sur un lit, étend ses mains pour bénir; ses enfants sont tous agenouillés devant lui.

Moïse trouvé par la fille de Pharaon dans une corbeille d'osier.

Des montagnes et un fleuve. Au milieu, sur le bord du fleuve, un petit coffre, et la fille du roi assise sur un trône [1]. A sa droite et à sa gauche, deux jeunes filles tiennent des habillements; devant elle, une autre jeune fille ouvre la corbeille et en retire l'enfant.

prouvent que cette bénédiction de Jacob était prophétique, qu'elle figurait la croix et annonçait le rôle que les gentils devaient jouer relativement aux juifs, sont extrêmement nombreux. MM. Martin et Cahier, auteurs des Vitraux de Saint-Étienne de Bourges, se sont étendus avec complaisance sur cette belle figure de la croix et sur toutes celles qui sont analogues; nous renvoyons donc à l'atlas, pl. I, et pl. I et IV, dites d'étude. Le texte, plus développé encore que l'atlas, s'étend sur ce sujet, pages 16-25. Aux nombreuses autorités citées par M. Cahier, autorités des Pères grecs et latins, nous nous contenterons d'ajouter celle de Guillaume Durand, évêque de Mende, qui vivait au XIII° siècle. Durand (*Rationale divin. offic.* lib. V, cap. II), parlant de la vertu anticipée de la croix et des exemples qu'on en trouve dans l'Ancien Testament, dit : « Legitur etiam « quod, cum Joseph applicuisset Manassem et Effraim ad Jacob, statuens ma- « jorem ad dexteram et minorem ad sinistram, ut eis secundum ordinem bene- « diceret, Jacob manus commutans, id est in modum CRUCIS cancellans, dex- « tram posuit super caput Effraim minoris et sinistram super caput Manassæ « majoris. » L'Ancien Testament est la figure perpétuelle du Nouveau. Il faut se rappeler ce principe constamment, lorsqu'on étudie la symbolique chrétienne; c'est la clef de l'iconographie tout entière, chez les Grecs comme chez nous.

[1] La fille de Pharaon assise sur un trône dans la campagne, sur les bords du Nil, c'est un fait aussi singulier que de mettre un poignard entre les mains de Caïn et surtout un bassin d'argent entre celles d'Adam.

Moïse, faisant paître les brebis, voit le buisson ardent.

**Moïse, déliant sa chaussure. Autour, des brebis.** Au-devant, un buisson ardent, au milieu et sur le sommet duquel est la Vierge tenant son enfant; auprès d'elle, un ange regarde du côté de Moïse. D'un autre côté du buisson, on voit encore Moïse debout, une main étendue et tenant de l'autre une baguette [1].

[1] La Vierge tenant Jésus et apparaissant à Moïse plus de quinze siècles avant qu'elle fût née, c'est encore une figure, c'est encore une scène qui fait partie de la symbolique chrétienne. On chercha dans l'Ancien Testament les événements qui pouvaient le mieux annoncer les mystères du Nouveau. La vie de Gédéon en fournit un, comme nous allons voir; celle de Moïse en donna plusieurs, et notamment le buisson qui brûla dans le désert sans se consumer. On appliqua donc cette merveille à la virginité de Marie. La virginité d'une mère devait être démontrée par toutes les preuves possibles, et l'on en demanda le plus grand nombre à l'histoire biblique. Le christianisme se rappela que Gédéon obtint une toison toute pleine de rosée, pendant que la terre sur laquelle posait la laine était sèche tout à l'entour; il vit qu'en une nuit, et sans semence, le bâton écorcé et mort d'Aaron fleurit et donna un fruit, une amande. Il en conclut que c'était pour présager la venue du Messie, qui naîtrait d'une vierge. Ces faits ne suffirent pas; on en voulut et on en trouva un autre plus explicite encore. Ce fait est sculpté en pierre à Chartres, au portail du nord; il est peint sur bois, avec son explication symbolique, sur un très-beau tableau qui décore Saint-Sauveur d'Aix, et qu'on attribue à tort au roi René; il est peint sur parchemin dans nos manuscrits à miniatures, notamment dans celui qu'on appelle *Miroir du salut de l'homme* (*Speculum humanæ salvationis*); il est peint à fresque; il est tissu sur tapisserie de laine, notamment à la Chaise-Dieu d'Auvergne, et à Reims, sur l'un de ces beaux tapis du xvi° siècle qui décoraient la cathédrale et qui sont aujourd'hui dans une salle de l'archevêché. Sur cette tapisserie, on voit la Vierge tenant l'enfant Jésus, assise sur un buisson tout vert, d'où sortent des tourbillons de flamme, et devant lequel se prosterne Moïse. On lit au bas ces vers du xvi° siècle, tissés dans la laine :

Comment Moyse fut très-fort esbahi
Quant aperceut le vert buisson ardent

Moïse annonçant aux Hébreux leur rédemption.

Moïse debout. A côté de lui, Aaron. Au-devant, un grand nombre de juifs le saluent.

Moïse avertit Pharaon de renvoyer les Hébreux.

Palais. Pharaon assis sur son trône ; devant lui, Moïse et

> Dessus le mont Horeb ou Synay,
> Et n'estoit rien de sa verdeur perdant ;
> Pareillement la pucelle eust enfant
> Sans fraction ne aucune ouverture :
> Et la virge d'Aaron fut florissant
> En une nuit, cela le nous figure.

C'est la paraphrase littérale de l'inscription latine qu'on lit au bas du tableau dit du roi René :

« Rubum quem viderat Moyses incombustum, conservatam agnovimus tuam « laudabilem virginitatem, sancta Dei Genitrix. »

« Le buisson que Moïse vit brûler et non se consumer nous prouve ta précieuse virginité, sainte Mère de Dieu. »

L'église de Notre-Dame-de-l'Épine, un chef-d'œuvre de l'architecture des xiv° et xv° siècle, doit sa fondation à cette comparaison pleine de grâce. Un jour, des bergers, gardant leurs troupeaux dans la campagne, virent, à la tombée du jour, un buisson d'épines blanches s'éclairer d'une lueur singulière ; les brebis et les bergers accoururent, et l'on remarqua qu'il s'élevait, du milieu de ce buisson lumineux et qui semblait brûler, une petite statue de Marie tenant Jésus dans ses bras. C'était la veille de l'Annonciation, la veille du jour où la Vierge avait conçu. On comprit que cette merveille contenait un enseignement, et l'on bâtit, sur l'emplacement même du buisson, la charmante église que nous voyons aujourd'hui. La statue qui est placée sur l'un des autels du jubé est celle, dit-on, que les bergers virent briller dans l'aubépine. Au fond de l'abside, sur un vitrail, le seul qui soit resté à peu près intact, on voit ce buisson enflammé, au milieu duquel se tient Marie. Les brebis, les bergers, les paysans, les bourgeois de Châlons, sont agenouillés devant le buisson merveilleux. Telle est l'explication du texte de notre Guide.

Aaron ; devant eux, un grand serpent qui en mange d'autres petits. Des hommes sont auprès; ils ont de grands bonnets fourrés et de hautes coiffures, et ils tiennent des papiers. Hors du palais, les Hébreux : les uns mêlent du mortier et de la paille, d'autres moulent des briques, d'autres les font cuire; d'autres sont frappés par les Égyptiens.

## Les dix plaies d'Égypte.

1. Aaron, avec sa verge, change les fleuves et les eaux en sang. Fleuves et fontaines tout en sang. Moïse debout; Aaron, devant lui, tient sa verge étendue vers le fleuve. Égyptiens embarrassés et consternés de ne pouvoir satisfaire leur soif.

2. Aaron et Moïse, ayant étendu leur baguette vers le fleuve, font paraître des grenouilles [1].

3. Aaron et Moïse, ayant frappé la terre de leur baguette, font paraître des moucherons.

4. Une multitude de rats dévore les Égyptiens.

5. Mort des animaux de l'Égypte.

6. Moïse et Aaron, ayant lancé en l'air leur baguette en présence de Pharaon, attirent des ulcères sur les Égyptiens.

---

[1] Ce sujet est ciselé sur un des nombreux pavés en liais datant du XVII° siècle, et qui se voyaient dans l'abbatiale de Saint-Remi, à Reims; le pavé qui le porte se trouve aujourd'hui dans le musée de Reims. Quarante-cinq autres pavés semblables sont aujourd'hui dans un château des environs de cette ville; on n'en prend aucun soin, et on devrait bien les donner au musée. C'est un des plus beaux et des plus curieux exemples de pavés que je connaisse. Le liais est ciselé et l'on a coulé du plomb dans les entailles. Le trait est habilement tracé et comme à main levée; il n'y a pas d'époque où l'on ait dessiné avec plus de hardiesse qu'au XIII° siècle. Quand on voudra redaller nos cathédrales, il faudra imiter ces pavés de Reims ou ceux de Saint-Omer.

7. Moïse, ayant étendu la main vers le ciel, la grêle et le feu font périr les animaux et les plantes d'Égypte.

8. Moïse, ayant étendu sa verge vers le ciel, attire des sauterelles.

9. Moïse, étendant la main vers le ciel, attire un brouillard d'une épaisseur extraordinaire.

10. Un ange survient; il frappe de mort les premiers nés de l'Égypte, depuis l'homme jusqu'aux animaux.

### Moïse faisant la Pâque avec les Hébreux.

Maisons. Une table sur laquelle sont un agneau rôti et de larges pains tout autour. Moïse, Aaron, avec d'autres Hébreux, mangent debout et portent un paquet de vêtements avec un bâton[1].

### Moïse, ayant fait traverser aux Hébreux la mer Rouge, submerge les Égyptiens.

La mer. Des femmes dansent sur le rivage. Foule d'Hébreux, hommes et femmes, ayant des enfants dans leurs bras et sur leurs épaules. Moïse frappe la mer avec sa baguette. On voit, au milieu de la mer, des soldats, les uns à cheval, les autres sur des chars, enfoncés dans l'eau jusqu'au milieu du corps ou jusqu'à la tête[2].

---

[1] L'agneau pascal est une figure si connue du Christ, agneau de Dieu, qu'il est à peine nécessaire de le rappeler. Sur les anciens sarcophages, sur ceux du musée d'Arles principalement, les Hébreux qui sortent d'Égypte portent enfants et vêtements sur leurs épaules, absolument comme il est dit ici.

[2] Dans certains manuscrits grecs, qu'il faut étudier avec soin et qui sont à la Bibliothèque royale, on voit la mer Rouge personnifiée par un homme vigou-

Moïse, avec sa baguette, adoucit les eaux amères de Mara.

Montagnes. Un espace rempli d'eau. Moïse jette sa baguette dans l'eau. Auprès de lui, Hur et Aaron, avec une foule d'Hébreux derrière eux, et des enfants qui boivent de l'eau [1].

Moïse et le peuple arrivent à Élim, aux douze fontaines et aux soixante et dix tiges de palmiers.

Montagnes; il en sort douze fontaines surmontées par soixante et dix palmiers. Moïse et le peuple hébreu se tiennent au-devant.

Moïse sur la montagne; il tient les mains étendues et triomphe d'Amalec.

Moïse sur une montagne; il est assis sur un rocher. A ses deux côtés, Hur et Aaron lui soutiennent les mains en l'air. Au bas de la montagne, Josué, fils de Nun, et les Hébreux poursuivent les ennemis; ils les taillent en pièces.

reux, qui saisit Pharaon et l'entraîne, lui, son char et toute son armée, dans l'abîme.

[1] C'est encore une figure de la croix, non quant à la forme, mais quant à sa nature, c'est-à-dire au bois. Guillaume Durand (*Rationale divinorum officiorum*, lib. V, cap. II) dit: « Item lignum missum in Marath aquas dulcoravit « amaras, et ad lignum missum in Jordanem ferrum quod incideret enatavit, « hoc est lignum vitæ et in medio Paradisi, de quo sapiens protestatur, bene-« dictum lignum, per quod fit justitia, quoniam regnavit in LIGNO Deus. » Le bois dont la croix était faite a beaucoup exercé les mystiques.

### Moïse recevant la loi.

Une montagne élevée. Au sommet, Moïse, à genoux, tient les tables de la loi. Au-dessus, beaucoup de nuages, de feux et de clartés. Anges sonnant de la trompette. Plus bas, sur la montagne, on voit encore Moïse brisant les tables de la loi. Au pied de la montagne, les Hébreux mangent, boivent et dansent [1]. Au milieu d'eux, une haute colonne supporte un veau d'or. Aaron se tient à l'écart avec chagrin.

### Moïse et Aaron célébrant dans le tabernacle du témoignage.

Quatre colonnes d'or supportent une tente brillante d'or et des anges à six ailes déployées. Au-dessous est l'arche d'alliance, sur laquelle sont un vase d'or, le chandelier à sept branches et cinq pains. Au-dessus de l'arche, et précisément au milieu, la sainte Vierge tenant son enfant [2]. D'un côté de l'arche, on voit Moïse avec sa baguette et les tables de la loi; de l'autre, Aaron avec les habits sacerdotaux et une mitre (tiare) sur la tête. Aaron tient d'une main l'encensoir d'or, et de l'autre sa verge fleurie [3]. Au-dessous de l'arche, Nadab et

---

[1] Ces danses grecques sont fort curieuses à observer; elles paraissent rappeler les danses antiques comme celles que nous avons vues à Hiérissos, village qui est à l'entrée, mais en dehors du mont Athos. C'était à l'occasion d'une noce que s'exécutaient ces danses dont le caractère est étrange.

[2] La Vierge est appelée, dans nos litanies latines, *Fœderis arca*. C'est donc, chez nous comme en Grèce, la même symbolique.

[3] Ce que nous avons dit plus haut, à l'occasion du buisson ardent, nous dispense d'entrer dans des détails sur le sens symbolique attaché à la verge d'Aaron, qui fleurit en une nuit et porta une amande. Nous nous contenterons de

Abiud, fils d'Aaron, avec leurs vêtements sacerdotaux et l'encensoir, sont étendus morts sur la terre. Hors du tabernacle, beaucoup de peuple, et un autel couvert de victimes, de brebis et d'oiseaux consumés par le feu.

Moïse, ayant frappé le rocher avec colère, fait jaillir l'eau.

Moïse, debout, frappe la pierre avec sa baguette. L'eau jaillit ; des enfants la recueillent dans des vases. Foule d'Hébreux, hommes et femmes, auprès de Moïse. Au sommet du rocher, on lit ces mots : « L'eau de la contradiction [1]. »

transcrire cette inscription, placée sous une miniature du XIV° siècle, et qui représente la fleuraison de la verge d'Aaron :

> Virga Aaron protulit fructum sine plantatione ;
> Maria genuit filium sine virili conjunctione.
> Virga florens Aaron dignum sacerdotium monstravit ;
> Maria pariens nobis magnum sacerdotem paravit.
> In testa amygdalina dulcis nucleus latebat,
> A quo data est nobis tam salubris medicina.

(Voir le *Speculum humanæ salvationis*, manuscrit de la bibliothèque de l'Arsenal, Théologie lat. 42ᴮ, fol. 10 verso.)

[1] L'eau qui sort du rocher frappé par Moïse est encore une image du Christ. Le côté ouvert de Jésus lava dans ses flots les souillures des nations, comme l'eau du rocher désaltéra les Hébreux, qui périssaient de soif. Saint Paul dit : « Et omnes (patres nostri) eumdem potum spiritalem biberunt. Bibebant au- « tem de spiritali, consequente eos, petra ; petra autem erat Christus. » (*Ad Corinth.* I, cap. X, v. 4.) Il n'est pas jusqu'aux deux coups dont Moïse frappa le rocher avec sa baguette, qui n'aient reçu une interprétation symbolique. On dit pendant tout le moyen âge :

> Bis silicem virga dux percutit atque propheta ;
> Ictio bina ducis sunt duo ligna crucis.

Sur les vitraux de Bourges, de Tours et du Mans, qui représentent la Passion prédite par les figures de l'Ancien Testament, Moïse frappe l'eau du rocher et regarde Jésus en croix et saignant au côté. Mais une autre scène, plus fréquemment représentée encore, et dont le Guide, par omission certainement,

Balaam va maudire les Hébreux; il en est empêché par un ange.

Deux vignes. Entre les haies de la vigne, Balaam monté sur un mulet, qu'il frappe avec un bâton. Le mulet s'agenouille et détourne la tête vers Balaam. L'archange Michel se tient au-devant avec une épée hors du fourreau. On voit, entre deux montagnes, des officiers du roi et des cavaliers.

Balaam, appelé par le roi Balaac pour maudire les Hébreux, les bénit.

Moïse, avec les Hébreux, combat les Moabites. Sur une montagne, sept autels couverts chacun d'un taureau et d'un bélier. Le roi Balaac, entouré de ses officiers. Devant lui, Balaam regarde en bas les Hébreux; il les bénit, en disant sur un cartel : « Un astre se lève de Jacob; il s'élèvera un homme du milieu d'Israël qui brisera les chefs de Moab[1]. »

Mort de Moïse.

Moïse couché, étendu mort, sur une montagne. Le démon est penché vers ses pieds; un archange se tient auprès

ne parle pas, c'est l'exaltation du serpent d'airain, autre figure du Christ, qui, du haut de la croix, comme le serpent du haut de sa colonne, guérit les plaies du genre humain. « Sicut Moyses exaltavit serpentem in deserto (dit Jésus lui-« même), ita exaltari oportet Filium hominis, ut omnis qui credit in ipsum « non pereat, sed habeat vitam æternam. » (S. Joann. cap. III, v. 14 et 15.)

[1] Dans le *Speculum humanæ salvationis*, qui est à la bibliothèque de l'Arsenal, Balaam montre l'étoile mystérieuse qui s'élève du sein de Jacob. Il faut constater avec soin le genre de monture qui porte Balaam.

de sa tête, étend les mains vers le démon et le menace avec une épée.

Douze prêtres portent l'arche au milieu du Jourdain pendant que Josué, fils de Nun, fait traverser le Jourdain à pied sec aux Hébreux.

Douze prêtres portent sur leurs épaules l'arche d'alliance; ils se tiennent au milieu du Jourdain, qui est à sec derrière eux. Chariot que traînent deux bœufs dirigés par un conducteur. Foule de peuple avec Josué, fils de Nun, traversant le Jourdain.

Josué, fils de Nun[1], considérant le chef de l'armée céleste.

L'archange Michel, revêtu d'habillements de guerrier, tient une épée nue[2]. Josué, fils de Nun, cheveux gris; à genoux devant Michel, il délie les cordons de ses souliers et considère l'archange.

L'ange du Seigneur apparaît à Gédéon pendant qu'il fait la moisson, et l'encourage contre les Madianites.

Des champs. Des hommes moissonnant du froment. Un autel allumé. L'archange Michel tient une baguette à la main et en touche l'autel. Gédéon, à genoux, étend les mains vers lui; une faux est à terre près de lui.

[1] Il y a dans le grec : Ὁ Ἰησοῦς τοῦ Ναυῆ, Jésus, fils de Navi.
[2] Le costume militaire que portent l'archange Michel et les saints guerriers est toujours celui des empereurs romains.

Gédéon presse une toison; il en sort de l'eau, qui emplit un vase.

Une montagne. Une aire. Gédéon au milieu, en prières. Devant lui, une peau d'agneau avec la laine; de la pluie descend du ciel sur la toison. Une seconde fois, Gédéon, hors de l'aire, presse une toison au-dessus d'un bassin [1].

Manué et sa femme apprennent par un ange la naissance de Samson.

Manué, vieillard chauve; près de lui, sa femme. Ils sont agenouillés, les mains et les regards levés au ciel. Devant eux, un autel avec un chevreau consumé. En même temps apparaît dans le ciel un archange entouré de lumière.

Samson tue un lion.

Samson, debout, foule aux pieds un lion; il lui renverse la tête en arrière et le déchire [2].

---

[1] Cet événement est bien, comme nous avons vu, une figure de la virginité de Marie. Au monastère de Chilindari (mont Athos), dans le narthex de la grande église, on a représenté Gédéon pressurant sa toison; mais, dans cette toison, comme dans l'aubépine miraculeuse de la Champagne, on voit une petite image de la Vierge, blanche comme la toison elle-même. C'est une peinture à fresque. Sur une tapisserie de la cathédrale de Reims, représentant l'Annonciation, on lit ces quatre vers à la suite de quatre autres qui disent que le serpent trompa Ève, mais que Marie nous sauva en enfantant le Fils de Dieu :

> Et Gédéon noble juge recent
> Signe céleste au mondain territoire
> Par la pluie ou la rosée qui cheut
> Sur la toison en signe de victoire.

[2] Samson, comme Moïse, comme Gédéon, comme Melchisedech, est une

Samson, ayant attaché des torches allumées à la queue de trois cents renards, met le feu aux moissons des ennemis.

Une grande quantité de blés, de vignes et d'oliviers ; des champs embrasés. Au milieu, des renards avec des torches liées à la queue. Samson, tenant un renard, lui attache une torche à la queue.

Samson, avec une mâchoire d'âne, extermine dix mille ennemis.

Samson, armé d'une mâchoire d'âne, frappe les ennemis qui sont devant lui. Par derrière, grand nombre de morts.

Samson, ayant arraché les portes de la ville de Gaza, les enlève sur une montagne.

Une ville ouverte et sans portes. Samson, ayant les portes sur ses épaules, gravit une montagne [1].

figure de Jésus-Christ. Samson déchire la gueule d'un lion, parce que le Christ brisera la gueule de l'enfer et en fera sauter les portes pour en tirer nos premiers parents. Samson, emprisonné dans Gaza, sort de la ville, dont il enlève les portes sur ses épaules; le Christ échappe à la prison de son tombeau, dont il soulève le couvercle sans peine aucune. Dans un vitrail de la cathédrale de Chartres, représentant le parallélisme constant entre l'Ancien et le Nouveau Testament, Samson, qui déchire la gueule du lion et qui enlève les portes de Gaza, fait pendant à Jésus mis au tombeau, qui va ressusciter et gravir la montagne de l'Ascension. Les plus anciennes sculptures de nos églises représentent Samson déchirant la gueule d'un lion. (Voyez, à Saint-Germain-des-Prés, un chapiteau qui donne dans le collatéral de droite ou du sud.)

[1] Pour l'architecture militaire et pour la façon dont les portes sont faites au moyen âge, cet enlèvement des portes, fréquent chez nous, doit être étudié avec soin.

## DEUXIÈME PARTIE.

Samson aveuglé par les ennemis.

Samson, garrotté de chaînes; devant lui, ses ennemis, qui lui crèvent les yeux. La courtisane Dalila se tient derrière lui et le regarde[1].

Samson, ayant saisi deux colonnes d'une maison, la fait écrouler, et cause la mort de ses ennemis.

Des maisons qui s'écroulent; des hommes morts. Au milieu d'eux, Samson mort, tenant encore entre ses bras les deux colonnes.

Samuel assistant au sacrifice dans le temple du Seigneur.

Un temple et un autel. Au-devant, le prophète Samuel, petit enfant, vêtu d'une aube et tenant un encensoir; devant lui le prophète Elie, qui le bénit. Sa mère Anna et son père Elcana le regardent.

[1] Dans nos églises, à l'époque romane et surtout à celle de la renaissance, on représente fréquemment, sur les chapiteaux, les pilastres, les stalles, les vitraux et les tapisseries, Adam qui écoute Ève, Samson qui s'endort sur les genoux de Dalila, Aristote en bête de somme et portant la maîtresse d'Alexandre, Virgile dans un panier, Hercule aux pieds d'Omphale, Pyrame et Thisbé se tuant. Les fameux exemples historiques, légendaires et mythologiques du triomphe de l'amour se voient notamment sur les chapiteaux de la cathédrale de Bâle et sur des pilastres provenant du château de Gaillon, qui sont aujourd'hui dans la seconde cour de l'école des Beaux-Arts. Une monographie, où seraient décrites et dessinées les représentations du triomphe de l'amour durant cette longue période du monde moderne, ferait une œuvre des plus charmantes et des plus philosophiques.

### Dieu révèle à Samuel la mort du prêtre Héli et de ses fils.

Le temple. Le vieillard Héli, grand-prêtre, profondément endormi. Le prophète Samuel, petit enfant, est auprès, étendant une main vers lui et lui parlant. Plus loin, Samuel assis sur un lit et regardant en haut; un ange le bénit du ciel.

### Mort d'Héli et de ses fils.

Une ville. Le grand-prêtre Héli, vieillard, est étendu sur son siége et la tête brisée; au-devant, un jeune homme dans l'étonnement. Hors de la ville, les Hébreux poursuivis par les étrangers. L'arche est aussi emportée par les ennemis. Près de là, Ophi et Phineès, les fils d'Héli, revêtus de leurs vêtements sacerdotaux, sont étendus morts à terre.

### Les ennemis sont tourmentés de diverses manières par l'arche d'alliance, qu'ils renvoient aux Hébreux.

Deux bœufs traînent un chariot sur lequel est l'arche. Derrière l'arche, les ennemis, qui la regardent de loin; sur le devant, des champs et des moissonneurs. Les prêtres reçoivent l'arche.

### Le prophète David sacré roi par Samuel.

David enfant. Le vieillard Samuel lui verse avec une corne de l'huile sur le front. Derrière David, son père Jessé, vieillard, et ses sept frères, d'âge différent, sont dans l'admiration.

David, jouant de la harpe devant Saül, chasse le démon de ce roi.

Le roi Saül, vieillard, assis sur son trône, les deux mains étendues vers David; auprès de lui, des soldats. David enfant tient une harpe dont il joue devant Saül.

David tue Goliath.

David imberbe, ayant une fronde pendue à la ceinture et une pannetière sur l'épaule droite. Il tient une tête de la main gauche, et l'épée dans la droite. Devant lui, l'ennemi Goliath, étendu à terre avec son armure [1] et décapité. Plus loin, des Hébreux poursuivant les ennemis; plus loin encore, des chœurs de jeunes filles avec des harpes et des tympanons [2].

[1] Une des plus belles armures du moyen âge appartient au Goliath sculpté en statuette sur les piliers du porche septentrional, à la cathédrale de Chartres; le bouclier est particulièrement remarquable.

[2] Tous ces sujets relatifs à Samuel, Héli, Saül, David, Goliath, sont sculptés en détail à la cathédrale de Chartres, portail et porche du nord. Dieu, qui apparaît à Samuel pour l'instruire de la fin prochaine d'Héli, est appelé le Christ: on lit au bas XPITVS (*sic*) pour *Christus*. Le Christ, qui est le Verbe de Dieu, parle donc à Samuel, au nom de Dieu, onze cents ans avant sa naissance charnelle. On voit tout ce qu'il y a de profond dans ce sujet ainsi traité. Il n'est pas possible de comprendre l'iconographie chrétienne sans savoir la théologie. Il était juste de faire parler Jésus, qui est la parole de Dieu. Au même porche, le Dieu qui crée le monde, ce n'est pas le Père éternel, la première personne divine, mais la seconde, le Fils, *per quem omnia facta sunt*, comme s'exprime le symbole de Nicée. Il faut faire la plus grande attention à l'âge, aux attributs, aux caractères qui différencient les diverses personnes sculptées ou peintes que l'on étudie. Une confusion est bientôt faite, et une erreur bientôt née.

*David, avec tout le peuple, porte l'arche à Jérusalem.*

Deux bœufs tirent un chariot sur lequel est l'arche en forme de coffre d'or; elle est surmontée de deux chérubins en or. Au-devant, David, en vêtements blancs, joue de la harpe; les prêtres l'accompagnent, les uns avec les tympanons, d'autres avec des cithares, d'autres avec la trompette. Près de l'arche, Oza étendu mort; derrière, le peuple suit en foule.

*David, après les reproches du prophète Nathan, se repent de son péché.*

Un palais. Un trône d'or devant lequel David est agenouillé. Le prophète Nathan se tient debout devant lui et lui dit sur un cartel : « Le Seigneur te pardonne ton péché. » Un ange est près de lui.

*David ayant fait un dénombrement du peuple, le Seigneur, irrité, envoie un ange qui fait périr soixante et dix mille hommes, et ne s'arrête qu'après cette extermination.*

Une vaste place. Au milieu, un ange étend son bras armé d'un glaive. Des champs à l'entour, et un grand nombre d'hommes morts. A l'une des extrémités de la place, un autel sur lequel sont des fragments de charrue, du blé et deux bœufs consumés. David, à genoux devant l'autel, a son visage tourné vers l'ange. De l'autre côté de l'autel, deux soldats. Le prophète Gad, entre l'ange et David, se tourne vers ce dernier et lui montre l'ange. Un peu plus loin, la ville de Jérusalem.

### Salomon sacré roi.

David assis sur un trône; devant lui, Salomon enfant est consacré par un prêtre qui verse l'huile avec une corne[1]. Plus loin, on voit encore Salomon, monté sur un cheval dont le frein est d'or. Derrière lui, les prêtres et le reste du peuple, jouant de divers instruments. Devant Salomon, le prophète Nathan.

### Salomon bâtissant un temple à Dieu.

Un grand temple à coupoles[2]. Des ouvriers bâtissent : les uns portent de la chaux, d'autres taillent du bois et des pierres. Près de là, Salomon avec des officiers et des soldats; il tient un livre fermé.

### Salomon ayant bâti des temples aux idoles, ses femmes viennent les adorer.

Un temple avec des idoles et des autels. Des femmes prosternées. Salomon au milieu d'elles.

---

[1] C'est ainsi que, dans nos monuments latins, le sacre de Saül, de David et de Salomon, est représenté. (Voyez, à la cathédrale de Reims, tout le cordon extérieur d'archivolte qui encadre la rose occidentale. C'est une série complète de sculptures très-remarquables.)

[2] La coupole est d'origine orientale. Le pays où s'élève Sainte-Sophie devait donc prendre un édifice couvert en coupole comme le monument modèle et suprême, comme le plus beau de tous les édifices.

### Le prophète Élie nourri dans une grotte par un corbeau.

Une grotte. Au dedans, le prophète Élie assis, le menton dans la main et le coude appuyé sur les genoux. Au-dessus de la grotte, un corbeau regarde le prophète et apporte un pain dans son bec.

### Élie bénissant la farine et l'huile de la veuve.

Une maison. Une femme tient deux vases; devant elle, le prophète Élie, debout, les bénit.

### Élie ressuscite le fils de la veuve.

Une maison élevée. En haut, un lit sur lequel est couché un enfant. Le prophète Élie tient l'enfant par la main et lui souffle sur la bouche; la mère est debout derrière lui.

### Le roi Achab va au-devant d'Élie.

Des montagnes. Le roi Achab, vieillard, monté sur un cheval harnaché d'or; des soldats derrière lui. Au-devant, le prophète Élie semble lui parler.

### Élie, par ses prières, fait descendre le feu du ciel, qui consume un sacrifice.

Le prophète Élie, debout et les mains élevées vers le ciel; il dit sur un cartel : « O Seigneur Dieu, exauce-moi aujourd'hui dans le feu ! » Devant lui, un autel sur lequel est un bœuf. Du feu tombe du ciel et consume le sacrifice. Une foule d'hommes étendus la face contre terre.

Élie faisant périr les prêtres de l'opprobre.

Un fleuve. Sur le rivage, des hommes liés et conduits par des soldats ; le prophète, armé d'une épée, leur tranche la tête [1].

Élie s'étant endormi sous un arbre, un ange le réveille et lui ordonne de manger.

Un grand arbre. Dessous, Élie endormi ; près de sa tête, un pain et un vase. Un ange vient le toucher de la main.

Élie consacrant Élisée prophète.

Un champ. Des hommes labourent avec douze paires de bœufs. Élisée à genoux, tenant le manteau d'Élie. Élie, de-

---

[1] La religion latine est beaucoup plus douce que la grecque. Jamais, chez nous, on n'a représenté Élie décapitant lui-même les prêtres juifs. Au couvent de Sainte-Laure (mont Athos), on voit une ancienne mosaïque représentant le Christ, qui tient de la main gauche un livre ouvert, et de la main droite une épée nue, pointe en l'air. Cela ressemble terriblement à Mahomet, qui convertit ou qui tue. Chez nous cette main droite, au lieu de menacer, est bénissante. En Italie, le Christ est quelquefois armé comme en Grèce. Un manuscrit italien, qui est à la Bibliothèque royale, et qui a pour titre *Psalterium cum figuris,* montre un Christ qui tient à la main gauche un arc et des flèches, et à la droite une épée nue. On se rappelle le pape italien Jules II, qui fit mettre à sa statue de Bologne une épée dans la main qui devait bénir, et un livre dans l'autre ; c'est la mosaïque de Sainte-Laure.

bout, bénit son disciple. Plus loin, on voit encore Élisée et plusieurs autels devant lui. Sur ces autels, le feu consume des bœufs et des charrues brisées.

### Élie attire le feu qui dévore deux capitaines.

Une montagne élevée. En haut, le prophète Élie regarde au-dessous de lui. Au pied de la montagne, grand nombre de soldats morts; le feu du ciel descend sur eux. Plus loin, d'autres soldats, prosternés à genoux, implorent la protection du prophète.

### Élie, marchant sur son manteau, traverse le Jourdain.

Le prophète Élie frappe le Jourdain avec son manteau; près de lui, Élisée. Cinquante fils de prophètes les regardent de loin.

### Le prophète Élie enlevé dans un char de feu.

Un char de feu; au milieu du char, Élie enlevé vers le ciel[1]. Élisée, au-dessous, reçoit d'une main le manteau qu'Élie laisse tomber vers lui; de l'autre, il tient un cartel sur lequel on lit: « O père, vous êtes l'arme qui défend Israël! Vous êtes son cavalier! »

[1] Élie, enlevé au ciel sur un char de feu, est une image du Christ remontant au ciel, à l'Ascension, un étendard rouge à la main. Cette image de la résurrection et de l'immortalité de l'âme est sculptée très-fréquemment sur les anciens sarcophages chrétiens recueillis dans les musées d'Arles, de Marseille et de Paris.

*Le prophète Élisée prend le manteau d'Élie; il frappe les eaux et les traverse à pied sec.*

Élisée tient d'une main le manteau replié d'Élie; il en frappe le Jourdain. De l'autre main, il tient un cartel sur lequel on lit : « O père, où est le Dieu d'Élie? »

*Élisée purifie, avec du sel, des eaux dangereuses.*

Élisée jette du sel au milieu du fleuve et tient un cartel sur lequel on lit : « Voici ce que dit le Seigneur : Je purifie ces eaux. » Auprès de lui, une foule d'hommes; quelques-uns d'entre eux boivent de l'eau.

*Élisée maudit des enfants qui l'ont insulté; des ours surviennent et les dévorent.*

Une forêt de grands arbres. Deux ours dévorent plusieurs enfants; quelques-uns se sauvent sur les arbres. Le prophète Élisée, debout, les regarde avec un visage irrité [1].

*Élisée bénit l'huile de la veuve.*

Un grand nombre de jarres. Une femme tient une petite burette d'huile et la verse dans les jarres; Élisée, debout, la bénit. Deux jeunes gens apportent d'autres jarres.

---

[1] Chez nous, ce terrible sujet n'est jamais représenté, au moins dans les œuvres d'art monumental, ni dans les sculptures, ni sur les vitraux. Nos artistes préfèrent les actes de charité.

Élisée ressuscitant l'enfant de la Sunamite.

Une maison élevée; en haut, un lit. Sur le lit, le prophète Élisée embrassant le petit enfant, ses yeux contre ses yeux, sa bouche contre sa bouche, ses mains contre ses mains. Au dehors, une femme dans une grande affliction [1].

Élie ordonne à Naaman d'aller se laver; celui-ci se lave dans le Jourdain et il est guéri.

Naaman, nu, au milieu du Jourdain. Sur le bord, des soldats avec des chevaux et des chars. Ses vêtements sont sur le rivage.

Élisée ayant maudit Ghiezi, celui-ci est couvert de lèpre.

Élisée debout, le regard courroucé, dit sur un cartel : « La lèpre de Naaman sera transportée sur toi et sur ta race. » Devant le prophète, Ghiezi dans la consternation.

Sennachérib assiège Jérusalem; l'ange du Seigneur survient et fait périr cent quatre-vingt-cinq mille hommes.

Une ville sur une montagne. Au-dessous de la ville, un grand nombre de soldats, les uns étendus morts, les autres emportés par leurs chevaux; d'autres prennent la fuite et

---

[1] Dans les sculptures des cathédrales de Chartres et de Reims, sur les vitraux des cathédrales de Chartres, de Tours, du Mans et de Bourges, ce sujet est représenté comme figure de la résurrection de Jésus-Christ.

regardent derrière eux avec terreur. En haut, un archange sur les nuages au milieu d'une grande lumière ; il tient dans sa main une épée de feu.

### Vision du prophète Isaïe.

Une grotte. Au dedans, des nuages et une grande lumière ; au milieu, le Christ, assis comme un roi sur un trône élevé et tout de feu[1]. Le Christ bénit de la main droite ; dans la gauche, il tient un cartel sur lequel on lit : « Qui enverrai-je ? ou qui ira vers ce peuple ? » Autour de lui, un cercle de séraphins à six ailes, criant et disant : « Saint, Saint, Saint, le Seigneur Sabbaoth ! Toute la terre est remplie de sa gloire. » Du côté droit, le prophète Isaïe, saisi d'une grande terreur, dit sur un cartel : « O malheureux que je suis, d'être homme et d'avoir des lèvres impures ! J'ai vu de mes yeux le Roi et Seigneur Sabbaoth ! » Un séraphin, devant lui, tient dans la main droite une pince avec un charbon ardent, qu'il pose sur la bouche du prophète[2]. Dans la main gauche, il tient un cartel avec ces paroles : « Ceci a touché tes lèvres et a purifié tes péchés. » Du côté gauche, on voit de nouveau le prophète Isaïe devant le Christ ; il se tient debout avec crainte, et dit sur un cartel : « Me voici, envoie-moi. »

[1] C'est le Christ, Verbe divin, parole de Dieu incarnée, qui devait parler à Isaïe comme à Samuel. On a été moins profond, redisons-le encore, quand on a fait parler la première personne divine, Dieu le Père.

[2] Ce sujet est sculpté au portail occidental de la cathédrale d'Amiens, dans un médaillon de soubassement, sous la statue colossale d'Isaïe. La série des grands et petits prophètes décore les parois de ce portail d'Amiens ; sous chaque statue, qui est plus grande que nature, sont sculptées, dans deux ou quatre médaillons en quatre-feuilles, les actions principales de chaque prophète.

8.

### Supplice d'Isaïe.

Le prophète Isaïe lié contre un arbre. Deux soldats le scient avec une scie de bois. Devant lui, le roi Manassés sur un trône; près de lui, un grand nombre de juifs, des idoles et des autels.

### Le prophète Jérémie jeté dans une citerne remplie de boue.

Une citerne. Des Hébreux saisissent le prophète Jérémie par les pieds, et le précipitent, la tête la première, dans la citerne.

### Le prophète Jérémie retiré de la citerne par Abimelech.

Une citerne. Le prophète Jérémie un peu soulevé; du haut de la fosse, des hommes le retirent avec des cordes. Abimelech prend Jérémie par la main.

### Jérusalem prise une seconde fois.

Une ville ruinée et incendiée; au dehors, une foule de soldats saisissent les juifs et le roi Sédécias. Près de la ville, Jérémie et Baruch, debout, dans la désolation.

### Daniel et trois enfants, ne vivant que de légumes, prennent plus d'embonpoint que ceux qui vivaient dans la mollesse.

Des enfants mangent de la viande et boivent du vin. Plus

## DEUXIÈME PARTIE.

loin, Daniel et les trois enfants mangent des pâtes de grain et des légumes. Plus loin encore, un palais et le roi Nabuchodonosor assis sur un trône élevé. Près de lui, beaucoup de satellites; devant lui, les trois enfants, le prophète Daniel et les autres enfants. Un officier les montre à Nabuchodonosor.

### Daniel justifie Suzanne [1].

Le prophète Daniel, jeune enfant, debout; devant lui, Suzanne, les mains liées derrière le dos. Les deux vieillards, la tête recouverte de leur manteau et de très-amples vêtements, montrent Suzanne à Daniel; auprès d'elle est Joachim son mari. Plus loin, les deux vieillards lapidés par le peuple.

### Daniel expliquant le premier songe de Nabuchodonosor.

Un palais : le roi endormi sur un lit d'or. Hors du palais, une montagne; au bas, une idole avec la tête en or, la poitrine et les bras en argent, le ventre et les cuisses en cuivre, les jambes en fer, et les pieds, moitié en fer, moitié en argile. Une pierre tombe du haut de la montagne sur la tête de l'i-

---

[1] Le peintre a passé le sujet de Suzanne surprise au bain par les deux vieillards, comme il a omis l'histoire de Loth et de ses filles. Dans le Psautier de saint Louis, qui est à la bibliothèque de l'Arsenal, le miniaturiste a sauté de même l'histoire de Loth et la violence de la femme de Putiphar; mais, de plus, saint Louis lui-même, très-probablement, a enlevé tous les sujets de la création, parce que la nudité d'Adam et d'Ève effarouchait sa chasteté. Contrairement à tout ce qui s'est fait au moyen âge, cette Genèse peinte commence au sacrifice de Caïn et d'Abel. Tous ces faits sont de même nature, et la pudeur du peintre Denys, auteur du Guide, s'est comportée à peu près comme celle de saint Louis.

dole. Plus loin, le roi assis sur son trône; Daniel est devant lui et lui montre l'idole.

Les trois enfants refusent d'adorer une idole; ils sont jetés dans une fournaise où un ange vient les rafraîchir.

Une fournaise. Au dedans, les trois enfants tout habillés, les mains et le visage levés au ciel; l'archange Michel au milieu d'eux. Hors de la fournaise, des soldats sont dévorés par les flammes. Près de là, s'élève la statue du roi [1].

Daniel expliquant le songe.

Un arbre grand et élevé; sur ses branches, divers oiseaux; à sa racine, plusieurs animaux occupés à manger. Un ange frappe cet arbre avec la hache. Le roi endormi dans son palais, sur un lit. Plus loin, le roi assis sur un trône. Daniel est près du roi et lui montre cette vision.

Daniel expliquant les caractères tracés par une main sur le mur du palais du roi Balthazar.

Un palais. Une main, paraissant jusqu'au poignet, trace ces mots sur le mur: MANÉ, THÉCEL, PHARÈS. Le roi, debout, frappé de terreur; devant lui est Daniel qui lui montre cette

[1] Ce sujet, très-fréquent dans le plus vieil art chrétien, sur les peintures des catacombes et sur les sculptures des sarcophages en marbre, est une image de la résurrection du Christ. La renaissance, qui a renouvelé les origines du christianisme et rajeuni l'antiquité même, a reproduit quelquefois la fournaise où sont jetés les trois jeunes Hébreux. On voit ce sujet dans les Heures de Henri II, qui sont à la Bibliothèque royale.

inscription; auprès d'eux, des mages et des sages. Une table couverte de mets; derrière eux, des femmes.

Vision du prophète Daniel.

Une maison. Le prophète Daniel endormi sur un lit. Hors de la maison, la mer. Les quatre vents soufflent sur les quatre parties de la mer d'où l'on voit sortir quatre animaux. Le premier est un lion avec des ailes d'aigle; au-dessus, le roi de Babylone, Nabuchodonosor, assis et tenant un sceptre à la main. Le deuxième est un ours armé de trois rangées de dents; au-dessus, le roi des Perses, Darius. Le troisième, un léopard à quatre ailes et à quatre têtes; au-dessus, le roi des Macédoniens, Alexandre, armé d'un javelot. Le quatrième, semblable à un lion noir, avec des dents de fer et dix cornes sur la tête. Trois cornes sont brisées; mais, au milieu des autres, il en renaît une petite qui a des yeux et une bouche comme un homme. Au-dessus, le roi des Romains, Auguste, portant le sceptre. Le reste est plus bas, au second avénement[1].

Daniel, ayant dévoilé la ruse des prêtres, brûle le temple et brise la statue de Baal.

Un temple avec une grande idole, devant laquelle est une table couverte de pains et d'une grande quantité de mets. Hors du temple, le roi près de la porte avec ses satellites.

[1] Le reste comme la description de Dieu et de sa *gloire*, de son trône et de ses anges. Pour ne pas se répéter, le Guide la réserve pour la fin, au jugement dernier, où Dieu se montre dans le même appareil.

Daniel tient un crible et répand de la cendre devant l'idole. Plus loin, Daniel brûlant le temple et brisant l'idole. Les soldats mettent à mort les prêtres avec leurs femmes et leurs enfants.

### Daniel faisant périr le dragon.

Une grotte. Au dedans, un énorme dragon, la gueule béante; au-devant est Daniel qui lui jette des pains noirs dans la gueule. Derrière Daniel, le roi et une foule de peuple.

### Daniel dans la fosse aux lions; il reçoit des aliments d'Habacuc, transporté de Jérusalem par l'ange du Seigneur.

Daniel au milieu d'une fosse ténébreuse, les regards et les mains levés au ciel; il est entouré par sept lions. Au-dessus de lui, l'archange Michel tenant le prophète Habacuc par la chevelure. Ce prophète porte une corbeille remplie de pains et d'aliments qu'il présente à Daniel[1].

### Le prophète Jonas, fuyant devant la face du Seigneur, est jeté dans la mer.

La mer en fureur; vagues énormes. Au milieu, un navire et des matelots précipitant Jonas, la tête la première, dans la mer. Un grand poisson reçoit le prophète dans sa gueule.

---

[1] Daniel dans la fosse aux lions est très-fréquemment peint et sculpté. Dans l'église Saint-Germain-des-Prés, à Paris, on le voit sur un chapiteau du collatéral nord. Sur les anciens sarcophages et les peintures des catacombes, Daniel est totalement nu au milieu de deux lions.

*Jonas rejeté par le poisson sur le rivage près de Ninive.*

Une ville; au-dessous, la mer. Un monstre marin rejette Jonas sur le rivage. Jonas tient un cartel sur lequel on lit: « J'ai crié dans mon affliction vers le Seigneur[1]. »

*Jonas prêchant les Ninivites.*

Une ville; une grande foule de peuple. Jonas tient un cartel avec ces mots: « Encore trois jours, et Ninive sera détruite. » Devant lui, des hommes, des femmes et des enfants; les uns criant, les autres priant. Le roi, prosterné à terre, couvert de cendres et revêtu d'un sac de crin, s'arrache les cheveux de la tête; ses vêtements royaux et sa couronne sont jetés à terre. Derrière lui s'élève un trône royal.

*Jonas affligé de voir une tige de coloquinte desséchée.*

Une tige de coloquinte desséchée jusqu'au sommet des

---

[1] Ces deux sujets, le second surtout, parce qu'il est l'image de la résurrection du Christ, n'ont cessé d'être représentés par la sculpture et la peinture depuis les plus anciennes époques de l'art chrétien jusqu'au xviiᵉ siècle. (Voyez, dans Bosio (*Roma sotterranea,* in-fol. Rome, 1632), la quantité immense de ces sculptures et peintures.) Au xiiiᵉ siècle, les vitraux de nos cathédrales mettent la résurrection de Jonas en regard de la résurrection du Christ (*Vitraux peints de Bourges,* par MM. Martin et Cahier, planche I, planche d'étude IV). Nos manuscrits à miniatures, depuis nos Bibles historiales jusqu'aux Heures de Henri II, offrent les mêmes figures interprétées de même. Les Pères sont remplis de textes à ce sujet. Jésus-Christ a dit, en parlant de lui-même : « Sicut enim fuit «Jonas in ventre ceti tribus diebus et tribus noctibus, sic erit Filius hominis «in corde terræ, tribus diebus et tribus noctibus. » (S. Matth. cap. xii, v. 39.)

rameaux. Dessous, Jonas dans l'abattement, une main étendue vers le ciel et tenant de l'autre un cartel avec ces mots : « Je pleurerai jusqu'à la mort cette coloquinte [1]. » En haut, le ciel, d'où descend un rayon vers Jonas. On lit sur ce rayon : « Tu as pris en pitié cette coloquinte, et moi je ne serais pas touché de compassion pour la grande ville de Ninive ! » Au-dessus de la tête de Jonas, le soleil darde des rayons qui le brûlent.

### Job, privé de ses enfants et de ses biens, bénit Dieu.

Un palais. Job, assis sur un trône, regarde au-dessous de lui, et déchire ses vêtements ; à ses côtés, trois hommes conversent avec lui. Hors du palais, une maison écroulée. Fils et filles de Job écrasés. Plus loin, des champs, des brebis et des bœufs ; des voleurs arrivent et tuent les bergers. Plus loin encore, des chevaux et des chameaux dont les conducteurs sont aussi tués par les voleurs.

### Job sur le fumier.

Une ville. Au dehors, Job, couvert de plaies, étendu sur un fumier ; autour de lui, trois rois lui adressant la parole. Sa femme lui dit : « Loue Dieu et meurs. » Job la regarde d'un visage irrité, et lui dit : « Pourquoi as-tu parlé comme une femme insensée ? Nous avons reçu le bien de la main de

---

[1] Dans Bosio (*Roma sotterranea*), il y a diverses représentations de cette tige de coloquinte. Voir notamment pages 93, 103, 225, 277. Ce sujet est non-seulement sculpté sur les anciens tombeaux, mais encore peint une grande quantité de fois contre les parois des Catacombes.

Dieu, pourquoi ne recevrions-nous pas aussi le mal? Ce qui a plu à Dieu est arrivé. Que le nom du Seigneur soit béni [1] ! »

Job, à cause de son humilité, reçoit le double de ce qu'il avait perdu.

Un temple. Un autel sur lequel brûlent un bœuf et des brebis. Devant l'autel, Job en prières, revêtu d'habillements royaux. A côté de lui, sa femme, sept fils et trois filles avec des habillements brodés d'or. Plus loin, au dehors, sur des montagnes et dans les champs, un grand nombre de bœufs, de brebis, de chevaux et de chameaux avec des bergers et des serviteurs.

La juste Judith fait périr Holopherne.

Une ville élévée. Au-dessous, un grand nombre de tentes dans lesquelles des soldats sont endormis. Au milieu, une tente dont les ornements sont en or. A l'intérieur, sur un lit d'or, Holopherne décapité et enveloppé d'une couverture dorée. Judith, revêtue d'habits somptueux, est debout auprès de lui ; d'une main elle tient un glaive ensanglanté, et de l'autre elle met la tête d'Holopherne dans une besace que lui présente sa servante. Plus loin, la même ville. Sur les murs, des hommes tiennent des étendards, et portent la tête d'Ho-

---

[1] A Notre-Dame de Paris, à la porte centrale du portail occidental, cette résignation de Job, sculptée au XIII° siècle, ouvre historiquement la représentation allégorique des vertus. En regard, se voit Abraham prêt à immoler son jeune fils Isaac.

lopherne au bout d'une pique. Hors de la ville, des juifs poursuivent les ennemis [1].

---

Les saints patriarches suivant la généalogie.

Le premier père, Adam : vieillard, longs cheveux, barbe blanche.

Le juste Abel, fils d'Adam : jeune, imberbe.

Le juste Seth, fils d'Adam : vieillard, barbe brune.

Le juste Énos, fils de Seth : vieillard, barbe séparée en deux.

Le juste Kaïnan, fils d'Énos : vieillard, large barbe.

Le juste Malaléel, fils de Kaïnan : vieillard chauve.

Le juste Jared, fils de Malaléel : vieillard, barbe séparée en trois.

Le juste Énoch, fils de Jared : vieillard, barbe terminée en pointe.

Le juste Mathusala, fils d'Énoch : vieillard chauve.

[1] Ici finissent les scènes ou les tableaux proprement dits de l'Ancien Testament ; maintenant nous allons voir les personnages en grand. Les tableaux occupent la partie supérieure des murs ; les personnages sont plus bas, immédiatement au-dessus du soubassement. Cette disposition est malheureusement constante dans les peintures grecques ; c'est le contraire de ce que nous voyons à notre colonne Vendôme, où les tableaux s'échelonnent de la base au chapiteau sur lequel est debout le personnage, Napoléon. C'est également le contraire dans notre peinture sur verre. En bas, dans les collatéraux des cathédrales, comme à Chartres, comme à Bourges, comme autrefois à Reims, les petits sujets, les tableaux, les médaillons, les scènes complexes ; dans le haut, vers les grandes voûtes, au sommet de la grande nef et du sanctuaire, sont debout les personnages en pied. Cette disposition grecque est encore contraire aux lois de l'optique : les petits sujets, pour être vus, veulent être en bas ; les grands sujets et les personnages isolés, dans le haut.

Le juste Lamech, fils de Mathusala : vieillard, barbe arrondie.

Le juste Noë, fils de Lamech : vieillard, barbe en pointe, longue chevelure; il tient l'arche [1].

Le juste Sem, fils de Noë : vieillard, barbe séparée en deux.

Le juste Japhet, fils de Noë : vieillard, cheveux crépus, barbe arrondie.

Le juste Arphaxad, fils de Japhet : vieillard, large barbe.

Le juste Kaïnan, fils d'Arphaxad : vieillard, large barbe de couleur brune.

Le juste Sala, fils de Kaïnan : vieillard, barbe divisée en cinq.

Le juste Héber (duquel les juifs tirent leur nom d'Hébreux), fils de Sala : vieillard chauve, barbe en pointe.

Le juste Phaleg, fils d'Héber : vieillard chauve, barbe en pointe.

Le juste Ragab, fils de Phaleg : vieillard, barbe séparée en deux.

Le juste Saruch, fils de Ragab : vieillard, large barbe.

Le juste Nachor, fils de Seruch : vieillard, barbe séparée en trois.

Le juste Tharé, fils de Nachor : vieillard, barbe en pointe.

---

[1] C'est ainsi qu'à Munich, dans la chapelle royale de Tous-les-Saints, M. H. Hess a peint Noë sur un des penditifs de la première coupole; seulement c'est un ange, génie de Noë, et non pas Noë lui-même, qui tient l'arche. Dans l'église de Brou, sur le vitrail qui représente le triomphe de Jésus-Christ, Noë porte lui-même son arche au-dessus de sa tête, comme une femme ferait d'une corbeille. Dans les catacombes, Noë est représenté debout au milieu de l'arche, qui a l'apparence d'un coffre dont le couvercle est relevé, et n'est pas du tout un vaisseau. (Voyez Bosio, *Roma sotterranea*, notamment page 381.)

Le patriarche Abraham, fils de Tharé : vieillard, longs cheveux, barbe descendant jusqu'à la ceinture [1].

Le patriarche Isaac, fils d'Abraham : vieillard, barbe en pointe, longs cheveux.

Le patriarche Jacob, fils d'Isaac : vieillard, longs cheveux, grande barbe séparée en deux [2].

Les douze fils de Jacob.

Le patriarche Ruben : vieillard chauve, barbe en pointe.
Le patriarche Siméon : vieillard, barbe divisée en deux.
Le patriarche Lévi : vieillard, barbe arrondie.
Le patriarche Juda : vieillard, large barbe.
Le patriarche Zabulon : vieillard, longue barbe.
Le patriarche Issachar : vieillard, barbe jonciforme.
Le patriarche Dan : vieillard, cheveux hérissés.
Le patriarche Gad : vieillard, barbe et cheveux frisés.
Le patriarche Aser : vieillard, barbe divisée en cinq.
Le patriarche Nephtali : vieillard, barbe large et longue.

---

[1] Au grand couvent d'Ivirôn, j'ai vu un moine de soixante ans dont la barbe descendait un peu plus bas que les genoux. Cette barbe grise était claire et pointue. A quarante ans, nous a-t-il dit, et les autres moines confirmaient ses paroles, une barbe noire, épaisse et large, lui tombait plus bas que les pieds; elle touchait encore à terre quand il montait sur un escabeau de trois pouces. Il renfermait sa barbe dans sa poitrine; il fit quelques difficultés et rougit comme un jeune homme avant de la retirer de son sein et de la développer devant nous. Les longues barbes sont assez communes au mont Athos, mais pas dans de telles dimensions. Certains stylites, certains ermites sont peints tout nus et littéralement voilés de leur barbe, qui leur descend jusqu'aux talons.

[2] Il faut retenir avec soin les signes caractéristiques de ces personnages. En Orient, en Grèce, où l'on est immobile, où les traditions se perpétuent plus pures que chez nous, on a dû conserver fidèlement ces principaux traits de la physionomie des justes, des patriarches, des juges et des rois d'Israël.

Le patriarche Joseph : vieillard, barbe longue ; il porte une mitre [1].

Le patriarche Benjamin : vieillard, cheveux frisés, barbe brune [2].

Le juste Zara, fils de Juda : vieillard, peu de barbe.

Le juste Pharès, fils de Juda : vieillard, grande barbe.

Le juste Esrom, fils de Pharès : vieillard chauve, barbe arrondie.

Le juste Aram, fils d'Esrom : vieillard, barbe en pointe.

Le juste Aminadab, fils d'Aram : cheveux gris.

Le juste Nahasson, fils d'Aminadab : vieillard, barbe séparée en deux.

Le juste Salmon, fils de Naasson : vieillard, large barbe.

Le juste Booz, fils de Salmon : vieillard, barbe arrondie.

Le juste Obed, fils de Booz et de Ruth : vieillard chauve.

Le juste Jessé, fils d'Obed : vieillard, barbe en pointe.

Le prophète-roi David, fils de Jessé : vieillard, barbe arrondie.

Le prophète-roi Salomon, fils de David : jeune, sans barbe.

Le roi Roboam, fils de Salomon : barbe naissante.

Le roi Abias, fils de Roboam : jeune, barbe arrondie.

---

[1] Chez nous, Joseph est jeune et sans barbe. La mitre, ou la tiare, est l'insigne du pouvoir souverain en Égypte.

[2] Benjamin est toujours un enfant de quinze ou vingt ans chez nous. Les Grecs donnent également la figure d'un vieillard à saint Jean évangéliste, que nous faisons toujours jeune. Il faudrait chercher les causes de ces différences. Les Grecs représenteraient-ils l'homme à l'âge qu'il avait en mourant, tandis qu'à nous autres c'est son âge, à l'époque où il fut illustre, où une action d'éclat le rendit célèbre, qui nous importerait particulièrement? Cette explication ne pourrait cependant convenir pour Salomon, qui est mort à soixante-deux ans, et que les Grecs, comme on le voit plus bas, représentent jeune.

Le roi Asa, fils d'Abias : vieillard, barbe en pointe.

Le roi Josaphat, fils d'Asa : vieillard, barbe arrondie.

Le roi Joram, fils de Josaphat : jeune, barbe en pointe.

Le roi Ozias, fils de Joram : cheveux gris, barbe arrondie.

Le roi Joatham, fils d'Ozias : jeune, barbe séparée en deux.

Le roi Achaz, fils de Joatham : vieillard, large barbe.

Le roi Ézéchias, fils d'Achaz : vieillard, barbe en pointe.

Le roi Manassès, fils d'Ézéchias : vieillard, barbe large et divisée en deux.

Le roi Ammon, fils de Manassès : vieillard, cheveux gris.

Le roi Josias, fils d'Ammon : vieillard, barbe divisée en cinq.

Le roi Jéchonias, fils de Josias : jeune, barbe arrondie [1].

Le juste Salathiel, fils de Jéchonias : jeune, barbe naissante.

Le juste Zorobabel, fils de Salathiel : cheveux gris.

Le juste Abiud, fils de Zorobabel : vieillard chauve.

[1] Les quinze rois qui précèdent, et Jessé qui en est la souche, composent ces galeries de rois qu'on voit aux cathédrales de Chartres, d'Amiens et de Reims, et qu'on voyait à la cathédrale de Paris. A Chartres, à la galerie occidentale, il y a juste seize personnages ; à Amiens, à Paris, vingt-neuf. Mais c'est qu'on y ajoute alors, suivant la place dont on dispose, les rois Ochosias, Joas, Amasias passés par saint Matthieu, parce qu'ils avaient du sang d'Achab dans les veines ; c'est qu'on y ajoute les trois fils de Josias, que saint Matthieu désigne sans les nommer, parce que ces rois furent assez impies et ne servirent en rien à la suite généalogique. On y ajoute les reines Esther et Bethsabée, les rois Cyrus et Assuérus, et même Hérode ; les prophétesses Débora et Holba, et la veuve Judith. Enfin, comme les rois ancêtres de Marie et de Jésus sont là précisément pour honorer la Vierge et l'homme-Dieu, qui sont sortis de leurs entrailles, on met, au milieu ou au-dessus d'eux, Marie tenant l'enfant Jésus. Voilà ce qu'on voit dans les galeries et les voussures, sur les parois et les tympans, sur les rosaces et les fenêtre de nos églises.

Le juste Éliacim, fils d'Abiud : vieillard, barbe séparée en deux.

Le juste Azor, fils d'Éliacim : vieillard, large barbe de couleur brune.

Le juste Sadoch, fils d'Azor : cheveux gris, barbe séparée en deux.

Le juste Achim, fils de Sadoch : jeune, barbe naissante.

Le juste Éliud, fils d'Achim : vieillard chauve, barbe arrondie.

Le juste Éléazar, fils d'Éliud : vieillard, grande barbe.

Le juste Mathan, fils d'Éléazar : vieillard, barbe divisée en trois.

Le juste Jacob, fils de Mathan : vieillard, barbe en pointe.

Le juste Joseph, fils de Jacob, fiancé de la Mère de Dieu : vieillard, barbe arrondie [1].

### Autres ancêtres hors de la généalogie.

Le juste Melchisedech : vieillard, grande barbe, revêtu d'ornements sacerdotaux, une mitre sur la tête; il porte trois pains sur un disque [2].

Le juste Job : vieillard, barbe arrondie, une couronne sur la tête; il tient un cartel avec ces mots : « Que le nom du Seigneur soit béni, depuis aujourd'hui jusque dans l'éternité [3] ! »

---

[1] Cette généalogie est celle que donne saint Matthieu, à l'entrée de son évangile; on l'a suivie également chez nous de préférence à celle que saint Luc a enregistrée.

[2] Il est figuré ainsi dans nos sculptures et peintures gothiques; on le voit plus souvent encore avec un encensoir, attribut de ses fonctions.

[3] Job, en Grèce, est toujours considéré et habillé comme un prince, comme

Le prophète Moïse : cheveux gris, peu de barbe; il porte un habillement sacerdotal, une mitre et un voile, et tient les deux tables de la loi [1].

Le prophète Aaron : vieillard, grande barbe; il est habillé avec le vêtement sacerdotal et porte la mitre (ou tiare); il tient un encensoir d'or et une verge fleurie [2].

Le prophète Hor : vieillard, barbe partagée en deux; il porte un vêtement sacerdotal et tient un cartel non déroulé.

Le juste Josué, fils de Nun : vieillard, barbe arrondie; il porte une couronne et un habit militaire, et tient un sceptre.

Le prophète Samuel : vieillard, grande barbe; il porte un vêtement sacerdotal et une mitre; il tient une corne d'huile et un encensoir [3].

Le juste Tobie : grande barbe divisée en deux; il dit sur un cartel : « Beaucoup de peuples viendront de loin au nom du Seigneur Dieu, apportant des présents dans leurs mains. »

Le juste Tobie, son fils : vieillard, cheveux frisés; il dit sur un cartel : « Béni soit le Dieu de nos pères ! que son nom saint et glorieux soit béni dans tous les siècles [4] ! »

---

un roi. Chez nous, c'est un homme juste, tout simplement; on semble ne pas se rappeler sa qualité de prince.

[1] Au monastère d'Ivirôn, Moïse tient un buisson ardent; il porte encore le petit Jésus qu'il a vu resplendir dans ce buisson. A Reims, à Chartres, à Amiens, Moïse, en grande statue, tient la colonne que surmonte le serpent d'airain.

[2] Aaron est peint sur verre, dans le croisillon nord de la cathédrale de Chartres, absolument comme il est décrit ici. Il est sculpté de la même façon, en grande statue, au portail du nord.

[3] A Chartres, porche nord de la cathédrale, Samuel, grande statue, tient un encensoir.

[4] Le jeune Tobie est, en grande statue, au portail nord de la cathédrale de Chartres; il n'est pas vieux et barbu comme ici, mais jeune et imberbe. En général, les Grecs représentent l'homme arrivé à la moitié, aux deux tiers et même

Les trois enfants Ananias, Azarias et Misaël : jeunes, imberbes.

Le juste Joachim, père de la Mère de Dieu : cheveux gris, barbe arrondie.

Le juste Siméon, qui reçut le Seigneur dans ses bras : vieillard, grande barbe [1].

à la fin de la vie. Chez nous, Joseph, Benjamin, Tobie le jeune, saint Jean évangéliste, sont de beaux jeunes gens, sans barbe ou à la barbe naissante; chez les Grecs, ce sont des vieillards à barbe blanche. S'ils font Abel jeune, c'est parce qu'il a été tué avant l'âge; sans cela ils l'auraient conduit jusqu'à la vieillesse. Du reste, à Chartres comme chez les Grecs, Tobie a les cheveux frisés. C'est une curieuse analogie. Pendant tout mon voyage en Grèce, j'étais frappé des analogies qui s'offraient à mon souvenir entre la cathédrale de Chartres et les monuments byzantins. Cependant, contrairement à l'avis de la plupart des archéologues, je suis persuadé que la cathédrale de Chartres, depuis le grand portail jusqu'à l'abside, depuis le porche du nord jusqu'au porche du midi, est entièrement française ; les Grecs, si jamais des artistes grecs sont venus en France, ne sont pour rien dans ce grand édifice. La qualification d'édifices byzantins, étourdiment appliquée à certains de nos monuments, est parfaitement impropre. Du reste, ceux qui, sans avoir vu les constructions byzantines, l'avaient mise en vogue, l'abandonnent en ce moment et commencent même à la rayer de leurs œuvres.

[1] Tous ces personnages décrits un à un, et ceux qui vont suivre, hommes et femmes, sont représentés en pied, de grandeur naturelle, absolument comme les grandes statues qui tapissent les parois de nos cathédrales. Toutes les fois qu'un personnage est ainsi décrit à part, il est figuré à fresque ou en mosaïque, seul, debout, en pied. Quelquefois, cependant, comme à Salamine, dans la grande église de la Panagia Phanéroméni, outre ces grands personnages en pied, il y en a en buste, dans des médaillons. Ces médaillons correspondent à nos statuettes assises dans les cordons des voussures qui s'arrondissent au-dessus des parois où se dressent les grandes statues.

Je ferai remarquer l'importance que le Guide donne aux événements et aux personnages de l'Ancien Testament. Cette importance est telle, que, dans une église peinte à fresque, par exemple dans celle de la Panagia Phanéroméni de Salamine, l'histoire de l'Ancien Testament, les patriarches, les prophètes, les juges, les rois et les saintes femmes occupent autant de place que l'his-

### Saintes femmes de l'Ancien Testament.

## La première mère Ève : vieille, cheveux blancs.

toire et les saints du Nouveau. En général, l'Église d'Orient admet l'Ancien Testament sur un pied égal à celui du Nouveau. Chez nous, il n'en est pas ainsi, à beaucoup près. Jacques de Vorage, auteur de la Légende dorée, dit : « Notandum quod Ecclesia orientalis facit festa de sanctis utriusque Testamenti; « occidentalis autem non facit festa de sanctis veteris Testamenti, eo quod ad « inferos descenderunt, præterquam de Innocentibus, eo quod in ipsis singu- « lis occisus est Christus, et de Machabæis. De Machabæis, propter quatuor « rationes, etc. (*Legenda aurea*, de sanctis Machabæis).» Sainte Élisabeth, sainte Anne et saint Joseph, auxquels on rend également un culte, appartiennent au Nouveau Testament, au moins autant qu'à l'Ancien. Quant à saint Jean-Baptiste, il sert d'union entre la loi ancienne et la loi nouvelle; circoncis (comme Jésus-Christ lui-même, au surplus), il baptisait déjà.

L'Orient, où était née la loi ancienne, où avaient vécu Moïse, Abraham et David, l'Orient resta toujours fidèle à son culte pour la loi juive et les personnages de l'Ancien Testament. L'Église latine, surtout dans les contrées occidentales, en France notamment, relégua au dernier plan l'Ancien Testament, et détrôna, au profit du christianisme, la loi de Moïse. En iconographie, un attribut caractérise la sainteté : c'est le nimbe, auréole circulaire dont on environne la tête des personnes divines, célestes et vertueuses, de Dieu, des anges et des saints. A l'époque où les lois de l'iconographie religieuse sont observées rigoureusement, jamais cet attribut, sauf erreur ou impossibilité, ne fait défaut; toujours il éclaire la tête des personnages sacrés. Quand un individu est sans nimbe, on peut dire hardiment qu'il n'est pas saint. Un caractère plus sacré encore est réservé à Dieu, aux anges et aux apôtres : c'est la nudité des pieds. La Vierge, elle-même, n'a pas le droit d'être représentée pieds nus; on ne déchausse pas, à plus forte raison, les pieds des autres saints. Le nimbe et la nudité des pieds sont donc des caractères archéologiques de la plus haute importance. Tout individu nimbé est saint; tout saint déchaussé ne peut être moindre qu'un apôtre; tout personnage déchaussé, et dont le nimbe est orné d'une croix, ne peut être qu'une des trois personnes divines : telle est la règle invariable.

Chez nous, les personnages de l'Ancien Testament, tout élevés qu'ils sont en estime et en gloire, ne valent pas cependant un saint, et encore moins un

La juste Sara, femme d'Abraham : vieille.
La juste Rébecca, femme d'Isaac : vieille.
La juste Lia, première femme de Jacob : de même.
La juste Rachel, seconde femme de Jacob : jeune.

apôtre : quand on les représente, ils n'ont donc pas de nimbe et ils marchent les pieds chaussés. En Grèce, au contraire, ils portent un nimbe et sont saints; ils vont pieds nus et sont assimilés aux apôtres. Les prophètes ont prédit, par leur conduite ou leurs paroles, ce que les apôtres ont vu, et la prophétie est mise ainsi au même rang que l'histoire. Chez nous, où les personnages de l'Ancien Testament ne sont pas saints, il n'y a pas de fêtes pour eux, comme le signale fort bien Jacques de Vorage; il n'y a pas de fête pour Adam, ni pour Abel, ni pour Jacob, ni pour Salomon, ni pour Isaïe. Ces personnages, tout illustres qu'ils sont, ne servent pas de patrons; on prend rarement leur nom au baptême. Dans nos litanies, où l'on nomme les saints et saintes du christianisme un à un, on se contente d'invoquer en masse les personnages antérieurs à Jésus : « Vous tous, patriarches; vous tous, prophètes, priez pour nous. »

En Orient, en Grèce, dans l'Asie entière, il n'en est pas ainsi : on dit saint Adam, saint Abraham, saint Isaac, saint David, saint Salomon, saint Élie, saint Daniel. En baptisant un nouveau-né, on lui impose un de ces noms bibliques tout aussi bien qu'un nom évangélique. On peut même dire que les noms tirés de l'Ancien Testament sont préférés en Orient et mieux portés que les autres. Le secrétaire du grand couvent de Sainte-Laure, au mont Athos, s'appelle Melchisedech. En Orient, on dédie des églises à saint Abraham, à saint Isaac, à saint David; une foule de montagnes sont consacrées à saint Élie. Dans les litanies grecques, ces personnages sont invoqués un à un, comme les saints chrétiens le sont chez nous. Les rois Ézéchias et Manassé, les patriarches Abel et Judas, les prophètes Habacuc et Johel, les juges Samson et Gédéon, portent le nimbe et ont les pieds déchaussés comme nos plus illustres apôtres saint Pierre et saint Paul; ils sont plus grands que nos plus grands saints, plus grands qu'Augustin, Jérôme et Martin. En Orient, la religion chrétienne, comme nous l'avons déjà constaté et comme nous le verrons encore plus bas, surtout au jugement dernier, est tout empreinte de judaïsme; elle prend de la dureté, on pourrait même dire de la cruauté, au contact de la loi mosaïque, et ne connaît pas l'ineffable charité dont elle nous enveloppe ici.

A ce respect, que l'Orient tout entier professe pour la loi de Moïse, on

La juste Asineth, femme de l'admirable Joseph : jeune.

La juste Marie, sœur de Moïse : vieille.

La juste Débora, qui jugea Israël : vieille; elle porte une couronne.

conçoit l'importance que le Guide devait donner aux scènes et aux personnages de l'Ancien Testament. Chez nous, avant le schisme, quand les deux Églises n'en faisaient qu'une, nous rendions aux personnages de l'Ancien Testament beaucoup plus d'honneurs que nous ne l'avons fait ensuite; le schisme a brisé les liens et les traditions. Il existe, dans la bibliothèque publique d'Amiens, un manuscrit qu'on croit du IXe siècle, mais qui certainement est antérieur au schisme consommé par Michel Cérulaire : c'est un livre des psaumes. A la fin de ce manuscrit, on lit une oraison, une litanie où tous les ordres des saints, apôtres, martyrs, confesseurs, vierges, sont invoqués successivement. Immédiatement après les anges, et avant les apôtres, on invoque un à un les patriarches et les prophètes. On dit : « sancte Abel, ora pro nobis; « sancte Abraham, sancte Moïse, sancte Aaron, sancte Samuel, sancte David, « sancte Amos, sancte Habbacuc, etc. » Moïse, Abraham, Élie, Jonas, Daniel, occupent, dans les peintures et sculptures primitives, autant et plus de place que les apôtres eux-mêmes. (Voyez les fresques des catacombes et les sarcophages de la Provence.) Jusqu'au XIe siècle, le christianisme latin fraternise, comme le christianisme grec, avec la religion juive. Comme les Grecs, nous qualifions de saints, nous canonisons les prophètes et les patriarches. Une croix émaillée de l'abbaye de Saint-Bertin, croix romane du XIe siècle, donne le nimbe, caractère de sainteté, à Moïse, à son frère Aaron, au prophète qui marque du thau les élus, à Isaac lui-même, bien plus, à Josué et à Caleb, qui rapportent une grappe de raisin de la terre de Chanaan (*Nombres,* ch. XIII, v. 24). Mais au moment où se consomme le schisme, coïncidence curieuse, ce respect que l'Église latine avait porté jusqu'alors aux personnages de l'Ancien Testament diminue sensiblement. Au XIIe siècle, les vitraux de Suger, qui sont à Saint-Denis, ôtent le nimbe au prophète qui écrit le thau; au XIIIe, les vitraux et les sculptures des cathédrales de Tours, du Mans, de Bourges, de Reims, l'enlèvent à Moïse, à David. Comme on est dans une époque de transition, Jonas, Élie, Jacob, conservent encore le nimbe, surtout dans les pays où l'influence byzantine semble plus marquée. Mais, au XIVe siècle, les seuls saints du christianisme gardent cet attribut de sainteté. Alors l'Ancien Testament, toutes ses histoires, tous ses personnages, sont dominés et presque effacés par l'Évangile et ses héros. Un nimbe donné chez nous, durant le

La juste Ruth : jeune.

La prophétesse Holda : vieille [1].

La juste veuve de Sarepta, vers laquelle Élie fut envoyé : vieille.

La juste Sunamite, qui donna l'hospitalité à Élisée : vieille.

La juste Judith, qui trancha la tête d'Holopherne : jeune.

La juste Esther, qui sauva le peuple d'Israel : jeune [2].

La juste Anna, mère du prophète Samuel : vieille.

La juste Suzanne : jeune.

La juste Anna, mère de la Mère de Dieu : vieille [3].

XIV° siècle, à quelque patriarche ou prophète serait un fait d'une certaine importance. Quant à l'Église grecque, elle est restée attachée à l'Ancien Testament jusqu'à cette époque, et, en ce moment, la cathédrale de Saint-Pétersbourg se consacre à saint Isaac. Un prophète que l'Église latine aime peu, parce qu'il a fait manger par des ours des enfants qui se moquaient de lui en voyant sa tête chauve, Élisée, a dans Athènes, près de deux chapelles nommées les Jumelles, une église qui lui est dédiée sous le nom de Ἅγιος-Ἐλισσαῖος.

[1] Holda et le prophète Johel vivaient sous Josias. Holda annonça les maux qui devaient fondre sur Jérusalem.

[2] Une chose étrange, c'est qu'on ait oublié Bethsabée, la mère de Salomon, qui est si fréquemment représentée chez nous. Il n'y a peut-être pas une grande église où on ne la voie en regard de David, et plus souvent encore de Salomon, qui la fait placer à sa droite, parce qu'elle est la figure de Marie, que Jésus met à sa droite sur un trône.

[3] Voyez, dans l'Ancien Testament, le rôle que ces saintes femmes ont joué. Peintes en Grèce, elles sont à la fois sculptées et peintes chez nous. Malheureusement leur nom, effacé par le temps, quand il a été mis toutefois, ne permet plus de les baptiser que très-difficilement. De là il est arrivé, depuis les bénédictins Montfaucon et Mabillon, que Bethsabée, Esther, Débora et même les autres qui ne sont pas reines, comme Judith, Rachel, Sara, ont été appelées sainte Clotilde, Ultrogothe, Berthe, la reine Pédauque ou Blanche de Castille. Une Bethsabée, qui vient de Corbeil, a été transformée en sainte Clotilde, et un Salomon en Clovis; on les voit tous deux, sous ces faux noms, dans le Musée historique du palais de Versailles. Ce Clovis cependant est nimbé,

Les saints prophètes, leur signalement et leurs épigraphes.

## Le prophète Moïse : cheveux gris, peu de barbe; il dit :

et nous ne croyons pas que Clovis ait été canonisé. A Saint-Jacques de Liége, vingt-quatre de ces personnages de l'Ancien Testament ornent les pendentifs des arcades de la grande nef. Comme ils sont à l'intérieur, et que Saint-Jacques a toujours été suffisamment protégé, les noms écrits près de la tête sont encore très-lisibles. C'est fort heureux, autrement on les aurait pris pour des princes et princesses de Liége, comme nous les avons pris chez nous pour des rois et reines de France. On lit donc parfaitement : « David, filius Isaï, rex et propheta; « — Josias, rex Juda, filius Amon, regis; — Barach, Israelitarum dux; — Ge- « deon, fortissimus dux Israël; — Job, orientalis vir timens Deum; — Tho- « bias, vir justus ex tribu Ne (Nephtali); — Mardocheus, patruus Hester; « — Judas Machabæus, Mathathiæ filius, etc. » Et parmi les femmes : « Del- « bora, Hebrœa, prophetissa; — Judith, vidua, israelitici liberatrix populi; « — Suzanna, uxor Joachim; — Hestera, regina, filia Abiabil, etc. »

Nos rois et reines de France ont pu figurer comme donateurs, et au nombre de un, deux ou trois tout au plus, sur les portails de nos églises; mais jamais il n'y ont été en série complète, comme celle qu'on voudrait trouver, soit à Paris, soit à Amiens, soit à Saint-Denis, soit à Reims. Quand Charlemagne, quand Clovis, quand Philippe-Auguste ou saint Louis sont peints et sculptés, ainsi qu'on les voit encore dans les cathédrales de Paris, de Chartres et de Reims, c'est qu'on les regarde comme donateurs; c'est que Charlemagne et Louis IX sont saints; c'est que Clovis, baptisé par saint Remi, est la figure de David sacré par Samuel; c'est que Charlemagne a donné des reliques précieuses de la Vierge à plusieurs de nos cathédrales. Mais jamais ces rois ne sont là en qualité de rois de France; jamais on n'en voit la suite ni la série continue. On a pris pour des rois de France les rois de Juda, ancêtres de Jésus-Christ. Nous insistons sur ce point, parce que c'est une erreur fort grave, en iconographie chrétienne, et qui est vigoureusement enracinée encore. C'est ainsi que, trompé par ce système renouvelé des bénédictins, le restaurateur de Saint-Denis, M. Debret, a fait graver, sur la banderole que tiennent six rois adossés contre les parois du portail méridional, les inscriptions suivantes : « Hugo Capet rex; — Robertus rex; — Henricus I rex; — Philippus I rex; « — Ludovicus VI Grossus rex; — Ludovicus septimus rex. » De sa pleine autorité et sans aucune bonne raison, l'architecte a débaptisé des rois de Juda

« Que les cieux se réjouissent avec lui, et que tous les anges l'adorent ! »

Le prophète-roi David : vieillard, barbe arrondie ; il dit : « O Seigneur, quelle grandeur éclate dans vos ouvrages ! votre sagesse a tout créé. »

Le prophète-roi Salomon : jeune, imberbe ; il dit : « La sagesse s'est bâti une demeure, etc.[1]. »

Le prophète Élie : vieillard, barbe blanche ; il dit : « Vive le Seigneur, le Dieu des puissances, le Dieu d'Israël ! »

Le prophète Élisée : jeune, chauve, barbe jonciforme ; il dit : « Le Seigneur est vivant ; il a donné la vie à ton âme et il ne l'abandonnera pas. »

Le prophète Isaïe : vieillard, grande barbe ; il dit : « Écoute, ciel ; terre, prête l'oreille, parce que le Seigneur a parlé ; les fils...[2]. »

Le prophète Jérémie : vieillard, barbe courte et rare ; il dit : « Et il est arrivé que le Verbe du Seigneur m'a dit : Avant que je t'aie formé... »

Le prophète Baruch : vieillard, barbe arrondie ; il dit : « Seigneur, regarde-nous de ta maison sainte, et incline ton oreille vers... »

---

pour en faire des rois de France, et il a transformé David en Hugues-Capet, Salomon en Robert, et ainsi des autres.

[1] A la cathédrale de Laon, dans une des voussures du portail occidental, Salomon porte la figure d'un temple, pour faire allusion à ces paroles qui lui appartiennent, et parce qu'il a élevé le temple de Jérusalem. Le temple et le livre caractérisent Salomon, comme la harpe qualifie David.

[2] La plupart de ces sentences prononcées par les prophètes sont tronquées, parce que, écrites sur des banderoles longues de quelques centimètres seulement, elles ne pouvaient se produire en entier. D'ailleurs, à des hommes constamment nourris de l'écriture sainte, le commencement d'un verset peut

Le prophète Ézéchiel : vieillard, barbe en pointe ; il dit : « Le Seigneur dit cela : Voici que je rechercherai moi-même mes brebis... »

Le prophète Daniel : jeune, sans barbe ; il dit : « Le Dieu du ciel suscitera un royaume qui restera inébranlable dans les siècles... »

Le prophète Osée : vieillard, barbe arrondie ; il dit : « J'ai voulu, non le sacrifice, mais la miséricorde, et la science de Dieu plutôt que des holocaustes, dit le Seigneur... »

Le prophète Joël : barbe noire divisée en deux ; il dit : « Et le Seigneur rugira du haut de Sion, et il élèvera sa voix du milieu de Jérusalem. »

Le prophète Amos : vieillard, barbe arrondie ; il dit : « Malheur à ceux qui désirent le jour du Seigneur ! car il est.... »

« Le prophète Abdias : cheveux gris ; il dit : « En ce jour-là, dit le Seigneur, je perdrai les sages de l'Idumée... »

Le prophète Jonas : vieillard chauve [1] ; il dit : « Du milieu de mes tribulations j'ai crié vers le Seigneur, et il m'a exaucé. »

Le prophète Michée : vieillard, barbe en pointe ; il dit : « En ce jour-là, dit le Seigneur, je réunirai celle qui était brisée... »

Le prophète Naüm : vieillard, barbe courte ; il dit : « Qui pourra soutenir la face de son indignation, et qui résistera à sa colère ardente !... »

bien suffire pour que le reste revienne en mémoire. C'est par un moine et pour des moines qui vivent de textes sacrés, que sont faites toutes ces peintures.

[1] En Italie et en France, Jonas est représenté jeune ; la désobéissance dont il fut puni et la mission dont il fut chargé annoncent assez bien un caractère énergique et jeune.

Le prophète Habacuc : jeune, imberbe ; il dit : « Seigneur, j'ai entendu ta voix, et j'ai craint ! Seigneur, vivifie ton ouvrage, et... »

Le prophète Sophonias : vieillard, barbe blanche ; il dit : « Le jour du Seigneur est proche, il est proche et rapide... »

Le prophète Aggée : vieillard, barbe arrondie ; il dit : « Voici ce que dit le Seigneur tout-puissant : Placez vos cœurs... »

Le prophète Zacharias : jeune, imberbe ; il dit : « Telles sont les paroles du Seigneur : Voici que je sauverai mon peuple de la terre d'Orient... »

Le prophète Malachias : cheveux gris, barbe arrondie ; il dit : « Telles sont les paroles du Seigneur : Depuis le lever du soleil jusqu'à son coucher... »

Le prophète Gédéon : vieillard chauve[1], barbe arrondie ; il dit : « Si la rosée n'est tombée que sur la toison, et que la sécheresse... »

Le prophète Zacharias, père du précurseur : vieillard, grande barbe, portant un vêtement sacerdotal ; il dit : « Béni soit le Seigneur, le Dieu d'Israël, parce qu'il a visité et racheté son peuple. »

Le prophète Nathan : vieillard chauve, barbe arrondie.

Le prophète Achias : vieillard, barbe longue et large.

Le prophète Saméas : vieillard, barbe arrondie.

Le prophète Joad, qu'un lion a déchiré : forte barbe.

Le prophète Azarias, fils d'Adéo : vieillard, cheveux crépus.

Le prophète Ananias : vieillard, barbe séparée en deux.

---

[1] Chez nous, Gédéon est représenté dans la force de l'âge, en guerrier vigoureux, et qui a tous ses cheveux sur la tête.

*Autres prophéties sur les fêtes du Seigneur, sur les miracles, la passion et la naissance du Christ.*

Le patriarche Jacob : « Le sceptre ne sera pas ôté à Juda, ni le commandement à ses descendants, jusqu'à la venue de celui qui doit être envoyé, et qui sera l'attente des nations. »

David : « Il descendra comme la pluie sur une toison, et comme la rosée qui humecte la terre [1]. »

Isaïe : « Un petit enfant nous est né, un fils nous a été donné, et il sera appelé de son nom, l'ange de la grande volonté [2]. »

Habacuc : « Dieu viendra du Midi, et le Saint viendra de la montagne couverte d'une ombre épaisse [3]. »

Michée : « Et toi, Béthléem, terre de Juda, tu n'es pas la

---

[1] On voit l'importance que le christianisme attache au miracle de la toison humide, puisque Gédéon, plus haut, et David, ici, reviennent sur cette prophétie, qui annonçait la virginité de Marie.

[2] Plus bas, nous parlerons de l'ange de la grande volonté ou du grand conseil, une admirable création de l'art grec, mais qui est à peu près inconnue chez nous.

[3] Au couvent d'Ivirôn, dans le porche ouvert de la Panagia Portaïtissa, c'est-à-dire de la Vierge gardienne de la porte, le prophète Habacuc est peint en pied; il tient dans ses mains, comme attribut, une montagne couverte de forêts épaisses. C'est là que se trouve aussi Gédéon, deux fois représenté. Gédéon tient une gerbe, et il exprime dans un vase l'eau qui sort de la toison. Là est Moïse avec le buisson ardent, Aaron avec la verge fleurie, Jacob tenant son échelle mystérieuse, Melchisedech et ses pains, Zacharie et le chandelier à sept branches, Isaïe et le charbon dans une cuiller, David et une châsse d'or, Salomon et un berceau, etc. Tous ces emblèmes sont la traduction, par images, des paroles ou des actions de ces prophètes, actions et paroles qui se rapportent toutes à Jésus-Christ.

plus petite entre les principales villes de Juda, car de toi sortira le chef qui conduira mon peuple. »

Malachie : « Il s'élèvera, pour vous qui craignez mon nom, un soleil de justice, et la guérison est sur ses ailes. »

Baruch : « Celui-ci est notre Dieu; aucun autre ne peut entrer en comparaison avec lui. Après cela, il a paru sur la terre, et il a conversé avec les hommes. »

Sur la circoncision, Moïse dit : « Et vous devrez circoncire l'enfant au huitième jour. »

Sur la présentation, Moïse : « Tout mâle sortant du sein de sa mère sera sanctifié pour le Seigneur. »

Autre prophétie : « Consacre-moi tout premier né, tout premier enfanté. »

Sur la fuite en Égypte : « Voici que le Seigneur s'assoira sur une nuée légère; il ira en Égypte, et les idoles des Égyptiens seront renversées[1]. »

Osée : « J'ai appelé mon fils de l'Égypte. »

Sur le massacre des innocents, Jérémie : « Une voix a été entendue dans Rama, des pleurs, des lamentations et de grands gémissements... »

Sur le baptême de Jésus-Christ, David : « Les eaux ont vu le Seigneur, les eaux ont vu le Seigneur, et elles ont été remplies de crainte[2]. »

---

[1] Nous répétons que chez nous, comme en Grèce, on représente, à la fuite en Égypte, de petites idoles qui tombent et se brisent devant le passage de l'enfant Jésus tenu sur les bras de sa mère. Marie est assise sur un âne que saint Joseph tient par la longe. (Voyez, à Notre-Dame de Paris, la sculpture qui décore la clôture du chœur, au côté gauche ou septentrional.)

[2] C'est ainsi qu'on représente le Jourdain, au baptême de Jésus, sous la forme d'un vieillard étonné et même effrayé.

Isaïe : « Lavez-vous, purifiez-vous, effacez les méchancetés de vos âmes. »

Jérémie : « Jérusalem, purifie-toi de la méchanceté de ton cœur. »

Ézéchiel : « Voici ce que dit le Seigneur : Je répandrai sur vous une eau pure, et vous serez purifiés. »

Naüm : « Voici ce que dit le Seigneur, qui commande aux grandes eaux... »

Malachie : « Voici que j'enverrai mon ange; il vous montrera le chemin de ma face... »

Zacharie : « En ce jour-là une eau vivante sortira de Jérusalem. »

Sur les miracles du Christ, Isaïe : « Il a pris nos faiblesses, et s'est chargé de nos maladies... »

Sur les paraboles, David : « J'ouvrirai ma bouche en paraboles. »

Sur la Transfiguration, David : « Le Thabor et l'Hermon tressailliront de joie à votre nom. »

Sur la résurrection de Lazare, Osée : « Je les arracherai des mains de l'enfer, et je les rachèterai de la mort, dit le Seigneur. »

Sur la fête des Rameaux, David : « Je ferai sortir la louange de la bouche des petits enfants et de ceux qui sont encore à la mamelle [1]. »

Zacharie : « Réjouissez-vous beaucoup, ô filles de Sion, car voici votre roi qui s'avance vers vous, assis sur une bête de somme que suit son petit ânon. »

---

[1] C'est pour cela que l'on voit, sur les représentations de l'entrée triomphante de Jésus dans Jérusalem, une si grande quantité d'enfants, chez les Grecs comme chez les Latins.

Jésus chassant les vendeurs : « Ma maison, dit le Seigneur, est appelée une maison de prières par tous les peuples. »

Sur le souper mystique, Jérémie : « Voici que commencent les jours de mon testament avec la maison d'Israël. »

Sur la convention de Judas, Zacharie : « Et ils ont fixé mon prix à trente pièces d'argent. »

Sur la trahison, David : « Celui qui mange mon pain a déployé sur moi la trahison. »

Sur le jugement d'Anne et de Caïphe, David : « De faux témoins se sont élevés contre moi; ils m'ont interrogé sur ce qu'ils ignoraient. »

Sur le repentir de Judas, Jérémie : « Et ils prirent les trente pièces d'argent, prix de l'honorable.... »

Sur le jugement de Pilate, David : « Pourquoi les nations ont-elles frémi, pourquoi ont-elles médité de vains projets ! »

Sur la flagellation, Isaïe : « J'ai abandonné mon dos aux fouets, et mes joues aux soufflets. »

Sur les dérisions, David : « Je suis devenu un sujet de moquerie pour tous mes ennemis. »

Sur le portement de la croix, Jérémie : « Je suis comme un agneau inoffensif que l'on conduit au sacrifice. »

Sur l'élévation de la croix, Isaïe : « Je me suis tu comme une brebis qu'on va immoler, et j'ai gardé le silence comme un agneau devant celui qui le tond. »

Sur le crucifiement, Moïse : « Regardez votre vie suspendue devant vos yeux. »

David : « Ils ont transpercé mes pieds et mes mains [1].

---

[1] Le monument qu'on voit dans le jardin de la Grande-Chartreuse de Dijon, et qui s'appelle le Puits de Moïse, était le piédestal d'une grande croix qui est abattue. Des anges, qui bordent la frise de ce grand piédestal, pleurent

Isaïe : « Son âme a été livrée à la mort ; on l'a retranché de ceux qui sont soumis aux lois. »

Sur la descente de croix, Isaïe : « Le juste a été retiré de la face de la méchanceté. »

Sur l'ensevelissement, Jacob : « En se couchant, il s'est

la mort du Christ, et six prophètes, plus grands que nature, se dressent contre les parois. Les prophètes, admirables statues, tiennent chacun une banderole sur laquelle est écrite une prophétie tirée de leurs propres paroles, et qui est relative à la passion. Voici les textes, dont plusieurs sont les mêmes que dans le Guide :

Moïse : « Immolabit agnum multitudo filiorum Israël. » (*Exod.* cap. XII, v. 6.)

David : « Foderunt manus meas et pedes meos. » (*Ps.* XXI, v. 17.)

Jérémie : « O vos omnes, qui transitis per viam, attendite, et videte si est « dolor sicut dolor meus. » (*Lament.* cap. I, v. 12.)

Zacharie : « Appenderunt mercedem meam triginta argenteos. » (Cap. XI, v. 12.)

Daniel : « Post hebdomades sexaginta duas occidetur Christus. » (Cap. IX, v. 26.)

Isaïe : « Sicut ovis ad occisionem ducetur, et quasi agnus coram tondente se « obmutescet et non aperiet os suum. » (Cap. LIII, v. 7.)

A la cathédrale de Senlis, portail occidental, porte du milieu, on voit huit grandes statues dressées contre les parois, accompagnant la voussure et le tympan où sont représentés les patriarches, les rois de Juda, les prophètes, la mort, l'assomption et le couronnement de Marie. Ces huit statues, toutes décapitées par la révolution de 1793, sont cependant reconnaissables encore à quelques-uns de leurs attributs; ce sont des prophètes qui ont figuré par leurs actions ou annoncé par leurs paroles quelque circonstance de la naissance, de la vie et de la mort de Jésus. Isaïe tient dans ses bras l'enfant Jésus, dont il a prédit la naissance; saint Jean donne à un juif le baptême, parce que l'eau doit désormais sauver les hommes, comme le sang de l'agneau préserva autrefois les Hébreux. Le prophète qui tient cet agneau symbolique est à côté de Moïse, qui porte la colonne où était le serpent d'airain, autre symbole du Christ. Puis on voit Abraham qui va sacrifier Isaac, et les trois prophètes qui ont prédit le couronnement d'épines, le percement des pieds et des mains, le crucifiement; ces derniers prophètes portent la couronne d'épines, les clous et la croix.

endormi comme un lion et comme le petit du lion ; qui pourra l'éveiller ? »

David : « Réveillez-vous ! Seigneur, pourquoi dormez-vous[1] ? »

[1] C'est avant de mourir et en bénissant ses douze enfants que Jacob adresse à Juda la prophétie précédente. On la lit dans la Genèse, chap. XLIX, v. 9 : «Catulus leonis Juda. Ad prædam, fili mi, ascenduisti; requiescens accubuisti «ut leo et quasi leæna; quis suscitabit eum?» Le lion est l'emblème de la tribu de Juda, comme le loup, le cerf, le serpent et l'âne caractérisent celles de Benjamin, de Nephtali, de Dan et d'Issachar. Le Christ, né de Juda, s'est incorporé dans son emblème, et le lion est devenu son symbole : « Vicit leo de «tribu Juda, » dit l'Apocalypse. A Notre-Dame de Paris, porte gauche du portail occidental, une Vierge, tenant l'enfant Jésus, est adossée au trumeau. Cette Vierge date du xv$^e$ siècle. Sur le socle d'où elle s'élève, est un petit lion couché et comme endormi. Dans l'Iconographie chrétienne, pages 324-326, nous avons parlé du lion à nimbe crucifère ou divin; nous y renvoyons. Nous redirons cependant ici qu'au mont Athos, dans la grande église du couvent de Philothéou, une fresque représente le sommeil de l'enfant divin; Marie et deux anges se prosternent et ils adorent le repos de Jésus. Aux pieds de l'enfant est couché un jeune lion, qui dort comme celui dont il est le symbole, et qui est entouré de cette inscription, laquelle n'est autre que le verset 9 du chapitre XLIX de la Genèse : Ἀναπεσὼν ἐκοιμήθη ὡς λέων, καὶ τίς δύναται ἐγείρειν αὐτόν; Dans les paroles de Jacob, de David et de Salomon, que rapporte le Guide, il y a une triple prophétie de la mort et de la résurrection du Christ. Dans notre art latin, ce sujet est assez rarement représenté; on le voit sur les vitraux des cathédrales de Bourges, de Tours et du Mans, montrant tous trois les scènes réelles et figurées, historiques et prophétiques de la passion. A Bourges, entre la mort et la résurrection du Christ, on voit un jeune lion endormi et couché sur le dos; un gros lion, une lionne peut-être, approche et lui rugit aux oreilles pour l'éveiller, tandis qu'un autre gros lion est posé sur un monticule, attentif au réveil du petit lion. C'est dans la prophétie de David, combinée avec celle de Jacob, qu'on trouve l'explication de ce curieux sujet symbolique. Avant d'avoir lu le Guide, je n'avais pu comprendre cette scène du vitrail de Bourges. Trois autres sujets, le pélican qui se perce les entrailles pour nourrir ou ressusciter ses petits, Élisée qui ressuscite le fils de la Sunamite, Jonas vomi par le monstre marin, servent d'encadrement à Jésus qui abandonne son tombeau. La vie sort de la mort, et le Christ se réveille après trois jours de sépulture.

Salomon : « Moi, je suis endormi, mais mon cœur est éveillé [1]. »

Isaïe : « Votre tombeau sera en paix. »

Sur la descente aux enfers, Isaïe : « L'enfer a été troublé à votre arrivée. »

Osée : « Nous ressusciterons au troisième jour. »

Sur la résurrection, David : « Levez-vous, Seigneur, et que vos ennemis soient dispersés. »

Sophonias : « Le Seigneur dit ces choses : Attendez-moi au jour de ma résurrection. »

Sur les femmes qui apportèrent des parfums, Isaïe : « Des femmes envoyées par Dieu viendront ici.... »

Sur l'Ascension, David : « Le Seigneur Dieu s'est élevé au milieu des cris de joie et des trompettes retentissantes. »

Zacharie : « Voici, le jour vient où les pieds du Seigneur se placeront sur la montagne des Oliviers, en face de Jérusalem [2]. »

Sur la Pentecôte, Joël : « Je répandrai mon esprit sur toute chair, et vos fils et vos filles prophétiseront. »

Zacharie : « En ce jour-là, dit le Seigneur, je verserai sur la maison de David et sur ceux qui habitent Jérusalem un esprit de charité et de miséricorde. »

---

[1] Dans l'église abbatiale de la Chaise-Dieu, en Auvergne, de grandes tapisseries du xvi⁰ siècle ornent le chœur. Sur l'une d'elles on voit Jonas dévoré par le monstre marin, Joseph jeté dans une citerne par ses frères, et Jésus mis au tombeau. On lit en inscription, sous l'ensevelissement du Christ :
Ego dormio et cor meum vigilat.
On voit que c'est la même symbolique, en Grèce comme en France.

[2] C'est en vertu de cette prophétie qu'on voit, gravée sur la montagne d'où le Christ prend son essor, la trace des pieds du Sauveur. Il faut faire attention à ce détail important lorsqu'on étudie les monuments figurés.

Autres prophéties sur les fêtes de la Mère de Dieu.

Sur la nativité de la Mère de Dieu, Ézéchiel : « Cette porte restera fermée, elle ne sera pas ouverte, et personne ne pourra y passer [1]. »

Sur la Présentation, David : « Des jeunes filles seront amenées au roi derrière elle. »

Sur l'Annonciation, David : « Ecoute, fille, et vois; prête l'oreille et oublie ton peuple. »

Salomon : « Beaucoup de filles ont amassé des richesses, beaucoup ont été vertueuses; mais tu les surpasseras toutes. »

Isaïe : « Voici : une vierge concevra et enfantera un fils, et on l'appellera de son nom, Jésus. »

Sur la mort de la Vierge : « Levez-vous, Seigneur, pour votre repos, vous et l'arche de votre sanctification [2]. »

---

[1] Au couvent d'Ivirôn, dans le porche de la Panaghia Portaïtissa, Ézéchiel est peint en pied. Il tient une porte fermée par un rideau. En Italie, à San-Donino, on voit une statue d'Ézéchiel avec cette inscription : « Vidi portam in « domo Domini clausam. » En face sont une statue de David et cette inscription : « David propheta rex. Hæc porta Domini; justi intrant per eam. » Dans le *Speculum humanæ salvationis*, manuscrit latin exécuté en Italie au xiv° siècle, et qui est à la Bibliothèque royale, on voit une miniature représentant l'entrée close d'un temple. On lit en inscription : « Porta clausa significat Mariam. »

[2] Chez nous, les mêmes personnages en pied, debout, existent en série complète dans presque toutes nos cathédrales; ils tiennent des banderoles sur lesquelles sont écrites les mêmes prophéties, exprimées en paroles identiques ou analogues. La sculpture de la cathédrale de Reims, à l'extérieur et à l'intérieur du portail occidental, en offre, dès le xiii° siècle, un des plus remarquables exemples. Plus tard, au xvi° siècle, on a peuplé de ces prophètes la clôture de la cathédrale d'Albi, en dehors; ils sont là au nombre de trente-trois, tous prophétisant la naissance, la vie et la mort de la Vierge et de Jésus-Christ. Les célèbres verrières de la cathédrale d'Auch, et toutes les stalles de son chœur

Philosophes de la Grèce qui ont parlé de l'incarnation du Christ.

Apollonius. Vieillard, grande barbe séparée en deux, portant un voile sur la tête ; il dit sur un cartel : « Moi, j'annonce dans une trinité un seul Dieu régnant sur toutes choses. — Son Verbe incorruptible sera conçu dans le sein d'une jeune vierge. — Semblable à un arc qui lance du feu, il traversera rapidement l'espace ; il saisira l'univers entier tout vivant, et l'offrira en présent à son père. »

Solon, l'Athénien. Vieillard, barbe arrondie. Il dit : « Lorsqu'il parcourra cette terre sujette au changement, il se fera une chair sans défaut. — Le but infatigable de la divinité est d'anéantir les passions incurables. — Il sera un objet de haine pour un peuple incrédule. — Il sera suspendu sur une montagne, et toutes ces choses il les souffrira volontairement et avec douceur. »

ont pour unique but de montrer que tous les personnages de l'Ancien Testament ont figuré et annoncé le Nouveau. Il y a là, sur verre et sur bois, une quantité considérable de patriarches, de juges, de rois, de prophètes, de sibylles, prophétisant la vie de Jésus et de sa Mère. On conçoit tout de suite l'importance que peut avoir le Guide, puisqu'il donne des inscriptions disparues en partie ou qui n'ont jamais été écrites chez nous, et qui cependant nomment les personnages et expliquent leurs fonctions. A Reims, aujourd'hui, il n'y a plus une seule prophétie qui soit lisible ; il faut d'ailleurs ajouter que beaucoup de ces prophètes étaient sans banderole et sans inscription. A Chartres, on lit un nom ici, un autre nom là ; mais la plupart des nombreuses statues qui décorent le portail occidental, les porches et portails du nord et du midi, n'ont plus ni nom, ni inscription. Le Guide est donc, pour l'iconographie chrétienne de l'Occident, une sorte de registre où nous retrouvons l'acte de naissance et l'histoire de nos statues, muettes jusqu'alors, et que, faute de les connaître, nous baptisions de noms modernes, et, par patriotisme, transformions en personnages de notre pays.

Thucydide. Cheveux gris, barbe séparée en trois. Il dit :
« Dieu est une lumière évidente; louange à lui! De son intelligence toutes choses sortent et se reforment en une seule unité! Il n'y a pas d'autre Dieu, ni ange, ni sagesse, ni esprit, ni substance; mais il est le seul Seigneur, le créateur de tout ce qui existe, le Verbe parfait, la fécondité par excellence. Descendant lui-même sur une nature fertile, il a tiré l'eau du néant. »

Plutarque. Vieillard chauve, barbe en pointe. Il dit : « On ne peut rien imaginer au-dessus de celui qui surpasse toutes choses : c'est de lui, non d'aucun autre, que le Verbe émane. Il est établi évidemment que la sagesse et le verbe de Dieu embrassent les bornes de la terre. »

Platon. Vieillard, grande et large barbe. Il dit : « L'ancien est nouveau, et le nouveau est ancien. — Le père est dans le fils, et le fils dans le père; l'unité est divisée en trois, et la trinité est réunie en unité. »

Aristote. Vieillard, barbe jonciforme. Il dit : « La génération de Dieu est infatigable par sa nature, car le Verbe lui-même reçoit de lui son essence. »

Philon le Philologue. Vieillard chauve, grande barbe séparée en deux. Il dit : « Voilà celui qui a marché sur l'immensité d'un ciel qui surpasse la flamme infinie et le feu impérissable. Tout tremble en sa présence, et les cieux, et la terre, et la mer, l'abîme, l'enfer et les démons. Il est son père à lui-même et il est sans père; il est trois fois heureux. »

Sophocle. Vieillard chauve, barbe séparée en cinq. Il dit : « Il existe un Dieu éternel, simple par sa nature; il a créé le ciel et la terre. »

Thoulis, roi d'Égypte. Vieillard, large barbe. Il dit : « Le père est fils, le fils est père; sans chair et incarné, Dieu tout puissant. »

Le devin Balaam. Vieillard, barbe arrondie, un voile sur la tête. Il dit : « Il s'élèvera un astre de Jacob; il s'élèvera un homme d'Israël, qui écrasera les chefs de Moab. »

La sage sibylle : « Il viendra du ciel un roi éternel, qui jugera toute chair et tout l'univers. — D'une vierge, épouse sans tache, doit venir le fils unique de Dieu. — Éternel, inabordable, unique Verbe de Dieu. Il fait frémir les cieux et les intelligences humaines [1]. »

[1] Le christianisme s'est attaché sans relâche, partout et toujours, à prouver sa vérité et la divinité de son auteur. Il a cherché dans les paroles des prophètes tous les textes qui pouvaient s'appliquer au Messie, et il a démontré que ces hommes inspirés avaient eu conscience de l'avenir et de la divinité du Christ. De la vie des patriarches, qui n'avaient point parlé, mais agi, le christianisme a dégagé tous les actes qui lui paraissaient l'image et, pour ainsi dire, l'écho anticipé de l'avenir. Quand Gédéon obtient une toison trempée de rosée sur la terre sèche, quand Moïse voit brûler un buisson qui reste vert, quand Abraham se prépare à sacrifier Isaac, quand le serpent d'airain ferme des morsures mortelles, quand Samson enlève les portes de Gaza, et quand Jonas, englouti d'abord, est vomi trois jours après par un monstre marin, c'est parce que Marie doit enfanter et rester vierge, parce que Dieu sacrifiera son fils, parce que la croix de Jésus sauvera notre corps et notre âme, parce que le Christ brisera les portes de l'enfer, et que, englouti par le sépulcre, il en sortira au bout de trois jours pour remonter au ciel, d'où il était descendu trente-trois ans auparavant. L'Ancien Testament n'était que la contre-épreuve du Nouveau. Les théologiens et les artistes développèrent dans leurs œuvres écrites ou figurées ce parallélisme continuel. Voilà pour l'histoire sacrée; nous l'avons vu en détail.

Mais l'histoire profane elle-même fut mise à contribution, et les grands personnages de l'antiquité païenne furent sommés d'apporter des preuves à l'appui de la vérité du christianisme. Les Grecs, admirateurs passionnés de la philosophie, interrogèrent leurs sages ou leurs philosophes sur l'existence et les attributs de Dieu, et sur la divinité du Christ. Ces sages, Platon, Socrate, etc. firent à peu près les réponses que le Guide vient de nous donner. Les Grecs

Comment est figuré l'arbre de Jessé.

Le juste Jessé endormi. De la partie inférieure de sa poi-

se complaisent à représenter leurs grands hommes rendant ainsi témoignage au christianisme. Un des plus remarquables exemples de ce genre de preuves est peint dans le monastère d'Ivirôn, au mont Athos. Le porche extérieur, porche ouvert de la petite église de la Vierge-Portière (Παναγία Πορταΐτίσσα), est couvert de grands personnages représentant Plutarque, Thucydide, Sophocle, Platon, Aristote, Chilon, Solon, tenant chacun une banderole où est proclamé le dogme chrétien. Thucydide a le titre de philosophe (ὁ φιλόσοφος); Sophocle, de sage (ὁ σοφὸς); Solon, d'Athénien (ὁ Ἀθηναῖος); Chilon, de philologue (ὁ φιλόλογος); les autres n'ont pas d'épithète. Les inscriptions peintes sur les banderoles que portent ces personnages diffèrent de celles que donne le Guide; mais ni les unes ni les autres ne paraissent tirées des œuvres ou des paroles de ces sages et philosophes; elles résultent seulement de l'ensemble de leur conduite ou de leurs écrits.

On ne rencontre pas, dans nos cathédrales, ni en sculpture, ni en peinture, ces génies du paganisme rendant hommage à la vérité chrétienne. Le seul exemple que je connaisse, et qui soit développé dans des proportions suffisantes, se voit aux stalles de la cathédrale d'Ulm. L'Allemagne, mieux que la France, s'est laissé façonner par le génie byzantin. Cependant, comme elle est grecque et latine tout à la fois, l'Allemagne a complété l'idée jetée par les Grecs. Le grand artiste George Syrlin a donc sculpté sur les stalles d'Ulm, de 1469 à 1474, Socrate, Platon, Aristote, Pythagore; mais il les a doublés de Cicéron, de Térence, de Sénèque, de Quintilien, de l'astronome Ptolémée. Ces Grecs et ces Romains attestent, par leur présence et leurs paroles dans la cathédrale d'Ulm, que Jésus, fils de Dieu, seconde personne de la Trinité, s'est incarné, a prêché l'Évangile, est mort et est ressuscité pour le salut des hommes. Ils disent cela à côté des prophètes et des patriarches, et en face des sibylles et des saintes. Pour ne pas trop allonger ces notes, nous ne ferons pas la description de ces curieux personnages, et nous ne donnerons pas les sentences qu'ils tiennent à la main. C'est à une monographie spéciale que ces détails doivent revenir.

Si, nous autres Latins, nous avons négligé ce genre de preuves; par contre nous développons un sujet analogue, emprunté à l'histoire profane, et que les Grecs se contentent d'indiquer : c'est celui des sibylles. En prédisant l'avenir,

trine sortent trois tiges : les deux plus petites l'environnent;

les sibylles, prophétesses païennes, ont prédit la naissance, la vie, la mort et la résurrection du Christ. Dans les vers authentiques ou apocryphes que nous possédons de ces personnages réels ou imaginaires, le moyen âge trouva que douze sibylles avaient annoncé, dans les trois parties du monde, la divinité, la venue, la conception, la nativité, l'allaitement, les souffrances, le crucifiement la résurrection, et le triomphe du Messie. Les sibylles, faisant pendant aux prophètes, sont sculptées et peintes sur marbre et sur pierre, sur métal et sur bois, sur verre et sur laine, sur parchemin et sur mur, dans les églises de Sens, de Clamecy, d'Aix, d'Autun, d'Auxerre, d'Auch, de Brou, de Beauvais, de Saint-Bertrand de Comminges, de Saint-Ouen de Rouen, etc. C'est assez commun dans nos monuments, et très-fréquent dans nos manuscrits à miniatures : les Heures d'Anne de France, fille de Louis XI (Biblioth. royale, ms. 920), offrent un des plus complets exemples des douze sibylles peintes sur parchemin. Il est remarquable que le Guide ne mentionne qu'une seule sibylle, et ne la nomme même pas. Du reste, je ne me rappelle pas avoir vu cette sibylle unique, même peinte une seule fois, dans les nombreuses églises byzantines que j'ai visitées. Les douze sibylles sont :

1° La sibylle persique (de Perse). Elle tient une lanterne. Elle prédit la venue du Messie, et foule aux pieds le serpent qui a déçu Ève.

2° La sibylle libyque (de Libye). Elle tient un cierge allumé. Elle prédit la venue de Jésus-Christ comme lumière du monde.

3° La sibylle érythrée (de la mer Rouge). Elle tient une rose blanche épanouie et un bouton d'une autre rose blanche. Elle prédit l'annonciation.

4° La sibylle cumane (de Cumes). Elle tient une crèche, une mangeoire. Elle prédit la nativité du Christ à Bethléem, dans l'étable.

5° La sibylle samienne (de Samos). Elle tient un berceau, et prédit le premier repos de Jésus dans ce monde.

6° La sibylle cimmérienne (du Pont-Euxin). Elle tient un cornet, comme un biberon, et prédit l'allaitement de Jésus par Marie.

7° La sibylle européenne (d'Europe). Elle tient un glaive. Elle prédit le massacre des innocents et la fuite en Égypte.

8° La sibylle tiburtine (de Tibur, Tivoli). Elle tient une main, comme un gant de chair, et prédit les soufflets donnés à Jésus pendant la passion.

9° La sibylle Agrippa. Elle prophétise la flagellation, et tient le fouet qui a déchiré le corps de Jésus.

10° La sibylle delphique (de Delphes). Elle tient une couronne d'épines, et prophétise le couronnement du Christ.

la troisième, plus grande, s'élève directement en haut, en

11° La sibylle aspontienne (de l'Hellespont). Elle tient une croix, et prophétise le crucifiement.

12° La sibylle phrygienne (de Phrygie). Elle tient une croix processionnelle à laquelle flotte un étendard rouge croisé d'or. Elle prophétise la résurrection de Jésus-Christ.

Outre les Heures d'Anne de France, voyez celles dites de Simon Vostre, qui les a imprimées sur parchemin au XVI° siècle.

MM. Jourdain et Duval, chanoines d'Amiens, viennent de retrouver, derrière des boiseries, sur le mur d'un passage qui conduit au cloître de la cathédrale d'Amiens, huit sibylles peintes à fresque. M. L. Fabry-Rossius, de Liége, correspondant de nos comités historiques, m'apprend que Foullon (*Historia Leodiensis*, t. II, p. 317) cite un ancien manuscrit qui parle d'un orage dont la ville de Liége fut ravagée en 1581, et dont souffrit beaucoup l'église Sainte-Croix de cette ville : « Fut emportée, à Sainte-Croix, la grande verrière où estoient les sibylles. »

De l'art figuré, les sibylles ont passé dans l'art mimé, dans la représentation dramatique. A Séville, le vendredi-saint, on fait une procession où sont figurés par personnages les divers événements de l'histoire religieuse. Les douze sibylles font partie de cette procession. Chacune d'elles porte l'attribut qui la caractérise; ce sont de jeunes enfants qui en remplissent le rôle. Comme les traditions se sont un peu altérées, les attributs et les inscriptions qui les expliquent diffèrent assez notablement de ceux qu'on vient de donner; d'autres, au contraire, sont plus complets, et la sibylle de Samos, par exemple, a pour symbole l'âne et le bœuf de la crèche, agenouillés et adorant l'enfant Jésus. L'ordre est différent de celui que donne le manuscrit d'Anne de France, ordre qui est le seul admissible, parce qu'il est chronologique. Du reste, le rang qu'occupent les sibylles du manuscrit est conforme à celui des douze sibylles qui font cortége à la Vierge sur le retable dit *Noli me tangere* qu'on voit dans la chapelle des fonts, à la cathédrale d'Autun. Dans l'église de Brou, sur le magnifique vitrail de l'Assomption, on voit les sibylles faisant partie du cortége qui mène en triomphe le Christ assis sur un char. Cette procession, où Jésus est précédé des personnages de l'Ancien Testament et suivi de ceux du Nouveau, ressemble singulièrement à celle qui se fait tous les ans à Séville pendant la semaine sainte. Nous décrirons plus bas ce vitrail de Brou, parce que c'est un résumé de l'iconographie religieuse.

Le Guide ne parle que d'une sibylle, de celle probablement que rappelle la prose de l'office des morts, dans ces vers :

entrelaçant les rois des Hébreux, depuis David jusqu'au Christ[1]. Le premier est David; il tient une harpe. Puis vient Salomon, et, après celui-ci, les autres rois suivant leur ordre et tenant des sceptres. Au sommet de la tige, la nativité du Christ. De chaque côté, au milieu des branches, sont les prophètes avec leurs prophéties; ils regardent le Christ et le montrent. Au-dessous des prophètes, les sages de la Grèce et le devin Balaam, tenant chacun leurs sentences; ils ont les regards dirigés en haut et indiquent de la main la nativité du Christ[2].

> Dies iræ, dies illa
> Solvet sæclum in favilla,
> Teste David cum sibylla.

Il y en a une autre encore qui est célèbre et supérieure à ses compagnes: c'est la sibylle tiburtine. Elle fit voir à l'empereur Auguste l'enfant Jésus tenu par sa mère, et au sein d'une gloire qui éclatait en face du soleil. Cette sibylle est peinte sur verre dans la cathédrale de Sens, et sur parchemin dans les manuscrits connus sous le nom de *Speculum humanæ salvationis*, que possèdent les bibliothèques Royale et de l'Arsenal.

Le costume des sibylles est d'une richesse extrême, costume de convention, où ruissellent les pierres précieuses et où s'étalent mille broderies d'argent, d'or et de perles. Les vêtements se superposent, robe, tunique fendue sur les côtés, manteau. La stature est haute, la taille est vigoureuse, l'âge est dans la force. Ce sont de superbes femmes, pleines d'énergie morale et de vigueur physique.

[1] La génération ici est toute matérielle; elle sort des entrailles et du ventre. Dans plusieurs de nos monuments, l'arbre dont Jessé est la racine part de la poitrine du patriarche; la génération s'épure et sort avec le souffle. A Reims, dans une Bible historiale qui est à la bibliothèque publique, l'arbre sort de la bouche de Jessé; un autre manuscrit, une Bible latine, le fait sortir du crâne même de ce vieil ancêtre des ancêtres de la Vierge. Il s'agit donc là d'une génération intellectuelle plutôt que charnelle : c'est la tête, c'est la parole, c'est la pensée, et non l'estomac ou les instestins, qui mettent au monde Marie et Jésus. Jésus, en effet, c'est le Verbe fait chair; c'est la parole divine. Marie, comme son fils, est une pensée parlée plutôt qu'une forme matérielle.

[2] Ces personnages sont représentés et ils portent leurs prophéties, comme on

## COMMENT ON FIGURE LES FÊTES DU SEIGNEUR ET LES AUTRES OEUVRES ET MIRACLES DU CHRIST, SELON LE SAINT ÉVANGILE.

### Annonciation de la mère de Dieu.

Maisons. La sainte Vierge debout devant un siége, la tête un peu inclinée. Dans la main gauche elle tient un fuseau enroulé de soie ; sa main droite, ouverte, est étendue vers l'archange. Saint Michel est devant elle ; il la salue de la main droite, et tient une lance [1] de la gauche. Au-dessus de la maison, le ciel. Le saint Esprit en sort sur un rayon qui se dirige vers la tête de la Vierge [2].

---

vient de le voir. L'arbre de Jessé est très-fréquent dans notre art. Un des plus beaux exemples est peint sur une des trois verrières occidentales de la cathédrale de Chartres. Le sanctuaire de la Sainte-Chapelle de Paris en offre un beau modèle aussi, modèle reproduit sur le Psautier de saint Louis, qui est à la bibliothèque de l'Arsenal. Tout le tympan du portail nord de la cathédrale de Beauvais est rempli par un immense arbre de Jessé, sculpté au XVIᵉ siècle. Malheureusement, à la révolution de 1793, sans doute, on a renversé de cet arbre tous les rois et prophètes, qui montaient de branche en branche jusqu'à l'enfant Jésus tenu dans les bras de sa mère. L'arbre est intact, et c'est une sculpture d'une incomparable beauté.

[1] Un bâton, long comme un bâton de lance.
[2] Dans une petite église d'Aix, en Provence, on voit un tableau du XVIᵉ siècle, peint sur bois, et représentant l'Annonciation. A la parole de l'ange, au moment où la Vierge répond : « Que la volonté de Dieu soit faite, » on voit un petit être humain tout nu, descendant du ciel sur un rayon lumineux, qui vient toucher Marie. C'est l'enfant Jésus, enfant en miniature, que son père envoie dans le sein de Marie. Le saint Esprit, en colombe, plane sur cette scène, et le Père éternel se montre dans le lointain, au fond du ciel. Dans plusieurs

Joseph, s'apercevant de la grossesse de la Mère de Dieu, lui adresse des reproches.

Maisons. La sainte Vierge enceinte ; Élisabeth dans l'étonnement. Au-devant est Joseph, appuyé d'une main sur un bâton ; il étend l'autre vers la Vierge, qu'il considère d'un regard irrité.

La salutation de la Mère de Dieu et d'Élisabeth.

Une maison. Au dedans, la Mère de Dieu et Élisabeth s'embrassent. Plus loin, Joseph et Zacharie causent ensemble. Derrière eux, un petit enfant portant sur son épaule un bâton, à l'extrémité duquel est suspendue une corbeille. D'un autre côté, une étable ; un mulet y est attaché et mange [1].

beaux manuscrits à miniatures de la Bibliothèque royale, du xive et surtout du xve siècle, l'Annonciation est également figurée ainsi ; c'est une manière hardie d'exprimer la divine conception. M. le baron Ferdinand de Roisin, docteur de l'université de Bonn et correspondant du Comité historique des arts et monuments, m'annonce qu'à Oppenheim (sur la rive gauche du Rhin) se voit une sculpture représentant l'Annonciation. De la bouche de Dieu le Père part un souffle, figuré par des rayons et qui va atteindre la sainte Vierge. Dans ce souffle descendent vers Marie le saint Esprit, sous la forme d'une colombe, puis l'enfant Jésus, qui porte une croix sur ses épaules.

[1] La Visitation a été chez nous l'objet également d'une hardiesse curieuse. Lors de la visitation, les deux cousines, Élisabeth et Marie, étaient enceintes. « Dès qu'Élisabeth, dit saint Luc, s'entendit saluer par Marie, l'enfant qu'elle portait tressaillit (ch. I, v. 41). » On lit dans la Légende dorée, à la Nativité de saint Jean Baptiste : « Mense autem sexto, beata Virgo Maria, quæ jam Do-
« minum conceperat, congratulans virgo fœcunda ablatæ sterilitati et compa-
« tiens senectuti, venit ad Elisabeth. Et cum eam salutasset, beatus Johannes,

### La vocation des mages.

Un palais. Le roi Hérode assis dans une salle sur son trône. Devant lui, les trois mages étendent leurs mains vers lui : au dehors, des juifs, des scribes et des pharisiens causant entre eux [1].

### La nativité du Christ.

Une grotte. Au dedans, du côté droit, la mère de Dieu à genoux ; elle pose dans une crèche le Christ, petit enfant emmaillotté. A gauche, Joseph à genoux, les mains croisées sur la poitrine. Derrière la crèche, un bœuf et un âne regardent le Christ. Derrière Joseph et la sainte Vierge, des bergers, tenant des bâtons, considèrent le Christ avec éton-

«jam Spiritu sancto repletus, sensit Filium Dei venire ad se, et præ gaudio in «matris utero exultavit, et tripudiavit, et motu salutavit quem voce non potuit. «Exultavit enim quasi gestiens salutare et Domino suo assurgere.» Certains artistes ont voulu montrer ce tressaillement. Ils ont donc ouvert la robe et le sein d'Élisabeth, et ont fait voir le petit saint Jean dans le ventre de sa mère ; ils ont ouvert aussi la robe de Marie, et ont montré dans son sein le petit Jésus, nu comme saint Jean. Les deux enfants se saluent à leur manière : Jésus, avec la main droite, bénit saint Jean, qui s'incline pieusement. Un tableau, peint sur bois, donné à la ville de Lyon par l'architecte Pollet, offre cette scène. J'ai fait graver, pour l'Iconographie chrétienne, un vitrail qui se voit dans l'église de Jouy, près de Reims. Jésus y est figuré nu, enfant non à terme encore, debout dans le ventre de sa mère, et joignant les mains ; il est peint par-dessus la robe. Ce vitrail, comme le tableau de Lyon, est du xvi$^e$ siècle. A la renaissance, on a tout osé. (Voyez l'Iconographie chrétienne, planche 71, page 263.)

[1] Ce sujet est sculpté avec des détails fort curieux sur le tympan du portail occidental de Notre-Dame de Paris, porte latérale droite.

nement. Hors de la grotte, des brebis et des bergers; l'un d'eux joue de la flûte, d'autres regardent en haut avec crainte : au-dessus d'eux, un ange les bénit. D'un autre côté, les mages, à cheval et en habits royaux, se montrent l'étoile [1]. Au-dessus de la grotte, une foule d'anges, dans les nuages; ils portent un listel avec ces paroles : « Gloire à Dieu au plus haut des cieux, et paix sur la terre aux hommes de bonne volonté. » Un grand rayon de lumière descend jusque sur la tête du Christ [2].

[1] A la cathédrale de Paris, clôture du chœur, un ange, dans les nuages, tient cette étoile, et guide les rois orientaux.

[2] En Orient, c'est toujours dans une grotte que Marie donne le jour à Jésus; en Occident, dans une mauvaise cabane, une étable couverte en chaume. Les trous des rochers servent presque toujours d'habitation chez les Grecs; en Occident, en France surtout, le terrain, mais principalement le climat, s'opposent à cet usage. Chez nous, on n'a pas toujours tenu compte de la vérité historique, et dans l'église de Brou, église toute royale, où le luxe se trahit partout avec une sorte d'effronterie, le lieu où Jésus vient au monde, sur un magnifique retable d'albâtre, est un palais plutôt qu'une étable. La porte de cette écurie est un arc de triomphe. En vertu d'une légende recueillie par Siméon le Métaphraste, les Grecs donnent, pour la nativité, deux sages-femmes à la Vierge. Lorsque la Vierge met Jésus au monde, les deux sages-femmes prennent l'enfant et le placent dans un bain où elles le lavent. Dans le couvent de Sainte-Laure, à la vue de cette représentation que je remarquais pour la centième fois peut-être, j'exprimai mon étonnement de cette grossière légende en présence du P. Melchisedech, savant secrétaire du couvent : « C'est vrai, me dit le jeune moine en rougissant, les peintres ne respectent rien. La nativité a été aussi pure que la conception; Marie n'a pas mis Jésus au monde, comme les autres femmes accouchent d'un enfant ordinaire. Il n'y a pas eu de sang versé; il n'y avait rien à purifier. » En général, à côté d'un mysticisme très-raffiné dans les idées et l'art de la Grèce chrétienne, il y a un matérialisme grossier qui nous répugne. Près de ce bain où des femmes lavent Jésus, il y a ce rayon lumineux qui caresse la tête de l'enfant divin. Je ne connais pas de pays où, sur certains points, l'art chrétien trahisse de plus singuliers contrastes.

L'adoration des mages.

Maison. La sainte Vierge assise sur un siége, portant le Christ enfant, qui bénit. Devant elle, les trois mages offrent leurs présents dans des coffres d'or. L'un des rois, vieillard à grande barbe, la tête découverte, s'agenouille en regardant le Christ; il lui offre d'une main son présent, et, de l'autre, il tient sa couronne. Le second roi a peu de barbe; le troisième n'en a pas du tout[1]. Ils se regardent entre eux et se montrent le Christ. Derrière la sainte Vierge, Joseph debout, dans l'admiration. Au dehors de la grotte, un jeune homme tient les trois chevaux par la bride. On voit encore, dans le lointain, sur une montagne, les trois mages sur leurs chevaux et retournant dans leur pays; un ange est devant eux et leur montre le chemin.

[1] Le vieux mage s'appelle Gaspar; celui qui est d'âge mûr, Melchior; Balthasar est le jeune mage, sans barbe, et ordinairement de race nègre, à grosses lèvres, nez épaté et cheveux crépus. Le corps entier des trois mages est, à la cathédrale de Cologne, dans une magnifique châsse en or, argent, émail et pierreries. Les mages retournent à cheval dans leur pays; cependant, par une exception dont parle la Légende dorée, une sculpture de la cathédrale d'Amiens les représente regagnant leur patrie par mer. C'est en conséquence d'une légende particulière, et qui, du moins à notre connaissance, n'a été représentée qu'à la cathédrale d'Amiens. Voici le texte: « Qui (Herodes) cum per « Tarsum iter faceret, intellexit quod magos naves Tarsensium transvexissent, « et ideo omnes naves Tarsis comburi fecit, secundum quod prædictum fue-« rat: In spiritu vehementi conteres naves Tarsis. » (*Legenda aurea*, de Innocentibus). Dans le trésor du couvent de Saint-Paul (mont Athos), on nous montra douze petits triangles d'or, en filigrane, et soixante et douze grains d'encens et de myrrhe. Les moines dirent que cet or, cette myrrhe et cet encens étaient ceux que les mages auraient offerts à Jésus; ils auraient été apportés au mont Athos par une femme mystérieuse qu'ils nomment la belle Marie, ΚΑΛΑ ΜΑΡΙΑ.

### La Chandeleur.

Un temple et une coupole. Au-dessous de la coupole, une table, sur laquelle il y a un encensoir d'or. Saint Syméon le Théodochos[1] prend dans ses bras le Christ petit enfant et le bénit. De l'autre côté de la table, la sainte Vierge ouvre ses bras et les tend vers lui. Derrière elle, Joseph, portant deux colombes dans sa robe. Auprès de lui, la prophétesse Anna dit sur un cartel : « Cet enfant est le créateur du ciel et de la terre. »

### Joseph et la mère de Dieu fuient en Égypte.

Montagnes. La sainte Vierge, assise sur un âne avec l'enfant, regarde derrière elle Joseph portant un bâton et son manteau sur l'épaule. Un jeune homme conduit un âne chargé d'une corbeille de jonc ; il regarde la Vierge, qui est derrière lui[2]. Au-devant, une ville et les idoles tombant par dessus les murs.

---

[1] Celui qui a reçu Dieu.

[2] C'est dans une légende ignorée aujourd'hui, qu'a été pris ce jeune homme. En Italie, plus rarement en France, on l'a remplacé par un ange qui dirige les divins exilés. A la cathédrale de Paris, clôture du chœur, sur les vitraux de Chartres et de Troyes, c'est saint Joseph lui-même qui conduit l'âne. A Paris, saint Joseph est d'une prestance magnifique ; c'est un homme du peuple, mais d'une singulière fierté. Du reste, Joseph porte ses provisions sur une épaule, au bout d'un bâton, comme le Guide le prescrit. Au passage de Jésus, des idoles se brisent et tombent. (Voyez, pour tous ces sujets extrabibliques, les différentes légendes apocryphes recueillies par Fabricius et par Thilo, dans leur collection d'apocryphes.) La Légende dorée (*de Innocentibus*) dit : « Ad monitionem autem angeli, Joseph cum puero et matre in Egyptum,

## DEUXIÈME PARTIE. 161

Massacre des enfants.

Une ville. Hérode assis sur un trône; deux soldats sont auprès. Au-devant, beaucoup d'autres soldats avec un étendard. D'autres villes sur les montagnes, et, au milieu d'elles, des femmes portant de petits enfants; d'autres s'enfuient en les cachant derrière elles et empêchant, avec leurs mains, que les soldats ne tuent ces enfants. D'autres femmes assises se lamentent devant le corps mort de leurs enfants. Ailleurs, des soldats arrachent les enfants des bras de leurs mères, d'autres les percent avec des épées, d'autres les mettent en pièces, d'autres leur coupent la tête. Une multitude d'enfants étendus sanglants sur la terre, les uns avec leurs langes, les autres avec leurs habits. Élisabeth porte dans ses bras le Précurseur, petit enfant, et s'enfuit en regardant derrière elle; un soldat la poursuit avec son épée. Un rocher aussi élevé qu'une montagne se fend devant elle[1].

« in civitatem Hermopolis, fugit, ibique septem annis, usque ad obitum He-
« rodis, mansit. Ingrediente igitur Domino Egyptum, secundum Isaiæ vatici-
« nium, universa idola corruerunt. Tradunt quoque quod sicut in exitu filio-
« rum Israel de Egypto, non fuit domus in Egypto in qua, procurante Do-
« mino, non jaceret mortuum primogenitum, ita nec tunc fuit templum in
« quo non corruisset idolum. » Quelquefois, dans la fuite en Égypte, les artistes représentent un arbre qui s'incline devant le passage du Sauveur; c'est
en vertu de ce texte de la Légende dorée (toujours *de Innocentibus*) : « Refert
« Cassiodorus, in Historia Tripartita, quod in Hermopoli Thebaïde dicatur
« esse arbor quæ vocatur Persidis, valens in salutem multorum, si fructus, aut
« folium, aut pars corticis collo ægrotantium alligetur. Cum igitur beata Ma-
« ria cum filio in Egyptum fugeret, hæc arbor usque ad terram inclinata est,
« et Christum suppliciter adoravit. »

[1] Le rocher se fend pour livrer passage à Élisabeth, et se referme ensuite pour arrêter le soldat. Ce fait, représenté constamment chez les Grecs, assez

*Le Christ, à l'âge de douze ans, assis au milieu des docteurs.*

Temple. A l'intérieur, le Christ est assis sur un trône ; d'une main il tient un papier non déployé, et l'autre main est étendue. A ses côtés, les scribes et les pharisiens assis se regardent fort étonnés. Derrière le trône, Joseph, auquel la mère de Dieu montre le Christ.

*Le Christ vient au Jourdain pour y être baptisé.*

Montagnes. Au bas, le fleuve du Jourdain. Le Christ s'avance ; le Précurseur le montre au peuple, et dit sur un cartel : « Voici l'agneau de Dieu qui efface les péchés du monde. » Le Christ est encore plus loin, debout sur les bords du Jourdain. Le Précurseur, devant Jésus, lui dit sur un cartel : « C'est moi qui ai besoin d'être baptisé par vous, et c'est vous qui venez vers moi. » Mais le Christ le bénit et lui dit : « Prophète, laissez-moi faire maintenant, car il faut que nous remplissions toute justice [1]. »

rarement chez nous, est tiré de la légende. (Voyez Fabricius, *Codex apocryphus Novi Testamenti*). On voit, à la clôture du chœur de Notre-Dame de Paris, et sur les chapiteaux du portail occidental de Notre-Dame de Chartres, des représentations remarquables du massacre des innocents. La sculpture de Paris est gothique et du XIIIe siècle, celle de Chartres est romane et du XIIe.

[1] C'est d'après cette parole de saint Jean : « Voici l'agneau de Dieu ; » d'après un texte des prophéties d'Isaïe : « Sicut ovis ad occisionem ducetur, et quasi « agnus coram tondente se obmutescet ; » enfin, d'après un texte de l'Apocalypse : « Et vidi... agnum stantem tanquam occisum, » que Jésus-Christ a été figuré si souvent sous la forme d'un agneau. Le symbole avait même envahi la réalité aux premières époques du christianisme, et, au lieu de représenter le Christ comme un homme, on le montrait toujours en agneau. On alla très-loin, et le

## Baptême du Christ.

Le Christ debout, nu[1], au milieu du Jourdain. Le Précurseur sur le bord du fleuve, à la droite du Christ et regardant en haut; sa main droite est sur la tête du Christ, et il étend la gauche vers le ciel. Au-dessus, le ciel, d'où sort l'Esprit saint sur un rayon qui descend vers la tête du Christ. Au milieu du rayon, on lit ces mots : « Celui-ci est mon fils bien aimé, dans lequel j'ai mis toutes mes complaisances. » Sur la gauche, des anges debout avec respect et les mains étendues. Au bas, sont des vêtements. Au-dessous du Précurseur, dans le Jourdain, un homme nu, couché en travers et regardant derrière lui le Christ avec crainte; il tient un vase d'où il verse de l'eau. Autour du Christ, des poissons[2].

concile Quini-Sexte, tenu à Constantinople en 692, déclara que désormais les peintres ne devaient plus figurer Jésus que sous la forme humaine. L'Église grecque a obéi à cette prescription; mais l'Église latine l'a considérée comme non avenue, et l'agneau, symbole du Christ, a été sculpté et peint chez nous une innombrable quantité de fois. La Grèce elle-même, malgré la défense, a peint l'agneau de Dieu de temps à autre. Au couvent de Philothéou, dans le mont Athos, j'ai vu un agneau peint à fresque, avec cette inscription : ὁ ἀμνὸς τοῦ Θεοῦ. (Voyez, dans l'Iconographie chrétienne, un paragraphe sur l'agneau, pages 299-323.)

[1] Une gravure, que j'ai rapportée du mont Athos et qui représente toute la vie de saint Jean-Baptiste, couvre d'un manteau Jésus au baptême. Ordinairement le Sauveur est nu et plongé dans l'eau jusqu'à la ceinture.

[2] L'Esprit, qui descend sur la tête du Christ, a la forme d'une colombe enveloppée d'une auréole lumineuse. Le Père se montre dans le ciel jusqu'à mi-corps; il est habillé en empereur, portant la couronne fermée et le sceptre d'or. Cet homme nu, qui regarde Jésus avec crainte, n'est autre que le Jourdain lui-même, la personnification du fleuve, appuyé sur son urne. C'est à cause de la prophétie de David, comme nous l'avons vu plus haut, page 137, que le Jourdain est effrayé. En Occident, où l'imagination est moins vive qu'en

Le Christ tenté par le diable.

Le désert et des arbres. Le Christ debout, et, devant lui, le diable lui montrant des pierres en lui disant : « Si tu es le fils de Dieu, commande que ces pierres deviennent des

Grèce, on a quelquefois cependant personnifié le Jourdain, au moment du baptême. Nos vitraux du xiii⁰ siècle, nos miniatures des xi⁰ et xii⁰, en offrent d'assez nombreux exemples. On a même été plus loin encore : on a décomposé le Jourdain dans ses deux syllabes (Jor-Danus), dont chacune a nommé un affluent, le Jour et le Dain. C'est au confluent de ces deux rivières qu'on fait baptiser le Christ. On a donc représenté la rivière de Jor et celle de Danus sous la forme de deux petits êtres humains, tenant chacun une urne qu'ils versent dans un lit unique, le Jourdain proprement dit, au milieu duquel Jésus se tient debout pour recevoir le baptême. Un manuscrit de la Bibliothèque royale (Suppl. lat. 641), daté du ix⁰ siècle, montre ainsi le *Jor* et le *Danus* personnifiés, tenant chacun une urne, sur laquelle est écrit leur nom, et formant le Jourdain, qui reçoit Jésus. A la cathédrale de Chartres, sur un vitrail du sanctuaire, côté du sud, les deux rivières du Jourdain sont personnifiées de cette manière et versent leurs flots aux pieds de Jésus. Les étudiants d'Oxford semblent avoir emprunté à la géographie sacrée cette réunion de deux rivières en un fleuve, et ces deux syllabes en un seul nom, lorsqu'ils disent que la Tamise est formée par l'union de la Thames avec l'Isis. (Voir Balbi, *Abrégé de géogr.* édit. de 1833, p. 398.) Il est un fait, légendaire sans doute, dont ne parle pas le Guide, que j'ai vu figuré en Grèce peut-être vingt fois en mosaïque et à fresque, et dont je n'ai pu avoir l'explication malgré toutes mes recherches et toutes mes questions. Au baptême, Jésus est donc nu au milieu du Jourdain; mais ses pieds posent sur une pierre carrée qui s'élève entre deux eaux, et qui porte le fils de Dieu. Des quatre angles de cette pierre sortent quatre serpents qui dardent corps, cou et langue vers le Christ, avec une furie très-marquée, mais impuissante. Ces vipères sont-elles l'emblème du péché, de la mort spirituelle entrée dans le monde par la désobéissance d'Adam et d'Ève, et que le Christ écraserait sous cette pierre au moment de son baptême? Le peintre d'Esphigménou, qui avait cependant représenté ce sujet, ne put m'en donner la signification; il avait reproduit, sans le comprendre, un motif ancien. Dans une petite croix de bois que j'ai rapportée du mont Athos, et sur

pains. » Le Christ répond sur un cartel : « L'homme ne vit pas seulement de pain. » Près de là, le temple, au-dessus duquel, sur le sommet, on voit encore le Christ et le diable au-devant, qui lui dit : « Si tu es le fils de Dieu, jette-toi en bas ; » le Christ lui répond sur un cartel : « Tu ne tenteras pas le Seigneur ton Dieu. » Près de là, une montagne très-élevée; sur le sommet, le Christ, et, au-devant, le diable lui montrant tous les royaumes du monde en disant : « Je vous donnerai toutes ces choses si vous tombez à mes pieds pour m'adorer. » Le Christ lui dit sur un cartel : « Retire-toi en arrière, Satan; car il est écrit : Vous adorerez le Seigneur votre Dieu. » Au bas de la montagne, des villes et des forts ; des rois assis à table ; tout autour, des soldats avec des éten-

laquelle sont sculptées les différentes scènes de l'histoire du christianisme, Jésus, baptisé par saint Jean, pose les pieds sur la pierre carrée dont nous parlons. Le défaut de place n'a pas permis d'y mettre les serpents. Dans la coupole du baptistère de Sainte-Laure, au mont Athos, le baptême de Jésus est ainsi figuré : Jésus pose les pieds sur un rocher rouge qui est au milieu du fleuve, en plate-forme, à fleur d'eau, et duquel, aux quatre coins, un serpent sort le cou en sifflant et en se dressant vers le fils de Dieu. Saint Jean met la main droite sur la tête de Jésus. Le Jourdain, sous la forme d'un vieillard tout nu, barbu, ayant la couleur de l'eau, se sauve en regardant Jésus avec effroi. Le Jourdain est à la droite du Christ ; à sa gauche est la Mer, une femme qui a la couleur glauque des flots. La Mer est nue ; elle porte une couronne de couleur verdâtre, et elle est assise entre deux gros poissons rouges, deux monstres marins, qui la traînent comme deux chevaux, et qui l'emmènent hors de la présence de Jésus. Pourquoi donc, en face du Christ, cet effroi de la mer, des fleuves (figurés par le Jourdain) et de la terre, que représentent probablement les serpents et le bloc de marbre rouge sur lequel Jésus est posé ? Pourquoi étendre à la nature entière ce que David ne dit que du Jourdain ? et pourquoi, d'ailleurs, le Jourdain s'effraye-t-il de la sorte ? — Dans le haut, le Saint-Esprit, en forme de colombe blanche et nimbée d'or, descend sur un rayon qui sort du tabernacle divin ou du paradis tout peuplé d'anges.

dards[1]. Plus loin encore, le Christ et des anges autour de lui : les uns à genoux, d'autres tenant des éventails[2], et le diable s'enfuyant et regardant derrière lui.

### Le Précurseur rendant témoignage au Christ devant les disciples.

Le Précurseur montre le Christ à Jean et à André. Près de là sont encore André amenant Pierre, et Philippe, qui amène Nathanaël devant le Christ.

### Le Christ appelant les disciples, qui abandonnent la pêche des poissons.

La mer. Deux barques au milieu; dans l'une, le Christ et Pierre à genoux devant lui. André tire un filet. Dans l'autre barque, Jean et Jacques avec Zébédée leur père tirent le même filet; on y voit un si gr . d nombre de poissons que le filet se déchire.

---

[1] La tentation est triple : par la faim, par l'orgueil, par l'ambition. Les trois diables qui personnifient ces trois vices, sont ordinairement de même forme. Il y a quelquefois des différences caractérisques entre eux, et qu'il est bon de constater : le plus vulgaire et le plus laid est le diable de la gourmandise; le plus puissant, celui de l'ambition. Le diable de l'orgue... est Satan en chef, Lucifer, la souche de tous les démons, comme le vice qu'il personnifie est la racine de tous les maux; car « radix omnium malorum superbia. » Dans l'Iconographie chrétienne, page 259, planche 70, nous avons donné la troisième tentation. Satan dit sur un cartel : « Hæc omnia tibi dabo, si cadens ado-« raveris me; » Jésus lui répond : « Dominum Deum tuum adorabis. »

[2] On est dans le pays où la chaleur incommode très-souvent; on est près de l'Asie, où l'éventail fait partie de l'ameublement royal. Les rois asiatiques marchent toujours escortés d'un ou de plusieurs domestiques qui rafraîchissent l'air en l'agitant devant eux avec des éventails.

### Le Christ change l'eau en vin aux noces de Cana.

Une table, scribes et pharisiens assis auprès. Le plus distingué d'entre eux tient une coupe avec du vin, et paraît dans l'étonnement. Au milieu d'eux, l'époux, cheveux gris et barbe arrondie; son épouse est près de lui. Ils portent sur leur tête des couronnes de fleurs. Derrière eux, un jeune homme portant un grand vase et versant du vin dans une coupe. Au-dessous de la table, six jarres, que deux jeunes gens remplissent d'eau avec des seaux de cuir. Le Christ, assis à un bout de la table, les bénit. La sainte Vierge et Joseph sont près de lui, et les apôtres derrière [1].

### Le Christ interrogé par Nicodème.

Le Christ assis. Derrière lui, les apôtres. Nicodème assis au-devant et l'interrogeant.

### Le Christ conversant avec la Samaritaine.

Le Christ assis sur une pierre, et les apôtres derrière lui, dans l'étonnement. Au-devant se voit un puits, auprès duquel est une femme tenant un seau dans la main gauche et étendant la droite vers le Christ. Le Christ la bénit. Une urne est près de cette femme [2].

---

[1] On remarquera, dans la description de cette scène, divers usages antiques, comme les couronnes de fleurs et les seaux de cuir.

[2] En Grèce, et surtout dans l'Orient proprement dit, ce puits de la Samaritaine est souvent figuré par une citerne; chez nous, où les citernes sont à peu près inconnues, c'est toujours un puits.

### Le Christ guérissant le fils d'un officier.

Une ville. Le Christ bénissant. Derrière lui, les apôtres. Au-devant, un homme, avec un bonnet de fourrure et de magnifiques habits[1], lui adresse la parole. Derrière cet homme, trois soldats le regardent et montrent en arrière un grand palais au milieu duquel est un lit; sur ce lit, un jeune homme tenant sa ceinture.

### Le Christ enseignant dans la synagogue.

Le temple. Le Christ debout, au milieu, tient un livre à deux mains, et lit ces paroles: « L'esprit du Seigneur est sur moi, c'est pourquoi j'annonce l'Évangile aux pauvres. » Auprès de lui, un jeune homme tend aussitôt la main pour recevoir le livre. Autour de lui, les scribes et les pharisiens assis se le montrent les uns aux autres; beaucoup de gens du peuple le considèrent avec étonnement.

### Le Christ guérissant le possédé dans la synagogue.

Le temple[2]. Au-dedans, le Christ et les apôtres. Devant lui, un jeune homme couché par terre et écumant; un démon sort de sa bouche. Tout autour, les scribes, les pharisiens et le peuple dans l'admiration.

---

[1] C'est le costume oriental; le bonnet de fourrure, espèce de turban, est fréquent dans les peintures grecques.

[2] Ce temple est toujours une église byzantine, un édifice carré ou rond, surmonté d'une grande coupole.

### Le Christ guérit le lépreux.

Montagne. Au bas, le Christ avec ses apôtres; devant lui, un homme nu, tout couvert de plaies, s'agenouille à ses pieds. Le Christ pose la main sur la tête du lépreux, de la bouche duquel tombent comme des écailles de poisson.

### Le Christ guérit le serviteur du centurion.

Le Christ avec les apôtres; un homme en costume militaire s'agenouille devant lui. Dans le lointain, un palais et un jeune homme sortant de son lit. Autour de lui, des hommes et des femmes. Près du centurion, un homme lui montre le palais.

### Le Christ ressuscite le fils de la veuve.

Une ville. Hors des portes, une foule d'hommes. Au milieu, quatre d'entre eux posent à terre un lit sur lequel est un jeune homme couvert d'un linceul; il se soulève un peu et regarde le Christ. Celui-ci, soutenant le lit d'une main, bénit de l'autre le jeune homme. Derrière le Christ, les apôtres. A ses pieds, une femme pleure et s'arrache les cheveux.

### Le Christ guérit la belle-mère de Simon.

Une maison. La belle-mère de Pierre, vieille femme couchée sur un lit; le Christ la soulève par la main. Les apôtres sont par derrière.

Le Christ guérit différentes maladies.

Le Christ debout, bénissant. Les apôtres derrière lui. Un grand nombre de malades devant lui : les uns couchés dans des lits, d'autres appuyés sur des béquilles, d'autres portés sur les épaules ; des aveugles, des boiteux, des paralytiques.

Le Christ commandant aux vents et à la mer.

Une mer furieuse, et, au milieu, un petit vaisseau naviguant. Le Christ endormi sur la proue. Pierre et Jean, pleins de crainte, étendent leurs mains vers lui. André tient le gouvernail ; Philippe et Thomas attachent les voiles. On voit une seconde fois le Christ au milieu du navire, étendant les mains contre les vents et les réprimandant. Du haut des nuages, les vents soufflent dans les voiles [1].

[1] Les Grecs, puissants d'imagination et caressant toujours les images de la mythologie, personnifient les vents. Au grand couvent de Vatopédi (mont Athos), sur les murs du porche de l'église principale, sont figurés les quatre vents cardinaux, qui soufflent sur la mer. Ces vents, tête sans corps, tête bouffie et armée de deux grandes ailes, soufflent en ouvrant la bouche en rond parfait et en se gonflant les joues. Près des cheveux, qui sont hérissés, on lit : Ζέφυρος, — Βορέας, — Πουνέντις, — Νότος. Le seul Notus est jeune et imberbe ; les autres sont vieux et barbus.

Un manuscrit du xii<sup>e</sup> siècle, qui est à la bibliothèque publique de Reims, et qui représente la personnification de l'air, offre également un Zéphyre âgé et barbu. Il est assez singulier qu'à Reims, comme à Vatopédi, on ait attribué de la barbe au plus doux des vents, au plus jeune, pour ainsi dire, au seul qui ne devrait pas en avoir. Nous avons donné, dans les Annales archéologiques, vol. I, pages 38-40, la description détaillée de cette personnification de l'air. Un *fac-simile* du dessin manuscrit accompagne cette description. L'évêché d'Autun possède un manuscrit célèbre, de l'époque carlovingienne probable-

Le Christ guérit les possédés et envoie les démons dans des pourceaux.

Une ville. Autour, des montagnes et un grand nombre de tombeaux. Il en sort deux possédés ; ils s'appuient d'une main sur la terre, et ils étendent l'autre vers le Christ. Le Christ, entouré de ses disciples, les bénit. Une multitude de démons sortent de la bouche des possédés et se dirigent vers un troupeau de porcs paissant près de là. Les uns se mettent à cheval sur les pourceaux, d'autres entrent dans leur bouche [1]. Les porcs se précipitent dans la mer, et les bergers s'enfuient vers la ville en regardant derrière eux.

ment, et qui est connu sous le nom de *Pastoral de saint Grégoire*. Dans les miniatures, on voit les Vents, têtes ailées, soufflant de grosses bouffées d'air et portant leur nom écrit en latin et en grec tout à la fois : *Oriens, Auster, Aquilo, Occidens. — Anatolis, Dissis, Arctos, Misimbria*. Cette époque est de transition, et l'on passe du grec au latin définitivement.

[1] Ces démons, ceux qui tentent Jésus, ceux qui sont précipités du ciel en enfer, ceux que nous reverrons encore, surtout au jugement dernier, sont de forme et de couleur assez variées. Cependant, comme dans nos démons latins, la couleur prédominante est noire et meurtrie, la forme principale est monstrueuse et composée des diverses parties de la bête : des ailes de chauve-souris sont attachées aux épaules ; une queue sort du bas de l'échine ; les jambes et les bras sont d'une maigreur hideuse ; le torse est gras et flasque, ou desséché en forme de squelette ; les yeux flamboient ; les ouvertures de la face et de l'extrémité inférieure du tronc vomissent des vapeurs enflammées et fétides, comme on en juge par l'attitude des personnages présents et qui les respirent. Des rides et du poil sur la peau, des grimaces sur la figure, des contorsions dans tous les membres. Nous renverrons à notre Monographie du diable pour des développements détaillés ; des gravures complètent le texte. Dans l'Iconographie chrétienne, page 521, planche 135, nous avons donné un des plus curieux démons que l'on connaisse jusqu'à présent.

**Le Christ guérit un paralytique dans une maison.**

Une maison. Le Christ avec les disciples. Pharisiens assis. Au-dessus du Christ, deux hommes sur le toit; ils tiennent suspendu devant lui un lit sur lequel est un homme, à demi soulevé au moyen de cordes. On voit de nouveau le même homme au milieu de la foule; il marche, et porte son lit sur ses épaules [1].

**Le Christ appelant Matthieu hors de son comptoir.**

Le Christ debout avec les apôtres; devant lui, Matthieu à genoux. Par derrière, une maison avec des coffres, des livres de compte et des écritoires. Au-dessus d'eux, des balances.

**Le Christ mangeant avec des publicains.**

Maisons et table. Le Christ assis. Des hommes, les uns avec des bonnets de fourrures, les autres avec des turbans [2], d'autres, tête nue. Matthieu et deux femmes servent des aliments. Un jeune homme porte un vase et sert à boire. Les disciples hors de la maison. Les pharisiens causent avec eux et montrent le Christ.

---

[1] Cette manière de représenter en deux tableaux la guérison du paralytique est celle que les peintres et sculpteurs des catacombes adoptent assez généralement. (Voir Bosio, *Roma sotterranea*.)

[2] On est dans le pays des turbans; c'est de la couleur locale, et le costume historique. Les fourrures sont très-estimées en Orient, et les peintres en ornent très-souvent les vêtements des riches.

### Le Christ guérit l'hémorroïsse.

Le Christ, debout, tourne son visage en arrière vers ses disciples. Une femme à genoux tient le bas du vêtement du Christ et lève les yeux vers lui. Il la bénit. Tout autour, foule de peuple[1].

### Le Christ ressuscite la fille de Jaïre.

Maison. Une jeune fille assise sur un lit doré. Le Christ, debout devant elle, la prend par la main gauche et la bénit de la droite. Derrière le Christ, Pierre, Jacques et Jean. D'un côté du lit, un homme avec une fourrure et un voile sur la tête; de l'autre côté, une femme pleurant. Hors de la maison, une grande foule.

### Le Christ guérit deux aveugles.

Le Christ. Les apôtres derrière lui. Au-devant, deux aveugles avec leurs bâtons. Le Christ leur touche les yeux avec ses mains.

### Le Christ guérit le possédé sourd-muet.

Le Christ avec ses apôtres. Devant lui, un homme, de la bouche duquel sort un démon. Le Christ touche l'oreille du sourd avec la main droite. Scribes et pharisiens. Foule tout autour de lui.

---

[1] Ce sujet est fréquent sur les anciens sarcophages.

### Le Christ interrogé par les disciples du Précurseur.

Le Christ avec dix disciples; il les bénit et dit sur un cartel qu'il porte[1] : « Dites à Jean ce que vous avez vu et entendu. » Devant lui, des aveugles, des lépreux, des possédés, et les démons qui sortent de leur bouche. Vis-à-vis du Christ, Jean et André tenant un cartel sur lequel on lit : « Êtes-vous celui qui doit venir, ou en attendrons-nous un autre? »

### Le Christ traversant les moissons.

Une ville fortifiée. Au dehors, un champ avec du blé en épis. Les apôtres arrachent de ces épis ; les uns en broient dans leurs mains, et d'autres en mangent. A l'extrémité du champ, le Christ portant un cartel et disant : « N'avez-vous pas lu ce que fit David lorsqu'il eut faim ? » Devant les portes de la ville, les pharisiens le regardent; l'un d'eux tient un cartel avec ces mots : « Pourquoi faites-vous ce qu'il est défendu de faire le jour du sabbat ? »

### Le Christ guérit un homme dont la main est desséchée.

Le temple. Au milieu, le Christ avec ses apôtres; il donne sa bénédiction. Un homme est devant lui; cet homme soutient sa main sèche avec l'autre qui est saine et la montre au Christ. Par derrière, des juifs.

---

[1] Rien n'est plus rare, dans notre art occidental, que de voir le Christ tenir une banderole; c'est un livre qu'on lui met presque toujours en main et non pas un simple rouleau.

### Le Christ guérit le possédé aveugle et muet.

Le Christ avec les apôtres; il donne sa bénédiction. Devant lui, un aveugle tenant sa béquille d'une main, et de l'autre touchant son oreille : un démon sort de sa bouche.

### Le Christ cherché par sa mère et ses frères.

Une maison. Le Christ au milieu, avec les apôtres, et enseignant. Hors de la porte, la sainte Vierge et Jacques l'Adelphothéos [1], et Siméon son frère, avec deux autres hommes et deux femmes. Un homme à côté du Christ; il lui montre la sainte Vierge au dehors [2].

### Le Christ guérit le paralytique dans la piscine probatique.

La piscine [3]. En bas, cinq chambres voûtées. Un ange plonge les mains dans l'eau de la piscine. A droite, le Christ avec les apôtres : il donne sa bénédiction. Devant lui, un homme à barbe arrondie, avec un vêtement se terminant aux genoux et aux coudes; il porte sur ses épaules son lit et sa couverture. Près de lui, d'autres malades couchés sur des lits.

---

[1] Le frère de Dieu.

[2] On sait les paroles que Jésus répondit à cet homme : « Qui est ma mère, qui sont mes frères, sinon ceux qui font la volonté de mon père qui est dans le ciel ? » (S$^t$ Marc, III, 33; S$^t$ Matthieu, XII, 49-50.)

[3] C'est dans cette piscine que fut jetée, selon les apocryphes, la poutre colossale et mystérieuse dont fut faite la croix du Sauveur. Lisez l'Invention de la sainte croix dans la Légende dorée.

### Le Christ bénissant les cinq pains.

Montagnes. Un enfant portant une corbeille avec cinq pains et deux poissons. Le Christ, debout, les yeux au ciel, soutient la corbeille de la main gauche et bénit de la droite. Auprès de lui, Philippe et André. Une grande foule est assise en cinq endroits différents. Trois apôtres, un peu courbés, portent sur leurs épaules des corbeilles; trois prennent des morceaux de pain dans des corbeilles placées devant les hommes assis. Les autres portent des corbeilles et distribuent des portions au peuple[1].

### Le Christ marchant sur la mer.

La mer avec des vagues furieuses et effrayantes. Au milieu, un petit vaisseau sur lequel sont les apôtres, frappés de terreur. Hors de la barque, Pierre enfoncé dans la mer jusqu'aux genoux et tendant les bras. Le Christ, marchant sur les flots, le prend par la main.

### Le Christ guérit beaucoup de malades qui touchent la frange de ses vêtements.

Le Christ bénissant et environné des apôtres. Tout autour, un grand nombre de personnes affligées de diverses sortes

---

[1] Cette multiplication de cinq pains et de deux poissons est différente de celle de sept pains et de quelques poissons, qui vient plus bas. Après la première, et lorsque la foule eut mangé, il resta de quoi remplir douze corbeilles; après la seconde, il n'y eut que sept corbeilles pleines de morceaux.

de maladies; elles touchent la frange des habillements du Sauveur.

### Le Christ guérissant la fille de la Cananéenne.

Le Christ bénissant, environné des apôtres; une femme est prosternée à ses pieds. Un peu plus loin, derrière cette femme, une jeune fille couchée sur un lit. Un démon sort de sa bouche.

### Le Christ guérissant un bègue.

De même que le muet possédé du démon, voyez page 173.

### Le Christ bénissant les sept pains.

Sept pains dans une corbeille, et quelques petits poissons. Le Christ, les yeux au ciel, les bénit. Les apôtres, deux à deux, portent des paniers remplis pour les partager à la foule; d'autres font la distribution[1].

### Le Christ guérissant un aveugle, à Bethsaïde.

Une ville. Hors de la porte, le Christ. Devant le Christ,

---

[1] La bénédiction ou multiplication des pains et des poissons, est un sujet des plus fréquents sur les anciens sarcophages, sur les vieux ivoires et sur les fresques des catacombes. Bosio (*Roma sotterr.*) en a fait graver une multitude de représentations. Les sarcophages recueillis dans les musées d'Arles et de Marseille en offrent plusieurs exemples. On voit de ces débris de vieux tombeaux appliqués contre une muraille du Louvre, dans la petite cour qui sert d'entrée particulière au Musée.

un aveugle tenant un bâton; le Sauveur lui touche les yeux de la main droite. Les apôtres sont auprès.

La Transfiguration.

Une montagne avec trois cimes. Sur celle du milieu, le Christ debout avec des vêtements blancs; il bénit. Tout autour, une lumière avec des rayons. Sur la cime de droite, Moïse tenant les tables de la loi; sur la cime de gauche, le prophète Élie. Tous deux sont debout et regardent le Christ d'une manière suppliante. Au-dessous du Christ, Pierre, Jacques et Jean couchés à plat ventre; ils retournent la tête pour regarder en haut et sont comme en extase. Derrière, sur un côté de la montagne, on voit encore le Christ montant avec les trois apôtres et leur indiquant le sommet de la montagne. De l'autre côté, les disciples descendent avec crainte et regardent en arrière. Le Christ, derrière eux, les bénit[1].

[1] La manière dont les Grecs représentent la Transfiguration est assez matérielle. Jésus-Christ, debout sur le mont Thabor, est inscrit dans une auréole circulaire. Cette auréole s'arrête à une circonférence épaisse qui en fait un cercle grossier. Du centre de ce cercle, partent plusieurs rayons qui aboutissent à la circonférence, comme des rayons qui vont du moyeu d'une roue aux jantes. Cette lumière et ces rayons lumineux ressemblent exactement, en effet, à une roue: Moïse touche à l'un des rayons, Élie à l'autre, saint Pierre au troisième, saint Jacques au quatrième et saint Jean au cinquième; un sixième rayon est caché par le Christ lui-même, qui paraît y être cloué. Le Christ est appliqué à cette roue comme à un instrument de supplice semblable à celui où est torturé saint Georges, sur un vitrail et une sculpture qui se voient dans la cathérale de Chartres. La dalmatique impériale conservée dans le trésor de Saint-Pierre de Rome et que nous avons fait graver dans les Annales archéol. vol. I, liv. V, porte au revers une très-belle Transfiguration grecque exécutée en broderie comme le Guide le prescrit pour la peinture. On y voit le Christ montant sur le Thabor; puis,

## Le Christ guérit le lunatique fils de l'archonte.

Le Christ, debout, avec les apôtres. Devant lui, à ses pieds, un jeune homme enchaîné, couché à la renverse comme un mort. De l'écume sort de sa bouche, un démon en sort aussi. Le père est à genoux, étendant les mains vers le Christ [1].

arrivé au sommet, se transfigurant entre Élie et Moïse; puis redescendant la montagne et paraissant la regarder comme s'il la quittait avec regret. Les Grecs appellent la Transfiguration la Métamorphose : Η ΜΕΤΑΜΟΡΦΩΣΙΣ. Dans l'Église latine, en Italie principalement, la Transfiguration a un caractère plus élevé. Le Christ est au sein d'une vive lumière qui pétille et s'échappe de toutes les parties de son corps. Il n'est pas posé sur une cime du Thabor; mais il s'élève au-dessus comme un corps qui n'aurait pas de pesanteur, comme un nuage lumineux : les deux prophètes et les trois apôtres sont plongés dans ce bain de lumière. La cathédrale de Chartres, où plus d'une influence byzantine semble se faire sentir, offre, sur l'un des trois vitraux qui éclairent le mur occidental, une Transfiguration très-analogue à celle des Grecs. La roue byzantine, avec les rayons, est très-marquée; mais une auréole ovale est inscrite dans cette roue et le Christ s'élève au-dessus de la cime du Thabor. Le dessin de ce vitrail est donné dans l'Iconographie chrétienne, page 95, planche 39. L'*Hortus Deliciarum*, manuscrit d'Herrade, où le style byzantin se révèle à chaque page, donne une Transfiguration assez semblable à celle des Grecs; cependant, les rayons, au nombre de seize, ne sont pas reliés entre eux par une ligne circulaire : c'est une roue sans jantes. Il faut constater avec soin les rapports directs ou indirects que l'art latin peut avoir avec l'art byzantin.

[1] Qu'on se rappelle la Transfiguration de Raphaël : immédiatement au-dessous du Thabor, au-dessous de la Transfiguration, Raphaël a peint ce jeune homme écumant et se tordant sous la puissance du démon qui le possède. On a beaucoup reproché à Raphaël cette scène double, et on l'a blâmé d'avoir manqué à la loi de l'unité. Raphaël a pu violer une certaine esthétique adoptée dans un certain monde; mais il a été fidèle à la vérité historique. Dans le texte, la Transfiguration précède la guérison du lunatique comme elle le surmonte dans le tableau. Ce lunatique était muet et se précipitait dans le feu et dans l'eau.

### Le Christ avec Pierre, acquittant la double drachme.

Le rivage de la mer. Pierre, nu-pieds et presque sans vêtements, est assis sur une pierre et tient un poisson attaché à un brin de paille. Un peu plus loin, on voit encore le Christ et Pierre donnant de l'argent à un soldat.

### Le Christ bénissant un petit enfant.

Le Christ, assis, tient d'une main un petit enfant; de l'autre il le bénit, et, le montrant aux apôtres, il dit: « Celui qui se fera petit comme cet enfant, celui-là sera grand dans le royaume des cieux. » Les apôtres, étonnés, se regardent les uns les autres.

### Le Christ interrogé par un docteur de la loi.

Le Christ assis; les disciples debout derrière lui. Un docteur de la loi, vieillard, la tête enveloppée d'un voile, tient dans sa main un livre fermé; il est debout devant le Christ et l'interroge [1].

---

[1] « Et ecce quidam legisperitus surrexit tentans illum et dicens : Magister, « quid faciendo vitam æternam possidebo ? At ille dixit ad eum : In lege quid « scriptum est? Quomodo legis? Ille respondens dixit : Diliges Dominum tuum « ex toto corde tuo, et ex tota anima tua, et ex omnibus viribus tuis, et ex « omni mente tua; et proximum tuum sicut teipsum. Dixitque illi : Recte res- « pondisti. Hoc fac, et vives. » (St Luc, x, 25-28.) Nous engageons les lecteurs du Guide à contrôler, par l'Évangile, toutes les prescriptions données par le moine Denys. On remarquera le scrupule avec lequel les Grecs se conforment au texte sacré. La place nous manque pour donner ce texte sacré sous la des-

### Le Christ reçu chez Marthe et Marie.

Une maison. Au dedans, le Christ assis sur un siège; derrière lui, les apôtres. Marie, assise près de ses pieds, le regarde et l'écoute avec empressement. Vis-à-vis de lui, une table servie. Marthe apporte un plat sur cette table, avec d'autres mets; elle regarde le Christ.

### Le Christ dans la synagogue guérit la femme courbée.

Le temple. Une femme, toute courbée, s'appuie sur un bâton. Le Christ est debout devant elle; il pose une main sur la tête de cette femme et étend l'autre vers les pharisiens en les regardant. Le chef de la synagogue indique du geste le Christ à la foule, vers laquelle il tourne son visage. Les apôtres, debout derrière le Christ, sont dans l'étonnement.

### Le Christ guérissant l'hydropique.

Maison. Au dedans, le Christ avec les apôtres. Devant lui, un hydropique nu, ne portant qu'un caleçon; l'hydropique est tout enflé, s'appuie sur deux béquilles et regarde le Christ. Tout autour, une foule de juifs.

---

cription de chaque tableau, et nous sommes forcé de restreindre beaucoup ces notes. Pour l'intelligence de la description, qui est souvent très-sommaire, il faut tenir le Guide d'une main et l'Évangile de l'autre. Du reste, l'Ancien Testament doit être, aussi bien que le Nouveau, consulté à chaque instant.

Le Christ guérissant les dix lépreux.

L'enceinte d'une ville. Le Christ avec les apôtres. Devant lui, dix lépreux nus, ne portant qu'un caleçon. Leur corps est tout couvert de plaies. Le Christ les bénit.

Le Christ bénissant les petits enfants.

Le Christ assis. Des femmes amènent des petits enfants devant lui. Les apôtres veulent les repousser, mais le Christ leur donne sa bénédiction [1].

Le Christ interrogé par le jeune riche.

Maisons. Le Christ assis. Derrière lui, les apôtres. Devant lui, le jeune riche l'interrogeant avec respect [2].

[1] Le *Sinite parvulos ad me venire* est un sujet moderne, dans l'art grec comme dans le nôtre. Nous dirons, à cette occasion, qu'il n'y aurait rien de plus intéressant qu'à signaler, dans l'ordre chronologique, les sujets de la Bible, du Martyrologe ou de la Légende que les différentes époques ont surtout affectionnés. Dans les catacombes, il n'y a pas une scène de martyre, mais une foule de sujets relatifs à la résurrection. Les martyres et les jugements derniers, avec les représentations des supplices de l'enfer, abondent pendant le moyen âge. A partir de la renaissance jusqu'à nos jours, c'est la douceur et, disons le mot, la sentimentalité, qui dominent; alors on adopte la bénédiction des petits enfants et les dévotions qui ont le cœur pour objet. Il faudrait chercher la raison de tous ces faits.

[2] Le Christ répond à ce jeune homme qui demande ce qu'il faut faire pour obtenir la vie éternelle : « Si vis perfectus esse, vade, vende quæ habes, da « pauperibus, et habebis thesaurum in cœlo; et veni, et sequere me. » (St Marc, X, 21.)

## DEUXIÈME PARTIE.

*Le Christ enseignant aux fils de Zébédée à ne pas rechercher la première place.*

Le Christ debout. Devant lui, Jacques et Jean, les mains étendues vers lui; leur mère auprès d'eux, agenouillée, les mains et les yeux tournés vers le Christ. Celui-ci a une main étendue; de l'autre il tient un cartel et dit : « Vous ne savez pas ce que vous demandez. » Derrière lui, les autres apôtres regardant Jacques et Jean avec indignation.

*Le Christ entre à Jéricho et guérit un aveugle.*

L'enceinte d'une ville. Hors des portes, le Christ debout; les apôtres derrière lui. En avant, un aveugle tenant son bâton; le Christ le bénit.

*Le Christ appelant Zachée.*

Une ville et un peuple nombreux; au milieu, un sycomore, au haut duquel est un homme de petite stature avec des cheveux gris. Il porte un vêtement court et étroit; il a la tête enveloppée d'un mouchoir et les yeux tournés vers le Christ. Le Christ et ses apôtres le regardent d'en bas : il le bénit d'une main; de l'autre il tient un cartel où est écrit : « Zachée, hâte-toi de descendre, car aujourd'hui dans [1].... »

[1] « Zachée, descendez vite, car il faut qu'aujourd'hui je loge dans votre maison. » ( Saint Luc, ch. XIX, v. 5. ) Le manuscrit ne met du texte que la première partie, celle que la banderole tenue par Jésus peut contenir. Nous le répétons, pour tous ces textes, et les scènes qui y sont relatives, voyez l'Évan-

### Le Christ, sortant de Jéricho, guérit un aveugle.

De même que plus haut; seulement il faut changer les caractères du visage des aveugles, afin de varier[1].

### Le Christ absout la femme adultère.

Le temple. Le Christ assis écrit à terre et dit: « Que celui qui est sans péché lui jette la première pierre. » Derrière Jésus, les apôtres; devant lui, une femme debout, les mains croisées sur la poitrine. Les scribes et les pharisiens s'enfuient et regardent en arrière.

### Le Christ sur le point d'être lapidé par les juifs.

Le Christ enseignant. Auprès de lui, les apôtres, et, tout autour, des juifs tenant des pierres.

### Le Christ guérit l'aveugle-né.

Des rues dans la ville de Jérusalem. Un jeune aveugle appuyé sur un bâton et ayant une besace suspendue à ses épaules; les doigts de ses pieds percent hors de sa chaussure. L'aveugle est devant le Christ. Près de là, on voit encore l'aveugle lavant ses yeux dans l'eau d'une piscine.

gile. Il serait long et peu utile de transcrire les passages où les évangélistes racontent tous ces événements de la vie du Christ; l'Évangile est aux mains de tout le monde et la recherche des passages on ne peut plus facile.

[1] Cette prescription est pleine de naïveté; l'art chrétien aime et recommande la variété, que l'art païen pratiquait fort peu.

Le Christ, une seconde fois, sur le point d'être lapidé.

De même que la première fois[1].

### La résurrection de Lazare.

Montagne avec deux sommets ; derrière, l'enceinte d'une ville paraissant peu considérable. Des Hébreux en pleurs sortent des portes et se dirigent vers le milieu de la montagne, par derrière. Devant celle-ci un tombeau ; la pierre qui le recouvrait est enlevée par un homme. Lazare est debout au milieu du tombeau ; un autre homme le débarrasse de son linceul. Le Christ le bénit d'une main[2] ; de l'autre il tient un cartel, et dit : « Lazare sors et viens ici. » Derrière lui, les apôtres. Marthe et Marie se prosternent aux pieds de Jésus pour l'adorer[3].

### Marie, sœur de Lazare, parfume de myrrhe les pieds du Christ.

Maison. Au dedans, une table, devant laquelle est assis le Christ, avec les apôtres, avec Lazare et Simon, son père. Marie, à genoux devant le Sauveur, lui essuie les pieds avec ses cheveux et les embrasse ; auprès d'elle, un vase de verre à col étroit. Vis-à-vis, Marthe porte d'une main un roseau

---

[1] Page 184.

[2] Cette partie de la phrase semble passée dans le grec.

[3] La résurrection de Lazare est un sujet affectionné par l'art primitif du christianisme ; c'est le miracle le plus souvent peint dans les catacombes et sculpté sur les sarcophages. La guérison du paralytique, de l'hémorroïsse et de l'aveugle se voit elle-même moins fréquemment.

et regarde le Christ avec étonnement. Judas s'indigne et montre aux autres le vase de myrrhe.

La fête des Rameaux.

L'enceinte d'une ville ; au dehors, une montagne. Le Christ, assis sur un âne, donne sa bénédiction. Derrière lui, les apôtres ; devant, un arbre sur une montagne. Des enfants avec des haches coupent des branches sur cet arbre et les jettent à terre. Un autre enfant, monté sur l'arbre, regarde d'en haut le Christ. En bas, près de l'âne, d'autres enfants. Les uns portent des branches, d'autres se foulent, d'autres étendent des vêtements, d'autres jettent des brassées de rameaux sous les pieds. Hors de la porte de la ville, des juifs, hommes et femmes, portant des enfants dans leurs bras, sur leurs épaules, et tenant des rameaux ; d'autres regardent le Christ du haut des murs et des portes de la ville[1].

---

[1] Le Christ, lorsqu'il entre dans Jérusalem le jour des Rameaux, bénit toujours de la main droite la foule, qui l'accueille avec acclamations ; les apôtres, qui suivent, portent des rameaux. Le Christ n'en porte pas lui-même. Cependant, on connaît un exemple, et il est sur une verrière du xiii° siècle, dans la cathédrale de Bourges, où le Christ tient une palme ; mais c'est à la main gauche, à la main qui tient ordinairement la bride de la monture sur laquelle il est assis. Un beau manuscrit de la Bibliothèque royale (*Missale romanum*, 886), qui date de la fin du xv° siècle, montre Jésus-Christ portant une palme, dans son entrée à Jérusalem. L'ânon qui accompagne la mère est occupé à brouter. A part ces deux exemples, les seuls que je connaisse jusqu'à présent, jamais Jésus-Christ ne porte de palme le jour des Rameaux. Du reste, la main droite bénit, et bénit à la manière latine chez nous, à la manière grecque en Orient. A la procession des Rameaux, on chantait l'évangile devant une croix plantée au milieu du cimetière et dite hosannière, de l'hosannah triomphal qui accueillit le Christ à son entrée dans Jerusalem. Quelques-unes de ces croix existent encore dans nos cimetières et portent le pupitre où se plaçait le livre des évangiles.

**Le Christ chasse du temple les vendeurs et les marchands.**

Le temple. Au dedans, des tables, des coffres suspendus ; çà et là, répandues à terre, des pièces d'argent. Des hommes entraînent des bœufs, d'autres des brebis, d'autres des ânes ; d'autres emportent des colombes. Ils ont sur la tête ou des bonnets de fourrure, ou des chapeaux, ou des voiles. Ils s'enfuient et regardent derrière eux avec effroi. Le Christ, armé d'un fouet, les poursuit avec colère. Les apôtres sont derrière et l'accompagnent.

**Le Christ guérit dans le temple les aveugles et les boiteux.**

Le temple. Au dedans, le Christ. Derrière lui sont les apôtres, et, devant, des aveugles et des boiteux : les uns appuyés sur des béquilles, les autres tenant un bâton. Le Christ les bénit.

**Le Christ maudit un figuier.**

Une ville fortifiée. Au dehors, des montagnes et un figuier sans fruit avec le feuillage desséché. Le Christ le considère et étend la main vers lui. Par derrière, les apôtres dans l'étonnement.

**Le Christ interrogé par un autre docteur de la loi.**

Le Christ assis avec les apôtres. Devant lui, une foule de scribes et de pharisiens qui causent ensemble ; l'un d'entre eux a le visage tourné vers le Christ et s'entretient avec lui.

### Le Christ louant les deux deniers de la veuve.

Le temple. Un coffre, dans lequel les pharisiens et les archontes jettent, devant lui, les uns des pièces d'or, d'autres beaucoup d'argent. Au milieu d'eux, une femme veuve jette deux deniers. Le Christ assis vis-à-vis montre la veuve à ses disciples, et dit sur un cartel : « En vérité, je vous le dis, cette femme a fait une offrande plus considérable que tous les autres. »

### Le Christ a la tête parfumée de myrrhe par une courtisane, dans la maison de Simon.

Une maison. Le Christ assis à table avec Simon et les apôtres. Un jeune serviteur. Derrière le Christ, une courtisane portant un vase de verre qu'elle brise au-dessus de la tête de Jésus[1].

## LA SAINTE PASSION.

### Le pacte de Judas avec les juifs.

Une maison. Au dedans, Anne et Caïphe assis sur des trônes ; des scribes et des pharisiens sont assis autour d'eux.

---

[1] C'est en Orient, le pays de l'huile et des parfums, qu'on sent l'importance de ces tableaux où l'huile, les parfums, l'encens, les fleurs jouent un grand rôle ; on y traite ces sujets avec une prédilection vraiment remarquable.

Au-devant, un coffre sur lequel l'un d'entre eux compte de l'argent. Judas devant le coffre ; il étend les mains vers l'argent que lui indique Anne.

### La sainte ablution.

Une maison. Pierre, assis sur un siége, montre d'une main ses pieds; il place l'autre sur sa tête [1]. Le Christ, à genoux devant lui, sa robe relevée et attachée avec une serviette pour ceinture ; il prend d'une main le pied de Pierre et étend l'autre vers lui. Devant les genoux du Christ, un bassin avec de l'eau et une aiguière. Les autres apôtres, assis par derrière, causent entre eux; plusieurs attachent leurs chaussures. Dans un autre endroit, on voit encore le Christ assis et revêtu de ses habits. Il étend une main vers ses disciples, et de l'autre il tient un cartel où il dit : « En vérité, je vous le dis, l'un d'entre vous me trahira. » Les apôtres, derrière lui, le regardent avec crainte et causent ensemble.

### Le repas mystique.

Une maison. Au dedans, une table avec du pain et des

---

[1] Ce geste est pour traduire les paroles de saint Pierre : « Seigneur, lavez-moi non-seulement les pieds, mais les mains et la tête. » (Saint Jean, ch. XIII, v. 9.) Chez nous, à la clôture du chœur de Notre-Dame de Paris, par exemple, le lavement des pieds est représenté comme le Guide le prescrit ici. Nous avons fait graver (*Annales archéologiques*, vol. I, liv. I) un vitrail exécuté en 1839, pour Saint-Germain-l'Auxerrois, d'après les cartons de M. Lassus. Sur ce vitrail, qui représente les scènes principales de la Passion, le lavement des pieds reproduit la sculpture de Notre-Dame de Paris.

plats remplis de mets; une coupe et un grand vase de vin. Le Christ est assis à cette table avec les apôtres. Du côté gauche, Jean couché sur son sein; à droite, Judas étend la main vers le plat et regarde le Christ [1].

La prière du Christ.

Un jardin avec des arbres. Au milieu, le Christ à genoux,

---

[1] A la Cène, le Christ porte, puisqu'il est Dieu, le nimbe crucifère. Les apôtres ont le nimbe uni ou orné, mais jamais partagé par une croix. Judas, qui va trahir son maître et qui prélude par un sacrilége, ne porte pas de nimbe, parce que le nimbe est l'attribut de la sainteté. Mais, en Orient, le nimbe caractérise la puissance quelle qu'elle soit, bonne ou mauvaise, et non pas la sainteté seulement. Il n'est pas rare de voir le démon, la bête à sept têtes, Satan, portant le nimbe; le nimbe est le signe extérieur de la force et de l'autorité. En Orient, par conséquent, Judas porte le nimbe, parce que Judas est apôtre et parce que l'apostolat, caractère surhumain, est indélébile. Mais cependant on a quelquefois voulu établir une différence entre le nimbe de Judas et celui des autres apôtres; pour la rendre sensible, on a eu recours à la couleur. La couleur d'or est la plus riche et se donne ordinairement à Dieu; le rouge ou le blanc orné appartiennent volontiers aux anges, aux apôtres, à la Vierge; le violet, couleur inférieure, se donne à des saints ordinaires. On ne refusa donc pas le nimbe à Judas, parce qu'il était apôtre et puissant; mais on couvrit ce nimbe de noir, couleur funèbre. Le nimbe de Judas porte le deuil d'une vertu qui n'est plus. Dans l'église du portique d'Adrien, à Athènes, au fond de l'abside, on voit Jésus donnant le pain et le vin à ses apôtres. Judas, comme les autres apôtres, y porte le nimbe, mais le nimbe noir; de plus, un petit diable, noir aussi, lui souffle à l'oreille et l'engage à communier. Chez nous, par suite de l'influence byzantine probablement, on a mis le nimbe autour de la tête d'un Judas à la Cène, peint en miniature sur un manuscrit; le traître, ce qui est plus fort, porte un nimbe d'or comme Jésus-Christ. Le miniaturiste s'est-il trompé (ce qui arrive assez souvent), en mettant un nimbe à Judas, et ensuite en le dorant? ou bien a-t-il forcé l'idée orientale qui fait du nimbe un attribut de puissance? Le manuscrit est du XIII° siècle; il vient de Saint-Martial de Limoges, et appartient aujourd'hui à M. le comte Auguste de Bastard, qui a bien voulu me le communiquer.

les mains et les yeux levés au ciel ; des gouttes de sang tombent de son visage à terre. Au-dessus, un ange, environné d'une grande lumière, étend les mains vers lui. Un peu en arrière du Christ, Pierre, Jacques et Jean endormis. On voit encore au-dessus d'eux le Christ prenant d'une main Pierre par son manteau, et de l'autre tenant un cartel avec ces paroles : « Est-ce ainsi que vous avez la force de veiller avec moi? »

### La trahison de Judas.

Un jardin. Au milieu, Judas embrassant le Christ, qui lui donne le baiser de paix. Derrière Judas, Pierre a au-dessous de lui un jeune soldat[1] à genoux, et auquel il coupe l'oreille d'un coup d'épée. Tout autour du Christ, des soldats, les uns avec des épées nues, d'autres avec des lances, d'autres des lanternes et des fanaux, d'autres saisissent le Christ et le frappent.

### Le Christ jugé par Anne et Caïphe.

Un palais. Un vieillard à grande barbe, avec d'amples vêtements et un grand bonnet séparé en deux[2], est debout sur un trône et déchire ses habits. A côté de lui, Caïphe, cheveux gris, longue barbe, est dans l'indignation. Devant eux, le Christ garrotté. Un serviteur lui donne un soufflet ; d'autres soldats le maltraitent. Scribes et pharisiens. Deux hommes, debout devant le Christ, le montrent à Anne.

[1] C'est Malchus.
[2] Espèce de mitre à deux cimes, bonnet de grand prêtre.

### Le troisième reniement de Pierre.

Au-dessous du palais d'Anne, où l'on juge le Christ, Pierre se tient sur une petite éminence. Devant lui, de son côté, une servante étend les bras. En outre, près de là, on voit du feu et deux soldats se chauffant et interrogeant Pierre. Plus loin encore, Pierre, près de la porte du palais, fort effrayé et étendant les bras ; une jeune fille lui montre le Christ. Au-dessus, sur une fenêtre, un coq chante. On voit encore ailleurs Pierre versant des larmes [1].

### Le Christ jugé par Pilate.

Un palais. Pilate, jeune, avec une grande barbe et de splendides vêtements ; sa coiffure est enrichie d'or. Il est assis sur un trône. Devant lui, le Christ garrotté, amené par des soldats. Une foule de scribes et de pharisiens montrent Jésus à Pilate.

### Judas déteste son crime et va se pendre.

Le temple. Anne et Caïphe, scribes et pharisiens assis devant eux. Un coffre. Judas debout, un peu penché, jette à deux mains des pièces d'argent sur ce coffre. Les autres mettent une main sur leur poitrine, et étendent l'autre vers Judas [2]. Hors du temple, montagnes, Judas pendu à un

---

[1] Sur les sarcophages des catacombes, est sculpté un grand nombre de fois le Christ prédisant, en présence du coq et de saint Pierre, le triple reniement.

[2] «J'ai péché, dit Judas, en livrant le sang du juste. — Que nous importe?

arbre, dont les branches se courbent de manière à ce que les doigts de ses pieds touchent au sol.

### Le Christ jugé par Hérode.

Un palais. Hérode, vieillard à barbe arrondie, avec des vêtements royaux, est assis sur un trône. Derrière lui, des soldats; devant lui, le Christ, que deux soldats couvrent de vêtements blancs. Par derrière, une foule de juifs.

### Pilate se lave les mains et prononce la sentence.

Un palais. Pilate assis sur un trône, les yeux tournés vers les juifs. Un homme devant lui, portant un bassin et une aiguière, verse de l'eau et lui lave les mains. Derrière lui, un jeune homme lui parle à l'oreille. Auprès du trône, un jeune homme écrit sur un papier ces mots : « Emmenez au lieu public du supplice et attachez à une croix, entre deux voleurs, Jésus de Nazareth, qui a corrompu le peuple, insulté César, et qui, d'après le témoignage des anciens du peuple, s'est proclamé faussement le Messie. » Devant lui, le Christ; des soldats s'en saisissent. Anne, Caïphe et d'autres juifs, avec des enfants devant eux et sur la tête desquels ils posent les mains [1], regardent Pilate et montrent sa sentence.

C'est à vous de voir, répondirent les prêtres et les anciens. » (Saint Matthieu, XXVII, 4.)

[1] « Que son sang retombe sur nous et sur nos enfants. » (S¹ Matthieu, ch. XXVII, v. 25.) — Pilate se lavant les mains est sculpté fréquemment sur les anciens sarcophages.

### La flagellation.

Le Christ, les mains liéees derrière le dos, est attaché à une colonne; le corps est couvert de plaies. Deux soldats le flagellent.

### Le Christ bafoué.

Le Christ nu, revêtu seulement d'une chlamyde[1] de pourpre; une couronne d'épines sur la tête et un roseau dans la main droite. Tout autour, des soldats se moquent de lui: les uns s'agenouillent, d'autres lui frappent la tête avec le roseau.

### Le Christ portant la croix.

Montagnes. Soldats à pied et à cheval entourant le Christ; l'un d'eux porte un étendard. Le Christ, épuisé, tombe à terre et s'appuie d'une main. Devant lui, Simon le Cyrénéen, cheveux gris, barbe arrondie, portant un habit court, prend la croix sur ses épaules. Derrière lui, la sainte Vierge, Jean le Théologos et d'autres femmes en pleurs. Un soldat les repousse avec un bâton.

### Le Christ cloué sur la croix.

Une montagne sur laquelle sont des juifs et des soldats. Au milieu d'eux, une croix couchée à terre; le Christ est

---
[1] Manteau grec.

étendu dessus à la renverse. Autour du Christ, trois soldats lui tirent, les uns les pieds, et les autres les mains avec des cordes ; d'autres soldats apportent des clous et les enfoncent à coups de marteau dans ses pieds et dans ses mains. On voit une seconde fois le Christ debout devant la croix. Un soldat lui présente à la bouche un vase plein de vin ; mais le Christ détourne la tête en arrière et refuse de boire.

### Le crucifiement du Christ.

Une montagne sur laquelle est le Christ en croix. De chaque côté de lui, les deux larrons crucifiés. Celui qui est à droite, cheveux gris, barbe arrondie, dit au Christ : « Souvenez-vous de moi, Seigneur, lorsque vous serez dans votre royaume. » Celui qui est à gauche, jeune et imberbe, se tourne en arrière et dit : « Si tu es le Christ, sauve-toi et sauve-nous. » On voit, cloué au sommet de la croix du Christ, un écriteau avec ces caractères. I. N. R. I. En bas et à droite, un soldat à cheval perce le côté droit du Christ ; il en sort de l'eau et du sang. Derrière lui, la mère du Christ évanouie ; d'autres femmes, portant de la myrrhe, la soutiennent. Auprès d'elle, Jean le Théologos dans l'affliction et la main sur sa joue [1]. Saint Longin, le centurion, regarde le Christ ; il élève la main et bénit Dieu. A gauche, un autre soldat à cheval tient une éponge attachée à l'extrémité d'un roseau qu'il approche de la bouche du Christ. Près de là, d'autres soldats,

---

[1] Ce geste est très-commun dans nos crucifiements latins, surtout à l'époque romane. J'en ai fait graver un exemple tiré d'un vitrail du XII° siècle, qui est dans les tribunes de Saint-Remi de Reims. Ce dessin est à la page 8, planche 3, de l'Iconographie chrétienne.

des scribes, des pharisiens et un peuple nombreux : les uns causent entre eux et se montrent le Christ; d'autres le regardent avec effroi; d'autres avec mépris; d'autres étendent les mains vers lui en disant : « Il a sauvé les autres, et il ne peut se sauver lui-même. » Trois soldats assis partagent au sort ses vêtements ; celui qui est au milieu a les yeux fermés et les mains étendues à droite et à gauche vers celles des deux autres. Au bas de la croix, une petite grotte où sont le crâne d'Adam et deux ossements arrosés par le sang du Christ qui coule de la plaie de ses pieds [1].

[1] Les représentations du crucifiement sont si nombreuses et si connues, qu'il est inutile d'appuyer sur les caractères essentiels de cette scène, tels que le Guide les rapporte ici. Sur chaque linéament de ce dessin, il y aurait beaucoup de choses à dire, et le crucifiement tout seul fournirait matière à une monographie importante. Nous nous contenterons de faire remarquer que, jusqu'au XII° siècle, XIII° même, les pieds du Christ ne furent pas superposés et attachés par un seul clou, mais par deux. Au lieu de trois clous on croyait donc qu'il en avait fallu quatre. Grégoire de Tours et le liturgiste Guillaume Durand parlent de quatre clous. Après le XIII° siècle, l'usage de ne mettre que trois clous et de faire croiser les pieds, qui s'était essayé quelquefois auparavant, l'emporte définitivement. Dans l'Iconographie chrétienne, page 252, planche 68, nous avons donné le dessin d'une miniature du XI° siècle, où Jésus est attaché à la croix par quatre clous. La dalmatique impériale conservée dans le trésor de Saint-Pierre, à Rome, offre quatre clous enfoncés dans le support sur la croix où s'appuyèrent les pieds du Christ. La gravure de ce beau vêtement est dans les Annales archéologiques, vol. I, liv. V. Selon la tradition, le soldat qui présente l'éponge imbibée de vinaigre s'appelait Stephaton. Quant à celui qui perce le côté du Christ, c'est Longin. M. Joly Leterme, architecte et correspondant des comités historiques, à Saumur, a dessiné une fresque du X° siècle, peut-être, qui décore la chapelle de Saint-Remy-la-Varenne (Maine-et-Loire) et où se voient, au crucifiement, Longin et Stephaton, avec leur nom. Dans les légendes apocryphes, il est dit que la montagne du Golgotha fut le lieu de la sépulture d'Adam. Le bois même avec lequel la croix de Jésus a été faite aurait été planté sur la tombe d'Adam, et ce bois serait venu d'une graine ou d'un rameau de l'arbre de vie. Il existe, sur tous ces événe-

### Joseph demandant le corps du Seigneur.

Un palais. Au dedans, Pilate assis sur un trône. Un soldat se tient derrière lui, il porte une épée dans son fourreau. Devant Pilate, Joseph, vieillard courbé et les mains étendues vers lui ; le centurion, entre Joseph et Pilate, parle à ce dernier.

### La descente de croix.

Montagnes. La croix fixée en terre et une échelle appuyée sur la croix. Joseph monte au haut de l'échelle, tient le Christ embrassé par le milieu du corps, et le descend. Au bas, la sainte Vierge debout. Elle reçoit le corps dans ses bras, et en baise le visage. Derrière la mère de Dieu, des femmes portant des parfums[1]. Marie Magdeleine prend la main gauche du Christ et l'embrasse. Derrière Joseph, Jean le Théologos debout et baisant la main droite du Christ. Nicodème s'incline et arrache les clous des pieds du

---

ments, une véritable épopée dont l'arbre du paradis terrestre est le héros. Créé avec le monde, puis instrument du supplice de Dieu, il reparaît au jugement dernier comme instrument de salut ou de mort pour les vertueux ou les méchants. Au-dessous d'un grand nombre de crucifiements, on voit en effet, comme le Guide l'ordonne, une fosse remplie d'ossements. Ces débris humains semblent se ranimer au contact du sang que versent les plaies de Jésus. A la cathédrale de Beauvais, sur un vitrail du XIIIe siècle, qui est dans la chapelle de la Vierge, on voit Adam, ressuscité par le sang de Jésus, sortir entier du tombeau ; une draperie verdâtre est jetée autour de la tête et des reins du premier père. Adam regarde avec amour et reconnaissance Jésus, qui meurt sur la croix pour racheter les hommes, que lui, Adam, a perdus par sa désobéissance.

[1] Ces femmes sont les myrrhophores dont il sera parlé plus bas.

Christ à l'aide de tenailles; près de lui une corbeille. Au-dessous de la croix, la tête d'Adam, comme au crucifiement.

La lamentation[1] sur le tombeau.

Une grande pierre carrée. Dessus, un linceul déployé, sur lequel est étendu nu le corps du Christ. La sainte Vierge, agenouillée, se penche sur lui et lui embrasse la figure. Joseph lui baise les pieds, et le Théologos[2], la main droite. Derrière Joseph, Nicodème, appuyé sur l'échelle, regarde le Christ. Auprès de la sainte Vierge, Marie Magdeleine, les bras déployés vers le ciel et tout en pleurs; les autres femmes, qui portent des aromates, s'arrachent les cheveux. Par derrière, la croix avec son écriteau. Au-dessous du Christ, la corbeille de Nicodème avec les clous, les tenailles et le marteau; auprès, un autre vase en forme de petite bouteille.

Le Christ mis au tombeau.

Une montagne, et, dedans, un tombeau de pierre. Nicodème y apporte le corps du Christ enseveli; il le soutient par la tête. Hors du tombeau, la sainte Vierge serre le corps entre ses bras et le couvre de baisers. Joseph supporte les genoux, et Jean, se courbant un peu, tient les pieds. Les femmes qui apportent la myrrhe pleurent. La croix paraît derrière la montagne.

[1] Il y a, dans ce mot de lamentation, comme un écho des funérailles antiques.
[2] Saint Jean évangéliste. Il est toujours surnommé le théologien par les Grecs, parce qu'il a parlé de Dieu et de la divinité du Verbe mieux ou avec plus de complaisance que les autres évangélistes.

### Soldats gardant le tombeau.

Un tombeau de marbre scellé de quatre sceaux. Tout autour, des soldats endormis : les uns appuyés sur leur bouclier, d'autres sur leurs genoux, d'autres sur leurs mains. Saint Longin, le centurion, assis au milieu d'eux, dans l'incertitude. Devant le tombeau, les femmes qui portent la myrrhe, assises et en pleurs. L'une tient entre les mains un petit coffre ; une autre, un petit vase de verre.

### La descente aux enfers.

L'enfer, comme une grotte obscure, sous des montagnes. Des anges resplendissants enchaînent Béelzébuth, le chef des ténèbres ; ils frappent d'autres démons, et en poursuivent d'autres avec des lances. Plusieurs hommes, nus et enchaînés, regardent en haut. Un grand nombre de serrures brisées. Les portes de l'enfer sont renversées ; le Christ les foule aux pieds. Le Sauveur prend Adam de la main droite et Ève de la gauche. A gauche du Sauveur, le Précurseur, le montrant du geste. David est près de lui, ainsi que d'autres rois justes, avec des couronnes et des nimbes. A gauche, les prophètes Jonas, Isaïe et Jérémie ; le juste Abel et beaucoup d'autres personnages avec des nimbes. Tout autour, une lumière éclatante et un grand nombre d'anges [1].

---

[1] Lisez, dans les légendes apocryphes, la descente aux enfers : c'est un morceau d'un grande beauté poétique. Cette scène est tirée de l'évangile de Nicodème. La Légende dorée (*De resurrectione Domini*) en donne un long extrait, celui d'après lequel, en Grèce comme chez nous, on a représenté la descente

### La résurrection du Christ.

Le tombeau entr'ouvert; deux anges, vêtus de blanc, assis à ses extrémités. Le Christ foule aux pieds la pierre qui couvre le tombeau. De la main droite il bénit, et de la gauche il tient un étendard avec une croix en or. Au bas, des soldats s'enfuient; d'autres sont couchés à terre comme morts [1]. Dans le lointain, les femmes portant de la myrrhe.

aux enfers. La Légende nomme Adam, Ève, Loth, Isaïe, David, Siméon le vieillard, saint Jean-Baptiste, les mêmes dont parle le Guide.

[1] Les différentes manières dont on a figuré la résurrection et l'incrédulité de saint Thomas sont très-intéressantes à étudier. Relativement à la croyance, le moyen âge se partage en deux périodes. Dans la première, qui va de l'origine du christianisme au xii® et même au xiii® siècle, on croit avec une force que rien n'ébranle. Le doute commence à naître au xiii®; il règne plus puissamment et sur un plus grand nombre d'âmes à mesure qu'on avance et qu'on arrive vers notre époque. Saint Louis adressait déjà des questions inquiètes à son ami Joinville. Avant le xiii® siècle, les sculptures et les peintures représentent Jésus-Christ sortant du tombeau pendant que les soldats qui le gardaient dorment profondément. Comme la foi d'alors était ferme, on n'avait pas besoin, pour croire, que des témoins eussent constaté la résurrection. Mais quand la foi s'affaiblit, quand la raison humaine, excitée par Abailard, demanda des preuves, les artistes désormais ne firent plus ressusciter le Christ à l'insu de tous, mais en présence de quelques soldats bien éveillés, et qui purent témoigner de ce qu'ils avaient vu. Sur un vitrail de Saint-Bonnet, à Bourges, Jésus ressuscite devant cinq soldats qui sont éveillés tous les cinq : deux sont comme éblouis, un autre médite sur ce qu'il voit arriver, un quatrième est en admiration devant le Christ, qui s'envole; mais le cinquième, plus dur que les autres, ou plus sceptique, celui qui, bientôt, témoignera plus vivement de ce qu'il a vu de ses yeux, saisit une pique et menace d'en percer Jésus, qui lui échappe en montant. C'est à partir du xiii® siècle aussi qu'on représente fréquemment l'incrédulité de saint Thomas. Paris, la ville du scepticisme, montre, dans ce qui reste de la clôture qui ferme le chœur de Notre-Dame et sur les vitraux de Saint-Étienne-du-Mont, les nombreuses et significatives

Un ange apparaît aux femmes qui portent la myrrhe, et leur annonce la résurrection.

Le tombeau ouvert. Sur le couvercle est assis un ange vêtu de blanc ; d'une main il tient une lance [1], de l'autre il montre le linceul et le suaire dans le fond du tombeau. Femmes apportant de la myrrhe ; elles tiennent des vases dans leurs mains.

Le Christ, apparaissant aux femmes qui portent la myrrhe, leur dit : « Réjouissez-vous. »

Le Christ debout, bénissant des deux mains. A sa droite, la sainte Vierge ; à sa gauche, Marie Magdeleine : elles se jettent à genoux et embrassent ses pieds.

Pierre et Jean, arrivant au tombeau, croient à la résurrection.

Le tombeau. Pierre se penche pour regarder dedans, et touche le suaire avec ses mains. Jean debout, au dehors, regarde avec étonnement. Près de là, Marie Magdeleine verse des larmes.

apparitions de Jésus à Magdeleine, à sa mère, aux trois Maries, aux pèlerins d'Emmaüs, à saint Pierre, aux apôtres réunis, à tous les disciples assemblés, à saint Thomas, afin de bien constater la résurrection. Le vitrail de Saint-Bonnet est du XVI<sup>e</sup> siècle, comme ceux de Saint-Étienne-du-Mont ; la sculpture de Notre-Dame de Paris est du XIV<sup>e</sup>. Nous désirons que ces indications suffisent pour montrer la nécessité de tirer des conséquences des faits iconographiques ; il importe de constater les plus petits faits, et toutes les variétés ou les analogies que le temps apporte.

[1] Un long bâton en forme de lance.

### Le Christ apparaissant à Marie Magdeleine.

Le tombeau; deux anges vêtus de blanc sont assis dessus. Devant le tombeau, le Christ, debout, tient son manteau d'une main; de l'autre, il porte un cartel où il dit : « Marie ! ne me touchez pas ! » Marie, à genoux devant lui, lui demande de lui laisser toucher ses pieds [1].

### Le Christ, à Emmaüs, reconnu à la fraction du pain par Luc et Cléophas.

Une maison. Au dedans, une table et des aliments. Luc et Cléophas sont assis auprès. Au milieu d'eux, le Christ assis; il tient le pain et le bénit.

### Le Christ, apparaissant aux apôtres, mange en leur présence.

Une maison. Les apôtres dedans, et le Christ au milieu d'eux. Devant lui, Pierre tenant un plat avec la moitié d'un poisson et un rayon de miel. De la main droite, le Christ bénit le plat; de la gauche, il prend de ce poisson et de ce miel.

---

[1] Ce sujet a été sculpté, vers la fin du xiii siècle, à la clôture du chœur de Notre-Dame de Paris, côté du sud. Magdeleine se précipite aux pieds du Sauveur et semble demander à les toucher. Dans la cathédrale d'Autun, la renaissance nous offre un des plus gracieux *Noli me tangere* que nous connaissions; c'est là qu'on voit les sibylles dont nous avons déjà parlé. On remarque, sur cette belle sculpture, la perfection avec laquelle les draperies sont particulièrement exécutées. La renaissance n'a guère produit d'œuvres plus belles que celle-là.

### L'attouchement de Thomas.

Une maison, et le Christ au milieu. La main droite en l'air, il relève son vêtement avec la gauche, et découvre la plaie de son côté droit. Thomas se tient près de lui avec crainte, mettant une main dans le trou de la plaie, et de l'autre tenant un cartel où il dit : « Mon Seigneur et mon Dieu. » Les autres apôtres, tout autour, dans l'admiration [1].

### Le Christ apparaissant aux apôtres sur le bord de la mer de Tibériade.

La mer. Au milieu, un vaisseau où sont dix apôtres retirant un filet rempli de poissons. Le Christ, debout sur le bord de la mer, bénit les apôtres. Pierre, nu, nage dans la mer et s'avance vers lui. Derrière le Christ, des poissons sur des charbons allumés.

### La triple question du Christ à Pierre.

La mer. Une barque arrêtée sur le bord. Les apôtres en sont sortis. Le Christ, debout, regarde Pierre et tient un cartel où il dit : « Simon fils de Jean, m'aimes-tu ? » Pierre devant lui, debout et avec crainte, dit sur un cartel : « Seigneur, qui savez tout, vous savez que je vous aime. »

---

[1] Nous l'avons dit, l'incrédulité de saint Thomas est un sujet d'autant plus commun dans les œuvres d'art, qu'on approche davantage de nos temps modernes. Il est sculpté sur la clôture méridionale du chœur de Notre-Dame de Paris.

Le Christ apparaît aux apôtres sur la montagne de Galilée.

Une montagne. Le Christ, debout, bénit des deux mains. Devant lui, Pierre et les autres apôtres, les mains étendues vers lui[1].

L'ascension du Christ[2].

Une montagne avec beaucoup d'oliviers. En haut, les apôtres étonnés, les regards au ciel et les mains étendues. Au milieu d'eux, la mère de Dieu regardant aussi en haut. A ses côtés, deux anges, vêtus de blanc, montrent aux apôtres le Christ, qui s'élève. Les anges tiennent des cartels; celui qui est à droite dit : « Hommes de Galilée, pourquoi restez-vous

[1] Le Guide ne prescrit pas de représenter l'apparition de Jésus à sa mère. A la renaissance, on a très-souvent, chez nous, représenté cette scène, qui n'est pas dans l'Évangile, mais dans les livres apocryphes. Voyez notamment les vitraux et les sculptures de l'église de Brou.

[2] L'Ascension est un sujet qu'on voit fréquemment représenté dans les coupoles principales des églises grecques. Cette place est on ne peut mieux appropriée. Le tambour, d'où naît la coupole, domine l'église comme une montagne domine la terre. Le fond de la coupole est assimilé au ciel, où s'enfonça Jésus lorsqu'il retourna vers son père. A la petite Sainte-Sophie de Salonique, dans la coupole, on voit peinte en mosaïque sur fond d'or une Ascension de ce genre. La Vierge, ayant un ange à sa droite et un à sa gauche, les deux anges précisément dont parle le Guide, est accompagnée des douze apôtres debout. Chacun de ces quinze personnages est séparé par un grand olivier. En haut, dans le fond, Jésus-Christ, placé au milieu d'un cercle ou d'une auréole, monte au ciel entre deux anges. Les Turcs, qui ont converti cette charmante et ancienne église en mosquée, ont détruit ou badigeonné toutes les figures, et ils ont voulu métamorphoser en arbres, en cyprès, quelques-uns des apôtres. Mais ces mutilations, quoiqu'importantes, n'empêchent pas de reconnaître et d'admirer la beauté de la scène.

en extase les yeux au ciel ? » L'autre dit : « Ce même Jésus, qui vous quitte pour monter au ciel, viendra une seconde fois de la même manière dont vous le voyez s'élever au ciel. » Au-dessus d'eux, le Christ, assis sur des nuages, s'avance vers le ciel ; il est reçu par une multitude d'anges avec des trompettes, des tympanons et beaucoup d'instruments de musique.

La descente du Saint-Esprit.

Une maison[1]. Les douze apôtres assis en cercle. Au-dessous d'eux, une petite voûte au milieu de laquelle un homme âgé tient à deux mains, devant lui, une nappe dans laquelle il y a douze cartels roulés ; il porte une couronne sur la tête. Au-dessus de lui, cette inscription : LE MONDE. Dans le haut de la maison, le Saint-Esprit sous la forme d'une colombe ; tout autour, une grande lumière. Douze langues de feu s'échappent de cette colombe et se reposent sur chacun des apôtres[2].

---

[1] C'est le cénacle.

[2] La personnification du monde, sous la figure d'un vieillard couronné, est là pour annoncer qu'après la descente du Saint-Esprit les apôtres vont se disperser dans toute la terre pour instruire, convertir et baptiser toutes les nations. Les douze rouleaux que le Monde tient dans son giron sont la prédication de l'Évangile écrite en douze langues différentes, et dont chaque apôtre va prendre la sienne. Cette personnification du monde, le jour de la Pentecôte, est tout à fait propre aux Byzantins ; elle n'existe pas chez nous. Du bec de la colombe divine s'échappent les douze langues sous la forme extérieure d'un rayon ou d'une langue de feu, qui vient se poser sur la tête de chaque apôtre. Quelquefois, chez nous, on ne voit pas la colombe, mais une grande main ouverte, inscrite ou non dans un nimbe crucifère, et de laquelle partent douze filets de flamme. On remarque cette main sur un coffret ou triptyque en cuivre

COMMENT ON REPRÉSENTE LES PARABOLES.

La parabole de la semence.

« Un semeur sortit pour répandre sa semence, » etc. (Marc, ch. IV.)

On peint ainsi : le Christ debout, enseignant ; il tient l'Évangile. Quatre ordres d'hommes sont devant lui. — Premier ordre, ceux qui sont le long du chemin : des hommes

émaillé, de la fin du XII° siècle, qui est placé aujourd'hui dans la chapelle de Vendôme, à la cathédrale de Chartres. On a trouvé, dans l'Ancien Testament, la figure de la Pentecôte : c'est la confusion des langues à la tour de Babel. Des langues de feu s'arrêtent de même sur la tête des constructeurs, qui, ne pouvant plus s'entendre, se dispersent et vont peupler matériellement le monde, comme les apôtres vont le peupler spirituellement. Donc, lorsqu'on voit, dans certaines représentations, des rayons ou des langues de flamme descendre du ciel sur la tour de Babel, il ne faut pas les prendre pour un incendie, mais pour une image symbolique des diverses langues qu'on va parler dans l'univers. A Saint-Marc de Venise, dans la grande coupole, est peinte en mosaïque sur fond d'or la descente du Saint-Esprit sur les apôtres. Des rayons de flamme partent du centre de la coupole et viennent s'arrêter sur la tête des apôtres, qui parlent alors toutes les langues, en présence des Parthes, Mèdes et Élamites ; des habitants de la Mésopotamie, de la Judée, de la Cappadoce, du Pont, de l'Asie, de la Phrygie, de la Pamphylie, de l'Égypte, de la Libye, de l'Italie, de la Crète et de l'Arabie, qui sont personnifiés par un des leurs, et qui sont saisis d'étonnement. Dans le catholicon de Chilandari, au mont Athos, on a remplacé le Monde par le prophète Joël ( ὁ προφήτης Ἰωήλ). Il est couronné comme nos rois, et il tient sur une nappe douze rouleaux. Son nom est peint près de sa tête, et ne laisse aucun doute. Le prophète Joël, en effet, a dit : « Je répandrai mon esprit sur toute chair, et vos fils et vos filles prophétiseront ; vos vieillards auront des songes, vos jeunes gens verront des visions. En ce jour, je verserai mon esprit sur mes serviteurs et sur mes servantes (chap. II, v. 28 et 29). » Voilà pourquoi, prophète de la descente du Saint-Esprit, il remplit l'office du Monde à la Pentecôte.

parlent entre eux, ne regardant pas le Christ; des démons les mènent en laisse.— Deuxième ordre, ceux qui sont sur la pierre : des hommes semblent écouter le discours avec contentement. Derrière eux, des idoles; ils les entourent et les adorent. Un tyran et ses soldats les menacent de leur épée nue. — Troisième ordre, ceux qui sont dans les épines : des hommes mangent et boivent avec des femmes; auprès d'eux, des démons.— Quatrième ordre, ceux qui sont dans la bonne terre : des moines en prières au milieu de grottes. Devant eux, les images du Christ et de la Vierge entourées de cierges. D'autres paraissent diacres, d'autres prêtres, d'autres laïcs; ils sont en prières dans des églises et des monastères [1].

La parabole de la zizanie (de l'ivraie).

« Le royaume des cieux est semblable à un homme semant le bon grain », etc. (Matthieu, ch. xiii.)

Le Christ avec l'Évangile. Devant lui, un grand nombre d'hommes : les uns paraissent des patriarches, d'autres des martyrs, d'autres des saints nimbés. Auprès d'eux, des anges, et, au milieu d'eux, les hérétiques avec des diables sur leurs épaules. D'un autre côté, l'enfer et le paradis. Les anges conduisent les orthodoxes dans le paradis; les démons enchaînent les hérétiques et les conduisent en enfer.

[1] A la Bibliothèque royale existent plusieurs manuscrits d'époques diverses, et qui tous pourraient porter le titre que prend l'un d'eux, *Emblemata biblica*. Ces manuscrits représentent toutes les scènes de l'Ancien et du Nouveau Testament, absolument selon la glose pittoresque que le Guide donne des paraboles. Mais le commentaire, traduit par des miniatures nombreuses et souvent fort lestes, s'étend à tous les livres saints, au lieu de se restreindre à une petite partie des évangiles.

La parabole du sénevé.

Le royaume des cieux est semblable à un grain de sénevé, » etc. (Matthieu, ch. XIII.)

Description. — Le Christ dans un tombeau. De sa bouche sort un arbre, sur les branches duquel sont les apôtres avec des cartels déployés. Au bas, des hommes regardent les apôtres [1].

La parabole du levain.

« Le royaume des cieux est semblable au levain, » etc. (Matthieu, ch. XIII.)

Description. — Le Christ tient l'Évangile et dit : « Allez, enseignez tous les peuples. » Devant lui, les apôtres baptisant les uns, prêchant les autres; au-devant d'eux, une foule innombrable [2].

---

[1] Dans l'église du couvent de Césariani, sur le mont Hymette, cette interprétation de la parabole est ainsi peinte à fresque. Au centre d'une vigne épaisse, le Christ tient un livre de la main gauche et bénit de la main droite. Sur les rinceaux sont étagés les douze apôtres, qui semblent naître du Christ, et qui, avec les rameaux touffus de l'arbrisseau, se répandent partout et jettent une ombre épaisse. Le même sujet a été représenté chez nous, mais avec certaines différences. Le Christ, étendu sur un pressoir, mêle son sang au jus des raisins; de l'Homme-Dieu sort une vigne touffue, à laquelle, en guise de grappes, pendent pour ainsi dire les apôtres. Ce vin des apôtres tombe avec le sang de Jésus dans une grande cuve, où le genre humain vient s'abreuver. Linard (ou Léonard) Gontier, peintre verrier de Troyes, a fait, pour la cathédrale de Troyes, en 1625, un beau vitrail de ce genre, qui existe encore dans une chapelle latérale de la nef, côté du nord.

[2] Un peu de levain fait fermenter beaucoup de pâte; de même aussi quelques hommes seulement convertissent l'univers.

### La parabole du trésor.

« Le royaume des cieux est semblable à un trésor caché dans un champ, » etc. (Matthieu, ch. XIII.)

Description. — Saint Paul disant sur un cartel : « Nous annonçons la sagesse cachée. » Autour de lui, des hommes et des femmes ; derrière eux, des objets de prix, des livres et de l'argent dispersés à terre. D'autres brisent des idoles.

### La parabole de celui qui cherche de belles perles.

« Le royaume des cieux est semblable à un marchand qui cherche de belles perles, » etc. (Matthieu, ch. XIII.)

Description. — Le Christ debout et bénissant. Devant lui, le saint roi de l'Inde, Josaphat, revêtu de ses habillements sacrés, est dans une attitude respectueuse. Auprès du roi, saint Barlaam, qui lui indique du doigt le Christ et porte un cartel, disant : « Voilà la perle précieuse[1]. » Derrière lui, une couronne, des vêtements royaux, des richesses et des idoles brisées en morceaux et jetées à terre. Près de là encore, les sages de la Grèce portant des cartels[2]. Au-dessus du Christ, on lit ces mots : « Jésus-Christ, la perle précieuse. »

---

[1] Il existe une légende célèbre sous le titre de Josaphat et Barlaam ; voyez-la dans la Légende dorée : *De sanctis Barlaam et Josaphat*. Il y est précisément question de ces bijoux dont la perle précieuse est le Christ.

[2] Toujours les sages et philosophes grecs appelés à témoigner de la vérité du christianisme. C'est une pensée noble et vraiment catholique. Des chrétiens de nos jours s'en offensent, surtout à l'égard du dogme de la Trinité ; mais Justin le Martyr, Eusèbe, Théodoret et S. Augustin sont contre eux.

La parabole du filet.

« Le royaume des cieux est semblable à un filet, » etc. (Matthieu, ch. XIII.)

Description. — Foule de peuple de différentes nations. Tout autour, les apôtres. Derrière les apôtres, à droite, le paradis, au milieu duquel est Pierre environné d'un grand nombre de personnages. A gauche, l'enfer et des hommes châtiés par les démons.

La parabole des cent brebis.

« Si quelqu'un a cent brebis, » etc. (Luc, ch. XV.)
Description.—Le ciel. En haut, les neuf ordres des anges[1]; au milieu d'eux, un trône vide. Au-dessous, la descente du Seigneur aux enfers. (Voyez plus haut, page 199.)

[1] Les noms et les fonctions ou attributions des anges étant, à cause de leur nombre, assez difficiles à retenir, nous croyons devoir ajouter ici ce que nous avons donné plus haut, pages 74-77. Le texte suivant est extrait de la Légende dorée (*De nativitate Johannis Baptistæ*). Les Vertus y sont, à bon droit, dans le troisième ordre et non dans le second, tandis que les Puissances ont quitté justement le troisième ordre pour venir au second, où est leur place. Les Séraphins sont nommés ardeurs parce qu'ils nous animent à l'amour de Dieu. Les Chérubins sont dits plénitude de science parce qu'ils nous éclairent. Les Trônes jugent. Les Dominations gouvernent le monde. Les Principautés régissent les provinces. Les Puissances neutralisent les artifices du démon. Les Vertus font les miracles. Les Archanges révèlent les grands événements Les Anges annoncent les faits ordinaires et de moindre importance. Voilà les neuf ordres des anges qui environnent Dieu et qui entourent ce trône vide sur lequel le Sauveur, après être descendu aux enfers, va faire asseoir la brebis égarée, la drachme perdue, le pêcheur retiré de l'abîme.

La parabole des drachmes.

« Une femme avait dix drachmes, » etc. (Luc, ch. xv.)
Description.—Le Christ crucifié; autour de lui, une grande lumière. Beaucoup d'hommes brisent des idoles; d'autres sont baptisés; d'autres, comme des caloyers[1], prient dans des grottes; d'autres se prosternent à genoux devant la croix. Au-dessus de la croix, le ciel et les neuf ordres des anges portant des trompettes et des harpes. Le Christ au milieu d'eux, sur un trône; d'une main il tient Adam, et de l'autre un cartel où il dit : « Réjouissez-vous, parce que la drachme perdue a été retrouvée. »

La parabole du débiteur de dix mille talents.

« Le royaume des cieux a été comparé à un homme qui voulut se faire rendre compte, » etc. (Matthieu, ch. xviii.)
Description.— Le Christ assis sur un trône, comme un roi bénissant. Il est environné d'anges. Devant lui, un homme à genoux et disant: « Prends patience envers moi, et je te rendrai tout. » Derrière lui, des démons portent un grand nombre de papiers écrits. Plus loin, on voit encore, derrière le Christ, le même homme qui en entraîne un autre en prison et lui dit : « Rends-moi ce que tu me dois. » On voit encore de nouveau le Christ assis; deux anges le regardent et lui montrent du doigt cet homme. Il est encore ailleurs de-

---

[1] Moines grecs. Leur nom vient de καλὸς γέρων, bon ou beau vieillard ; peut-être de καλὸς ἱερεύς, beau ou bon prêtre.

vant le Christ, et entraîné par les démons qui l'enchaînent en enfer.

La parabole des ouvriers loués à la journée.

« Le royaume des cieux est semblable à un homme maître de maison, père de famille, qui sortit de grand matin pour louer des ouvriers, » etc. (Matthieu, ch. xx.)

Description. — Le Christ debout. Derrière le Sauveur sont les saints patriarches disposés en quatre ordres. Au premier ordre, Énoch offrant un sacrifice, Noë portant l'arche, et d'autres vieillards en prières avec lui. Au-dessus d'eux, ces mots : « Ceux de la première heure. » Au deuxième ordre, Abraham sacrifiant Isaac, Isaac bénissant Jacob, Jacob bénissant ses douze fils. Au-dessus d'eux, ces mots : « Ceux de la troisième heure. » Au troisième ordre, Moïse tenant les tables de la loi et instruisant les Hébreux, Aaron et, près de lui, d'autres justes. Au-dessus d'eux, ces mots : « Ceux de la huitième heure. » Au quatrième ordre, les prophètes, les uns lapidés, d'autres sciés, d'autres enchaînés. Au-dessus d'eux, ces mots : « Ceux de la neuvième heure. » Devant le Christ, les apôtres et les peuples à genoux. Au-dessus d'eux, ces mots : « Ceux de la onzième heure. » Dans une autre partie, on voit encore le Christ dans le paradis, avec une foule d'anges et tous les ordres des saints. Les apôtres sont assis auprès. Le juste Énoch et ceux du même ordre portent des couronnes à la main; ils disent au Christ, en lui montrant les apôtres : « Ces derniers n'ont travaillé qu'une heure, et vous les faites égaux à nous, qui avons supporté le poids du jour et de la chaleur. » Le Christ lui répond avec douceur: « Mon ami,

## DEUXIÈME PARTIE. 213

je ne vous fais pas de tort : n'êtes-vous pas convenu avec moi d'un denier? Prenez ce qui vous est dû, et retirez-vous[1]. »

### La parabole des deux fils.

« Un homme avait deux fils, et, s'adressant au premier, il lui dit : « Mon fils, allez, » etc. (Matthieu, ch. xxi.)

Description. — Le Christ debout. D'un côté, les juifs, les pharisiens, les scribes lui tournant le dos et méprisant ses paroles; de l'autre côté, des publicains, des courtisanes, des païens se prosternent devant lui.

### La parabole des ouvriers meurtriers.

« Un père de famille planta une vigne et l'entoura, » etc. (Matthieu, ch. xxi.)

Description. — Une ville. Le temple et le sanctuaire. Des docteurs tenant des papiers et enseignant; une foule d'Hébreux devant eux. Au milieu du sanctuaire, le prophète Zacharie égorgé par un soldat. Hors du temple, le prophète Michée, souffleté par un roi. Près de là, on lapide le prophète Zacharie, fils de Judas. Hors de la ville, sur une montagne, le crucifiement du Christ.

---

[1] Il n'est pas nécessaire de faire remarquer combien est ingénieuse cette manière d'interpréter la parabole de l'Évangile. Rien de plus spirituel que cette façon de classer par la chronologie, ou selon la division des temps, tout le personnel biblique, pour attribuer à chacun ce qui lui est dû en conséquence des conventions particulières. Nous n'avons pas connaissance que ces paraboles aient été interprétées ainsi chez nous par nos artistes du moyen âge. Il n'y a vraiment pas de peuple plus spirituel que le peuple grec.

La parabole de la pierre angulaire.

« La pierre que ceux qui bâtissaient ont rejetée, » etc. (Matthieu, ch. xxi.)

Description. — Une église. Au dedans, des apôtres, des patriarches, des saints, qui baptisent et instruisent. Les Grecs[1] et les Hébreux s'embrassent. En haut, le Christ les bénit. Près de là, Jérusalem incendiée; des soldats en sortent poursuivant des juifs. Le prophète Isaïe montre le Christ et dit sur un cartel : « Le Seigneur dit : Voici que j'envoie dans les fondations une pierre choisie, parfaite, la pierre angulaire par excellence; celui qui y mettra sa confiance ne sera pas trompé. »

La parabole du roi faisant un festin de noces.

« Le royaume des cieux a été comparé à un roi, » etc. (Matthieu, ch. xxii.)

Description. — Une église. Au dehors, d'un côté, des juifs comptant de l'argent; devant eux, des bœufs et d'autres objets. D'autres, avec des femmes s'amusent aux danses et à la musique; d'autres scient le prophète Isaïe; d'autres précipitent le prophète Jérémie dans une fosse remplie de fange. De l'autre côté de l'église, les apôtres enseignant. Devant eux, des païens, des publicains, des courtisanes, se jettent à leurs pieds et brisent les idoles. Au milieu de l'église, une table sur laquelle il y a une coupe et un plat. Tout autour,

---

[1] Ici on sent le schisme qui concentre l'Église entière chez les Grecs et paraît en vouloir exclure les Latins.

rangés en cercle, les ordres des anges, le chœur de tous les saints, complétement revêtus de blanc et portant des lampes. Au milieu d'eux, un homme avec un habit malpropre. Les démons lui lient les pieds et les mains, et l'entraînent en enfer. Le Christ, revêtu d'un costume royal et patriarchal, debout, auprès de lui, dit sur un cartel : « Mon ami, comment es-tu entré ici n'ayant pas la robe nuptiale? »

La parabole du festin.

« Un homme fit un grand festin et convia, » etc. (Luc, ch. xiv.)

Description. — Le Christ debout et bénissant. Autour de lui, des apôtres. A gauche des juifs, des docteurs et des pharisiens. Les uns mangent et boivent, d'autres font leur négoce. Des moines se prosternent aux pieds du Christ. De l'autre côté, les païens se prosternent aussi à ses pieds, et les apôtres les instruisent.

La parabole des talents.

« Un homme, partant pour un voyage, appela ses serviteurs et leur donna, » etc. (Matthieu, ch. xxv.)

Description. — Le paradis. Au dehors, le Christ comme un roi assis sur un trône; les anges rangés en cercle autour de lui. Du côté droit, un saint grand prêtre et un saint prêtre, portant les évangiles, regardent le Christ et lui montrent par derrière une foule de saints hommes et de saintes femmes. Le Christ les bénit. Du côté gauche, un disciple lui présente l'Évangile d'une main, le lui montre de l'autre, et dit : « Voici votre talent. » Par derrière, des démons l'entraînent de force vers l'enfer.

*La parabole de ceux qui bâtissent une maison sur la pierre ou sur le sable.*

« Quiconque écoute mes paroles et les met en pratique, » etc.

Description. — Le Christ. Derrière lui, les apôtres ; devant lui, deux hommes, l'un vieux et l'autre jeune, qui tous deux écoutent ses paroles avec empressement. Plus loin, le vieillard prie dans une grotte. Des courtisanes et des démons l'entourent et lui lancent des traits ; d'autres hommes le tirent par ses vêtements. Dans un autre endroit, le jeune homme à table, mangeant et buvant avec des femmes ; des démons rient en le regardant.

*La parabole du guide aveugle.*

« Un aveugle conduisant un autre aveugle, ils tombent tous deux dans la fosse. » (Matthieu, ch. xv, v. 14.)

Description. — Les grands prêtres, les docteurs et les pharisiens enseignant. Sur leurs épaules, des démons leur bandent les yeux avec des voiles. Devant eux, les juifs paraissant les écouter. Des démons leur couvrent aussi les yeux. D'autres démons, les ayant tous ensemble entourés d'une corde, les entraînent vers l'enfer. Le Christ debout, dans le lointain, les montre à ses disciples, et leur dit sur un cartel : « Si un aveugle conduit un autre aveugle, ils tombent tous deux dans la fosse. »

La parabole des dix vierges.

« Le royaume des cieux sera comparé à dix vierges, » etc. (Matthieu, ch. xxv.)

Description. — Le paradis. A l'intérieur, le Christ regardant au dehors. Derrière lui, les cinq vierges sages portant des lampes allumées. Les cinq vierges folles au dehors; elles tiennent leurs lampes éteintes et frappent à la porte du paradis, disant: « Seigneur, Seigneur, ouvrez-nous. » Mais le Christ leur répond : « Je vous le dis, en vérité, je ne vous connais pas. » Plus loin, on voit aussi des tombeaux; les dix vierges en sortent. Un ange, au-dessus, sonne de la trompette [1].

[1] Rien n'est plus fréquent, dans notre ar. gothique et roman, que la représentation sculptée ou peinte des vierges folles et des vierges sages. Citer les monuments, ce serait donner une trop longue liste; il suffira de dire que ce sujet est sculpté en statues, plus grandes que nature, à la cathédrale de Strasbourg; en statues de demi-grandeur, à la cathédrale de Reims; en statuettes, aux églises de Saint-Denis et de Saint-Germain-l'Auxerrois. La cathédrale de Chartres a répété jusqu'à trois fois le même sujet dans ses porches latéraux; la cathédrale de Paris le montrait deux fois : aux jambages de la porte centrale du portail occidental, où le malheureux Soufflot a détruit ces figures, et à la voussure du portail méridional, où elles existent encore. A la cathédrale d'Amiens, on en voit un remarquable exemple à la porte centrale du portail principal, sur les jambages. En peinture, c'est aussi varié, et la cathédrale de Troyes a donné cette parabole en grand sur un vitrail du chœur. Nos manuscrits à miniatures, intérieur et couverture, en offrent des exemples nombreux peints sur parchemin, sculptés en ivoire, coulés en émail ou ciselés dans le métal. Ces vierges sont toujours au nombre de dix, cinq folles et cinq sages. Les sages, ordinairement vêtues en religieuses, robe large et voile sur la tête, tiennent leur lampe bien allumée et en abritent la flamme avec soin; les folles, ordinairement en femmes du monde, tête nue ou couverte du bonnet cylindrique cannelé, robe serrée et accusant les formes, tiennent leur lampe sans mèche, sans huile et renversée. La figure, calme aux sages, tourmentée aux folles, révèle les im-

La parabole de celui qui tombe entre les mains des voleurs.
(Luc, ch. x.)

Description. — Le paradis. A la porte, une épée de feu; au dehors, Adam et Ève nus et pleurant. Plus loin, une foule d'hommes, les uns adorant des idoles, des chats ou des chiens ; d'autres immolant des bœufs ; d'autres sacrifiant des hommes aux idoles; d'autres mangeant et buvant avec des courtisanes. D'un côté, Moïse, avec les tables de la loi, et Aaron les regardent en se retournant. De l'autre côté, le prophète Isaïe se détourne aussi en arrière pour les regarder. Plus loin, une église dans laquelle les apôtres instruisent les uns, baptisent les autres, ou donnent la communion. Le Christ, au-devant de tous, présente d'une main le livre de saint Paul et les tables de la loi ; de l'autre, il porte sa

---

pressions de leur âme. Du côté des folles, à la cathédrale d'Amiens, est un olivier desséché, sans fruits ni feuilles; du côté des sages, un olivier vigoureux, chargé de fruits mûrs et prêts à donner beaucoup d'huile. A Strasbourg et sur un vitrail de la cathédrale de Troyes, le Christ guide les sages et Satan conduit les folles. A Saint-Germain-l'Auxerrois, dans le haut de la voussure, Jésus sort du ciel en buste, tenant à chaque main une banderole où était écrit, du côté des folles : *Nescio vos*, et du côté des sages : *Vigilate et orate*. A Freybourg-en-Brisgau, où l'on voit en grandes statues les vierges sages et folles, un petit ange tient une banderole où se lit: *Vigilate et orate*. A la cathédrale de Reims, du côté des folles, est un temple, une sorte d'église fermée ; du côté des sages, une autre église ouverte à deux battants. Cette église figure le paradis. Les sages sont assez souvent nimbées, puisqu'elles sont saintes; les folles jamais, comme on le conçoit. Cependant, aux cathédrales de Reims et de Laon, par une exception unique à ma connaissance, les folles portent le nimbe comme les sages. Ce ne peut être une erreur, et le nimbe est là sans doute comme attribut de la virginité et non de la sainteté. Dans l'Iconographie chrétienne, page 136, nous avons signalé et tâché d'expliquer cette particularité curieuse.

croix sur les épaules, et montre derrière lui les personnages susdits [1].

### La parabole du juge inique.

« Il y avait dans une ville un juge qui ne craignait pas Dieu, » etc.

Description. — Le Christ au haut du ciel. Au-dessous de lui, un prélat en prières, tourmenté par les hérétiques, que poursuit un ange armé d'un glaive. Plus loin, un jeune saint au milieu du feu; de l'eau tombant du ciel vient le rafraîchir. Deux anges sont auprès de lui. Plus loin encore, un saint à genoux et en prières. Des démons l'environnent et lui lancent des flèches; l'ange du Seigneur se met à leur poursuite [2].

### La parabole de l'enfant prodigue.

« Un homme avait deux fils, le plus jeune lui dit, » etc. (Luc, ch. xv.)

Description. — Le temple et l'autel. Auprès du temple, le fils aîné en prières. Près de là, le plus jeune mangeant et buvant avec des courtisanes. On voit encore au milieu du temple l'enfant prodigue. Le Christ lui donne la communion;

---

[1] La parabole du voyageur qui, dépouillé et blessé par les voleurs, est abandonné par un prêtre et un lévite, mais recueilli et soigné par un Samaritain, est fréquemment représentée chez nous en sculpture et surtout en peinture sur verre. Un vitrail de la cathédrale de Chartres reproduit notamment cette parabole si pleine de charité.

[2] Le génie dramatique des Grecs se traduit dans ce commentaire que le Guide donne pour exécuter des tableaux.

les apôtres l'oignent de myrrhe et lui donnent une croix. Tout autour de l'autel, les ordres des anges témoignent leur joie avec des harpes, des trompettes et d'autres instruments de musique. Hors de temple, on voit encore le Christ prenant le prodigue dans ses bras et le baisant au visage. Dans un autre endroit encore, le Christ appelle le fils aîné et lui dit sur un cartel : « Mon fils, tu as toujours été avec moi, et tout ce que j'ai est à toi. » Celui-ci le regarde et se retourne par derrière [1].

La parabole du riche qui a eu de belles moissons.

« Un homme riche avait un bien qui rapporta beaucoup, » etc.

Description. — Maisons. Un homme, portant un vêtement de pourpre et un bonnet de fourrure, paraît embarrassé. Devant lui, des monceaux de blé. Des hommes renversent des greniers et en reconstruisent d'autres. Un peu plus loin, le même homme encore, couché sur un lit d'or. Autour de lui des démons, avec un harpon à trois dents, saisissent son âme.

[1] La parabole de l'enfant prodigue est une de celles que l'art gothique a le plus souvent peintes sur verre; on la voit figurée dans les plus grands détails sur des vitraux du xiii° siècle, aux cathédrales de Chartres et de Bourges. Mais, chez nous, c'est la parabole littérale qu'on représente et non son interprétation comme chez les Grecs, et comme notre Guide le prescrit. On voit donc se dérouler successivement, sur nos vitraux, l'histoire de l'enfant prodigue, depuis le moment où il demande son héritage à son père jusqu'à celui où, après avoir passé par tous les plaisirs et ensuite par tous les malheurs, il est recueilli par son père, qui oublie le passé. (Voyez la Monographie de la cathédrale de Chartres publiée par le ministère de l'instruction publique, 1<sup>re</sup> livraison; et les Vitraux peints de Bourges, par MM. Arthur Martin et Charles Cahier, 5° livraison.)

La parabole du mauvais riche et du pauvre Lazare.

« Il y avait un homme riche qui ne portait que des habillements de pourpre, » etc. (Luc, ch. XVI.)

Description. — Un palais. Au dedans, une table servie de différents mets. Un homme, couvert de vêtements splendides et riches, est assis à cette table et tient une coupe à la main. Grand nombre d'esclaves le servent et apportent divers plats. Près de là, on le voit encore sur un lit ; les démons s'emparent de son âme. Autour de lui, des femmes et des enfants en pleurs. Au bas de la porte du palais, un homme nu, couvert de plaies et couché à terre. Des chiens lèchent ses plaies. Au-dessus de lui, David avec une harpe ; et les ordres des anges qui reçoivent son âme au son de divers instruments. Plus loin l'enfer, où le riche est au milieu des flammes et dit : « Père Abraham, ayez pitié de moi. » En face de lui, le paradis, et Abraham au milieu avec Lazare dans son sein. Abraham répond au riche : « Mon fils, souvenez-vous que vous avez reçu vos biens pendant votre vie [1]. »

[1] Chez les Grecs, comme chez nous, cette scène est fréquemment représentée. Ordinairement, comme à Saint-Lazare d'Autun, comme à Saint-Saturnin de Toulouse, on la place à la porte des églises, au portail latéral, là où se mettent les pauvres, et par où passent les riches, auxquels les malheureux se recommandent. Déjà nous avons constaté la dureté qui anime le christianisme grec, et nous l'avons mise en regard de la douceur latine. La parabole du riche en offre un remarquable exemple. J'ai rapporté du mont Athos une gravure sur cuivre représentant la mort du riche, qui est un vieillard vêtu d'amples et somptueux habits. Le riche est couché sur un lit de roses ; sa femme, ses parents, ses amis, pleurent sa fin prochaine. A son chevet, veillent deux diables noirs, nus et velus, à ailes de chauve-souris, l'un à tête de porc, l'autre à tête de taureau ; tous deux l'insultent et attendent son âme pour l'emmener en enfer. Cette

*La parabole de l'homme fort.*

« Nul ne peut entrer dans la maison d'un homme fort, » etc. (Marc, ch. III.)

Description. — Le Christ debout, bénissant. Devant lui, Matthieu le publicain, l'apôtre Paul, Marie-Magdeleine, une courtisane et beaucoup d'autres pécheurs convertis se jetant à ses pieds. Près de là, les anges enchaînent le diable et le préciptent en enfer.

*La parabole du chandelier.*

« Personne ne prend un chandelier pour le cacher, » etc. (Matthieu, ch. V.)

Description. — Le temple. Un saint grand prêtre prêchant dans une chaire; un ange lui parle à l'oreille et une grande

âme, c'est l'archange Michel qui la tient par les cheveux. Saint Michel, habillé en guerrier romain, chaussé de bottines, vêtu d'un tissu d'écailles et protégé d'une cuirasse à lanières, foule aux pieds le corps du riche. Le pied droit est sur les cuisses, le gauche pèse sur la poitrine et en fait sortir l'âme, qui s'échappe par la bouche, avec des gémissements. De la main gauche, Michel saisit par les cheveux l'âme, qui a la forme d'un enfant, qui croise les bras et demande grâce; mais l'archange n'entend rien et tient, de la main droite, une épée nue qu'il va plonger dans le corps de cette petite âme. Cette scène cruelle, où un archange fait l'office d'un bourreau, rappelle exactement, par sa disposition, ces sculptures égyptiennes où l'on voit un Pharaon saisissant par les cheveux une poignée de captifs qu'il s'apprête à égorger. Chez nous, l'archange ne se commet pas ainsi; c'est le diable et non l'esprit céleste qui est l'instrument des vengeances divines. Nous verrons d'autres exemples encore de cette cruauté qui conviendrait mieux à l'Ancien Testament qu'à l'Évangile. L'Orient ne s'est pas adouci comme nous sous les préceptes du Nouveau Testament. Cette gravure du mont Athos est faite d'après les fresques byzantines.

lumière l'entoure. Au-dessous de lui, des hommes écoutent avec empressement et élèvent les mains. Le Christ les bénit d'en haut et dit sur l'Évangile : « Que votre lumière brille ainsi devant les hommes, afin qu'ils voient. »

*La parabole du figuier stérile.*

« Un homme avait un figuier dans sa vigne, » etc. (Luc, ch. XIII.)

Description. — Le temple. Au milieu, un homme à cheveux gris, les mains en croix sur la poitrine. Auprès de lui, la mort portant une faux[1]. Le Christ lui ordonne de tuer cet homme. L'ange, gardien de la vie de cet homme, à genoux devant le Christ, le prie en disant : « Seigneur, accordez-lui encore du temps. »

*La parabole de celui qui voulait bâtir une tour.*

« Quel est celui d'entre vous qui, voulant bâtir une tour, » etc. (Luc, ch. XIV.)

Description. — Saint-Paul prêchant et disant sur un cartel : « J'ai établi Jésus-Christ comme fondement. » Tout autour de lui, des hommes l'écoutent avec attention. Plus loin, les mêmes hommes mangeant, buvant, travaillant; des démons auprès d'eux s'en saisissent. Au-dessus d'eux, ces mots : « Ceux qui croient et ne peuvent accomplir. »

[1] Chez les Grecs, on le conçoit, les traditions de la mythologie païenne ont toujours persisté. Dans le réfectoire de Vatopédi, la Mort, squelette encore couvert de sa peau, porte une faux à la main gauche et une faucille à la main droite. Cette mort, c'est Charon, comme le dit l'inscription : Ὁ Χάρος (pour Χάρων).

La parabole du publicain et du pharisien.

« Deux hommes montèrent au temple pour prier, » etc.

Description. — Le temple avec un escalier. Devant le sanctuaire, le pharisien, vieillard à grande barbe, avec d'amples vêtements, la tête couverte d'un voile, debout et les regards au ciel. Il étend une main en haut; de l'autre, il montre le publicain. Le démon de l'orgueil est assis sur sa tête [1]. Vis-à-vis de lui, le publicain, les yeux fixés à terre, se frappe la poitrine. Un ange, au-dessus de lui, le bénit.

La parabole des serviteurs fidèles et prudents.

« Quel est le serviteur fidèle et prudent, » etc. (Matthieu, ch. XXIV.)

Description. — Le temple. Au dedans, un grand-prêtre, saint vieillard, prêchant. Un saint prêtre ayant une coupe dans les mains. Un saint diacre portant un disque sur la tête. D'autres tiennent des lampes et des encensoirs. D'autres

---

[1] Cette manière de traduire visiblement les mauvaises pensées est fréquente au moyen âge : il n'est pas rare de voir des démons sur la tête ou à l'oreille d'Hérode ordonnant le massacre des innocents. (Voyez la clôture du chœur de Notre-Dame de Paris.) Nous avons donné dans l'Iconographie chrétienne (*Le Saint-Esprit*, p. 453, planche 120) une gravure tirée de l'*Hortus deliciarum* (ms. de Strasbourg), qui représente un esprit malfaisant sous la forme d'un oiseau noir et décharné. Cet animal efflanqué souffle à l'oreille d'un magicien, d'un philosophe irréligieux, des pensées mauvaises et ténébreuses. Plus loin (p. 454, planche 121), l'esprit du mal vient s'abattre sur les épaules d'une idole dont il est l'âme et où il va pénétrer. Un petit démon perche assez souvent sur le casque de Goliath.

caloyers et une foule de peuple en prières. En haut, le Christ les bénit.

### La parabole des méchants serviteurs.

« Si un mauvais serviteur dit en son cœur, » etc. (Matthieu, ch. XXIV.)

Description. — Maisons. Au dedans, des hommes chrétiens, ecclésiastiques, moines, laïques, mangeant et buvant au bruit des danses et des tambours, et se querellant. Au-dessus d'eux, le Christ; près d'eux, la Mort les moissonnant avec sa faux[1]. Les anges, en cercle autour du Christ, tiennent aussi des faux[2]. Auprès de la maison, l'enfer, avec de grandes flammes, dévore les impies et les hérétiques. Les démons saisissent les hommes dans ces maisons pour les entraîner en enfer.

### La parabole du sel.

« Le sel est une bonne chose, mais s'il vient à perdre sa force, » etc. (Matthieu, ch. V.)

Description. — Le temple. Grands prêtres, prêtres, disciples. Les uns enseignent sur des chaires, les autres sur des trônes; d'autres lisent dans des livres. Saint Paul, portant un cartel, dit : « Que tous vos discours soient accompagnés de grâce et assaisonnés du sel de la sagesse. » (Épître aux Coloss. IV.)

---

[1] Toujours la Mort sous la forme de Charon.
[2] Chez nous, comme dans le Jugement dernier de Jean Cousin, on leur donne des faucilles.

### La parabole de la lumière et des ténèbres.

« La lumière est venue au monde, mais les hommes ont mieux aimé les ténèbres, » etc. (Jean, ch. III.)

Description. — D'un côté, le Christ environné d'une grande lumière; il tient l'Évangile et dit : « Je suis la lumière du monde. » Les apôtres sont près de lui. De l'autre côté, le chef des ténèbres, le diable environné d'obscurité[1]; auprès de lui, des docteurs des pharisiens et une foule d'impies l'entourent en cercle et s'éloignent du Christ, auquel ils tournent le dos.

### La parabole de la nourriture.

« Travaillez, non pour la nourriture qui périt, mais, » etc. (Jean, ch. VI.)

Description. — Une maison. Au dedans, des hommes mangent et boivent. Près de là, le temple, dans lequel d'autres hommes participent aux divins mystères de la communion. D'autres prêchent, d'autres prient. Le Christ les montre à ses disciples, et dit sur un cartel : « Travaillez, non pour une nourriture périssable, mais pour celle qui se conserve jusque dans la vie éternelle. »

---

[1] Non-seulement Satan est environné de ténèbres et il fait la nuit, il éteint la lumière partout où il passe; mais lui-même est tout noir, enfumé, ténébreux comme la nuit la plus serrée. Dans nos légendes, on l'appelle sans cesse l'Éthiopien et l'Esprit fuligineux; il est noir de la peau et noir du poil qui lui couvre tout le corps. On sent qu'il est parent d'Arihman, le dieu ou l'esprit de la nuit, comme Ormuzd est le dieu du jour. Satan souffle la lampe de Paul, diacre, et le cierge de sainte Geneviève.

### Parabole de la porte et de la bergerie.

« Celui qui n'entre pas par la porte dans la bergerie, » etc. (Jean, ch. x.)

Description. — Une église. Au dehors, sur la porte, le Christ tient l'Évangile ouvert et dit : « Je suis la porte ; celui qui entrera par moi sera sauvé. » Derrière la porte, Moïse tenant les tables de la loi. Hors de l'église, devant le Christ, les saints prélats portant les Évangiles et instruisant ; au-dessus d'eux, ces mots : « Ceux qui sont entrés par la porte. » Devant eux, foule de chrétiens écoutant avec attention. Derrière les chrétiens, Arius et les autres hérésiarques les tourmentant. Au-dessus d'eux, ces paroles : « Ceux qui ne sont pas entrés par la porte, mais qui ont pénétré par un autre endroit. »

### La parabole de la vigne.

« Moi, je suis le cep de vigne, et vous en êtes les branches, » etc. (Jean, ch. xv.)

Description. — Le Christ bénissant des deux mains et ayant l'Évangile sur sa poitrine ; il dit : « Je suis le cep de vigne et vous en êtes les branches. » Des rameaux de vigne sortent de son corps et enlacent les apôtres [1].

---

[1] Ce sujet, nous l'avons déjà dit, est peint à Césariani, petit couvent du mont Hymette, dans le porche de l'église, contre le mur de l'Orient. A gauche de la porte, on voit la généalogie matérielle du Christ, ses ancêtres depuis Jessé jusqu'à saint Joseph ; à droite, la généalogie spirituelle. Dans la première, il est engendré, il est fils ; dans la seconde, il engendre, il est père. Les apôtres sortent de lui, comme d'un immense cep de vigne, dont il est la

La parabole de l'hypocrite.

« Pourquoi voyez-vous un fétu dans l'œil, » etc. (Matthieu, ch. VII.)

Description. — Un homme debout ayant un petit morceau de bois dans l'œil. Devant lui, un pharisien, ayant un grand morceau de bois dans l'œil, et disant à l'autre : « Mon frère, laissez-moi ôter ce fétu de votre œil. » Au-dessus d'eux, le Christ regarde le pharisien avec un visage irrité ; il dit sur un cartel : « Hypocrite, ôte d'abord cette poutre de ton œil. »

La parabole des bons et des mauvais arbres.

« Un bon arbre ne peut produire de mauvais fruits. » (Matthieu, VII ; Luc, VI.)

Description. — Des hommes debout. Il leur sort de la bouche, à l'un le Saint-Esprit, à un autre un ange, à un autre une petite flamme, à un autre une rose, à d'autres différentes choses précieuses. Vis-à-vis d'eux, d'autres hommes debout, de la bouche desquels sortent : un démon, un serpent, un pourceau, des épines et d'autres choses de cette nature[1]. Le Christ,

racine, et comme il est sorti lui-même d'un grand arbre dont Jessé est la souche. Ce sujet du Christ père des apôtres, vigne dont les apôtres sont les branches et les fruits, est peint sur verre dans la cathédrale de Troyes. C'est cette belle fenêtre qu'on attribue au célèbre verrier Linard ou Léonard Gonthier ; elle date du XVIIe siècle, époque où, partout ailleurs qu'à Troyes, on ne faisait en peinture sur verre que de fort mauvais ouvrages.

[1] Nous n'avons rien d'analogue dans notre art latin. Quand on figure chez nous cette parabole, ainsi qu'on a fait dans la cathédrale de Reims, sur la paroi intérieure du portail occidental, on traduit le sens littéral. On représente un arbre auquel la cognée est mise, et qu'on dépèce pour le jeter au

les montrant de loin, dit sur un cartel : « Tout arbre sera reconnu à ses fruits. »

### La parabole de la porte étroite.

« Entrez par la porte étroite, parce que la voie large, » etc. (Matthieu, ch. VII.)

Description. — Montagnes et cavernes. On y voit des saints en prières et des démons qui les tentent. Plus loin, des martyrs tourmentés de différentes manières par des tyrans. Le Christ les bénit du haut des nuages; il porte sur la poitrine l'Évangile ouvert et dit : « Efforcez-vous d'entrer par la porte étroite. »

### La divine liturgie.

Une coupole. Au-dessous, une table sur laquelle est le saint Évangile; au-dessus, le Saint-Esprit. Auprès, le Père éternel assis sur un trône; il bénit de ses saintes mains, et dit sur un cartel : « Je t'ai engendré de mon sein avant Lucifer. » Du côté droit de la table, le Christ en habit de patriarche et bénissant. Devant lui, tous les ordres des anges saisis de respect, en habits sacerdotaux, formant un cercle qui revient jusqu'au côté gauche de la table. Le Christ prend un disque sur la tête d'un ange habillé en diacre. Quatre autres anges sont auprès : deux encensent le Christ et deux portent de grands chandeliers. Il y en a aussi d'autres par derrière;

---

feu. Le génie grec, s'il nous est inférieur sur bien des points importants, a plus d'abondance, plus de variété que le nôtre, au moins pour ces détails pittoresques.

ils portent : l'un une petite cuillère, l'autre une lance, l'autre un roseau, l'autre une éponge, l'autre une croix, et d'autres des cierges [1].

[1] Ce sont les instruments de la Passion et ceux qui servent à la messe. Les Grecs, plus vifs d'imagination que les Latins, ont moins altéré que nous les souvenirs de la Passion dans le sacrifice de la messe. Comme nous, ils ont le corps et le sang de la victime sacrée ; mais, de plus, ils ont la lance, avec laquelle ils percent encore, comme Longin l'a fait sur le Calvaire, le côté du Sauveur. Chez nous, c'est avec la patène qu'on partage l'hostie ; chez les Grecs, c'est avec la lance qu'on l'ouvre et qu'on la blesse. L'éponge est encore là pour abreuver de fiel la victime qui renaît sans cesse par la consécration ; le roseau sert encore de sceptre dérisoire et la croix est toujours le gibet. En Grèce, le drame sacré est moins effacé que chez nous. Au couvent de Saint-Luc, près du mont Parnasse, je me suis fait nommer les instruments divers qui servent à la messe ; ce sont les noms que donne le Guide : λαβίδα, cuillère pour prendre le pain sacré ; λόγχη, lance ; δισκάρι, patène ; ἀστερίσμος, petite étoile ; ἅγιον ποτήριον, calice.

Je renvoie à l'Introduction, où j'ai parlé de la divine liturgie ou mystagogie, afin de ne pas me répéter ici. Je me contenterai de signaler une peinture qui remplit la coupole de l'église de Chilandari, grand couvent du mont Athos, comme le plus complet exemple que j'aie trouvé de la mystagogie. Le fond de la coupole est peint d'un Pantocrator sur fond vert ; sous lui, s'ordonnent les neufs chœurs des anges, puis la liturgie, puis les douze apôtres, puis les douze principaux prophètes. La liturgie fait tout le tour de la coupole et se compose de vingt-deux anges qui viennent apporter dans l'ἅγιον βῆμα (sanctuaire), sur l'autel que décore et que surmonte un ciborium, tout ce qui doit servir au sacrifice. En allant d'orient en occident, on trouve deux anges qui encensent l'autel ; quatre anges qui tiennent chacun un cierge allumé ; deux anges qui portent, l'un le livre des Épîtres, l'autre le livre des Évangiles, placés sur un voile ou une nappe rouge ; quatre anges agitant chacun un hexaptéryge ; un ange portant sur sa tête le vêtement sacerdotal qui va servir à la messe ; un ange qui porte sur sa tête, et couvert d'un voile rouge, le pain qui va servir à la consécration. Tous ces anges, qui précèdent, sont habillés en diacres ; les suivants le sont en prêtres. On voit alors deux anges qui tiennent chacun un grand vase, qui doit servir, l'un à l'eau bénite et l'autre à l'eau du baptême ; un ange qui porte un calice en argent, ayant la forme de notre ciboire, et qui est couvert d'une étoffe rouge ; un ange qui tient un

La distribution aux apôtres du corps et du sang du Seigneur.

**Maisons.** Une table, sur laquelle est un plat avec du pain calice en or, celui où est le vin qui va devenir le sang ; deux anges habillés encore en diacres et portant chacun un hexaptéryge ; deux anges encore en diacres et tenant chacun un plat et un vase rempli d'eau pour les ablutions. Ces deux anges, qui sont les derniers, parce qu'ils offrent au prêtre l'eau qui doit le purifier à la fin de la cérémonie, ont chacun, sur l'épaule gauche, une serviette qui sert à essuyer les mains: ce sont les anges domestiques, à proprement parler. Tous ces anges ont un diadème d'argent sur le front, dans les cheveux ; des bandelettes blanches, de lin, leur retombent derrière les oreilles ; tous ont de beaux cheveux noirs, longs et déroulés sur le cou et les épaules. Les vêtements qui les ornent sont roses et blancs, et non d'une seule couleur, comme les ornements que les officiants portent aujourd'hui dans toute la Grèce. Au-dessus de tous ces anges de la liturgie règne une grande inscription grecque : ἅγιος, ἅγιος, ἅγιος ὁ Θεὸς Σαββαώθ, etc. La dalmatique impériale du trésor de Saint-Pierre, à Rome, dont nous avons déjà parlé et qui est gravée dans nos Annales archéologiques, vol. I, liv. V, montre Jésus-Christ donnant la communion, sous les deux espèces, à ses apôtres. Le calice est un vase grec à deux anses et à ventre large ; le vase aux hosties est une espèce de boîte circulaire, assez plate et sans pied.

Je l'ai déjà dit, ce beau sujet de la liturgie est sculpté à la cathédrale de Reims. Au sommet des piliers boutants, à la hauteur du grand toit de la nef, se dressent des anges qui ont quatre mètres de hauteur, qui portent chacun, et vont le déposer entre les mains du Christ, un des instruments du sacrifice de la messe. Mais ce motif est bien plus complet à Reims qu'en Grèce. En effet, Reims l'a pris sans doute à Constantinople, mais il l'a développé, comme on fait de tout ce que l'on copie. Non-seulement ces anges portent les instruments du sacrifice, mais encore les attributs de la souveraineté divine et terrestre. L'un de ces anges tient dans ses mains la lune échancrée ou le croissant ; un autre, le soleil rayonnant ; un troisième, le sceptre des rois ; un quatrième, la boule des empereurs et le glaive des soldats ; un cinquième, le symbole de l'Église, un temple idéal, et ainsi de plusieurs autres. Tous semblent s'acheminer pour aller déposer entre les mains du Christ, qui est au fond de l'abside, ce soleil, cette lune, ce globe, ce sceptre, ce glaive, cette église. On le voit, c'est plus magnifique encore que chez les Grecs. La cathédrale de Reims a peut-être emprunté

coupé en morceaux. Derrière cette table et au milieu, le Christ à mi-corps, les mains étendues; il tient le pain dans la main droite et le calice dans la gauche. Devant lui, est l'Évangile ouvert. Du côté droit, on lit ces mots : « Prenez et mangez,

ce motif aux byzantins, mais elle l'a poétisé davantage encore. La cathédrale s'appropria si bien la mystagogie, qu'elle l'a traduite dans ses cérémonies, et que, d'une représentation graphique, elle a fait une action dramatique. En effet, dans les grandes fêtes, à la messe, les anges des piliers boutants semblent descendre de leur piedestal aérien et venir, sous la forme d'enfants de chœur, exécuter une représentation vivante du drame immobile qu'ils donnent sans cesse à l'extérieur de l'église. Aux messes solennelles, les enfants de chœur sortent un à un de la sacristie; ils s'avancent lentement, au pas, vers l'autel, portant chacun un des instruments du sacrifice. Le premier tient l'aiguière et le plat où l'officiant se purifiera les mains; il est suivi, à quelque distance, par un autre enfant qui porte les paix en or; puis s'avance un troisième, qui tient les burettes; puis un quatrième, portant, à bras tendus, deux calices où se verseront l'eau et le vin des burettes; puis un cinquième, qui tient précieusement, sur une nappe de soie, le calice de la consécration. Tous viennent déposer successivement, sur une crédence préparée exprès, et qui tient lieu du βῆμα grec, ces instruments divers; c'est là que les officiants viennent les prendre pour les mettre aux mains du célébrant, qui remplit les fonctions de Jésus en grand archevêque. Cette cérémonie, particulière au rit de Reims, est d'une incomparable beauté. Un peintre vivant, qui se nourrit des plus belles et des plus anciennes traditions de l'art chrétien, vient d'imiter, pour une peinture dont il a décoré la chapelle de la Vierge, dans une église moderne, ce motif de la mystagogie peinte en Grèce, sculptée et dramatisée en Champagne. Il avait à représenter Marie entourée des attributs que l'Église lui reconnaît dans les litanies. L'Église appelle Marie soleil d'élite, lune éclatante, étoile du matin, étoile de la mer, puits d'eau vive, jardin fermé, cèdre élevé, lis blanc, buisson de roses, olive belle à la vue, tour de David, tour d'ivoire, porte d'or, porte du ciel.

Au xv$^e$ et au xvi$^e$ siècle, où ce sujet était à la mode, on figurait tout autour de la Vierge les objets indiqués par les litanies. Les vitraux de Notre-Dame de Châlons-sur-Marne, les tapiseries de Notre-Dame de Reims (aujourd'hui déposées dans une salle de l'archevêché) offrent ces louanges figurées et nommées. Sur un de ces tapis de Reims, on voit la Vierge Marie faisant elle-même de la tapisserie; elle est regardée avec amour par deux licornes, qui,

ceci est mon corps. » Du côté gauche : « Buvez-en tous, ceci est mon sang; » de chaque côté, les douze apôtres un peu inclinés et regardant le Christ. Pierre, en tête des cinq apôtres qui sont à droite, étend sa main sous du pain que lui donne le Christ. Jean, en tête des cinq apôtres du côté gauche, a une main étendue et l'autre sur sa poitrine; il approche sa bouche du bord du calice. Judas est derrière eux et leur tourne le dos; un démon entre dans sa bouche[1].

dans la symbolique du moyen âge, sont la figure de Jesus-Christ. Au bas de cette peinture, où la Vierge, au milieu d'un beau jardin, est environnée d'une fontaine, d'une tour, d'un lis, etc. on lit ces vers :

> Marie Vierge chaste, de mer estoile,
> Porte du ciel, comme soleil eslue,
> Puys de vive eau, ainsy que lune belle,
> Tour de David lys de noble value,
> Cité de Dieu, clair mirouer non pollue,
> Cèdre exalté, distillante fontaine,
> En ung jardin fermé est resolue
> De besongnier et sy de grâce est pleine.

Aidé par le motif byzantin qu'il imita, ou inspiré par un génie original qui lui fit deviner et comme créer ce motif, le peintre dont nous venons de parler mit en action les litanies de la Vierge, et s'y prit ainsi. Il avait un hémicycle à peindre, une demi-coupole; au centre, il plaça la Vierge, et à droite et à gauche il mit, entre les mains d'une procession de jeunes filles, les attributs que nous venons de nommer. L'une de ces filles porte donc pieusement un soleil magnifique, une autre une lune brillante, une troisième une étoile, celle-ci une fontaine jaillissante, celle-là un lys, cette autre une tour d'ivoire, et ainsi de suite; puis chacune d'elles semble s'avancer vers la Vierge et déposer en offrande, dans ses mains, l'attribut dont elle est chargée. On voit que c'est le même motif que dans la mystagogie, seulement la Vierge remplace le Christ, et, par une délicate attention, ce sont des jeunes filles qu'on donne pour anges à Marie. Il est impossible d'être plus heureux que ne l'a été le peintre dans cette poétique invention. On peut donc faire du nouveau, même en iconographie chrétienne, quand on connaît parfaitement les traditions et qu'on y reste fidèle en les imitant avec intelligence.

[1] Chez les Latins, la Cène est représentée de même; cependant, cette façon

La réunion de tous les esprits.

Le ciel avec le soleil, la lune et les astres. Au milieu, le Christ assis tenant un cartel avec ces mots : « Le Seigneur m'a établi le principe de ses voies ; il m'a fondé avant tous les

de représenter la communion sacrilége, par un démon qui entre dans la bouche de Judas, est particulière aux Grecs. Chez nous, on se contente de montrer un petit diable qui souffle à l'oreille du mauvais apôtre son sacrilége, qui sera suivi de la trahison. On voit quelquefois le même motif chez les Grecs. Aux époques où le nimbe conserve encore toute sa valeur symbolique, le Christ porte le nimbe crucifère comme attribut de la divinité, et les apôtres le nimbe sans croix, mais d'un grand éclat et d'une grande richesse, pour désigner la sublimité de leur condition. Au XIII<sup>e</sup> siècle, le nimbe devient à peu près exclusivement le signe de la sainteté ; par conséquent, Judas, qui est sacrilége, qui va être traître et qui sera suicide, en est dépouillé. Mais, en Orient, le nimbe désigne la puissance bonne ou mauvaise, et non pas la sainteté seulement ; par conséquent, Judas porte le nimbe. Tout scélérat qu'il est, Judas reste marqué du caractère indélébile de l'apostolat. Judas est apôtre, et, comme tel, il conserve le nimbe. Mais la couleur alors est employée comme moyen de figurer sa perversité. Tandis que le Christ et les apôtres ont des nimbes éclatants de lumière et d'ornements, blancs d'argent, jaunes d'or, bleus de ciel, rouges de feu, Judas porte un nimbe noir, un nimbe de deuil. Ainsi le voit-on à la Cène peinte à fresque, dans la petite église d'Athènes, qui est saisie dans le portique d'Adrien. Un petit démon noir se tient à l'oreille de Judas et lui parle en faisant des contorsions. Là, Jésus distribue le pain et le vin à ses apôtres ; il donne le pain à ceux de droite, dont Judas est le dernier, et le vin aux six autres qui sont à gauche. Chez nous, dans les œuvres où le génie byzantin semble avoir exercé une influence quelconque, directe ou indirecte, on voit également Judas nimbé. Mais comme, dans un manuscrit de Saint-Martial de Limoges qui appartient à M. le comte Auguste de Bastard, Judas porte un nimbe d'or aussi riche que celui du Christ, on n'a vu dans Judas que l'apôtre, et l'on n'a pas eu égard à ses crimes. (Voyez l'Iconographie chrétienne, page 187.) Habituellement Judas est sans nimbe, chez nous et même chez les Grecs, dans les œuvres de peinture qui ne remontent pas au delà du XVI<sup>e</sup> siècle.

siècles. » Aux quatre angles, les quatre évangélistes sous les formes d'un homme, d'un bœuf, d'un lion et d'un aigle. De chaque côté du Christ, la sainte Vierge et le Précurseur, qui le saluent avec vénération. Autour de lui, un cercle formé par les neufs chœurs des anges, Trônes[1], Chérubins, Séraphins disant : « Saint, saint, saint. » Les autres ordres portent des cartels avec des inscriptions. Ainsi les Dominations disent : « Gloire des Dominations ! beauté incréée ! » Les Vertus[2] : « Gloire immense des Vertus toutes-puissantes ! » Les Puissances : « Gloire ! lumière inaccessible des Puissances éblouissantes ! » Les Principautés : « Gloire ! lumière étincelante des admirables Principautés ! » Les Archanges : « Gloire ! éclat ineffable des Archanges ! » Les Anges : « Gloire ! beauté divine des Anges ! » Autour du ciel, on lit ces mots : « Que tout esprit loue le Seigneur ! Louez le Seigneur des cieux ! louez-le au plus haut des cieux ! A vous, Seigneur, convient toute louange ! » Au-dessous, les ordres de tous les saints sur des nuages et portant des cartels. Les saints patriarches ; devant eux, Adam dit sur un cartel : « Gloire des patriarches ! joie et transports ! » Les prophètes ; devant eux, Moïse disant : « Gloire des prophètes ! plénitude de la loi ! » Les apôtres ; devant eux, Pierre disant : « Gloire des apôtres ! louanges sans fin ! » Les prélats ; devant eux, Chrysostome

---

[1] Le Guide persiste à mettre les Trônes à la tête, et les Séraphins à l'autre extrémité du premier groupe des anges; il se trompe, comme nous l'avons déjà dit, et l'ordre est : Séraphins, Chérubins, Trônes.

[2] Il est curieux que les Grecs comme les Latins confondent la vertu avec la force. Chez les Latins, *virtus* signifie puissance morale et physique. C'est aux nations modernes qu'on doit d'avoir donné deux mots très-distincts pour deux qualités très-différentes, et qui ne se ressemblent guère plus que peser et penser, qu'une opération matérielle et une opération de l'esprit.

disant : « Gloire des chefs sacrés ! beauté et sublimité [1] ! »
Les martyrs ; devant eux, Georges disant : « Gloire des persécutés ! force et puissance ! » Les saints solitaires [2] ; devant eux, Antoine disant : « Gloire des ascètes et des saints ermites ! louange ineffable ! » Les rois justes ; devant eux, Constantin disant : « Gloire des orthodoxes ! force des rois ! » Les femmes martyres ; devant elles, Catherine disant : « Gloire des vierges ! époux céleste ! » Les saintes religieuses ; devant elles, Eupraxie disant : « Gloire à toi ! joie éternelle de toutes les solitaires ! » Sous les saints, des montagnes, des arbres couverts de fruits et d'oiseaux. Au bas, tous les animaux de la terre, domestiques ou sauvages [3].

[1] Remarquez que les prélats sont mis avant les martyrs, saint Chrysostome avant saint Georges. A Notre-Dame de Paris, les confesseurs précèdent également les martyrs.

[2] L'épithèthe ὅσιος est assez spécialement donnée aux ermites ; elle remplace celle d'ἅγιος, qui est plus générale.

[3] Ce magnifique sujet est une sorte de *Te Deum* chanté en l'honneur du Christ par le paradis, les divers ordres des saints et presque par la nature entière. Pour noter toutes les variétés qu'on rencontre dans cette immense peinture, il faudrait plus de place que je n'en ai ici. Je me contenterai donc de décrire sommairement un seul de ces tableaux, mais le plus complet que j'aie vu, et qui décore le porche extérieur de la grande église d'Ivirôn, au mont Athos. Ce porche est ouvert, et la voûte entière en est peinte de ces louanges au Christ. Au centre est assis Jésus-Christ bénissant de la main droite, et tenant à la gauche un globe qu'il appuie sur son genou gauche : ses pieds posent sur deux cercles de feu, ailés et ocellés, que nous avons dit représenter les Trônes. Le nimbe du Christ est circulaire, en or, timbré d'une croix où on lit ὁ ὤν; près de la tête, est écrit le monogramme IC XC. Tout autour du Christ rayonnent les huit autres chœurs des anges, représentés suivant la description qui en est donnée plus haut, page 74. Ils chantent tous en chœur : ἅγιος, ἅγιος, ἅγιος Κύριος Σαβαώθ, πλήρης ὁ ἐρανὸς καὶ ἡ γῆ τῆς δόξης σȣ. Plusieurs portent, comme un bouclier circulaire, une sorte de globe marqué du monogramme X. Aux quatre angles du carré qu'occupent les anges, on voit, comme aux quatre points cardinaux de ce monde divin, les attributs des évangélistes : l'ange de

## DEUXIÈME PARTIE. 237

COMMENT ON REPRÉSENTE L'APOCALYPSE.

Ch. I. Texte. — « J'étais dans l'île appelée Pathmos, et

saint Matthieu, l'aigle de saint Jean, le lion de saint Marc et le bœuf de saint Luc, tous quatre ayant la tête ornée d'un nimbe d'or. On n'aperçoit que la partie antérieure de leur corps; le reste est caché dans les nuages.

Une large bande carrée renferme les anges et les attributs des évangélistes. Ce cadre est divisé en douze compartiments, dans chacun desquels est figuré un des signes du zodiaque avec son nom et celui du mois qui lui appartient. Trois des signes regardent l'orient: le capricorne, le verseau et les poissons; les autres se suivent du sud à l'ouest, et de là au nord, trois pour chaque face. L'année commence en décembre, avec la naissance du Sauveur ou l'Avent; elle finit en novembre. Tout autour de ces signes, sont écrits en grec les versets du psaume CXLVIII, où David ordonne à la nature entière de louer Dieu : « Anges, soleil, lune, étoiles, lumière, louez Dieu; louez-le, cieux, air, feu, grêle, neige, glace, tempêtes; louez-le, montagnes et collines, cèdres et arbres à fruits, dragons et abîmes, bêtes sauvages, reptiles et oiseaux. Que les rois de la terre, les peuples, les princes, les juges, les jeunes hommes et les jeunes filles, les vieillards et les enfants célèbrent ses louanges! » On voit, en effet, toutes ces paroles mises en action avec une imagination et un mouvement remarquables. Les rois, les archontes ($ἄρχοντες$), lèvent les mains en signe d'adoration. Un jeune homme danse avec une jeune fille, un père danse avec sa petite fille et son petit garçon; cinq jeunes filles mènent un chœur antique. Une foule de garçons et de filles ($Νεανισκοί καὶ Παρθένοι$) lèvent les mains au ciel pour honorer Dieu; vieux et jeunes en font autant. Le soleil, la lune, les étoiles sont dans les nuages, et brillent d'un éclat éblouissant; on dirait qu'ils scintillent pour louer Dieu. Tous les animaux, oiseaux, reptiles, quadrupèdes, animaux domestiques et sauvages, bondissent, hurlent, sifflent et chantent pour louer Dieu à leur façon. Les arbres et arbrisseaux, les fleurs et les herbes tremblent et s'agitent. La mer gronde, le feu s'emporte, la grêle bruit, la glace et la neige reluisent ($Πῦρ, Χάλαζα, Χιών, Κρύσταλλος$) pour célébrer le Christ. Puis, au psaume CXLVIII et au cantique des trois enfants dans la fournaise (Daniel, c. III, on joint le CL° psaume, où David veut que le Seigneur soit loué au son de la trompette, avec le psaltérion et la harpe, le tambour, les instruments à cordes, l'orgue et les timbales. « Que tout esprit loue le Seigneur, » s'écrie David. Alors, on

j'entendis derrière moi une grande voix, comme d'une trompette, qui disait : Je suis l'alpha et l'oméga ; ce que tu vois, écris-le dans un livre. » — Tableau. — Une grotte ; au dedans, saint Jean le Théologos, assis, en extase, regardant

voit des musiciens de toute espèce, précédés par David, qui pince de la harpe, et par Salomon, qui chante sur un cahier de musique. Ils célèbrent, avec des instruments ou par la voix, les louanges de Dieu. La Terre elle-même (ἡ Γῆ) est personnifiée ; elle est là, sous la forme d'un vigoureux jeune homme, nu comme l'Hercule antique, soufflant de tous ses poumons dans une trompette, d'où se tirent des louanges à Dieu. Cette Terre, c'est l'espace qui loue Dieu, comme les mois et les signes du zodiaque représentent le Temps, qui le célèbre. Mais ce temps et cet espace, ce n'est que le fini, et il fallait que l'infini, représenté par le ciel, par les anges, vînt à son tour célébrer le créateur infini, l'éternel et l'immense.

Tous ces êtres se groupent près d'une magnifique église qui représente et figure le ciel animé par Jésus-Christ.

Mais, à cette joie universelle des anges, des hommes et de la nature entière, viennent encore s'associer tous les ordres des saints, qui se distribuent en zones concentriques dans toute la longueur et la largeur du porche. Les cercles semblent naître les uns des autres. Partis du milieu de la voûte, ils viennent mourir sur les archivoltes des arcades. Tous ces saints, distribués comme le Guide les indique, peints par masses, d'où se détachent quelques-uns des principaux, prononcent, écrites sur des banderoles, les paroles et les louanges qu'on vient de lire : gloire des patriarches, des prophètes, des apôtres, des martyrs, des persécutés, beauté, sublimité, force, etc.

Plus bas, nous reparlerons des différents ordres des saints. Le Jugement dernier, peint par Titien ; la Dispute du Saint-Sacrement, par Raphaël ; le paradis décrit par Dante ; les roses et les voussures de nos cathédrales, où tous les esprits célestes et bienheureux sont groupés en cercles concentriques, reproduisent ou rappellent ce vaste tableau décrit dans le Guide. Voyez surtout, au portail occidental de Notre-Dame de Paris, la voussure de la porte centrale, les porches latéraux de Notre-Dame de Chartres et la rose occidentale de Notre-Dame de Reims. La dalmatique impériale et byzantine conservée dans le trésor de Saint-Pierre, à Rome, offre précisément ce tableau de la réunion de tous les esprits. Le Christ, imberbe, est assis sur les nues ; il pose les pieds sur l'ordre des Trônes ; il a Marie à sa droite, saint Jean-Baptiste à sa gauche, les quatre attributs des évangélistes aux quatre points cardinaux ; les

## DEUXIÈME PARTIE. 239

derrière lui. Là, sur des nuages, le Christ portant une robe blanche et une ceinture d'or; il tient sept étoiles dans sa main droite, et une épée à deux tranchants sort de sa bouche. Autour de lui, sept lampes; une grande lumière sort de sa personne [1].

neuf ordres des anges et toutes les classes des saints patriarches, prophètes, apôtres, prélats, martyrs, solitaires, ascètes, ermites, rois, femmes martyres, femmes vierges, le louent et l'adorent comme le Guide vient de le prescrire. Sous ces saints resplendit le paradis où le bon larron tient la croix, où le patriarche Abraham caresse et reçoit dans son giron les âmes des justes. (Voyez la gravure de cette magnifique composition dans nos Annales archéologiques, vol. I, liv. V.)

[1] La représentation des divers sujets tirés de l'Apocalyse est très-fréquente chez nous; il n'y a pas d'église, pour ainsi dire, qui ne la possède plus ou moins complète. Elle abonde surtout en peinture à fresque et sur verre; elle est plus rare en sculpture. A la cathédrale de Reims, la porte droite du grand portail est remplie de statues qui représentent l'Apocalypse; sur trois cent quarante-six figures qui ornent cette porte au dedans et au dehors, il y en a deux cent soixante-cinq qui sont consacrées à ce sujet mystérieux. C'est le plus complet exemple que je connaisse jusqu'ici. Le tombeau de Jean de Langheac, évêque de Limoges, mort en 1541, est tout sculpté de bas-reliefs qui représentent les scènes de l'Apocalypse. Ces sculptures, d'une beauté remarquable, sont des chefs-d'œuvre de la renaissance. Dans l'œuvre d'Albert Durer, on trouve les mêmes scènes gravées. Albert Durer est aussi grossier que le sculpteur de Limoges est élégant. La crypte de la cathédrale d'Auxerre était peinte à fresque de scènes tirées de l'Apocalypse; il n'en reste plus que deux en ce moment. On y voit Dieu dans sa gloire, entouré des attributs des évangélistes, et ayant à sa droite et à sa gauche le chandelier à sept branches. L'autre scène montre le Christ à cheval entre quatre anges à cheval également. Ces fresques sont de la fin du XIIe siècle; je les ai fait graver pour l'Iconographie chrétienne, où on les voit aux pages 87 et 290, planches 36 et 81. La peinture sur verre affectionne l'Apocalypse. La rose occidentale de la Sainte-Chapelle de Paris est toute pleine de ce sujet; il se déroule encore sur un immense vitrail du XVIe siècle, qu'on voit dans le croisillon sud de l'église Saint-Martin-ès-Vignes, à Troyes. La bibliothèque de l'Arsenal et celle du roi possèdent des manuscrits à miniatures, du XIe siècle jusqu'au XVIe, uniquement consacrés à l'Apocalypse. Ce vaste sujet pourrait donner lieu à une importante monogra-

Ch. IV. Texte. — « Après que j'eus vu ces choses, voici qu'une porte fut ouverte dans le ciel, et une voix dit : Monte ici, et je te montrerai ce qui doit arriver dans l'avenir. Et je fus ravi en esprit, et je vis un trône, et autour du trône il y en avait vingt-quatre autres..... et, à la droite de celui qui était assis, » etc. — Tableau. — Des nuages. Au-dessus, le Père éternel assis, tenant, de la main droite, un livre fermé et scellé de sept sceaux. Un agneau à sept cornes et sept yeux soutient, avec deux pieds, le livre que porte le Père éternel. Au-devant du trône, sept chandeliers allumés, la mer et les tétramorphes [1] évangéliques

phie. Il y aurait tant de choses à dire à propos du manuscrit grec, tant de notes à ajouter, que je serai obligé de m'en tenir à quelques réflexions seulement.

Le glaive à deux tranchants qui sort de la bouche du Christ a été figuré de deux manières. Tantôt c'est un double glaive sortant, à droite et à gauche, de la bouche divine, qui le retient par la pointe. Tantôt c'est une épée seule, mais coupant des deux côtés, et que Dieu semble tenir entre ses dents. Le Christ est figuré ainsi sur un vitrail du XIIIe siècle qui est dans la cathédrale de Bourges; on le voit avec deux glaives sur une sculpture encastrée dans le mur du latéral gauche, à la cathédrale de Paris. Nous avons constaté qu'un sentiment de dureté, de cruauté même, attristait très-souvent les représentations figurées des Grecs; chez nous, surtout en France, c'est le contraire. Ainsi, dans l'ancienne église collégiale de Champeaux, près de Melun, on voit sur un vitrail le Christ jugeant le monde. Le glaive apocalyptique sort de la bouche de Dieu; mais il est unique et non double, et il est tourné à gauche, du côté des damnés. À droite, du côté des élus, ce n'est pas le second glaive qui s'échappe de la bouche de Dieu, mais une branche de lis chargée de fleurs. — Nous croyons inutile de donner à chaque tableau décrit par le Guide, le texte littéral de l'Apocalyse; ce livre est entre les mains de tout le monde.

[1] Attributs des évangélistes ayant les quatre têtes implantées et confondues sur un seul corps. Ézéchiel (I, 5, 6 et 10) vit quatre animaux, ayant chacun quatre faces et quatre ailes. Saint Jean (*Apocalypse*, IV, 6, 7 et 8) vit quatre animaux, ayant chacun six ailes, mais une seule tête, l'une des quatre

rangés en cercle. De chaque côté, les vingt-quatre vieillards assis sur des trônes d'or. Ils sont vêtus de blanc, et portent sur la tête des couronnes d'or. Ils tiennent, de la main droite, un vase d'or avec des parfums, et, de la main gauche, une harpe[1]. Au-dessous du Père éternel, un ange ailé, les mains

(homme, aigle, lion, veau) que portent les animaux d'Ézéchiel. La tête de veau, dans saint Jean, est une tête de bœuf dans Ézéchiel.

C'est de là que sont venus les attributs des évangélistes. Mais ils sont moins monstrueux que dans saint Jean, et surtout que dans Ézéchiel. On les représente n'ayant qu'une tête et qu'une seule paire d'ailes. Cependant des ailes à un lion, à un taureau, même à un homme, c'est monstrueux encore et toujours hors de la nature. Aussi, chez les Latins, au moyen âge, on remplaça d'abord l'homme par l'ange; des ailes à un ange, c'est moins choquant. Cependant, jusqu'au XIII$^e$, jusqu'au XIV$^e$ siècle, on donne encore des ailes au lion et au taureau; mais, au XIV$^e$ siècle, la raison, plus difficile et plus puissante, domine le symbole, et l'on coupe les ailes aux attributs de saint Marc et de saint Luc, pour les représenter au naturel.

Quant aux Grecs, voisins de l'Asie, où les monstruosités symboliques ont pris naissance, où les dieux portent plusieurs têtes et plusieurs bras, ils n'ont pas reculé devant l'absurde; ils ont trouvé tout simple qu'un bœuf eût des ailes, et même qu'il en eût trois paires. Il y a mieux : par amour pour l'allégorie hors de nature, ils ont menti au texte sacré. C'est Ézéchiel qui parle des tétramorphes, des animaux à quatre têtes, et non saint Jean; saint Jean donne six ailes à ses animaux, mais une tête seulement. Cependant, dans ce passage de l'Apocalypse qu'ils traduisent en peinture, les Grecs donnent quatre têtes à chacun des attributs. En Grèce, la réalité ne gagne pas de terrain aux dépens de l'allégorie, comme chez nous. Plus bas, nous reparlerons des attributs des évangélistes; qu'il suffise de dire ici que le plus ordinairement presque toujours, l'ange ou l'homme désigne saint Mathieu; l'aigle, saint Jean; le lion, saint Marc; le bœuf, saint Luc.

[1] Les vingt-quatre vieillards sont ainsi sculptés au porche méridional de la cathédrale de Chartres, au portail occidental de l'église de Saint-Denis et de la cathédrale de Reims, sur un vitrail du collatéral gauche de Saint-Étienne-du-Mont, etc. Les vieillards ont assez souvent une sorte de violon, ou d'autres instruments à cordes, en guise de harpe; il faut étudier avec soin la forme des divers instruments de musique dont ils sont armés.

étendues des deux côtés, comme pour recevoir les prières des saints.

Ch. vi. Texte. — « Et je vis que l'agneau avait ouvert un des sceaux, et j'entendis un des quatre animaux disant, comme d'une voix de tonnerre : Viens et vois. Et je regardai. Voici un cheval blanc : celui qui le montait avait un arc, et il lui fut donné une couronne, etc. » — Tableau. — Montagnes. Des hommes, les uns morts, les autres vivants, couchés à terre, pleins de frayeur. Au-dessus d'eux, un homme monté sur un cheval blanc ; il porte une couronne, il tient un arc et lance des flèches sur les hommes. Derrière lui, un autre homme monté sur un cheval rouge ; [¹ il tient une épée. Derrière, est un troisième, monté sur un cheval] noir ; il tient une balance à la main. Derrière, est encore la Mort montée sur un cheval vert, et portant une grande faux².

¹ Ce qui est entre crochets a été passé par le copiste de notre manuscrit, et peut-être même par le premier écrivain du manuscrit original.

² Ces quatre terribles cavaliers, instruments de la colère et de la justice divines, sont sculptés d'une manière admirable sur le tombeau de Jean de Langheac, à Limoges. La Mort, femme d'une maigreur décharnée, bandeau sur les yeux, éventrant au hasard tout ce qui se rencontre devant elle, est très-reconnaissable à Notre-Dame de Paris, voussure de la porte centrale du portail occidental. A Saint-Martin-ès-Vignes de Troyes, sur le vitrail de l'église dont nous avons parlé, on lit ces quatre vers près des quatre cavaliers :

<blockquote>
Ce roi sur cheval blanc avec son arc poursuit ;<br>
Sur un roux, ce second avec l'espée avance ;<br>
Ce tiers dessus un noir brandit une balance ;<br>
Puis la Mort sur un pâle a l'enfer qui la suit.
</blockquote>

Dans le grec, la Mort est montée sur un cheval verdâtre, cadavéreux, pâle (πράσινον ἄλογον). Sur le vitrail de Troyes, le cheval du cavalier qui tient la balance est violet et non noir ; mais le violet et le noir s'équivalent symboliquement. Au moyen âge, les rois de France portaient le deuil en violet. La soutane

## DEUXIÈME PARTIE. 243

Ch. VI. Texte. — « Et, lorsqu'il eut ouvert le cinquième sceau, je vis, sous l'autel, les âmes de ceux qui furent tués à cause de la parole de Dieu, » etc. — Tableau. — Un autel. Dessous, les âmes des saints martyrs revêtues de blanc, les mains et les yeux levés en haut; de chaque côté, des anges s'entretiennent avec elles[1].

Ch. VI. Texte. — « Et, lorsqu'il eut ouvert le sixième sceau, voici qu'il se fit un grand tremblement de terre : le soleil devint noir comme un sac de crin, la lune devint comme du sang, et les astres tombèrent du ciel sur la terre. Le ciel se retira comme un livre que l'on roule. » — Tableau. — Montagnes ténébreuses. Une foule d'hommes, les uns comme des rois, d'autres comme de grands seigneurs, d'autres comme des laïques, cachés au milieu des cavernes. Au-dessus d'eux, le ciel semblable à un papier roulé, le soleil noir, la lune comme du sang, les astres tombant sur la terre[2].

Ch. VII. Texte. — « Après cela je vis quatre anges aux quatre angles de la terre, qui retenaient les quatre vents du monde pour les empêcher de souffler sur la terre, sur la

violette est la soutane noire des évêques. Le deuil de l'église, en carême et aux jours de jeûne, se porte en violet également; c'est en chasuble violette que le prêtre dit la messe alors. D'ailleurs, le violet foncé n'est que du noir clair.

[1] A la cathédrale de Reims, sur un contre-fort du portail occidental, ce sujet est sculpté avec une grande élégance. Les âmes des martyrs ont la forme de petits enfants nus et sans sexe, tendant les bras vers Dieu.

[2] Une grande peinture qui tapisse le mur occidental de l'église principale de la Panagia-Phanéroméni, dans l'île de Salamine, représente, avec de grands détails, tout ce sujet. Un grand ange roule et replie une large et longue banderole sur laquelle est peint le ciel avec tous les astres.

16.

mer et sur aucun arbre. Et je vis un autre ange qui montait du côté de l'orient; il tenait le sceau du Dieu vivant, etc. » — Tableau. — La terre et la mer. Aux quatre angles de la terre, les vents. Quatre anges armés d'épées menacent les vents pour les empêcher de souffler : un ange retient Borée, un autre Notus, un autre Zéphyre, un autre Sanir. Du côté de l'orient, un ange s'élève sur des nuées : il tient le sceau du Dieu vivant (X)[1] dans une main, et il étend l'autre vers les quatre anges. Au-dessous de lui, un autre ange fait une onction sur la figure d'une multitude d'hommes [2].

[1] Un disque timbré d'une croix.

[2] Le pastoral de saint Grégoire, manuscrit carlovingien qui est à l'évêché d'Autun, appelle les quatre vents en latin: *Oriens, Auster, Occidens, Aquilo;* en grec : *Anatolis, Missimbria, Dissis* ou *Dyssis, Arctos.* Ils sont en buste, ayant à la tête deux ailes élevées; ils soufflent de larges bouffées de vent. A Reims, dans un manuscrit de la fin du xii° siècle, on voit la personnification de l'air, touchant des pieds et des mains aux quatre vents qui sont nommés : *Eurus, Auster, Zephyrus, Aquilo.* Ce sont des têtes ailées et soufflantes; trois sont barbues et le Zéphyre seul est imberbe. On trouve dans les Annales archéologiques, vol. I, liv. II, une gravure et un article où sont dessinés et décrits ces quatre vents et cette personnification de l'air. Au couvent de Vatopédi, dans le mont Athos, les quatre vents sont peints à fresque dans un Jugement dernier, et portent le nom de Πουνέντις, Νότος, Ζέφυρος, Βορέας. Le seul Notus est vieux et imberbe. Pour le Zéphyre, la vieillesse et la barbe peuvent lui convenir, quoique ce nom de Zéphyre rappelle un petit vent frais, matinal et naissant. Malgré tout, ce vent de l'occident, vent du point où le soleil se couche, où la journée vieille s'achève et meurt, le Zéphyre, peut avoir de la barbe et un grand âge; mais on comprend moins ces attributs donnés au Notus, au vent du midi.

A la cathédrale de Reims, les vents ont la forme de masques antiques; ils ne sont ni en buste, comme sur le Pastoral de saint Grégoire, ni en tête, comme dans le dessin du manuscrit de Reims et la peinture du couvent de Vatopédi, mais seulement en face. Les anges qui tiennent ces masques, quoique ailés, ont été pris par certains antiquaires pour des représentations de sainte Véronique; ces gros vents joufflus et soufflant des tempêtes ont passé sans difficulté pour figurer la face de Jésus-Christ.

Ch. VII. Texte. — « Après cela, je vis une grande multitude, que personne ne pouvait compter, de toutes les nations, de tous les peuples et de toutes les langues : ils étaient debout devant le trône, » etc. — Tableau. — Grand nombre de nuages. Au milieu, le Père éternel assis sur un trône, et, aux quatre côtés du trône, les quatre tétramorphes évangéliques. Tous les ordres des anges rangés en cercle. L'agneau ouvre l'Évangile que tient le Père sur ses genoux. Au-dessus du trône, un peuple immense vêtu de blanc et tenant à la main des palmes. De chaque côté du trône, les vingt-quatre vieillards. Auprès d'eux, saint Jean ; l'un d'entre eux lui montre les hommes vêtus de blanc [1].

[1] L'agneau est le plus affectionné des symboles sous lesquels on représente le Christ. L'agneau, dont le sang préserva les Hébreux contre la colère de Dieu qui tua les premiers nés de l'Égypte ; l'agneau pascal, immolé avant le voyage de promission ; l'agneau, qui donne sa vie et se laisse égorger sans se plaindre ; l'agneau, qui rachète les péchés du monde et que saint Jean-Baptiste montrait du doigt : voilà des métaphores et des prophéties qui devaient avoir de l'écho dans l'Apocalypse, où résonne tout ce qui s'est fait et dit dans l'Ancien Testament. L'iconographie s'est emparée de ce gracieux symbole, qui a figuré une innombrable quantité de fois le Christ sous la forme de l'agneau ; l'agneau, comme le Christ lui-même, comme une personne divine, porta le nimbe crucifère. On fit un tel abus de ce symbole qu'on finit par ne plus figurer le Christ sous la forme humaine et en personnage historique, mais sous la forme symbolique de l'agneau. Le concile de Constantinople dit Quini-Sexte, tenu en 692, défendit à l'avenir de représenter le Christ sous la forme de l'agneau. Mais c'était l'abus et non l'usage qu'on poursuivait ; aussi voit-on ce symbole continuant, mais avec discrétion, à figurer dans les peintures grecques. Un bel exemple se voit dans le couvent de Philothéou, au mont Athos, avec l'inscription ὁ ἀμνὸς τοῦ Θεοῦ. L'agneau de l'Apocalypse est représenté assez souvent comme un agneau naturel, mais quelquefois comme un pur symbole dont la réalité est exclue. Dans ce dernier cas, il a sept cornes, sept yeux et une plaie au cou, suivant la description de l'Apocalypse. Nous renvoyons, pour tout ce qui concerne l'agneau, à l'Iconographie chrétienne, où nous avons traité cette question avec détail, pages 299-323. Diverses gravures viennent en aide au texte.

Ch. VIII. Texte. — « Et, lorsqu'il eut ouvert le septième sceau, il se fit dans le ciel un silence d'environ une demi-heure. Et je vis les sept anges qui se tiennent en la présence de Dieu; on leur donna sept trompettes. Un autre ange s'approcha de l'autel, tenant un encensoir d'or. Un autre ange sonna de la trompette, » etc. — Tableau. — Le ciel. Au-dessus, le Père éternel vêtu de blanc, assis sur un trône. Autour de lui, sept anges portent des trompettes et se prosternent pour l'adorer. Devant lui, un autre ange tenant un encensoir d'or, d'où sort de la fumée. Au-dessous de lui, des nuages. Au milieu de ces nuages, quatre anges regardent en bas et sonnent de la trompette. Au-dessous d'eux, un autre ange, une main étendue; il tient de l'autre un cartel où on lit : « Malheur, malheur aux habitants de la terre, à cause du son des autres trompettes que les trois anges vont faire retentir! » A l'un de ses côtés, le soleil noir; de l'autre, la lune, dont la troisième partie est changée en sang. Un grand nombre d'astres, dont la troisième partie est noire; au-dessous d'eux, la mer et des feux mêlés à ses flots. Au milieu de la mer, une montagne dévorée par les flammes; vaisseaux et barques brisés, précipités et engloutis. Hors de la mer, une grande quantité d'arbres et de plantes consumés par le feu; auprès, un fleuve, au milieu duquel un grand astre avec des rayons. A côté du fleuve, des hommes boivent, et d'autres sont étendus morts par terre.

Ch. IX. Texte. — « Le cinquième ange sonna de la trompette, et je vis un astre tombant du ciel. On donna à l'ange la clef du puits de l'abîme; il ouvrit le puits de l'abîme, et il s'en éleva une fumée semblable à celle d'une grande fournaise. De cette fumée sortirent des sauterelles qui se répandirent sur la terre, » etc. — Tableau. — Nuages. Au-dessus d'eux, un ange regardant en bas et sonnant de la trompette ; il tient une clef dans sa main. Au-dessous de lui, un grand puits ; il en sort une énorme fumée qui obscurcit le soleil et l'air. Au milieu de la fumée, un astre effrayant, éblouissant. De cette fumée, sortent encore des sauterelles qui ont des têtes d'hommes et des cheveux de femmes ; leurs dents sont comme des dents de lion. Elles portent sur leur tête des couronnes d'or, et, sur leur poitrine, des cuirasse de fer. Elles ont des queues semblables à celles des scorpions, et des aiguillons à ces queues ; leurs ailes sont comme des boucliers. De chaque côté du puits, des montagnes et des hommes qui s'y cachent.

Ch. ix. Texte. — « Et le sixième ange sonna de la trompette ; et j'entendis une voix qui sortait des quatre coins de l'autel d'or qui est devant Dieu. Elle disait à l'ange qui tenait la trompette : « Déliez les quatre anges qui sont attachés, » etc. — Tableau. — Le ciel. Au-dessus, le Père éternel assis sur un trône et vêtu de blanc ; devant lui, un autel d'or. A sa droite, un ange sonne de la trompette et regarde en bas. Au-dessous, sont des montagnes, et quatre anges taillant les hommes en pièces. Au milieu des anges, une foule de soldats portant des cuirasses de fer, couleur de feu et de rouge clair ; ils ont des casques de fer ; ils sont montés sur des chevaux à tête de lion et à queue de serpent terminée par une tête ; du feu et de la fumée sortent de leur bouche. Sous leurs pieds et devant eux, une foule d'hommes mis à mort ; d'autres s'enfuient en regardant derrière eux avec effroi.

Ch. ix. Texte. — « Et je vis un autre ange puissant qui descendait du ciel, revêtu d'une nuée; il y avait un arc-en-ciel sur sa tête. Son visage était comme le soleil, et ses pieds comme des colonnes de feu. Il avait à la main un petit livre ouvert. Il posa son pied droit sur la mer, et le gauche sur la terre..... » etc. — Tableau. — Le ciel. Au-dessous, la mer et la terre. Un ange revêtu d'une nuée, le visage resplendissant comme le soleil dans tout son éclat. Ses pieds sont de feu. Il pose le pied droit sur la mer, et le pied gauche sur la terre. Il tient un petit livre d'une main, et étend l'autre vers le ciel. Auprès de lui, Jean, agenouillé, reçoit de ses mains ce petit livre.

Ch. xi. Texte. — « Et il me fut donné un roseau semblable à une toise[1], et on me dit : Mesure le temple de Dieu, et l'autel, et ceux qui adorent au-devant ; mais, pour le parvis qui est hors du temple, laisse-le, et ne le mesure pas.... » etc. jusqu'à ces mots : « pendant quarante-deux mois ». — Tableau. — Le temple. Au dedans, un autel. Jean le mesure avec un roseau. Au-dessous, une bête sauvage ailée et portant une couronne sur la tête[2]. Énoch et Élie s'avancent vers le ciel sur des nuages. Près du temple, des maisons qui s'é-

---

[1] Ce roseau ou cette toise c'est la verge géométrale (*virga geometralis*), le bâton que, pendant tout le moyen âge, on met entre les mains des architectes. Libergier, l'architecte de Saint-Nicaise de Reims, le tient à la main gauche; il est gradué ou divisé par de grandes et petites lignes. C'est ainsi qu'on le voit sur sa dalle tumulaire placée maintenant dans la cathédrale de Reims. (Voyez dans les Annales archéologiques, vol. I, page 82, ce que nous disons de Libergier, dont nous avons fait graver la dalle.)

[2] C'est la bête qui monte de l'abîme, combat et tue les deux prophètes. (*Apocalypse*, xi, 7.)

croulent; au dedans, des hommes morts. D'autres hommes élèvent les mains et les yeux vers le ciel.

Ch. xi. Texte. — « Et le septième ange sonna de la trompette; et il se fit de grandes voix dans le ciel, disant : Les royaumes de ce monde sont devenus les royaumes de Notre-Seigneur et de son Christ, et il régnera dans les siècles des siècles. Amen. » — Tableau. — Notre-Seigneur Jésus-Christ au-dessus des nuages, assis sur un trône élevé. Les ordres des anges rangés en cercle autour de lui. Les vingt-quatre vieillards fléchissent le genou devant lui et l'adorent. A sa droite, un temple, au milieu duquel est un coffre tout en or. Au-dessous, un grand nombre d'hommes. Des éclairs et une grande grêle tombent du ciel.

Ch. xii. Texte. — « Et un grand prodige parut dans le ciel : une femme revêtue du soleil, la lune sous ses pieds, et sur la tête une couronne de douze étoiles[1]..... » etc. — Tableau. — La sainte Vierge sur des nuages, avec un habit de pourpre et des ailes d'ange. Autour de sa couronne, douze étoiles. Des rayons, comme ceux du soleil, partent de toute sa personne, depuis la tête jusqu'aux pieds. Sous ses pieds, la lune. Devant elle, un dragon rouge à sept têtes, portant sept diadèmes et dix cornes, et vomissant de sa gueule comme un fleuve d'eau. La terre s'entr'ouvre et absorbe ce fleuve. Derrière la queue du dragon, un grand nombre d'é-

[1] Ces paroles de l'Apocalypse servent de texte à l'introït qu'on chante à la messe, le jour de l'Assomption. « Mulier amicta sole, et luna sub pedibus ejus, « et in capite ejus corona stellarum duodecim. » La cathédrale de Reims, qui est une Notre-Dame, porte ce sujet sculpté au portail occidental, dans le tympan central.

toiles. Au-dessous de la sainte Vierge, deux anges qui portent sur un voile, dans le milieu, le Christ enfant; autour d'eux, grand nombre de nuages [1].

[1] Les Grecs sont prompts au symbolisme; ils font, immédiatement et sans transition, l'application à la vierge Marie de tous les attributs qui distinguent la femme mystérieuse de l'Apocalypse. Chez nous, on est ordinairement plus fidèle au texte, et on laisse à chacun le mérite de faire l'application symbolique. L'enfant que l'ange enlève au ciel est assez souvent sans le nimbe crucifère qui devrait le caractériser, puisque cet enfant est Jésus; et la femme ailée n'a pas toujours le nimbe, attribut qui lui appartient cependant, puisque c'est la Vierge. On s'en est tenu à la lettre; sans le découvrir, on se contente de laisser deviner le symbole. Dans le manuscrit d'Herrade (*Hortus deliciarum*), la femme est nimbée, mais l'enfant ne l'est pas. Dans les bas-reliefs du tombeau de Jean de Langheac, à Limoges, ni la femme ni l'enfant n'ont de nimbe. Quant à la bête à sept têtes, sept couronnes et dix cornes, la manière dont on la représente est fort diverse, mais elle peut se ramener à trois types.—D'un corps unique partent dix cous terminés chacun par une tête; les têtes et les cous sont d'égale grosseur. Ce monstre ressemble, sous beaucoup de rapports, à l'hydre de Lerne. — Ou bien au-dessus de la tête principale se dressent six petites têtes. —Ou bien ces petites têtes semblent sortir des vertèbres du cou.—Dans le premier cas, le monstre est comme un gros tronc d'arbre qui donne naissance à six branches égales; dans le second, la grosse tête porte une chevelure de petites têtes; dans le troisième, ce n'est plus une chevelure, mais une crinière. Quant aux dix cornes, on en distribue ordinairement deux sur chacune des trois premières têtes, et une seule pour chacune des autres; ou bien la grosse tête prend les dix cornes à elle seule; ou bien la tête principale a quatre cornes et les six autres têtes chacune une. Quant à la forme du corps, c'est celle d'un dragon avec ou sans ailes, à pattes de lion, à corps de crocodile, à queue et cou de serpent. Les têtes sont celles du lion ou du serpent. L'*Hortus deliciarum*, la rose occidentale de la Sainte-Chapelle de Paris, les vitraux de Saint-Nizier et de Saint-Martin-ès-Vignes de Troyes, etc. fournissent de beaux exemples de cette bête apocalyptique. Sur ces monuments, les bêtes sont très-variées. Dans l'Iconographie chrétienne, Histoire du diable, nous donnons plusieurs gravures représentant cette bête à sept têtes. Dans le chapitre consacré au nimbe (*Iconographie chrétienne*, p. 141, planche 47), nous en donnons une tirée d'une miniature d'un manuscrit qui date du XII° siècle, et qui est à la Bibliothèque royale. Dans les Annales archéologiques, tome Ier, p. 77, nous

Ch. XIII. Texte. — « Et je vis monter de la mer une bête semblable à un léopard : ses pieds étaient semblables à ceux de l'ours; sa gueule semblable à celle d'un lion. Elle avait sept têtes et dix cornes..... » etc. jusqu'à ces mots : « parlait comme le dragon. »—Tableau.—La terre et la mer. La bête à sept têtes sortant de la mer. Des hommes puissants l'adorent. Devant elle, une autre bête plus petite, avec deux cornes de bélier. En haut, le ciel lançant du feu et de la grêle [1].

avons donné une gravure représentant une magnifique bête à sept têtes qu'on voit sur un vitrail de l'église Saint-Nizier, à Troyes; ce vitrail est du XVIe siècle. Les sept têtes du monstrueux animal sont nimbées.

[1] Il y a, dans l'Apocalypse, trois monstres principaux et qu'il faut distinguer avec d'autant plus de soin qu'ils se ressemblent davantage. Le premier, c'est le grand dragon, nommé aussi le serpent, le diable et Satan (ch. XII, v. 9). Il est roux, il a sept têtes, sept diadèmes et dix cornes. De sa queue, il entraîne la troisième partie des étoiles du ciel. Celui-là est aux enfers ce que Dieu est au ciel, le Tout-Puissant, sans les ordres duquel rien ne se ferait. Il a deux lieutenants auxquels il délègue une partie de son pouvoir : l'un sort de la mer, l'autre de la terre. La bête de mer est la plus terrible; elle a presque autant de force que le dragon, et elle est aussi monstrueuse. Elle a sept têtes, dont une est blessée à mort, dix cornes, dix diadèmes. Des noms de blasphème sont écrits sur ses cornes. Elle ressemble à un léopard; elle a les pieds d'un ours et la gueule d'un lion. Elle blasphème, combat les peuples et se fait adorer. L'autre, suppôt du dragon, est la bête de terre. Elle porte deux cornes semblables à celles de l'agneau. Elle parle comme le dragon; elle fait adorer la bête de mer. C'est évidemment un démon inférieur (ch. XIII, v. 1, 2, etc.). Toute bête à sept têtes, dont une est blessée ou qui porte dix couronnes, est la bête de mer; toute bête à une tête seulement et deux cornes est la bête de terre; toute bête à sept têtes, dix cornes, mais sept couronnes seulement, est la bête en chef, le dragon.

Aux ordres de ces trois horribles chefs, obéissent des subalternes. De la gueule du dragon, du léopard et de la bête de terre, sortent trois esprits immondes qui ne sont pas nommés, mais qui ont la forme de grenouilles : ce sont eux qui rassemblent les rois de la terre pour combattre Dieu. (*Apoc.* ch. XVI.)

L'armée que commandent les trois chefs supérieurs et les agents inférieurs

Ch. xiv. Texte. — « Et je vis l'Agneau se tenant sur la montagne de Sion, et avec lui cent quarante-quatre mille personnes ayant le nom de leur père écrit sur le front. Ce

se compose de sauterelles qui sortent du puits de l'abîme, comme de la fumée s'exhalant d'une grande fournaise. Ces bêtes, dit l'Apocalypse (ch. ix), ressemblent à des chevaux prêts au combat. Leur face est celle de l'homme, leur tête porte des couronnes d'or; elles ont des cheveux de femme, des dents de lion, des ailes qui résonnent comme des chevaux et des chars courant au combat. Telle est, si on peut le dire, l'infanterie du dragon.

Quant aux cavaliers, ils ont des cuirasses de feu, d'hyacinthe, de soufre. Leurs chevaux, qui vomissent du soufre, de la fumée et du feu, ont des têtes de lion; ils ont des queues de serpent. Ces queues sont armées, à leur extrémité, de têtes qui empoisonnent et donnent la mort. (*Apocal.* ch. ix.)

Voilà le personnel diabolique contenu dans l'Apocalypse et dont il faut avoir soin de distinguer tous les individus. Rien ne serait plus facile, en effet, que de confondre le dragon avec son suppôt le léopard, la bête qui a l'empire de la mer.

Pour l'Iconographie chrétienne, Histoire du diable, nous avons fait graver un vitrail de Saint-Nizier de Troyes, celui dont nous venons de parler, sur lequel on voit les deux bêtes de terre et de mer; la première, plus petite et servant comme de domestique à la seconde. Les sept têtes du léopard monstrueux sont toutes variées et horribles. Chacune d'elles porte un nimbe, parce qu'à Troyes, comme en Grèce, le nimbe est l'attribut de la puissance; et quoi de plus puissant que la bête de mer, à laquelle le dragon délègue son autorité! La planche 47, page 141 de l'Iconographie, représente la bête de mer, le léopard tout seul. Six des têtes sont nimbées; la septième, celle qui, blessée, a perdu sa puissance, est dépouillée de son auréole. A Saint-Martin-ès-Vignes de Troyes, sur un vitrail qui représente l'Apocalypse, on voit la bête de mer et à sept têtes; elle est adorée par un roi, un évêque, un moine et une femme du peuple. Au-dessus, Dieu, entouré d'anges, habillé en pape, tient une faucille à la main droite; au-dessous, on lit, peint sur le verre :

> Icy sort de la mer un horrible animal,
> Monstre sept fois testu et fourni de dix cornes,
> Qui de très-grans blasphêmes outre passant les bornes,
> A reçu du dragon pouvoir de faire mal.

Un ange abat une des têtes. — Ce vitrail est de la fin du xviie siècle; il est dans le croisillon méridional.

Dans l'église de l'abbaye de Solesmes, on voit le monstre à sept têtes, atta-

sont ceux qui ne se sont pas souillés avec les femmes ; il sont vierges et suivent l'Agneau partout où il va. » — Tableau. — Montagne élevée. Au sommet, se tient l'Agneau ; il porte une couronne sur la tête, et a dans une de ses pattes un sceptre, c'est-à-dire un petit étendard rouge avec une croix au sommet. Aux quatre angles du trône, les tétramorphes évangéliques. A droite et à gauche, les vingt-quatre vieillards et une multitude d'anges tenant des harpes. Auprès, grand nombre de vierges vêtues de blanc, les yeux et les mains dirigés vers l'Agneau. Au-dessous, nuages nombreux, du haut desquels quatre anges regardent en bas. L'un d'eux porte l'Évangile ouvert, et dit : « Craignez Dieu et glorifiez-le, car l'heure de son jugement est arrivée. » A sa droite, un autre ange indique la terre d'une main, et de l'autre tient un cartel avec ces mots : « Elle est tombée, elle est tombée la grande ville de Babylone. » A sa gauche, un autre ange, une main étendue, et l'autre tenant un cartel avec ces mots : « Si quelqu'un adore la bête et en reçoit une marque sur le front ou sur la main, il boira du vin de la colère de Dieu. » Au-dessous d'eux, la ville de Babylone en ruines [1].

quant la femme qui a enfanté dans le désert. L'inscription suivante explique ces têtes : « Si ad Ezechielem 29, Danielem 3 et 7, et libros regum effingere « licet, septem bestiæ capita, prima horum draconis est facies Egyptiorum; « secunda vituli, regum Israël et Iesabelis; tertia læenæ, Babylonis; quarta ursi, « Persarum ; quinta pardi, Græcorum ; sexta terribilis, Romanorum; septima « cornuti, Mahumetis et Antechristi regna referentes. » (*Notice sur l'abbaye de Solesmes;* in-8°, page 23; le Mans, 1839.)

[1] Chez nous, comme chez les Grecs, on confond la couronne avec le nimbe. Guillaume Durand (*Rationale divinorum officiorum*, lib. I, cap. III) dit : « Jesus « semper coronatus depingitur..... Verumtamen Christi corona per crucis « figuram a sanctorum coronis distinguitur. » Durand, comme le Guide, donne

Ch. xiv. Texte : — « Et je vis ; et voici une nuée blanche, et sur cette nuée quelqu'un assis, qui ressemblait au Fils de l'homme. Il avait une couronne d'or sur la tête, et dans sa main une faux tranchante. » — Tableau. — Nuages. Au-

donc le même nom au nimbe et à la couronne. Cependant, ces deux attributs sont complétement distincts pour la manière dont on les place et la matière dont ils sont faits. La couronne se met horizontalement sur la tête, que le nimbe environne verticalement ; la couronne est un riche ornement d'orfévrerie, et le nimbe un disque de lumière, une couronne immatérielle, un rayonnement de la tête. La couronne est un attribut purement humain, et se donne aux rois et aux princes ; le nimbe est céleste : c'est une couronne symbolique et qui désigne la grandeur morale et la puissance religieuse. Chez les Grecs, on donne le nimbe à tout ce qui est puissant ; chez nous, à peu d'exceptions près, on le réserve aux hommes vertueux, aux esprits célestes, aux personnes divines. Dans l'Église latine, le nimbe est à peu près exclusivement l'attribut de la sainteté.

Lorsque le Guide veut qu'on représente l'Agneau couronné, c'est nimbé qu'il faut lire. Je ne connais pas un seul exemple où l'Agneau porte une couronne réelle, une couronne royale ; toujours, au contraire, au moins du $x^e$ siècle au $xvi^e$, il est orné du nimbe. L'Agneau étant le symbole du Christ, il porte, comme le Christ, le nimbe crucifère. L'Agneau est debout, assez souvent, et, pour être fidèle au texte de l'Apocalypse, sur une petite montagne, la colline mystique de Sion, d'où s'écoulent les quatre fleuves, mystiques eux-mêmes, qui symbolisent les quatre évangélistes : « Quatuor paradisi flumina, « quatuor evangelistæ, » dit Bède. (*In Genes.* cap. II.) Dans l'Iconographie chrétienne, page 44, planche 23, nous avons offert un Agneau divin debout sur le monticule de Sion, d'où s'échappent les quatre fleuves. Si nous avions de la place, nous donnerions une description détaillée du tableau nommé la Fête de l'Agneau, peint par Van Eyck et qu'on voit dans une des chapelles de la cathédrale de Gand. Nous sommes resté plusieurs heures en contemplation et en admiration devant cette magnifique peinture. Mais il faudrait au moins une feuille d'impression pour donner une description suffisante de cette œuvre, où l'on compte plusieurs centaines de personnages. Disons seulement que l'Agneau, blessé au cou et dont le sang tombe dans un calice, est debout sur un autel qui est placé au centre d'un paysage extraordinaire représentant le paradis. Dans ce paysage, qui porte Jérusalem à la droite et Cologne (c'est bien à tort qu'on a dit Maestricht) à la gauche, poudroient, si l'on peut dire dessus, le Christ portant une couronne et tenant en main une grande faux tranchante [1] ; il la passe sur la terre et il moissonne. Un autre ange tient aussi une faux, et tranche des raisins, qui sont ensuite écrasés dans un pressoir; il en coule du sang au lieu de vin. Au-dessus d'eux, le ciel. Au-dessus du ciel, un temple dans lequel est un autel. Un ange sort de la porte du temple ; regardant le Christ, il étend une main vers lui, et de l'autre il porte un cartel disant : « Servez-vous de votre faux et moissonnez, car le temps de la moisson est arrivé. » Un autre ange sort encore du sanctuaire. Il regarde l'ange qui vendange les raisins, et les indique d'une main ; de l'autre il porte un cartel où il dit : « Agitez votre faux tranchante et coupez les raisins de la terre. »

Ch. xv. Texte : — « Et je vis dans le ciel un autre prodige, grand et merveilleux : sept anges ayant en leur puissance sept plaies, qui sont les dernières, parce que c'est par elles que

ainsi, les innombrables personnages de l'Ancien Testament, du Nouveau et de l'histoire de l'Église. Toutes les plantes, toutes les fleurs du monde sont figurées dans ce même paysage; tous les hommes de l'histoire religieuse sont représentés assistant à la fête de l'Agneau divin.

Diverses gravures de notre Iconographie chrétienne, notamment pages 301 et 303, planches 71 et 72, montrent l'Agneau avec l'étendard de la résurrection teint dans le sang de la Passion et terminé par une croix.

[1] Au lieu d'une faux, c'est une faucille que nos artistes mettent entre les mains du Fils de l'homme : ainsi le voit-on dans un vitrail de la Sainte-Chapelle, à la rose occidentale; ainsi est-il dans un vitrail de la cathédrale d'Auxerre, au latéral du chœur; ainsi Jean Cousin l'a-t-il figuré dans son Jugement dernier. Non-seulement le Christ, mais les anges eux-mêmes qui réveillent les morts sont armés de faucilles dans le tableau de Cousin. La faux que les Grecs donnent au Christ est plus noble. Chez nous, l'ange qui coupe les raisins, et auquel le Guide attribue une faux, ne tient pas même toujours une faucille; il a quelquefois une simple serpette.

s'est terminée la colère de Dieu. » — Tableau. — Montagnes. Un grand nombre d'hommes : les uns, couchés à terre; les autres, évanouis et frappés de plaies, regardent en haut. Au milieu d'eux, le Christ assis sur un trône. Une bête ailée et couronnée, et le dragon à sept têtes. Il sort de la bouche des monstres trois esprits impurs, semblables à des grenouilles. Une ville en ruines est auprès. La mer et les fleuves sont comme du sang. L'Euphrate, le grand fleuve, est desséché. Au-dessus d'eux, le ciel; le soleil, ayant de grands rayons qui se dirigent vers les cieux. De la grêle tombe du ciel. Au haut du ciel, la tente du témoignage; il en sort sept anges vêtus de blanc, et portant aussi des ceintures d'or. Le premier ange verse sa coupe sur la terre et sur les cieux. Le second verse sa coupe sur la mer. Le troisième verse sa coupe sur les fleuves. Le quatrième verse sa coupe sur le soleil. Le cinquième verse sa coupe sur le trône de l'Antéchrist. Le sixième verse sa coupe sur l'Euphrate. Le septième verse sa coupe sur l'air.

Ch. xvii. Texte. — « Et je vis une femme assise sur une bête de couleur d'écarlate, pleine de noms de blasphème; cette bête avait sept têtes et dix cornes; la femme était vêtue de pourpre, » etc. jusqu'à ces mots : « Sa prostitution. » —Tableau. — Sept sommets de montagnes. Au-dessus, une bête à sept têtes et dix cornes. Sur elle est assise une femme portant une triple couronne et des habillements étincelants d'or. Elle tient à la main droite une coupe d'or qu'elle présente aux rois. Dix rois, au-devant de la bête, tournent leurs regards vers elle. Derrière la bête, les chefs et les puissants de la terre, et une grande foule d'hommes. Au-dessus de la

## DEUXIÈME PARTIE.

femme ces mots : « Babylone la grande, la mère des fornications et des abominations de la terre [1]. »

Ch. XVIII. Texte. — « Et après cela je vis un autre ange descendant du ciel, et ayant une grande puissance. Et la

[1] La personnification de Babylone, assise sur la bête à sept têtes, verre en main, et présentant à boire le vin de la prostitution aux rois et aux grands de la terre, est très-fréquente en Grèce. Cette femme, forte et belle, parée de riches vêtements, a la tournure hardie et le costume somptueux d'une courtisane. Les moines actuels du mont Athos, aussi déraisonnables que des enfants, ont mutilé, au couvent de Coutloumousi, près de Karès, la Babylone peinte sur le mur du porche de la grande église. Moines, ils ont eu peur de sa beauté et de sa nudité de courtisane; ils lui ont crevé les yeux, barbouillé la figure et arraché les seins, que le peintre, moine cependant, avait un peu trop mis en évidence; ainsi défigurée, ils la trouvent moins redoutable. Au couvent de Vatopédi, la muraille occidentale de la grande église est peinte d'un Jugement dernier. Là, le prince des démons, Beelzébuth, étalait sa laideur et sa taille monstrueuse; les moines, sans doute pour se venger du mal que leur fait le diable, l'ont mutilé, déformé, martyrisé; ils s'imaginent l'avoir tué. Tous les démons qui étaient à leur portée ont été maltraités de la sorte. Ainsi en agissent les enfants et les dévots avec le traître Judas, avec les bourreaux des martyrs et les diables de toute espèce. Nos plus beaux manuscrits à miniatures portent des traces de ces dégradations incroyables; j'en ai cité divers exemples dans un travail sur les manuscrits à miniatures (*Revue française*, vol. X, pages 298-99). Dans la Bible historiale, n° 6818, qui est à la Bibliothèque royale, on a ainsi effacé un diable gigantesque. Les personnifications de Babylone sont peu fréquentes chez nous; on en voit un exemple remarquable dans l'*Hortus deliciarum*. La grande prostituée, couronnée, vêtue de magnifiques vêtements, cheveux tombant sur les épaules, est assise sur la bête de mer, la bête à sept têtes et dix cornes. La bête a les pieds d'un bœuf, en corne et fourchus, ce qui est contraire à la description de l'Apocalypse, qui lui donne les pieds d'un ours. Elle marche dans la mer. Sur le rivage, des hommes de toutes les conditions regardent avec admiration la courtisane, qui leur présente un énorme verre et qui porte écrit sur son diadème : BABILON MAGNA. M. le comte Auguste de Bastard a fait reproduire cette miniature pour son grand ouvrage : *Peintures et ornements des manuscrits*.

terre fut éclairée de son éclat, et il cria avec force, d'une grande voix : » etc.—Description.—La terre, des montagnes, la mer et une ville ; tout est embrasé par le feu et la flamme qui s'élèvent dans l'air. Au loin, se tiennent les rois, les puissants de la terre et les marchands, qui regardent la ville en se lamentant. Les uns s'arrachent les cheveux de la tête, les autres se frappent la poitrine ; d'autres ont les yeux et les mains élevés en l'air. Beaucoup d'autres personnages. Au-dessus, le ciel. Un ange en descend entouré d'un cercle de lumière éblouissante [1]. De la main droite, il montre la ville ; de la gauche, il tient un cartel avec ces mots : « Elle est tombée, elle est tombée, Babylone la grande ». Un autre ange auprès de lui, sur des nuages, lance dans la mer une pierre, comme une grande meule, et tient un cartel disant : « Ainsi sera rejetée avec violence Babylone, la grande ville, et l'on ne trouvera plus sa place. » Au-dessous des anges, d'autres nuages obscurs, vomissant la grêle et le feu sur la mer et sur la terre. Au-dessus du ciel, le Père éternel assis sur un trône. Auprès du trône, deux anges portant des cartels. Celui du côté droit dit : « Louez le Seigneur notre Dieu, vous tous qui êtes ses serviteurs. » Celui du côté gauche continue : « Et vous aussi qui le craignez, petits et grands. » Les tétramorphes évangéliques et les ordres des anges forment un cercle autour du trône. Une autre foule immense est vêtue de blanc et porte des cartels disant : « Alleluia ! salut ! gloire ! honneur et force au Seigneur notre Dieu ! parce qu'il a jugé la grande prostituée, et qu'il a vengé sur elle le sang de ses serviteurs. » Les vingt-quatre vieillards l'adorent, en disant eux aussi : « Amen ! alleluia ! »

[1] C'est l'auréole, nimbe qui cerne le corps.

Ch. xix. Texte — « Et je vis le ciel ouvert, et voici un cheval blanc, et celui qui le montait, fidèle et véritable, est appelé de son nom, le Verbe de Dieu, » etc. et la suite jusqu'à ces mots : « pour manger la chair des rois. » — Peinture. — Le ciel ouvert. Le Christ en sort sur les nuages ; il est monté sur un cheval blanc ; il porte un manteau écarlate, et il a sur la tête une couronne. De sa bouche, sort une longue épée tranchante. Au-dessus de lui, ces mots : « Jésus-Christ, le Verbe de Dieu, roi des rois, seigneur des seigneurs. » Il est suivi par derrière de toutes ses milices montées sur des chevaux blancs, habillées tout en blanc. Leurs casques et leurs ceintures sont en or. Elles sont armées d'épées tranchantes. Au-devant, sont les rois et les puissances, et des soldats montés sur des chevaux de haute taille. Ils portent des épées; comme des hérauts de victoire, ils courent et regardent en arrière. D'autres sont étendus morts à terre ; d'autres sont écrasés par leurs chevaux, et les oiseaux de proie dévorent leur chair. Au-devant d'eux, un ange se tient debout au-dessus du soleil, et, regardant les oiseaux, il dit sur un cartel : « Rassemblez-vous ici pour manger la chair des rois, la chair des officiers de guerre, la chair des puissants. » Auprès des vaincus, l'enfer et un fleuve de feu. Deux anges tenant la bête à sept têtes et l'Antéchrist, qu'ils précipitent dans le fleuve de feu [1].

[1] Ce beau sujet est peint à fresque dans la crypte de la cathédrale d'Auxerre, à la voûte. La peinture date de la fin du xiie siècle. Je l'ai fait graver pour l'Iconographie chrétienne, où on la trouve à la page 291, planche 81. Le fond du tableau est partagé par une croix qui serait totalement ce qu'on appelle une croix grecque, si les bras de la traverse étaient un peu plus longs, pour égaler la longueur de la hampe. Cette croix est rehaussée de pierreries peintes, rondes, ovales, en losanges, disposées en quinconces. Au centre, le

Ch. xx. Texte. — « Et je vis un ange descendant du ciel tenant les clefs de l'abîme et une chaîne, » et la suite. — Peinture. — Le ciel. Il en sort un ange tenant d'une main une clef, et, de l'autre, le démon attaché avec une chaîne. L'ange précipite le démon dans l'enfer dévorant[1].

Ch. xx. Texte. — « Et je vis un grand trône d'une blancheur éclatante, et quelqu'un assis dessus; la terre et le ciel s'enfuirent de devant sa face et l'on ne trouva même pas leur place. Je vis ensuite les morts, petits et grands, se tenant devant Dieu, et des livres furent ouverts, » etc. — Peinture. — Le Christ, assis sur un trône blanc; autour de lui, les

Christ est sur un cheval blanc couvert d'une selle; il tient la bride avec la main gauche; à la droite, la main puissante, est un bâton noir, la verge de fer avec laquelle il gouverne les nations. Il marche ainsi, la tête ornée d'un nimbe bleuâtre à croix de gueules, la figure tournée vers les spectateurs. Il a les cheveux jaunâtres, la barbe rousse ainsi que les sourcils; sa robe est rouge ou rosée, son manteau est gris et doublé de jaune. Dans les quatre angles qui rachètent le carré où la croix est inscrite, quatre anges, ailes déployées, à cheval comme leur maître, font une escorte au Christ. Leur main droite, qui est libre, se lève et s'ouvre en signe d'admiration. Ces quatre anges figurent les armées célestes vêtues de blanc dont parlent l'Apocalypse et le Guide. Le Christ n'a pas le glaive à deux tranchants dont nous avons déjà parlé et que l'Apocalypse rappelle au verset 15 de ce chapitre xix; il ne porte pas non plus ni les diadèmes, ni le nom mentionné au verset 12. Jésus n'a pour toute couronne que son nimbe d'azur à croix de gueules. On ne se pique pas chez nous de traduire toujours littéralement le texte sacré.

[1] Le démon est, à peu près comme le nôtre, un être humain, laid, difforme, monstrueux, nu, ailé d'ailes de chauve-souris et armé d'un queue. Les pieds sont des pattes de lion ou des serres d'aigle. Il y a des variétés innombrables et qu'il est impossible d'indiquer; nous renvoyons à l'Iconographie chrétienne, Histoire du diable. Quant à l'enfer, c'est la gueule d'un monstre fantastique, d'un dragon, d'une baleine, toute grande ouverte et toute hérissée de dents canines.

ordres des anges, et le reste comme au deuxième avénement. (Voyez page 262 [1].)

Ch. XXI. Texte. — « Et moi, Jean, je vis la sainte cité, la nouvelle Jérusalem qui venait de Dieu et descendait du ciel, ornée comme une épouse qui s'est parée pour son époux. Et j'entendis du ciel une grande voix qui disait : « Voici le tabernacle de Dieu, » etc. — Peinture. — La ville de Jérusalem enrichie de pierres précieuses et de pierres dorées. Elle a douze portes : à l'orient, trois portes; au septentrion, trois portes ; au midi, trois portes ; à l'occident, trois portes. A chaque porte, il y a un ange debout, tenant à la main droite une baguette d'or, et, dans la gauche, le sceau du dieu vivant (X). Saint Jean, debout sur une montagne élevée, contemple cette ville. Au-dessus, le ciel ouvert, et le Christ assis sur un trône d'où s'échappe une clarté extraordinaire qui descend sur la ville. Tous les ordres des anges et des saints, avec les vingt-quatre vieillards, forment un cercle autour du Christ. Un ange, du haut du ciel, regarde saint Jean, lui montre la ville, et lui dit sur un cartel : « Voici le tabernacle de Dieu. » Un autre ange, tenant un roseau, mesure la ville de Jérusalem [2].

[1] C'est à la page suivante, au jugement dernier.
[2] Dans Saint-Martin-ès-Vignes, à Troyes, est peinte sur verre une Jérusalem céleste assez remarquable ; elle est au rond-point, à gauche, et porte la date de 1606. Au fond, à l'horizon, s'étend la mer et montent des rochers. Un ange, debout sur une montagne, montre à saint Jean, qui écrit, la ville mystérieuse. La Jérusalem céleste est carrée, défendue par des murailles qui sont percées de douze portes, trois sur chaque face et en regard des points cardinaux. Chacune des portes est gardée par un ange aux ailes étendues, comme ceux qui dominent les contre-forts de la cathédrale de Reims, et qui assimilent cet édifice à la Jérusalem divine bâtie sur terre. La grande cité

## Comment on représente le second avénement du Christ.

Le Christ vêtu de blanc, assis sur des chérubins et des anges de feu. Il lance des foudres effrayants au milieu du soleil, de la lune et des astres. Devant lui, paraît le signe

est coupée en quatre, en forme de croix, et partagée par une quadruple avenue d'arbres et de verdure, venant aboutir à un carrefour, à une grande place circulaire. Au milieu de ce carrefour se dresse une verte montagne, sur le plateau de laquelle est l'Agneau de Dieu, nimbé et portant sa croix de résurrection. Au-dessus plane le Saint-Esprit, illuminant la ville entière. Plus haut encore, domine le Père éternel, vieillard habillé en pape. Dans les quatre carrés, formés par les quatre avenues, sont assises quatre villes du moyen âge, avec maisons à pignons obtus, églises à flèches aiguës, rues, places et fontaines. Rien n'est plus brillant que ce tableau ; c'est tout un monde, dont la Trinité est le soleil vivant.

Le roseau avec lequel l'ange mesure la Jérusalem céleste est la verge géométrale, *virga geometricalis*, dont se servaient les architectes du moyen âge, et qui est si souvent mentionnée dans les textes où l'on parle de ces artistes. C'est une verge de ce genre que Libergier, l'architecte de Saint-Nicaise de Reims, tient sur la dalle où il est ciselé, et qui se voit aujourd'hui dans la cathédrale de Reims. Nous avons fait graver cette dalle (*Annales archéologiques*, vol. I, page 117) où est figuré l'architecte, ayant à la main gauche son bâton, que partagent des divisions en usage au XIIIe siècle. L'intendant des bâtiments de Théodoric, l'architecte en chef de ce roi goth, marchait dans les cérémonies publiques tenant une verge d'or. Le bâton, la règle, la verge sont les attributs de l'architecte, comme l'équerre est celui du maçon. Lorsque saint Ouen dessina le plan de tous les édifices qui devaient composer le couvent de Saint-Germer, il se servit de la verge géométrale. (*Act. SS. Ord. S. Bened.* IIe vol. Vie de saint Germer.)

Au grand couvent de Xéropotamou du mont Athos, est peinte une Apocalypse très-détaillé ; elle occupe tout le porche extérieur de la grande église, et se termine par le jugement dernier. Le porche a cinq travées de largeur, une seule d'entre-colonnement ; chaque travée est voûtée en coupole. Ces peintures, qui datent seulement de 1783, sont distribuées de droite à gauche, du sud au nord, ce qui est contraire à la règle. Les peintures sont

de sa manifestation, c'est-à-dire la croix. A sa gauche[1], et semblable à une reine, est celle qui l'a engendré, la Mère de Dieu, toujours vierge. Au milieu du chant des psaumes, des hymnes et d'un grand nombre d'instruments que tous les archanges, les anges, et l'armée céleste accompagnent de leur glorification, le Christ s'avance sur les nuées du ciel, bénissant de ses mains toutes-puissantes ; il tient l'Évangile ouvert où on lit ces mots : « Venez ici, les bénis de mon père ! Venez hériter de la royauté qui vous a été préparée[2]. » On lit aussi : « Éloignez-vous de moi, maudits, pour aller au feu éternel. » Au-dessus de lui, sont ces paroles : « Jésus-Christ, gloire et joie des justes. » Tous les saints vont à sa rencontre suivant

très-médiocres ; mais les bêtes, exécutées d'une manière remarquable, sont vivantes et pleines d'énergie. On voit qu'on est dans le pays de l'hydre, et que les dragons, qu'on a pu se transmettre par la tradition, de la mythologie au christianisme, ont posé devant le peintre, pour ainsi dire. Quant à la Babylone, c'est une sorte de Bacchus femelle ; elle rappelle également et tout à la fois la mythologie et les idées modernes. Cette grande femme symbolique est vêtue de très-riches vêtements ; sa poitrine est couverte de pièces d'or, et elle en porte une sur le front, absolument comme les jeunes mariées de la Grèce actuelle. Elle a des pampres dans les cheveux, une coupe à la main droite ; elle marche assise sur une bête qui serait un tigre sans les sept têtes qui se détachent du cou. On est en pleine mythologie, et nous devions signaler toutes ces réminiscences fabuleuses. Du reste, saint Jean a fait lui-même une sorte de Bacchus avec sa grande prostituée, et, dans son Apocalypse, il parle souvent de vigne et de vin.

[1] C'est à la droite du Christ, non à sa gauche, que Marie doit toujours se trouver ; il y a erreur dans le manuscrit.

[2] Ce texte est écrit en toutes lettres dans l'évangile que tient ouvert Jésus jugeant les hommes, et qui est brodé sur la dalmatique dite impériale, conservée dans le trésor de Saint-Pierre, à Rome. Nous avons fait graver cette dalmatique (*Annales archéologiques*, vol. I, page 152) avec la multitude des personnages qui assistent au jugement dernier. Cette dalmatique est byzantine et sans doute du XII² siècle.

l'ordre où, par la force divine[1], ils sont montés de la terre au ciel; tous sont sur des nuages. En premier lieu, le chœur des apôtres ; 2° le chœur des premiers parents; 3° le chœur des patriarches ; 4° le chœur des prophètes ; 5° le chœur des évêques; 6° le chœur des martyrs ; 7° le chœur des saints; 8° le chœur des rois pieux; 9° le chœur des femmes martyres ou solitaires. Tous portent à la main des rameaux qui signifient leurs vertus [2]. Au-dessous d'eux, un ange vole dans

[1] La grâce. Ceci rappelle le Jugement dernier de Michel-Ange, où les saints montent au ciel aidés par les esprits célestes.

[2] En Grèce, l'avénement est distinct du jugement dernier : le premier tableau domine le second. Chez nous, ils sont ordinairement réunis : le Christ apparaît et juge en même temps. Du reste, la disposition des personnages ressemble beaucoup à celle qui est décrite ici ; elle est hiérarchique et chronologique tout à la fois. Hiérarchique, puisque les apôtres, les plus grands d'entre les saints, sont au premier rang ; chronologique, puisque les patriarches et les prophètes sont placés avant les martyrs et les confesseurs. Dans les litanies, l'ordre suivant lequel on implore tous les habitants des cieux est celui-ci : d'abord les personnes divines, puis la vierge Marie, les anges, saint Jean-Baptiste, les patriarches, les prophètes, les apôtres et les évangélistes, tous les disciples de Jésus ; les martyrs, en commençant par les innocents ; les pontifes et les confesseurs, les prêtres et les lévites, les moines et les ermites, les vierges et les veuves, tous les saints et toutes les saintes. Voilà comment, chez nous, dans nos sculptures, nos vitraux et nos fresques, se présentent les bataillons célestes. Cet ordre, on le voit, est, comme en Grèce, hiérarchique et chronologique. La Vierge, nommée avant les anges, et saint Jean-Baptiste, avant les patriarches, sont ainsi placés, parce que Marie est la reine des esprits célestes, et que saint Jean, précurseur de Jésus, qu'il a vu et qu'il a montré, est plus grand que les patriarches et les prophètes, qui n'ont entrevu le Christ que par la foi. Les femmes sont invoquées après les hommes, les vierges et les veuves après tous les autres saints, parce que la femme, être faible et inférieur à l'homme, est un homme incomplet, comme on disait au moyen âge, lorsqu'on ne se servait pas, à cet égard, d'expressions plus injurieuses encore. Dans le même ordre, les apôtres devancent les deux évangélistes qui ne sont pas apôtres, les pontifes précèdent les confesseurs, les prêtres sont avant les lévites, comme les moines avant les ermites et les vierges

l'air et fait résonner la dernière trompette. Au-dessous, est la terre avec ses villes et ses autres richesses; plus bas avant les veuves, toujours en vertu de la hiérarchie; car, pour les femmes, par exemple, la virginité est supérieure à la continence, et, pour les hommes, les simples lévites et les diacres sont au-dessous des prêtres. Après toutes ces exceptions, et elles sont nombreuses, c'est la chronologie qui règle la place que doivent occuper ces cohortes innombrables. Les personnes divines, qui sont éternelles; les anges, qui sont immortels; les patriarches, que suivirent les prophètes, et dont le premier est né avec l'univers. Puis les apôtres nés avec Jésus, puis les martyrs; enfin, après l'ère des martyrs, celle des confesseurs. Tel est l'ordre qu'on remarque sur les tympans et dans les voussures de nos cathédrales.

Cependant, cet ordre n'est pas invariable, et rien n'est plus curieux que de constater les exceptions. Ainsi, constamment, les martyrs précèdent les confesseurs; la chronologie et même la hiérarchie le veulent ainsi. L'ère des martyrs, l'époque des persécutions, a précédé l'époque où l'Église vécut dans le calme; d'ailleurs, l'homme qui donne sa vie pour une croyance fait plus que celui qui ne donne que son talent. Cependant à Paris, ville d'intelligence, on n'en a pas jugé ainsi. Au XIII° siècle, époque où l'université de Paris brillait d'un éclat qui attirait de toutes les contrées, même des pays étrangers, les hommes d'élite, les hommes de génie, on sculptait la voussure de Notre-Dame. Après les apôtres et avant les martyrs, on plaça les confesseurs au portail occidental, porte centrale, autour du second avénement de Jésus et du jugement dernier. A Paris, on préfère l'homme qui donne son intelligence pour soutenir la foi à celui qui n'y dévoue que sa vie. Rien n'est plus facile que de se faire tuer pour une croyance; rien n'est plus difficile que de défendre cette croyance avec talent. Dans un manuscrit que possède la bibliothèque publique de Strasbourg, l'*Hortus deliciarum*, écrit par une abbesse du couvent de Sainte-Odile, ou du moins par ses ordres et pour ses religieuses, on voit à la fin la cour céleste peinte sur parchemin. En haut est le Christ, puis les neuf ordres des saints entremêlés d'anges et ainsi disposés : les vierges, les apôtres, les martyrs, les confesseurs, les prophètes, les patriarches, les continents, les mariés, les pénitents. Ainsi les femmes, les vierges, les dernières partout ailleurs, sont ici en tête de la sainte hiérarchie, immédiatement après Dieu et avant les apôtres eux-mêmes. On voit que le manuscrit a été fait par des religieuses et pour elles. A Reims, ville épiscopale par excellence, et où, dès le temps d'Hincmar, on adressait des représentations fort vives à la papauté, on a consacré la porte principale du portail nord à la glorification de

encore, est la mer avec des vaisseaux et des barques, et restituant les hommes qu'elle a fait périr[1]. Les morts se

l'épiscopat français. Au tympan et contre les parois, c'est l'histoire de saint Sixte, de saint Sinice, de saint Nicaise et de saint Remi, glorieux ancêtres de Turpin, d'Hincmar, de Gerbert, de Henri de Braîne. Dans la voussure, trois cordons de figures. Au cordon intérieur, le plus honorable, celui qu'on donne aux anges et aux apôtres, on a mis les archevêques; au cordon extérieur, le moins digne, celui qui est exposé à la pluie et au vent, où l'on place les femmes, les vierges et les continentes, l'artiste rémois a mis les papes. Au cordon du milieu, les cardinaux. Ainsi Reims procède au rebours des autres villes, et fait aux papes une condition pire que celle des archevêques. L'esprit local se révèle énergiquement dans ce fait. S'il existe quelque part une église gallicane au moyen âge, c'est surtout à Reims, dans ce portail du nord, qu'il faut en voir la preuve matérielle.

La place assignée aux divers personnages qui composent la cour céleste mérite donc à juste titre d'être étudiée avec soin. L'ordre prescrit par le Guide diffère peu du nôtre. Dans une église à peu près républicaine, et où le patriarche n'est qu'un évêque élu par les fidèles, on pouvait donner aux évêques une place plus belle qu'aux martyrs. Les rois ont un rang pour eux, mais après tous les autres et seulement avant les femmes. (Voyez sur la dalmatique impériale (*Annales archéologiques*, page 152, vol I.) la disposition de ces diverses classes de saints. Elles sont toutes là, brodées en soie, argent et or.)

[1] La mer rend ses morts, suivant ce passage de l'Apocalypse, ch. xx, v. 13 : « Et dedit mare mortuos qui in eo erant. » L'*Hortus deliciarum* met aussi en légende, sous la représentation du jugement dernier : « Corpora et membra « hominum a bestiis, et volucribus, et piscibus olim devorata nutu Dei præ- « sentantur, ut ex integra humana massa resurgant incorrupta corpora sanc- « torum quæ non tantum per bestias, ut depictum est, afferentur, sed nutu « Dei præsentabuntur. » On voit que le manuscrit d'Herrade a beaucoup d'affinités avec les idées byzantines. Les Grecs, prompts d'imagination, personnifient la terre et la mer dans ces représentations du second avénement. Au couvent de Vatopédi (mont Athos), le jugement dernier est peint à fresque sur la muraille occidentale de l'église, à l'extérieur, mais en retraite sur le porche, là où chez nous est sculptée la même scène. La Terre est une femme vigoureuse et richement vêtue. Elle est couronnée de fleurs; à la main droite elle tient un bouquet de branches chargées de fruits, à la gauche un serpent qu'elle étreint par le corps. Elle est assise sur deux lions et soulevée par deux aigles. Il est évident que c'est la force personnifiée. Cette allégorie est une

réveillent dans leurs tombeaux ou dans la mer ; ils sont remplis de crainte, et leur expression est très-différente. Tous sont enlevés sur des nuages ; mais les uns vont au-devant du Christ, et les pécheurs sont entraînés dans le lieu de la vengeance. Plus loin, les prophètes tenant des cartels avec inscriptions. — Isaïe : « Le Seigneur viendra juger les anciens du peuple et ses dominateurs. » — Joël : « Tous les peuples se réveilleront et viendront dans la vallée de Josaphat. » — Daniel : « Ceux qui dorment dans le sein de la terre se réveilleront, les uns pour une vie éternelle, les autres pour un opprobre et une honte sans fin[1]. »

réminiscence curieuse de la Cybèle antique. La Terre est riche et puissante : féconde en fleurs et en fruits, elle se fait servir par des lions et des aigles, qui sont les rois du sol et de l'air. La Mer est une femme moins robuste et plus élancée ; elle glisse sur les flots entre deux monstres marins qui lui servent de char, et auxquels sont attachées deux roues pleines, deux roues de char antique, et comme celles des chariots avec lesquels on exploite encore aujourd'hui la plaine de Pharsale, ainsi que nous l'avons vu en 1839. La Mer tient à la main droite un grand vaisseau qu'elle a englouti autrefois et qu'elle vient rendre au jugement dernier ; de la main gauche, elle offre à Dieu un homme nu. Les quatre vents, Ζέφυρος, Βορέας, Πουνέντις, Νότος, soufflent sur les flots où vogue cette Mer. Le seul Notus, fils de l'Aurore, est jeune et sans barbe ; les trois autres sont vieux et barbus. Ces vents sont sous la forme d'une tête sans corps, ailée, et soufflant d'énormes bouffées, des tempêtes. Au couvent de Saint-Grégoire (mont Athos), la Terre fait également partie du Jugement dernier peint sur le mur occidental de l'église principale. Comme celle de Vatopédi, elle est femme et reine, assise entre un lion à sa droite, une lionne à sa gauche ; le lion et la lionne rugissent, et sont couchés sur un monstre à queue de reptile. A la main gauche, la Terre tient un long serpent ; à la main droite, une grande coupe, un calice d'où sortent à la fois, comme d'un nid, six têtes de vipères.

[1] Outre ces trois prophètes, on voit quelquefois Ézéchiel, qui a fait, au chapitre xxxvii de sa prophétie, une si admirable peinture de la résurrection. «...... Ossa arida, audite verbum Domini..... Aperiam tumulos vestros, et educam vos de sepulcris vestris, etc.

Le juste et universel jugement de Notre-Seigneur Jésus-Christ.

Le Christ assis sur un trône de feu et élevé. Vêtu de blanc, il lance la foudre au-dessus du soleil. Toutes les puissances des anges, saisies d'une grande frayeur, tremblent devant lui. De la main droite, il bénit les saints ; de la gauche, il indique aux pécheurs le lieu des gémissements. Une grande clarté forme un cercle autour de lui [1], et au-dessus on lit : « Jésus-Christ le juste juge. » A ses côtés, la sainte Vierge et le Précurseur [2] s'inclinant avec vénération ; et les douze apôtres assis sur douze trônes. Avec eux sont aussi tous les saints ; ils se tiennent du côté droit, et portent à la main des rameaux qui figurent leurs vertus. Ils sont distribués en trois ordres : dans le premier, le chœur des premiers parents, des patriarches et des prophètes ; dans le deuxième, le chœur des évêques, des martyrs et des solitaires ; dans le troisième, le chœur des rois pieux, des femmes saintes ou martyres. Du côté gauche du Christ, tous les pé-

[1] C'est l'auréole, qui environne le corps comme le nimbe entoure la tête.

[2] Chez nous, ce n'est pas ordinairement le Précurseur qui, avec la Vierge, prie pour le genre humain, mais bien saint Jean évangéliste, jeune et sans barbe. A la droite du Christ, est debout, assise ou agenouillée, Marie ; à la gauche, agenouillé presque toujours, jamais assis, quelquefois debout, est saint Jean évangéliste. La colère du Christ est tempérée par les larmes et les prières de ceux qu'il a le plus aimés dans ce monde, de sa mère et de son ami. Cependant, comme le veulent nos litanies latines et les prescriptions du Guide, nous avons quelquefois le Précurseur à la place de l'évangéliste : il en est ainsi au tympan central du portail occidental de Notre-Dame d'Amiens et sur la toile de Michel-Ange. A Notre-Dame de Paris, c'est saint Jean évangéliste ; il est agenouillé et la Vierge aussi, car, à Paris, la terreur du Christ est grande dans cette redoutable scène du jugement dernier. Les plus justes et les plus saints y sont épouvantés.

cheurs chassés de sa présence et condamnés avec les démons et le traître Judas : les rois tyrans, les idolâtres, les antéchrists, les hérétiques, les meurtriers, les traîtres, les voleurs, les ravisseurs, ceux qui n'ont pas fait l'aumône, les usuriers, les avares, les menteurs, les sorciers, les ivrognes, les luxurieux, les lubriques et tous ceux qui sont souillés ou impurs, et, en premier lieu, les juifs ingrats, les docteurs et les pharisiens. Tous poussent de grands gémissements. Les uns s'arrachent la barbe, d'autres déchirent leurs vêtements [1]. Ils

[1] Cette description est vraiment terrible et suffisamment complète; on va le voir par la suite. Les tableaux du jugement dernier byzantin, aussi développés en peinture qu'ils le sont chez nous en sculpture, paraissent encore plus redoutables que les nôtres, qui sont cependant effrayants. Le christianisme ne s'est pas autant adouci dans l'Église grecque que dans l'Église latine. Chez nous, on ne voit pas de feu sortant du trône et des pieds mêmes de Jésus, pour aller engloutir et dévorer les pécheurs. Il appartenait à l'Église orientale de faire du Christ un juge et un bourreau tout à la fois. Chez nous, le jugement prononcé est exécuté par les anges et par les démons, et non par le Christ lui-même. Déjà, à une époque très-ancienne, on a représenté ce fleuve de feu qui engloutit les damnés, car saint Jean Damascène (*Oratio adv. Constantinum Caballinum*, vol. I, p. 619) dit : « Nam, rogo, ubi repræsentante imagine secundum Christi Dei « nostri adventum inspexeris, quando veniet in majestate; angelos item innu-« mera multitudine cum timore et tremore ejus adsistentes throno; IGNEUM FLU-« MEN quod de throno egrediens peccatores devorat. » Dans l'*Hortus deliciarum*, on voit, au jugement dernier, le Christ assis sur un arc-en-ciel. Au centre d'une auréole ovale, Jésus pose sur un second arc-en-ciel ses pieds percés et saignants ; il montre ses mains saignantes et son côté ouvert et saignant. Sous cette redoutable figure, on lit : « Deus manifeste veniet, et non silebit; ignis in conspectu « ejus exardescet, in circuitu ejus tempestas valida. Ignis ante ipsum procedet, « et inflammabit in circuitu inimicos ejus... Omnes superbi et omnes facientes « impietates erunt quasi stipula. » Il fallait que l'esprit byzantin fût bien puissant dans le couvent de Sainte-Odile, pour que des femmes et des religieuses de notre pays prissent un parti aussi violent dans la représentation du jugement dernier.

En quelques mots, voici la disposition du jugement dernier peint à Salamine, dans la grande église du couvent de la Panagia-Phanéroméni, sur la muraille

tournent leurs yeux vers Jésus et tous ses saints, et vers le prophète Moïse, qui leur indique avec la main le Christ, et qui leur dit sur un cartel : « Le Seigneur Dieu suscitera un prophète de vos frères comme moi, écoutez-le en toutes

occidentale et à l'intérieur. Trois étages composent ce grand tableau ; ils sont eux-mêmes partagés verticalement en trois sections. A l'étage supérieur, au centre, Jésus-Christ rayonne dans une auréole circulaire, traversée par des carrés à côtés concaves, et qui forment plusieurs triangles s'enchevêtrant l'un dans l'autre. Dans les Annales archéologiques (vol. I, p. 165, pl. 12) nous avons donné une gravure de cette figure remarquable. A droite du Christ, la Vierge; à sa gauche, saint Jean-Baptiste; debout tous deux, ils implorent la bonté divine en faveur des hommes. Dans l'*Hortus deliciarum*, on lit près de Marie : « Sancta « Maria Filio suo pro Ecclesia supplicat ; » près de saint Jean : « Johannes Bap- « tista supplicat. » Ils sont également debout. Les apôtres, six à droite, six à gauche, assis sur des trônes, joignent leurs supplications à celles de Marie et du Précurseur. Quatre chérubins environnent et portent l'auréole du Christ; dix-neuf anges servent de couronnement et comme de corniche à tout cet étage supérieur.

A l'étage du milieu et dans le centre, on voit un autel qui porte, à droite, le livre de la justice, à gauche, des objets recouverts d'un voile; ces objets sont, ou les instruments du sacrifice de la messe, ou les clous du crucifiement. A l'autel est adossée la croix, qui porte la lance au croisillon droit, l'éponge au croisillon gauche. Deux anges armés d'une pique tiennent et gardent les deux extrémités de l'autel (ἡ ἑτοιμασία τοῦ Θρόνυ). Dans le manuscrit d'Herrade, il y a un autel également. Sur cet autel, sont les quatre clous du crucifiement et le livre de la justice, ouvert. La croix en argent, à la traverse de laquelle est la couronne d'épines, se dresse derrière l'autel. Un ange tient la lance et l'éponge; un autre tient cette croix d'argent du divin crucifié. A droite, pieds nus, et vieux, Adam s'agenouille du genou gauche; on lit cette inscription : « Adam, per crucem redemptus, crucem adorat. » A gauche, Ève, pieds chaus- sés, habillée en religieuse, se prosterne; on lit cette inscription : « Eva, per « crucem redempta, crucem adorat. » Pour la croix on lit : « Quæ crux ita ra- « diat quod splendorem solis et lunæ sua claritate obscuret. » Pour le livre placé sur l'autel : « Liber justiciæ sunt exempla sanctorum, qui aperietur in præ- « sentia Dei, quia tunc aperte scient mali se non prædestinatos ad vitam. Liber « vitæ est Christus, qui suis dabit vitam. »

Sous les apôtres de droite, dans sept auréoles circulaires, on voit les sept

# DEUXIÈME PARTIE. 271

choses. » Le symbole de la croix est devant le trône avec l'arche de l'alliance du Seigneur, avec les témoignages de la loi et des prophètes, et avec l'Évangile ouvert entre deux cartels. Sur le cartel de droite, on lit : « Et les morts ont été jugés

chœurs des apôtres, des prophètes, des pontifes, des martyrs, des saints divers, des femmes martyres, des femmes saintes. Deux chœurs entiers de femmes sur sept en tout, c'est beaucoup, comme on voit ; nous aurons occasion de faire observer ailleurs que les saintes femmes reçoivent plus d'honneurs dans l'Église orientale que dans l'Église latine. Ces sept chœurs se réveillent au bruit de la trompette dont sonne un ange.

Sous les apôtres de gauche, au son de la trompette d'un autre ange, la terre et la mer rendent les morts qu'elles ont engloutis depuis la naissance du monde (ἄγγελος Κυρίου σαλπίζων τὴν γῆν καὶ τὴν θάλασσαν). Sur la terre, assemblage de forêts, de rochers, de montagnes, on voit accourir une multitude de bêtes féroces, de bêtes sauvages, de reptiles, de monstres, un lion ailé, un dragon, une hydre à plusieurs têtes, une hyène, un hippopotame, un ours, un loup, un aigle, un scorpion, un serpent, qui tiennent à la gueule et rendent, pour le jugement dernier, les membres humains qu'ils ont dévorés. Dans la mer, océan de flots agités, des poissons monstrueux ou réels, des cétacés fantastiques, une syrène, un cheval marin, une seiche, une tortue, une baleine, un serpent de mer ; ils apportent également leur tribut de membres humains, dont ils se sont nourris. Au milieu d'eux, assise sur un cétacé gigantesque, est la Mer personnifiée, une grande femme, couronne sur la tête et sceptre à la main gauche. De la main droite, à bras tendu, elle présente et rend un énorme vaisseau qu'elle a englouti avec toutes ses voiles et tous ses matelots.

A l'étage inférieur, dans le centre, est le jugement dernier proprement dit. Un grand ange replie le ciel comme un rouleau, sur lequel sont peints le soleil, la lune et dix-huit étoiles (ἄγγελος Κυρίου τιλῶν τὸν οὐρανὸν ὥσπερ χάρτην). Une main gigantesque, entourée de nuages et sortant de dessous l'autel qui porte l'Évangile et les instruments du sacrifice, tient une énorme balance, dans laquelle se pèsent les bonnes et les mauvaises actions des hommes (ὁ ζύγος τῆς δικαιοσύνης). Le plateau gauche est au mal, le droit appartient au bien. Sous cette balance, sur des nuages, dix-sept âmes nues, agenouillées, mains jointes, attendent avec angoisse le résultat du jugement. Moïse montre aux juifs incrédules le Christ dans sa gloire ; il tient une banderole où on lit : « Voilà celui que vous avez crucifié (οὗτος ἐστίν ὅν ὑμεῖς ἐσταυρώσατε). » Six de ces juifs sont terrifiés ; ils n'osent regarder le grand juge. Sous Moïse et ses

suivant leurs œuvres, d'après ce qui est écrit dans les livres. » Sur celui qui est à gauche, on lit : « Si quelqu'un n'est pas trouvé inscrit dans le livre de vie, qu'il soit envoyé dans le lac de feu. » Un fleuve de feu sort des pieds du Christ; les

juifs, six démons nus, noirs, velus, queue au bas de l'échine, deux ailes de chauve-souris aux épaules, deux cornes au front, portent sur leur dos des paquets énormes, rouleaux où sont écrites les mauvaises actions des hommes. Comme des vendangeurs font des raisins dans la cuve, ils jettent ces rouleaux dans le plateau gauche de la balance, que Satan en chef attire à lui et veut faire pencher de son côté. Mais, dans le plateau droit, les anges gardiens, au nombre de cinq, viennent apporter, également écrites sur des rouleaux repliés, nos bonnes actions, nos vertus. Quoique les rouleaux du mal soient gros et nombreux, le plateau droit, où sont les vertus, est cependant plus pesant. Alors la main divine pèse avec la balance de la justice les vices et les vertus. Adam et Ève se prosternent avec terreur, l'un à droite, l'autre à gauche de la balance; ils attendent le jugement. Les bons et les méchants, pesés et reconnus, sont séparés. Les âmes des justes, il y en a douze, montent dans la main de Dieu (δικαίων ψυχαὶ ἐν χειρὶ Κυρίου), qui les remet à ses anges pour le paradis ; les âmes des méchants sont emportées en enfer par les démons. A gauche est l'enfer, à droite le paradis.

Le paradis, vaste enceinte défendue par des murs épais, des tours carrées, est gardé par un séraphin à six ailes, deux épées à la main. Au dedans, la Mère de Dieu est assise sur un trône que soutiennent deux grands anges. Le bon larron (ὁ λῃστής), nimbe à la tête et tenant sa croix, est également dans le paradis avant le jugement dernier, suivant la promesse que Jésus lui avait faite. Il n'y a pas d'autres personnages dans ce vaste champ couvert de fleurs, de cyprès, de palmiers (*palmæ designant victoriam,* dit l'*Hortus deliciarum*), d'arbres de toute espèce, et arrosé par les quatre fleuves mystérieux, les sources de la vie (*fontes vitæ*), selon l'expression du même manuscrit. Dans d'autres représentations, on voit en outre, au milieu du paradis, Abraham tenant les âmes vertueuses dans son giron. A côté de lui, on voit quelquefois aussi Isaac et Jacob, tenant, comme leur père, les âmes des gens de bien. Le peintre de Salamine, plus rigoureux et plus savant que les autres, n'a pas mis dans le paradis, avant l'arrêt du jugement dernier, ni ces âmes, ni ces patriarches, puisque c'est l'arrêt lui-même qui les place dans le séjour du bonheur. Cependant, le jugement est rendu, et saint Pierre, clef en main, ouvre la porte du paradis, en dehors duquel il est lui-même, à la foule des élus, apôtres,

## DEUXIÈME PARTIE. 273

démons y précipitent les méchants et ceux qui n'ont pas fait l'aumône, et les tourmentent d'une manière horrible avec divers instruments de supplice, des harpons et des lances. D'autres les enfoncent dans les flammes avec des piques.

patriarches, prophètes, pontifes, martyrs, confesseurs, rois, prêtres, religieux, séculiers, femmes, etc. qui se pressent pour entrer. Quarante et un de ces personnages, parmi lesquels un individu de très-petite taille, un innocent peut-être, figurent tout le peuple des élus. La joie éclaire toutes ces figures (οἱ ἅγιοι πάντες εἰσερχόμενοι ἐν τῷ παραδείσῳ).

A gauche, c'est l'enfer. Du trône de Jésus, qui est au sommet du tableau, des pieds du Christ même, sort une source large, rouge, le fleuve, non de sang, mais de flamme, dont il est question plus haut. Ce fleuve tombe dans la gueule d'un monstre énorme, qui est l'enfer même, l'enfer personnifié. C'est dans ce gouffre vivant que les démons jettent les damnés. Ceux-ci, après avoir traversé les entrailles de flamme du monstre, tombent au fond de l'abîme, où ils sont tourmentés de supplices inouïs. Des damnés sont plongés jusqu'au cou dans six lacs de feu; ils en sortent la tête, qui est de feu comme le lac et ressemble à du fer rouge. Au-dessus du premier lac on lit : « Le grincement des dents » (ὁ βρυγμὸς τῶν ὀδόντων); au-dessus du second : « Le ver qui ne dort pas » (ὁ σκώληξ ὁ ἀκοίμητος); au troisième, c'est la géhenne du feu, (ἡ γέεννα τοῦ πυρός); au quatrième, le tartare (ὁ τάρταρος); au cinquième, le feu qui ne s'éteint pas (τὸ πῦρ τὸ ἄσϐεστον); le sixième, enfin, c'est le feu extérieur (τὸ πῦρ τὸ ἐξώτερον). On est tourmenté moralement et physiquement, au dehors et au dedans. Ceci rappelle les huit peines de l'enfer nommées dans les vers suivants, qu'on lit dans la Légende dorée, à la vie de saint Jean évangéliste :

> Vermes et tenebræ, flagellum, frigus et ignis,
> Dæmonis aspectus, scelerum confusio, luctus.

Puis on voit dix groupes d'hommes pendus par le cou, et les pieds plongés dans les flammes; tous dix sont rongés par des serpents et tourmentés par des démons. Chaque homme représente un genre de crime. Le premier est le meurtrier (ὁ φονεύς); le second, le voleur (ὁ κλέπτης); le troisième, le blasphémateur (ὁ βλάσφημος). Puis le menteur (ὁ ψεύστης), le libertin (ὁ πόρνος), l'avare (ὁ φιλάργυρος), l'ambitieux (ὁ πλεονέκτης), le coléreux (ὁ ὑπερίφανος), l'impitoyable (ὁ ἀνελέημων), le paresseux (ὁ ἀμελῶν τὴν ἀκολουθείαν, qui néglige l'action, le service). L'homme colère est pendu la tête en bas; tout le sang lui tombe dans la tête. Le paresseux est un moine assis sur une chaise

D'autres, sous la forme de serpents de feu, entrelacent leur corps, les entraînent de force, et les conduisent dans des cavernes où sont les ténèbres extérieures, des chaînes indissolubles, des grincements de dents, un ver rongeur toujours

enflammée, où un petit diable le retient de force. Le libertin, comme dans le Jugement dernier de Michel-Ange, est rongé aux parties génitales par un serpent. Un diable scie le cou au meurtrier, un autre diable coupe la langue au menteur.

Dans l'*Hortus deliciarum*, les anges poussent les impies en enfer. Ces impies sont : les faux prophètes, qui ont prédit la vérité et fait de mauvaises actions, ou qui ont vu l'avenir par le secours de Satan; les faux apôtres, hérétiques qui ont brisé l'unité de l'Église et en ont souillé le chaste lit en parlant contre le Seigneur et son Christ; les faux papes, qui, avec les évêques et les clercs, ont prêché, non pas au nom du Christ, mais pour avoir une récompense passagère, ou qui ont souillé de vices toute leur vie; les faux abbés et moines, qui ont feint des sentiments de religion et ont gâté leur vie par des fautes criminelles; les faux ermites et reclus, qui ont violé leur profession par la propriété, la débauche et les autres vices. On ajoute : « Judæi, qui in lege peccaverunt, « per legem judicabuntur; pagani, qui sine lege peccaverunt, sine lege peri- « bunt. » Les *fatuæ prælatæ* et les *fatuæ virgines*, les *seculares, iniqui judices, omnes infideles*, tout cela est précipité et tourmenté en enfer. A côté de ces terribles représentations, on lit que les plus grands supplices sont réservés aux « tumidis, et incredulis, et execratis, et homicidis, et fornicatoribus, et vene- « ficis, et idolatris, et omnibus mendacibus quibus mendacium in usu est. Pars « erit in stagno ardente, igne et sulfure, quod est secunda mors. Vermis impio- « rum non morietur, et ignis illorum in sempiternum non extinguetur. »

Mais, au milieu de ces abstractions du Jugement de Salamine, se détachent des individualités qui sont punies plus cruellement encore que les autres représentants des vices. On voit, à leur nom écrit près d'eux, Pilate, César, Maxence, Dioclétien, Nestorius, Arius, Dioscore et Maxime d'Alexandrie, les persécuteurs et les hérétiques, torturés par des supplices particuliers. L'avare est doublé, pour ainsi dire, par le mauvais riche de l'Évangile, qui porte la main à sa bouche pour demander une goutte d'eau, et qui souffre une soif de feu.

Le roi de cet horrible royaume est Satan en chef (ὁ Βελσέβουηλ), monstre gigantesque, noir et vomissant des flammes; il excite du geste et de la voix l'activité de ses démons, bourreaux placés sous ses ordres.

Ce tableau, peint à fresque, en 1735, par Georgios Marcos, peintre d'Argos,

éveillé, et le dernier feu qui ne s'éteindra jamais, afin qu'ils soient tourmentés et châtiés éternellement. Des fentes les laissent apercevoir à l'intérieur; ils sont attachés avec des chaînes de fer et au milieu des ténèbres, grinçant des dents

et par trois de ses élèves, comme dit l'inscription que j'ai relevée et donnée dans l'introduction, a de hauteur quatre mètres dix-sept centimètres, et cinq mètres de largeur; il contient deux cent cinquante et une figures.

Tous les Jugements derniers peints en Grèce ressemblent beaucoup, sauf certains détails qui varient, à celui de Salamine. Cependant je dois noter une peinture qui orne la chapelle funéraire du couvent de Saint-Grégoire (mont Athos), et qui se distingue par de curieuses particularités. La terre est personnifiée dans une femme couronnée, assise sur un dragon; ce monstre rend un homme qu'il a dévoré. Cette Terre, toute reine qu'elle est, est une sorte de paysanne d'assez grossière figure; elle file au fuseau sur son dragon. Près des ressuscités qui attendent leur jugement, on voit, assis sur un banc, Cyrus, Porus, Darius, Alexandre (Κύρος, Πόρος, Δάριος, Ἀλέξανδρος), qui ont le costume royal, et tiennent à la main droite un glaive nu, pointe en l'air. Tous sont vieux et à barbe blanche, à l'exception d'Alexandre, qui est jeune et sans barbe. Les moines grecs, gens d'esprit, n'ont condamné ni absous ces rois païens; ils les ont placés dans l'attente du jugement dernier, avec ceux qui sont en train de ressusciter, entre le paradis et l'enfer.

Satan en chef est un homme gigantesque, à formes plutôt monstrueuses qu'humaines; il est assis sur un dragon à sept têtes. L'horrible bête dévore, avec ses gueules qui fonctionnent à la fois, quatre rois couronnés et deux moines voilés du Camilafki. Je ne sais qui sont ces rois; ils n'ont ni attributs ni qualification nominale. Dans tout le mont Athos, et chez les moines grecs en général, j'ai trouvé de la répugnance pour les rois et une grande horreur pour les tyrans. Dans le même couvent de Saint-Grégoire, au Jugement dernier peint sur le mur occidental de l'église principale, on voit un Satan plus monstrueux encore que celui de la chapelle funéraire. Celui-là est assis sur un monstre à queue de reptile. Cette queue se découpe en sept lanières, au bout desquelles est attachée une tête de serpent, et chaque tête dévore un damné. Le diable est tout nu; il porte l'énorme clef de l'enfer attachée à un ceinturon. Il a, en gros, la forme humaine; mais il porte une queue puissante et longue. Il a des pieds et des mains en serres d'aigle, une tête de bœuf à grandes cornes et à barbe de bouc. Des flammes lui sortent des yeux et de la bouche. Il tient de la main gauche, contre son ventre, un petit damné

d'une manière lamentable, brûlés par un feu inextinguible et sans relâche, et rongés de tous côtés par les vers. On voit aussi le riche qui n'a pas fait d'aumônes. Ils regardent de loin, et en face d'eux, le sein d'Abraham, le paradis, et, au

tout nu, qu'il presse fortement, et qui rend du feu par la bouche. De la main droite, il tend à un petit diable, pour le porter à l'ange qui pèse les âmes, un panier rempli de rouleaux où sont écrites les mauvaises actions des hommes. Il a pour oreilles des têtes vertes de chien; à chaque épaule une tête monstrueuse ouvre la gueule et vomit des flammes. Au nombril, qui est herniaire, est plaquée une tête de dragon, vomissant trois petits serpents tout verts. A chaque genou, une tête monstrueuse vomit de la flamme. Ce démon ressemble singulièrement à un Satan en chef que nous avons fait graver pour l'Iconographie chrétienne, Histoire du diable, et qui est dans un manuscrit du xv° siècle, à la Bibliothèque royale. Ce Satan du mont Athos est récent; il a été peint, en 1779, par le moine Gabriel et par Grégoire, né à Castorie, en Macédoine. Une inscription que j'ai relevée dans l'église le dit positivement. Ce sont les mêmes artistes qui ont peint la chapelle funéraire.

Dans cette chapelle, les différents vices sont punis différemment, comme à Salamine. Parmi ces vices, cinq seulement sont nommés et détaillés. En tête de tous, le voleur, le klefte (ὁ κλέπτης); il est tourmenté par un petit diable lourd et ventru, assis sur un sac d'argent que le voleur porte sur son dos. Un autre diable donne au damné de l'or brûlant, de ce ton que le voleur prend pour demander au voyageur la bourse ou la vie. Le deuxième est le gourmand, le mangeur (ὁ φάγος). Deux diables lui crèvent les yeux; un troisième lui saute sur le ventre, et un quatrième lui prépare une nourriture de choses immondes ou dégoûtantes. Le troisième est le libertin (ὁ πόρνος). Comme un veau dans une boucherie, il est pendu la tête en bas; deux diables lui coupent les parties génitales. Le quatrième est l'avare (ὁ φιλάργηρος*). Il est pendu au-dessus d'un feu; au cou lui sont attachés quatre gros sacs d'argent, fort lourds et qui l'étranglent. Le cinquième est le paresseux (ὁ ὀκνηρός). Mais il se dédouble; il est deux fois représenté, deux fois puni, car la paresse est un vice capital, un vice rongeur chez les moines. Le premier paresseux est un moine étendu sur un divan; il fume avec une pipe allumée et servie par deux démons. Nous sommes en Turquie, on le voit bien. Le second est un moine

* Pour φιλάργυρος. Les Grecs modernes, prononçant l'upsilon comme l'êta, mettent quelquefois, par inadvertance, l'un pour l'autre. Au couvent de Philothéou, un peintre à fresque a écrit τας pour τις, parce que l'êta se prononce comme l'iota.

# DEUXIÈME PARTIE. 277

dedans, tous les saints bienheureux. Le paradis est entouré, de tous les côtés, par un mur de cristal et d'or pur; il est orné des plus beaux arbres et de toutes sortes d'oiseaux et de volatiles. A droite et à gauche du jugement, sont les

couché en plein air, le dimanche, pendant l'office. Un diable lui souffle des rêves épouvantables, des cauchemars accablants; un autre diable tient au-dessus de sa tête une sorte de parasol, pour le garantir des rayons du soleil, afin qu'il ne se réveille pas et qu'il soit mieux martyrisé par les visions qui l'agitent. On a remarqué que des chefs d'ordre monastique, appropriant leur règle au caractère des individus appelés à la suivre, avaient créé une classification particulière des vertus et des vices. Établissant des distinctions dans certains défauts primitifs et qu'ils voulaient extirper, ils les ont grossis, divisés et subdivisés. C'est pour ce même motif que la paresse est dédoublée dans ce couvent de l'Athos. D'un côté, le vol, qui précède tous les vices; de l'autre, l'envie, la colère, l'orgueil, vices intellectuels, dont on ne dit rien, signifient assez que nous sommes chez des Grecs, chez des moines grossiers et sans instruction. Leurs défauts sont purement matériels.

Les petits diables qui pullulent dans cette peinture ressemblent aux diablotins noirs qu'on dessinait en lithographie, il y a quelques années, pour des fantaisies dites romantiques.

Le Guide ne mentionne pas les œuvres de miséricorde dont le tableau accompagne ordinairement la représentation du Jugement dernier. Ainsi, immédiatement au-dessus du Jugement dernier de Salamine, on voit six cadres dans chacun desquels est figurée une des six œuvres de miséricorde, d'après ce texte de saint Matthieu (ch. xxv) : « J'ai eu faim, et vous m'avez donné à manger. — J'ai eu soif, et vous m'avez donné à boire. — J'étais étranger, et vous m'avez recueilli. — J'étais nu, et vous m'avez couvert. — J'étais infirme, et vous m'avez visité. — J'étais en prison, et vous êtes venu à moi. » On y voit donc la Charité, sous la forme d'une grande femme, exerçant tour à tour sa générosité sur ceux qui ont faim et soif, sur ceux qui voyagent et qui sont nus, sur les malades et les prisonniers; en tout vingt-cinq personnages. A ces six œuvres de miséricorde, l'Église latine en a ajouté une septième, l'ensevelissement des morts. Sur trois maisons de la ville de Bruges, à la façade principale, on voit sculptées en haut relief sept œuvres de miséricorde; l'ensevelissement des morts est placé tout au sommet de ces maisons, dans la pointe du pignon. Ces sculptures sont des xvi$^e$ et xvii$^e$ siècles. Le même sujet, sculpté au xvii$^e$ siècle, se voit sur une maison de Gand, rue du Vieux-Bourg,

prophètes avec des cartels contenant les inscriptions suivantes : — Daniel : « J'étais attentif à ce que je voyais, lorsque des trônes furent placés, et que l'ancien des jours s'assit. » — Malachie : « Voici : le jour vient ardent comme une fournaise, et il consumera tous les étrangers, et tous ceux qui commettent l'iniquité. » — La juste Judith : « Le Seigneur tout-puissant les châtiera au jour du jugement et donnera leur chair au feu et aux vers. »

n° 63. A Gand, comme en Grèce, il n'y a que les six œuvres, et on a supprimé l'ensevelissement. Mais, dans ces sept actes de charité, comme c'est au corps seulement qu'on s'adresse, l'Église latine n'a pas voulu oublier l'âme, dont les Grecs ne s'occupent pas. Nous avons donc figuré les sept œuvres spirituelles en regard des sept œuvres corporelles, pour faire un tableau complet. Les œuvres spirituelles se résument dans ces propositions : Conseiller les faibles. — Corriger les pécheurs. — Instruire les ignorants. — Consoler les affligés. — Pardonner les injures. — Supporter les peines. — Prier pour les morts, les vivants et les persécuteurs.

A Salamine, le jugement dernier est peint contre la muraille occidentale, dans l'espace occupé par la grande nef, à laquelle cette muraille sert de refend. Mais, l'église ayant trois nefs, le mur qui termine les nefs latérales du côté de l'occident, est peint également. Du côté du sud, ou à la droite du Christ, qui juge, est peinte l'assemblée des anges qui portent en triomphe le jeune Jésus, leur maître, ailé comme eux. Du côté du nord est l'assemblée des apôtres, au-dessus desquels plane Jésus dans les nuages. Ces deux tableaux, dont le Guide ne parle pas, au moins dans le jugement dernier, complètent la grande scène de la fin du monde et de la manifestation du Christ.

Nous devons noter que la représentation du jugement dernier occupe ordinairement la muraille occidentale, la muraille du portail des églises grecques, et que c'est là aussi qu'elle se voit, dans nos églises gothiques, dans nos cathédrales de Paris, de Reims, de Bourges, etc. Mais, comme c'est de la peinture qu'on fait en Grèce et de la sculpture chez nous, la peinture est au dedans, à l'intérieur, et la sculpture au dehors, sur le tympan ou le pignon des portes. Du reste, la même idée a présidé à cette disposition dans l'une et dans l'autre contrée ; c'est une analogie assez singulière, et qui, s'il ne fallait terminer cette note, mériterait une explication.

## LES FÊTES DE LA MÈRE DE DIEU.

### La conception de la Mère de Dieu.

Maisons et jardins avec différents arbres. Au milieu[1], sainte Anne en prières; un ange au-dessus d'elle la bénit. Hors du jardin, une montagne, sur laquelle est Joachim en prières; un ange le bénit pareillement.

### La naissance de la Mère de Dieu.

Maisons. Sainte Anne couchée sur un lit, entre des couvertures, et appuyée sur un oreiller. Deux servantes la soutiennent par derrière; une autre agite l'air devant elle avec un éventail[2]. D'autres femmes sortent d'une porte et tiennent des aliments; il y en a encore d'autres qui, assises au-dessous d'elle, lavent l'enfant dans un bassin. Une autre encore balance l'enfant dans son berceau.

### La Mère de Dieu est bénie par les prêtres.

Maisons. Une table avec des aliments. Devant la table, Joachim portant dans ses bras la sainte Vierge, petite enfant. Sainte Anne est derrière lui. Trois prêtres, assis devant la table, regardent la sainte Vierge et la bénissent.

---

[1] Chez nous, sainte Anne est ordinairement dans sa maison quand l'ange lui apparaît et lui annonce qu'elle sera mère. En Orient, on vit peu dans les maisons et beaucoup en plein air.

[2] L'Orient, embrasé si souvent, se révèle encore ici.

L'entrée de la Mère de Dieu dans le temple [1].

Le temple. Les degrés d'un escalier [2] conduisant à la grande porte. Le prophète Zacharie debout à la porte, et revêtu de ses habits pontificaux. Il étend ses bras ouverts. La sainte Vierge, âgée de trois ans, monte les degrés devant lui; elle a une main étendue et tient un cierge de l'autre [3]. Derrière elle, Joachim et Anne se regardent et se la montrent; auprès d'eux, foule de vierges portant des cierges. Au-dessus du temple, une coupole magnifique. Au milieu de cette coupole, la sainte Vierge assise; elle prend le pain que lui apporte, en la bénissant, l'archange Gabriel [4].

[1] Le premier couvent du mont Athos, celui qu'on rencontre en venant de Salonique par terre, est consacré à l'entrée de la Vierge dans le temple; le dernier, à sa mort; les autres, entre ces deux extrémités, sont dédiés en général aux autres fêtes de Marie.

[2] Suivant les traditions, auxquelles se conforment quelquefois les artistes grecs et latins, cet escalier avait quinze marches. Voyez la Légende dorée, à la fête de la Nativité de la glorieuse Vierge Marie (*De nativitate gloriosæ Virginis Mariæ*).

[3] Ceci rappelle la parabole des vierges sages, qui tiennent à la main une lampe allumée.

[4] Dans la Légende dorée, *De nativit. glorios. Virg. Mariæ,* on lit: «Virgo « autem quotidie in omni sanctitate proficiens, et ab angelis quotidie visitabatur, « et visione divina quotidie fruebatur. Ait enim Hieronymus, in quadam epi- « stola ad Cromacium et Heliodorum, quod beata Virgo hanc regulam sibi sta- « tuerat ut, a mane usque ad tertiam, orationibus insisteret; a tertia usque « ad nonam, textrino operi vacaret; a nona ab orationibus non recedebat, « quousque angelus apparens sibi escam daret.» Au xv° et au xvi° siècle, on voit fréquemment la Vierge représentée faisant de la tapisserie près du temple et visitée par les anges. Sur une tapisserie du xvi° siècle, qui ornait autrefois la cathédrale de Reims, et qui est aujourd'hui à l'archevêché de la même ville, on voit la Vierge figurée ainsi. Une intéressante tradition veut que la

Joseph emmenant la Mère de Dieu de devant le Saint des Saints [1].

Le temple. Au dedans, le prophète Zacharie bénissant. Par derrière, d'autres prêtres se montrent la sainte Vierge les uns aux autres. Devant eux, Joseph prend la sainte Vierge par la main. Derrière eux, d'autres personnages.

La mort de la sainte Vierge.

Maison. Au milieu, la sainte Vierge, morte, couchée sur un lit, les mains croisées sur la poitrine. De chaque côté, auprès du lit, de grands flambeaux et des cierges allumés. Devant le lit, un Hébreu dont les mains coupées sont attachées au lit, et, près de lui, un ange avec une épée nue. Aux pieds de la sainte Vierge, saint Pierre l'encensant avec un encensoir; à sa tête, saint Paul et saint Jean le Théologos, qui l'embrassent. Tout autour, les autres apôtres et les saints évêques Denys l'Aréopagite, Iérothée et Timothée tenant les évangiles. Des femmes en pleurs. Au-dessus, le Christ, tenant dans ses bras l'âme de la sainte Vierge vêtue de blanc :

Vierge ait été occupée alors à tisser la tunique sans couture, la sainte robe que Jésus porta en allant au Calvaire, et qui fut tirée au sort par ses bourreaux. Il paraît que ce précieux vêtement serait aujourd'hui dans l'église d'Argenteuil. L'impératrice Irène aurait donné cette robe du Sauveur à Charlemagne, qui en aurait fait présent au couvent d'Argenteuil, où s'étaient retirées sa sœur Gisèle et sa fille Théodrade. Depuis lors, Argenteuil aurait toujours conservé cette robe, qui, le 12 août 1844, a été transférée dans une châsse nouvelle. La cathédrale de Trèves possède également une sainte robe, qui est célèbre.

[1] Le mariage de la Vierge est passé. Il n'en est ainsi ni en Italie, ni chez nous, où ce sujet est fréquemment figuré, surtout à partir du xve siècle.

elle est environnée d'une grande clarté et d'une foule d'anges. Dans les airs, on voit encore les douze apôtres marchant sur des nuages. Sur le sommet de la maison, du côté droit, Jean Damascène tient un cartel avec ces mots : « Vous méritez d'être reçue vivante dans le ciel, céleste Vierge, tabernacle divin..... » et la suite. Du côté gauche, saint Cosme, le poëte, tenant un cartel où il dit : « Vous paraissez une femme mortelle, mais les illustres apôtres vous voient en réalité, ô Mère de Dieu! ô immaculée[1]! »

### La Mère de Dieu mise au tombeau.

Un tombeau. Au dedans, l'apôtre Pierre soutenant la sainte Vierge par la tête; au dehors, Paul la soutient par les pieds; Jean le Théologos l'embrasse. Les autres apôtres, tout autour, portent des cierges et se lamentent.

---

[1] On voit, dans l'église de l'abbaye de Solesmes, une sculpture représentant la mort de la Vierge. Près de cette mort, est sculpté saint Denys l'Aréopagite. Sous la mitre de saint Timothée, évêque d'Éphèse, sont gravées les paroles suivantes qu'il adresse à saint Denys, et qui sont tirées d'une lettre envoyée par lui à l'Aréopagite. « Inter virginales sacrosanctæ Virginis matris « Dei exequias, eximie pater Dionysi, ab apostolis unus ex omnibus illic nobis- « cum congregatis fratribus, extitit divus Hierotheus, amica tibi consuetudine « junctus, qui de divinitate Jesu, per mentis excessum, celsius jubilaret, quod « sit omnium causa, cuncta replens, forma omnia formans, non formata, quem « Virgo concepit et hominem eadem forma speciosum nobis formatum protu- « lit. Hæc divi Hierothei compendiose scripta, tu, pater, clarifica. » (Voyez la Notice sur l'abbaye de Solesmes, le Mans, 1839, p. 15.) On remarquera que Jésus est déclaré, dans le texte qui précède, avoir été beau, et que c'est un Grec qui parle à un autre Grec. On se trompe gravement quand on affirme que l'Église grecque a soutenu que le Christ était laid et a forcé les artistes a le représenter comme le plus laid des enfants des hommes; c'est absolument le contraire que disent les textes et que montrent les monuments.

L'assomption de la Mère de Dieu [1].

Un tombeau ouvert et vide. Les apôtres dans l'étonnement.

[1] Ces sujets de la mort, de la sépulture et de l'assomption de Marie sont figurés un si grand nombre de fois par la sculpture et la peinture dans nos monuments religieux, qu'il est nécessaire d'ajouter des développements, pour l'intelligence complète de ces œuvres de l'art, à la description que fait le Guide. (Voyez dans la Légende dorée, à la fête *de Assumptione beatæ Virginis Mariæ*, les détails que Jacques de Vorage donne à ce sujet.) Un petit poëme apocryphe, attribué à saint Jean évangéliste lui-même, devint le thème que les prédicateurs d'une part, que les artistes de l'autre, développèrent dans des homélies ou sur des œuvres d'art. Au XIIIe siècle, on lisait solennellement dans plusieurs églises un sermon composé des diverses paroles des saints et des hommes pieux, où l'on racontait la manière dont Marie avait été enlevée au ciel; c'est Jacques de Vorage qui affirme ce fait curieux dont il était contemporain. Les divers écrits de saint Jean Damascène avaient fourni un ample contingent à ce sermon. Voici un extrait de tout ce que Jacques de Vorage a recueilli sur l'Assomption; je traduis à peu près textuellement, et je me contente de retrancher les longueurs ou plutôt les répétitions du compilateur.

« Les apôtres étaient dispersés en diverses contrées du monde pour prêcher la religion, et Marie habitait en une maison près de la montagne de Sion, passant sa vie à visiter tous les lieux glorifiés par le baptême, le jeûne, la prière, la passion, la sépulture, la résurrection et l'ascension de son fils. Elle avait alors soixante ans: car, à quatorze ans, elle conçut Jésus, l'enfanta à quinze, vécut trente-trois ans avec lui, et lui survécut douze années encore.

« Un jour, le cœur de la Vierge, embrasé du désir de revoir son fils, se laissa défaillir et se répandit en larmes; car son fils ôté, toute consolation lui avait été enlevée. Un ange lumineux lui apparut. « Vierge bien heureuse
« lui dit-il, vous êtes bénie, mais recevez encore la bénédiction de celui qui
« dans le temple salua Jacob. Voici, ô ma maîtresse, une branche de palmier
« du paradis; vous commanderez qu'on la porte devant votre cercueil, car dans
« trois jours vous serez ôtée de votre corps, pour aller, entourée de gloire, vers
« votre fils. » Marie lui répondit: « Qu'il soit fait comme vous dites; mais je
« désire instamment que les apôtres, mes frères et mes fils, soient assemblés
« près de moi, pour qu'avant ma mort je les voie de mes yeux corporels; pour
« qu'en leur présence je rende mon âme à Dieu, et que je puisse être ense-

Au milieu d'eux Thomas, tenant la ceinture de la Vierge et

« velie par eux. Je demande encore ce que j'ai demandé bien des fois à mon
« fils sur la terre, que mon âme, quand elle sortira de mon corps, ne voie nul
« terrible esprit, et ne rencontre aucune puissance du démon. »

« L'ange lui dit : « Celui qui, de Judée à Babylone, transporta le prophète par
« un cheveu, pourra, en un moment, vous amener les apôtres. Vous n'aurez
« pas non plus à redouter la présence de l'esprit méchant, vous qui l'avez
« brisé à la tête et dépouillé de son empire. » En achevant ces mots, l'ange
remonta au ciel, comme il en était venu, dans des flots de lumière.

« Cependant la palme qu'il avait laissée étincelait d'une grande clarté : elle
était verte comme un rameau naturel, mais ses feuilles pétillaient comme
l'étoile du matin. Marie se mit au lit pour y rester jusqu'à sa sépulture.

« Pendant que Jean prêchait à Éphèse, le ciel tonna tout à coup. Une nuée
blanche prit l'apôtre et le déposa devant la maison de Marie. Il frappa à la
porte, entra et salua sa mère. Marie fut si joyeuse de le revoir, qu'elle ne put
se tenir de pleurer. : « Jean, mon fils, lui dit-elle, souvenez-vous des paroles
« de votre maître, qui m'a confiée à vous. Dieu m'appelle à mourir. Je vous
« recommande donc mon corps, car les juifs ont résolu d'attendre la mort de
« celle qui a porté Jésus dans ses flancs, afin d'enlever son corps et de le
« jeter dans les flammes. Vous ferez porter cette palme devant mon cercueil
« quand vous me conduirez au tombeau. » Jean pleura.

« Au même instant le tonnerre gronda, et tous les apôtres, enlevés par des
nuages aux diverses contrées où ils prêchaient, tombèrent comme de la pluie
devant la maison de la bienheureuse Vierge. Jean sortit au-devant d'eux, et
leur apprit que Notre-Dame allait trépasser. En essuyant ses larmes, il leur
recommanda de ne pas pleurer la mort de la Vierge, de peur que le peuple
n'en fût troublé et ne dît : « En voici qui redoutent la mort, et qui cependant
« prêchent la résurrection. »

« Quand Marie vit tous les apôtres rassemblés, elle bénit Notre-Seigneur.
Elle les fit asseoir au milieu des lampes et des lumières ardentes; elle leur
montra le rameau lumineux, elle revêtit les habits de la mort, et s'arrangea
dans son lit en attendant sa fin. Pierre était à la tête du lit, Jean aux pieds,
les autres apôtres à l'entour, célébrant les louanges de la Vierge. Vers la troisième heure de la nuit, un grand coup de tonnerre heurta la maison, et un
parfum si délicieux embauma la chambre, que tous ceux qui étaient là, hors
les apôtres et trois vierges qui portaient des flambeaux, s'endormirent d'un
profond sommeil. Alors Jésus-Christ arriva avec les ordres des anges, l'assemblée des patriarches, les bataillons des martyrs, l'armée des confesseurs et les

la leur montrant. Au-dessus d'eux, dans les airs, la sainte

chœurs des vierges. Tous se groupèrent autour du lit de la Vierge, et psalmodièrent de doux cantiques.

« Jésus dit à sa mère : « Venez mon élue, je vous placerai sur mon trône, « car je soupire après votre beauté. — Seigneur, répondit Marie, mon cœur « est préparé. » Alors tous ceux qui étaient venus avec Jésus chantèrent doucement ; Marie chanta sur elle-même ces paroles : « Toutes les générations « me proclameront heureuse, parce que celui qui est puissant et dont le nom « est saint a fait de grandes choses pour moi. » Aussitôt le chantre des chantres entonna plus excellemment que tous les autres : « Ma fiancée, venez du Liban ; « venez, vous serez couronnée. — Me voici, dit Marie, car je me réjouis en « vous. » En ce moment, l'âme de la bienheureuse Vierge sortit sans douleur de son corps, et s'envola dans les bras de son fils. Jésus dit aux apôtres : « Portez honorablement le corps de ma mère dans la vallée de Josaphat ; en-« sevelissez-le dans le tombeau qui lui est préparé, et attendez-moi trois jours, « jusqu'à ce que je revienne à vous. »

« Aussitôt les roses et les lis des vallées, c'est-à-dire les martyrs, les confesseurs, les vierges et les anges, entourèrent l'âme, blanche comme le lait, que portait Jésus-Christ, et montèrent au ciel avec elle. Les apôtres s'écriaient d'en bas, en la voyant s'élever : « Mère pleine de prudence, souvenez-vous de nous. »

« Les saints qui étaient restés au ciel furent attirés à la mélodie de ceux qui montaient ; lorsqu'ils virent leur roi porter en ses propres bras, appuyée sur sa poitrine, l'âme d'une femme, ils furent émerveillés et s'écrièrent : « Quelle est celle qui monte du désert, pleine de délices et appuyée sur son époux ? — « Elle est belle entre toutes les filles de Jérusalem, répondirent ceux qui l'ac-« compagnaient, et comme vous l'avez connue pleine de charité et d'amour, vous allez la voir sur un trône de gloire, assise à la droite de son fils. »

« Alors s'éveillèrent ceux qui dormaient, et, voyant le corps sans âme, ils se prirent à pleurer. Les trois vierges, qui avaient porté des flambeaux, dépouillèrent le corps pour le laver ; mais il s'illumina d'une si grande clarté, qu'elles pouvaient bien le toucher, mais non le regarder. Cette lumière dura jusqu'à ce que le corps fût lavé et vêtu d'un suaire. Alors les apôtres prirent cette dépouille avec respect, et la placèrent sur le cercueil. Jean, qui avait bu des flots de grâce en reposant sur la poitrine de Jésus ; Jean, qui s'était désaltéré à la source de l'éternelle clarté, porta la palme étincelante. Pierre et Paul mirent le cercueil sur leurs épaules. Pierre entonna l'*In exitu Israël de Egypto*, et les autres apôtres continuèrent le psaume à voix faible. Dieu couvrit d'une nuée les apôtres et le cercueil, en sorte qu'on entendait les chants sans voir

Vierge enlevée au ciel sur des nuages. Thomas est encore

ceux qui les donnaient. Les anges, marchant deux à deux, chantaient avec les apôtres et remplissaient la terre d'un son d'une merveilleuse douceur.

«Tout le peuple de Jérusalem, ému de cette délicieuse mélodie, sortit en foule de la ville, demandant ce que c'était : «C'est Marie qui est morte, « répondit-on, et les disciples de Jésus l'emportent en faisant autour d'elle « cette musique que vous entendez.» Alors tous coururent aux armes, s'excitant mutuellement : «Tuons les disciples, disaient-ils, et brûlons le corps de « celle qui a engendré ce séducteur.» Le prince des prêtres tremblait de rage. « Voilà, s'écriait-il, le tabernacle de celle qui a troublé notre pays ; voyez la « gloire qu'on lui rend.» Il mit la main au cercueil pour le faire tomber, mais ses deux bras séchèrent subitement et furent cloués à la bière. Il pendait ainsi par les mains, tourmenté d'une horrible douleur. Tout le peuple fut frappé d'aveuglement par les anges qui étaient dans les nuages. Le prince des prêtres criait : «Saint Pierre, ayez pitié de moi ; rappelez-vous comme je vous ai aidé « lorsque la chambrière vous accusait. — Je n'ai pas le temps, répondit saint « Pierre, je suis empêché au service de Notre-Dame ; mais crois en Dieu et en « la Vierge qui l'a engendré, et tu seras guéri. — J'y crois, dit le grand « prêtre en baisant la bière ; » et soudain ses mains furent détachées, ses bras furent revivifiés. «Prends ce rameau, ajouta le chef des apôtres, et mets-le « sur ce peuple aveuglé : à qui croira, la vue reviendra.»

«Cependant les apôtres, étant arrivés dans la vallée, placèrent le corps dans un sépulcre semblable à celui de Jésus-Christ, et, s'agenouillant auprès, pleurèrent et chantèrent. Au troisième jour, une nuée resplendissante environna le sépulcre ; une odeur suave voltigea à l'entour ; des voix célestes résonnèrent, et Jésus-Christ descendit en terre, entouré d'une multitude d'anges. Il salua ses disciples par ces mots : «La paix soit avec vous.» Ils lui répondirent : «La gloire soit avec vous, qui seul faites les grandes mer- «veilles. — Quel honneur, dit Jésus, pensez-vous que je doive faire à ma «mère ? — Seigneur, dirent-ils, ressuscitez-la, et placez son corps à côté de « vous.» Alors saint Michel vint, qui présenta l'âme de Marie à Notre-Seigneur, et Jésus lui dit : «Levez-vous, mon amie, vase de vie, temple de gloire, afin « que votre corps, qui n'a pas été souillé par l'impureté du mariage, ne soit « pas gâté par les vers du tombeau.» Aussitôt l'âme revint au corps de Marie, qui sortit glorieuse de la tombe. Elle s'envola dans les airs au milieu de la foule des anges ; elle fut reçue dans le ciel par son fils, qui l'embrassa au visage et l'habilla de clarté. Là elle est entourée de la compagnie des anges, enclose de la foule des archanges, possédée des trônes, ceinte du chant des

sur les nuages, à côté de la sainte Vierge, et reçoit de ses mains une ceinture.

dominations, environnée de l'empressement des apôtres, serrée dans les embrassements des princes, honorée des vertus, louangée des chérubins, célébrée par les séraphins. La Trinité se réjouit sur elle, les martyrs la supplient, les confesseurs la prient, les vierges l'entourent d'harmonie, et l'enfer même hurle de rage devant sa gloire. »

Ces dernières paroles semblent décrire une de ces voussures de nos cathédrales où, en cercles concentriques au tympan, s'ordonnent les différents ordres des anges, des patriarches, des prophètes, des rois, des apôtres, des martyrs, des confesseurs, des vierges, qui chantent les louanges de Marie. Quant à Marie, elle est sur le tympan même, assise à la droite de son fils, qui la couronne. Toute cette belle histoire apocryphe est sculptée en six tableaux encastrés dans le mur septentrional de Notre-Dame de Paris, à l'extérieur, et reproduite en partie, pour ce qui concerne l'ensevelissement et l'assomption, sur le tympan de la porte droite du portail occidental, à Notre-Dame de Paris également. Rarement, chez nous, voit-on saint Thomas recevant la ceinture de la Vierge. Cependant, aux XVe et XVIe siècles, on représenta cet épisode. Saint Thomas, incrédule à la résurrection de Jésus-Christ, refusa de croire également à la résurrection et à l'assomption du corps de Marie. Lorsqu'il vint au tombeau de Marie avec les autres apôtres, et qu'il le trouva vide du corps qu'on y avait déposé trois jours auparavant, il ne voulut pas croire à la résurrection de la Vierge; mais il porta ses yeux au ciel et vit Marie qui y montait lentement, au milieu des acclamations des anges et des saints. Au même moment, la ceinture de Marie lui tomba du ciel comme autrefois tomba sur Élysée le manteau d'Élie. Saint Thomas crut alors plus fermement que les autres. On voit cette jolie scène sur un vitrail qui orne la chapelle latérale nord de l'église de Brou; c'est sur cette verrière magnifique qu'est représenté le triomphe de Jésus-Christ.

Ordinairement, comme à Notre-Dame d'Amiens et à la porte principale du grand portail de la cathédrale de Senlis, on voit à gauche les apôtres ensevelissant Marie morte, et, à droite, les anges qui enlèvent du tombeau Marie ressuscitée. Il faut se garder de confondre ces deux scènes très-distinctes, et qui sont surmontées par le couronnement de Marie, que son fils fait asseoir à sa droite. Il faut distinguer également l'assomption de l'âme de l'assomption du corps. Après l'ensevelissement, le corps restant au tombeau, l'âme s'en échappe et vole entre les bras du Christ, qui la porte au ciel; trois jours après, c'est le corps lui-même, qui, ressuscité, est emporté dans le paradis, au milieu des acclamations des anges et des saints. L'âme se réunit au corps comme

La fontaine de vie.

Une fontaine tout en or. Au milieu, la mère de Dieu, les

une flamme qui rallume une bougie; c'est alors que Jésus couronne sa mère.
Au couvent de Sainte-Laure (mont Athos), les trois femmes nommées plus haut, qui parfument et ensevelissent le corps de la Vierge, sont les trois Marie: Marie-Magdeleine, Marie-Salomé, Marie-Cléophas. Quatre autres juives, parentes de la Vierge, se tiennent derrière les apôtres. Ceux-ci, réunis tous les douze, sont représentés deux fois : à terre d'abord, où ils rendent les derniers devoirs à Marie; dans le ciel ensuite, où ils attendent, pour les recevoir dans le paradis, l'âme et le corps de la Vierge. L'âme sans le corps, que tient Jésus, est petite et enveloppée d'un linceul. Cette âme est habillée, même chez nous, jusqu'au xiii° siècle, ainsi qu'on la voit à Notre-Dame-du-Port, sur un chapiteau; vers la fin du xiii° siècle, on la fait nue comme les autres âmes des saints. Mais, lorsque Marie est enlevée en corps pour aller rejoindre son âme, elle est constamment habillée, et même par-dessus ses vêtements brillent douze étoiles à sa couronne, le soleil tourne autour de son corps, la lune est sous ses pieds et comme une chaussure en quelque sorte. C'est ainsi qu'on la voit particulièrement au grand pignon du croisillon méridional, dans la cathédrale de Reims. Cependant, par une exception des plus étranges, on voit entièrement nue la Vierge montant au ciel sur un bas-relief qui se trouve aujourd'hui à Saint-Denis, et qui provient de Saint-Jacques-la-Boucherie. Sur ce monument de marbre, qui date du xvi° siècle, Marie est une jeune femme de vingt-cinq ans, pleine de force, de fraîcheur et de grâce. La poitrine et les jambes sont tout à fait nues et un petit voile, gaze transparente, n'est là que pour accuser plus nettement encore les formes. Cette Vierge n'est autre chose qu'une Vénus, et l'on s'en approche pour regarder si le sculpteur ne lui aurait pas ciselé à l'avant-bras gauche le bracelet antique auquel Vénus se reconnaît. Cependant, c'est bien la Vierge, car le reste du bas-relief reproduit la vie de Marie; d'ailleurs cette femme monte au ciel, sur les nuages, accompagnée de six petits anges qui font de la musique. Ce monument rappelle les expressions de Pétrarque appelant Marie la déesse chrétienne. Cet amalgame des formes païennes avec les idées chrétiennes a quelque chose de choquant, et l'on ne peut voir sans une grande répugnance Marie transformée en une Vénus presque lascive.

Les représentations de la mort de la Vierge sont très-fréquentes en Grèce:

mains élevées en l'air. Devant elle le Christ [1], bénissant des deux côtés, et l'Évangile sur la poitrine, avec ces mots : « Je suis l'eau vivante ». Deux anges supportent d'une main une couronne au-dessus de la tête de la sainte Vierge, de l'autre deux cartels; l'un avec ces mots : « Salut, fontaine de pureté et de vie ! » l'autre avec ceux-ci : « Salut, source pure de la divinité ! » Au-dessous de la fontaine, un grand bassin rempli d'eau avec des poissons. De chaque côté, des patriarches, des rois, des reines, des princes et des princesses se purifient et boivent de l'eau puisée avec des vases et des coupes. Un grand nombre d'autres personnages, des malades, des paralysés aux pieds ou aux mains en font autant; un prêtre tient une croix et les sanctifie. Devant eux on amène un possédé du démon; devant eux aussi est le capitaine de vaisseau versant de l'eau sur un Thessalien ressuscité [2].

il faut même faire remarquer que les Grecs ne fêtent pas l'assomption de Marie, mais sa mort (κοίμησις τῆς Παναγίας). Une foule d'églises sont consacrées à la Kimisis, surtout dans les monastères; la plupart des églises funéraires sont dédiées à tous les saints et à la mort de la Vierge, à la Kimisis. Nous autres, moins matérialistes en cela, c'est l'Assomption que nous célébrons, la résurrection et non la mort. Aux représentations de la mort de Marie, à l'église funéraire d'Argos, entre autres, et au Catholicon (église principale) de Sainte-Laure de l'Athos, quatre évêques sont présents à la scène, saint Denys l'Aréopagite et Hiérothée particulièrement, qui ont décrit la mort de Marie.

[1] La Vierge porte rarement Jésus; l'enfant est devant sa mère, appliqué sur son sein comme sur le sceau du mont Athos que nous avons fait graver. Dans l'Iconographie chrétienne, I$^{er}$ volume, page 475, pl. 125, nous avons donné une Vierge prise à la cathédrale de Chartres et ayant Jésus devant elle comme en Grèce.

[2] Le baptême d'un Thessalien par un capitaine de vaisseau rappelle une légende ignorée aujourd'hui en Grèce, et que les peintres eux-mêmes du mont Athos n'ont pu me raconter. Je ne m'étends pas davantage sur cette fontaine mystique, dont le groupe de la Vierge tenant Jésus est la source, parce qu'il

Les prophètes d'en haut.

La sainte Vierge, assise sur un trône et portant le Christ petit enfant. Au-dessous du marchepied, ces mots : « Les prophètes vous ont annoncé d'en haut. » Tout autour, les prophètes rangés comme il suit :

Le patriarche Jacob, tenant une échelle. Il dit sur un cartel : « Moi je vous ai vue en songe comme une échelle appuyée sur la terre et allant jusqu'au sommet du ciel[1]. »

Moïse, tenant un buisson, dit sur un cartel : « Moi je vous ai nommée buisson, ô Vierge mère de Dieu ; car j'ai vu dans un buisson un mystère étrange. »

Aaron, portant une verge fleurie, dit sur un cartel : « Cette verge m'a annoncé d'avance, ô Vierge sans tache, que, semblable à une plante, vous aviez enfanté le Créateur comme une fleur [2].

Gédéon, portant une toison, dit sur un cartel : « O Vierge pure ! je vous ai nommée d'avance toison ; car, dans cette toison, j'ai vu le miracle de votre enfantement. »

David, tenant une châsse, dit sur un cartel : « O jeune

en sera question avec détails lorsque, plus bas, on décrira le petit bâtiment appelé Πηγή (fontaine).

[1] Nous ignorions, avant d'aller en Grèce, que l'échelle de Jacob fût une figure de Marie. On voit ce sujet peint dans le couvent d'Ivirôn.

[2] Qu'on se rappelle ce que nous avons dit plus haut relativement à l'Ancien Testament, qui est perpétuellement employé comme la figure du Nouveau. Ici on en a le développement complet appliqué spécialement à la Vierge. Ces prophètes, placés autour de Marie et comme lui faisant leur cour, se trouvent chez nous en peinture et en sculpture dans nos plus célèbres cathédrales des xiie et xiiie siècles, à Chartres, à Reims, à Amiens, à Laon, au Mans, etc.

fille! je vous ai nommée par avance arche sainte, en voyant la beauté du temple. »

Salomon, tenant un lit, dit sur un cartel : « Je vous ai nommée d'avance la couche du roi, pour prédire vos prodiges. »

Isaïe, tenant une petite cuiller[1], dit sur un cartel : « O Vierge sans tache, je vous ai donné d'avance le surnom de cet instrument portant un charbon ardent, et le nom de trône du roi! »

Jérémie, montrant la mère de Dieu, dit sur un cartel : « Je vous ai vue, ô Vierge d'Israël! nouvelle jeune fille! conduite vers les tribulations de la vie. »

Ézéchiel, tenant une porte, dit sur un cartel : « Je vous ai vue, porte fermée de Dieu! par laquelle est sorti le seul Dieu de tout l'univers! »

Daniel, tenant une montagne, dit sur un cartel : « Je vous ai nommée d'avance montagne spirituelle où l'on a taillé une pierre, ô Vierge mère et sans tache! »

Habacuc, tenant une montagne ombragée, dit sur un cartel : « Éprouvant en esprit une joie prophétique, je vous ai vue montagne couverte d'un ombrage impénétrable! »

Zacharie, tenant une lampe à sept branches, dit sur un cartel : « J'ai vu une lampe à sept branches! lumière spirituelle qui doit illuminer l'univers[2]! »

---

[1] Λαβίδα. C'est le nom donné en Grèce à la petite cuiller qui sert au sacrifice de la messe pour prendre le pain et le vin consacrés; dans celle que tient Isaïe, on voit un charbon ardent.

[2] C'est ainsi qu'au couvent d'Ivirôn, sur le porche de la petite église dédiée à la Vierge-Portière sont représentés ces prophètes. A Ivirôn, Jérémie tient une scie, emblème de la tribulation. De plus, Melchisedech, oublié par le Guide, porte des pains sur un plateau.

#### Les salutations [1].

Le ciel avec le soleil et la lune. En haut, la sainte Vierge assise sur un trône avec le Christ petit enfant. Autour d'elle, on lit cette inscription : « Réjouissez-vous, pleine de grâce ! reine de tous les anges ! » etc. Au-dessus, à droite et à gauche, une foule de saints anges. Quatre d'entre eux portent des cartels avec les inscriptions suivantes : le premier, à droite, dit : « Réjouissez-vous, gloire des anges ! réjouissez-vous, protectrice des hommes ! » Le deuxième : « Réjouissez-vous, temple très-divin ! réjouissez-vous, trône du Seigneur ! » A gauche, le troisième : « Réjouissez-vous, paradis de délices ! réjouissez-vous, arbre de vie ! » Le quatrième : « Réjouissez-vous, palais et trône du grand roi ! ». — Au-dessous d'eux, tous les ordres des saints sur des nuages, et disposés de cette manière : les prophètes; devant eux [2], Jean, tenant un cartel, dit : « Réjouissez-vous, car vous avez accompli les prédictions des prophètes ! » Les apôtres; devant eux, Pierre disant : « Réjouissez-vous, éloquence si louable des apôtres ! » Les évêques; devant eux, Chrysostome disant : « Réjouissez-vous, honneur des prêtres, récompense des évêques ! » Les martyrs; devant eux, Georges disant : « Réjouissez-vous, gloire des martyrs ! force des combattants ! » Les solitaires; devant eux, Antoine disant : « Réjouissez-

---

[1] On met en action les louanges que tous les anges et les saints adressent à Marie. Chaque légion de cette foule innombrable s'avance derrière son chef, qui porte directement la parole à Marie et lui adresse un compliment spécial. Cet admirable sujet est particulier aux Grecs; on sent tout le parti que notre peinture religieuse de l'Occident pourrait en tirer.

[2] A leur tête.

vous, renommée des solitaires ! splendeur des religieux ! »
Les justes rois; devant eux, Constantin disant : « Réjouissez-vous, ô Vierge, force et diadème des rois ! » Les femmes martyres; devant elles, Catherine disant : « Réjouissez-vous, gloire des Vierges ! vous qui êtes pour elles comme une forteresse et une citadelle ! » Les femmes solitaires; devant elles, Eupraxie disant : « Réjouissez-vous, douce consolation des femmes qui vivent dans la solitude ! » — Au-dessous de tous ces personnages, le paradis d'Éden, embelli par différentes sortes d'animaux et d'oiseaux, orné d'une verdure fleurie, d'arbres magnifiques et variés, et entouré d'un mur dont les pierres sont précieuses comme l'or. Le patriarche Abraham est au milieu. Autour de lui, un grand nombre de petits enfants innocents. Près de lui, tous les patriarches, les justes, avec des femmes et des enfants, tous en contemplation et dans des transports de joie. Avec eux aussi, sont les saints et le bon larron portant une croix sur ses épaules [1].

Comment il faut représenter les vingt-quatre stations
de la Mère de Dieu.

L'ange apparaît pour la première fois [2].....

Maisons. La sainte Vierge assise sur un trône et filant de

---

[1] Ici Marie est entourée, comme Dieu lui-même, de tous les saints personnages qu'on représente au jugement dernier. Sur la dalmatique impériale (*Annales archéologiques*, vol. I, p. 152), c'est absolument la même disposition. Il suffit d'y remplacer Jésus par sa mère; car on y a le soleil, la lune, les anges, les personnages de l'Ancien Testament et du Nouveau, Abraham, les Innocents et le bon larron. Marie est là comme l'égale de son fils.

[2] Ce titre et les suivants sont les premiers mots d'une série de prières en fréquent usage chez les Grecs.

la soie rouge. Au-dessus, le ciel. Un ange en descend sur les nuages; il bénit la Vierge de la main droite, et tient, de la gauche, un rameau fleuri.

La sainte regardant.....

Maisons. La sainte Vierge, debout, dans l'étonnement. Elle tient un cartel et dit : « Comment aurai-je l'assurance de cela, puisque je ne connais pas d'homme? » L'archange Gabriel, debout devant elle, la bénit de la main droite ; de la gauche, il tient un cartel et dit : « Réjouissez-vous, pleine de grâce, le Seigneur est avec vous. »

Connaître une connaissance inconnue.....

Maisons. L'archange, debout avec respect, montre le ciel de la main droite; de la gauche, il tient un cartel et dit: « Le Saint-Esprit surviendra en vous, et la force du Très-Haut vous ombragera. » La sainte Vierge devant lui ; sa main droite est sur sa poitrine. Dans la main gauche, elle tient un cartel et dit: « Voici la servante du Seigneur: qu'il me soit fait selon votre parole. »

La force d'en haut.....

La sainte Vierge assise sur un trône. A ses côtés, deux anges supportent derrière elle un grand voile qui s'étend depuis le haut jusqu'en bas. Au-dessus d'elle, le Saint-Esprit[1] survient au milieu des nuages et d'une grande clarté.

[1] Le Saint-Esprit, chez les Grecs, a constamment la forme d'une colombe; je ne l'ai rencontré qu'une seule fois, et cela dans un couvent du mont Athos, ayant le tiers d'une figure humaine ; les deux autres tiers étaient pris par le Père et le Fils. Nous en parlerons plus bas.

*Celle qui possède Dieu.....*

Maisons. Au dedans, la sainte Vierge et sainte Élisabeth s'embrassant. Un peu plus loin, Joseph et Zacharie causent ensemble. Derrière eux, un petit enfant, en habits courts, porte sur son épaule un bâton au bout duquel est suspendue une corbeille [1]. Au-dessous de la maison, une étable ; un mulet y est attaché et mange dans une crèche.

*Ayant une tempête au dedans.....*

Maisons. La sainte Vierge enceinte, en extase. Joseph devant elle, appuyé sur son bâton, étend la main droite vers la sainte Vierge, et la regarde d'un visage irrité.

*Les bergers ont entendu.....*

Même disposition qu'à la naissance du Christ ; seulement, ici les mages ne sont point représentés. (Voyez plus haut.)

*L'étoile, chemin de Dieu.....*

Le ciel ; il en sort un astre brillant du milieu d'un rayon. Au-dessous, des montagnes. Les mages, montés sur des chevaux, se montrent réciproquement cette étoile.

*Les enfants des Chaldéens ont vu.....*

Maisons. La sainte Vierge, assise sur un trône et tenant entre ses bras le Christ petit enfant. Les mages, à genoux devant elle, offrent des présents. Joseph debout derrière elle.

---

[1] Ce domestique, homme ou femme, est figuré dans nos monuments des xv° et xvi° siècles. (Voyez la clôture du chœur de la cathédrale de Chartres.)

En haut, une étoile. Hors de la maison, un jeune homme retenant par la bride les chevaux des mages.

*Hérauts qui portent Dieu.....*

Une ville. Devant les portes de la ville, le gardien dirigeant sa vue au dehors. A l'extrémité de la ville, des montagnes et les mages à cheval. Un ange conduit les mages.

*Sa splendeur en Égypte.....*

Voyez, plus haut, la fuite en Égypte.

*Attente de Siméon,....*

Même disposition absolument qu'à la Chandeleur. (Voyez plus haut.)

*Il a montré une nouvelle création.....*

Le Christ sur un nuage, bénissant des deux mains. Aux quatre angles du nuage, les quatre tétramorphes évangéliques. Au-dessous et de chaque côté, les apôtres, les martyrs, les évêques et les autres ordres de tous les saints.

*Ils voient un enfantement merveilleux.....*

Le ciel. En haut, la sainte Vierge assise sur un trône avec l'enfant. Au-dessous, la foule des saints ayant les yeux levés au ciel.

*Il était tout entier aux choses d'ici-bas.....*

Le ciel. En haut, le Christ environné d'un cercle de lumière infinie et des ordres des anges. Au-dessous du ciel, on voit encore le Christ bénissant des deux mains. De chaque côté, les apôtres et une grande foule.

Toute la nature angélique.....

Le Christ assis sur un trône et bénissant. Au-dessus, le ciel et tous les ordres des anges dans l'admiration; ils montent et descendent vers Jésus.

Les rhéteurs à plusieurs langues.....

La sainte Vierge assise sur un trône avec l'enfant. A sa droite et à sa gauche, des hommes jeunes et vieux ayant sur la tête, les uns des bonnets de fourrures, et les autres, des voiles. Ils sont tous dans l'étonnement. A leurs pieds sont des livres jetés à terre ouverts ou fermés [1].

Le Christ a voulu sauver le monde.....

Le ciel avec le soleil, la lune et les étoiles. Deux anges descendent du ciel. Au-dessous, montagnes couvertes et ornées d'arbres, de fleurs et de maisons. Le Christ marche à pied; les apôtres le suivent dans l'admiration.

La protection des vierges.....

Maisons. La sainte Vierge debout au milieu, tenant entre ses bras le Seigneur, petit enfant. Autour d'elle, une foule de vierges.

Un hymne universel.....

Le ciel. Le Christ assis sur un trône et bénissant. Autour

[1] C'est la science humaine, dans toute sa maturité, qui rend hommage à la sagesse divine représentée par un enfant.

de lui, la foule des anges; au-dessous, les évêques et les saints tenant des livres ouverts.

Lampe lumineuse.....

La sainte Vierge debout sur un nuage; elle porte dans ses bras le Seigneur, petit enfant. Une grande lumière l'environne et envoie des rayons jusqu'en bas. Au-dessous, une grotte obscure, dans laquelle des hommes à genoux lèvent les yeux vers la sainte Vierge.

Le Christ voulant accorder des grâces.....

Maisons. Au dedans, le Christ debout; il déchire avec ses mains des papiers couverts d'écriture hébraïque. A la fin des papiers on lit ces mots : « Le chirographe d'Adam. » De chaque côté du Christ, sont à genoux des hommes jeunes et vieux.

Concert de louanges à son Fils.....

Maisons. La sainte Vierge sur un trône; elle porte entre ses bras le Seigneur, petit enfant. Au-devant des maisons, évêques et prêtres : l'un porte l'Évangile, l'autre un encensoir. Derrière eux, des musiciens chantent; les uns ont des chapeaux, les autres de grands bonnets blancs. Au milieu d'eux, des diacres, avec des papiers déployés, conduisent le chant[1].

O Mère célébrée par tout l'univers.....

La sainte Vierge assise sur un trône élevé. Sous ses pieds, un marchepied avec trois degrés. Devant ce marchepied, des rois, des prêtres, des évêques et des solitaires sont en

---

[1] Aujourd'hui encore, au mont Athos, ce sont les diacres qui donnent le ton et dirigent le chant.

prières. Les uns à genoux, les autres debout ; ils tiennent des cartels avec des inscriptions [1].

Les douze saints apôtres et le caractère de leur figure.

Saint Pierre : vieillard, barbe arrondie. Il tient une épître où il dit : « Pierre, apôtre de Jésus-Christ. »

Saint Paul : chauve, barbe grise et jonciforme. Il tient ses douze épîtres roulées et liées ensemble.

Saint Jean le Théologos : vieillard, chauve, grande barbe peu épaisse. Il tient l'Évangile.

Saint Matthieu l'évangéliste : vieillard, grande barbe. Il tient l'Évangile.

Saint Luc l'évangéliste : jeune, cheveux crépus, peu de barbe. Il peint la Mère de Dieu.

Saint Marc l'évangéliste : cheveux gris, barbe arrondie. Il tient l'Évangile.

Saint André : vieillard, cheveux frisés, barbe séparée en deux. Il porte une croix et un cartel non déroulé.

Saint Simon le zélé [2] : vieillard, chauve, barbe arrondie.

---

[1] Ces vingt-quatre motifs, empruntés aux principaux événements de la vie de Marie et à la dévotion des fidèles pour la Vierge et pour son fils, prêtent à des tableaux fort remarquables de composition et en général très-bien exécutés. Nous pourrions, sur chacune de ces descriptions, donner des détails pris aux diverses représentations de ce genre que nous avons étudiées en Grèce ; mais ce serait un travail dont l'utilité ne compenserait peut-être pas la longueur. Les quelques mots du Guide suffisent d'ailleurs pour faire comprendre ces motifs et faire pressentir la manière dont il sont composés. On les exécute surtout sur des tableaux séparés, peints sur bois, couverts d'ornements en or et en argent, attachés à la clôture du sanctuaire ou exposés, le jour de la fête spéciale, sur le petit trône qu'on place à l'entrée de la nef.

[2] Le Zélateur, *Zelotes*, dit le chapitre 1er des Actes des apôtres.

Saint Jacques : jeune, barbe naissante [1].

Saint Barthélemi : jeune, barbe naissante.

Saint Thomas : jeune, imberbe.

Saint Philippe : jeune, imberbe.

Tous ces personnages tiennent des cartels non déroulés [2].

Les quatre évangélistes, lorsqu'ils sont assis devant leur pupitre et qu'ils écrivent.

Saint Matthieu l'évangéliste écrivant : « Livre de la généalogie de Jésus-Christ, fils de David, fils de, » etc.

[1] C'est saint Jacques le Majeur, le frère de saint Jean évangéliste ; c'est celui qui est honoré à Compostelle. Chez nous, on le représente toujours très-âgé.

[2] Ces signalements sont laconiques, mais précis ; les artistes grecs les respectent scrupuleusement. Les portraits de saint Pierre et de saint Paul étaient connus et exécutés dès les premiers siècles de l'Église. Nicéphore Callixte, qui fait la description suivante, répète ce qu'on avait dit bien longtemps avant lui.

« Staturam autem et corporis formam divi apostoli (saint Pierre et saint Paul),
« quantum per descriptionem simpliciorem assequi licet, talem habuere.

« Petrus equidem non crassa corporis statura fuit, sed mediocri et quæ ali-
« quanto esset erectior ; facie subpallida et alba admodum. Capilli et capitis et
« barbæ crispi et densi, sed non admodum prominentes fuere. Oculi quasi
« sanguine respersi et nigri ; supercilia sublata. Nasus autem longior ille qui-
« dem, non tamen in acumen desinens, sed pressus imusque magis.

« Paulus autem corpore erat parvo et contracto, et quasi incurvo, atque
« paululum inflexo ; facie candida, annosque plures præ se ferente, et capite
« calvo. Oculis multa inerat gratia ; supercilia deorsum versum vergebant. Na-
« sus pulchre inflexus, idemque longior. Barba densior et satis promissa : eaque
« non minus quam capitis coma canis etiam respersa erat.

« Ambo autem Christi discipuli, quum inspicerentur, divinum quiddam præ
« se ferebant : Spiritu Sancto et divina gratia ita referti, ut, qui eos viderent
« fideles, ex aspectu solo arcanam quamdam et latentem conciperent gratiam,
« moresque et vitam una cum fide rite conformarent, et in melius converte-

Saint Marc l'évangéliste écrivant : « Commencement de

« rent. » (Nicephori Callisti, *Ecclesiastica historia*, tom. I, lib. II, cap. XXXVII, édit. in-f°. Paris, 1630.)

En Occident, on est assez fidèle à ce signalement, au moins jusqu'au xv° siècle. Dans Nicéphore Callixte, saint Paul est chauve et a la barbe longue; il est âgé et a les cheveux mêlés ainsi que la barbe. Saint Pierre, au contraire, est plus jeune : barbe et cheveux épais, courts, bouclés; c'est une nature ardente et sanguine. Saint Paul paraît plutôt lymphatique. Au xv° siècle, en France, et surtout en Allemagne, on fait saint Pierre chauve et avec une petite touffe de cheveux sur le haut du front. Au xi° siècle, on met déjà les clefs à la main ou au bras de saint Pierre, qu'on habille en pape; dès le xii°, saint Paul porte le glaive. Des exemples de clefs à saint Pierre, je n'en connais pas d'antérieurs à la première moitié du xi° siècle; l'exemple donné par Bosio (*Roma sotterranea*, p. 61) n'est pas authentique. A Chartres, on voit un saint Pierre ayant les clefs, parmi les statues colossales de la cathédrale, porche du nord. Une bible historiale de la Bibliothèque royale (n° 6818, franç.) offre à la fin, aux épîtres de saint Pierre, cet apôtre habillé en pape et tenant, non une ni deux, mais six clefs à la main.

Les autres apôtres ne se caractérisent nettement et tous que vers le xiv° siècle; alors on leur donne pour attribut l'instrument de leur martyre. Quant à saint Jean, dès les plus anciennes époques, il est imberbe en Occident; en Orient, au contraire, on le fait barbu. L'Église latine le prend à l'âge qu'il avait à la Cène, au moment où il s'est reposé sur la poitrine du Christ; l'Église grecque, au moment où il écrivit son Apocalypse, dans l'île de Pathmos, c'est-à-dire dans un âge très-avancé, soixante-trois ans après la mort du Christ, et l'année de l'assassinat de Domitien. Chez nous, quand nous trouvons un saint Jean évangéliste barbu, et on en trouve, nous pouvons affirmer qu'il a été exécuté par un artiste grec, ou du moins sous une influence byzantine. Dans l'Iconographie chrétienne, I$^{er}$ volume, page 252, planche 68, nous avons donné un saint Jean barbu, au pied de la croix; il est, à la Bibliothèque royale, dans un beau manuscrit que l'on croit du xi° siècle. Sur l'Évangiliaire de Charles le Chauve (Bibliothèque royale, n° 323), saint Jean est barbu; il l'est également dans un manuscrit (suppl. lat. n° 641). A cette époque, l'Orient avait de l'influence chez nous.

Sur les douze apôtres nommés ici, cinq sont peu barbus ou imberbes tout à fait; si, comme chez nous, on faisait Jean sans barbe, on aurait la moitié des apôtres imberbes. Or, dans plusieurs de nos monuments anciens, on voit alternativement un apôtre barbu et un apôtre sans barbe. Bosio, dans la *Roma*

l'Évangile de Jésus-Christ, fils de Dieu, comme il est écrit. »
etc.

*sotterranea*, donne la gravure de plusieurs sarcophages chrétiens des premiers temps de l'Église; on y voit très-souvent autant d'apôtres imberbes qu'il y en a de barbus. Voyez notamment, à la page 79, la gravure d'un sarcophage en marbre tiré du Vatican, et sur une grande face duquel sont sculptés les apôtres rendant hommage à la croix. Ces apôtres sont deux à deux, formant six groupes; chaque groupe est dans une espèce de niche. Le premier et le dernier se composent de quatre apôtres imberbes; le deuxième et le cinquième de quatre apôtres barbus; le troisième et le quatrième de deux apôtres imberbes et de deux apôtres barbus. Au tombeau de la page 53, chaque groupe de deux est composé d'un apôtre barbu et d'un apôtre imberbe.

La liste des apôtres nommés par le Guide n'est pas exacte. Les douze, choisis par Jésus lui-même, sont : Simon, Pierre, Jacques fils de Zébédée, Jean frère de Jacques, André, Philippe, Barthélemi, Matthieu, Thomas, Jacques fils d'Alphée, Jude son frère, nommé aussi Thaddée, Simon le Chananéen et Judas l'Iscariote. Voyez ces noms dans les évangélistes saint Luc (ch. VI), saint Marc (ch. III) et saint Matthieu (ch. X). Judas s'étant pendu, les onze nommés plus haut se réunirent au cénacle, où ils demeuraient, pour élire saint Mathias à la place de l'Iscariote; voyez les Actes des apôtres, chapitre I$^{er}$. Saul se convertit et devint un quatorzième apôtre sous le nom de saint Paul. A ces quatorze, joignez les deux évangélistes saint Luc et saint Marc, et l'on a seize apôtres. Cependant, les monuments figurés n'en représentent que douze : ce nombre était mystique, et c'était celui que le Christ avait choisi. De là mille difficultés pour reconnaître et nommer ces apôtres, quand un nom, un attribut, un indice quelconque ne les caractérisent pas. De là aussi la variété, l'arbitraire qui président au choix de ces douze. Les plus illustres : Pierre, Paul, Jean, André, s'y trouvent toujours; mais Jacques le Mineur, Simon, et surtout Jude, qui s'appelle encore Thaddée, cèdent souvent la place à Paul, qu'on représente toujours, et à Luc et Marc, qu'on admet quelquefois, même parmi les apôtres. Pour Judas, dans toutes les scènes qui suivent la prise au jardin des Oliviers, il n'est plus question de lui; il disparaît, non-seulement de toutes les représentations historiques, puisqu'il se pend quelque temps après, mais encore allégoriques, puisqu'il est comme déchu de son titre d'apôtre. Cependant, il en reste encore quinze, et de là l'embarras. Le Guide lui-même exclut de sa liste des douze, et, sans en donner les raisons, Jacques le Mineur, Jude, Mathias, pour faire de la place à Paul, Luc et Marc. Pour indiquer toutes les

Saint Luc l'évangéliste écrivant : « Puisque plusieurs ont essayé, » etc.

variétés qui peuvent se trouver dans la composition de ce collége des douze apôtres, et dans la place qu'on assigne à chacun d'eux, il faudrait une dissertation entière, divisée en autant de chapitres qu'il y a de périodes dans l'art. Cependant, qu'on nous permette quelques indications sur ce point. Au IX° siècle, dans des litanies qui terminent un livre des psaumes, manuscrit que garde précieusement la bibliothèque publique d'Amiens, on invoque les apôtres dans cet ordre : Pierre, Paul, André, Jacques, Jean, Thomas, Matthieu, Philippe, Barthélemi, Thaddée, Simon, Jude, Jacques ( le Mineur, sans doute ), Mathias, Barnabé, Luc et Marc. Nous avons ici dix-sept noms, parce que Jude est dédoublé en Jude et Thaddée, parce que Paul et Mathias s'ajoutent à la liste avec Barnabé, Luc et Marc.

Dans le canon de la messe, la plus grave et la plus ancienne autorité qu'on puisse invoquer, voici le nom et l'ordre des douze : Pierre, Paul, André, Jacques, Jean, Thomas, Jacques, Philippe, Barthélemi, Matthieu, Simon, Thaddée. Saint Mathias est absent, et n'est nommé qu'après la consécration, avec les martyrs.

Sur les portes d'airain, détruites aujourd'hui, de Saint-Paul-hors-les-Murs, les douze apôtres étaient ciselés dans l'ordre suivant : Paul, Pierre, André, Jean, Barthélemi, Thomas, Philippe, Jacques, Simon, Matthieu, Luc et Marc. Ce sont les mêmes noms que dans le Guide. Ainsi Jude, Mathias et l'un des deux Jacques, le Mineur, sans doute, avaient cédé la place à Paul, Luc et Marc. ( Voyez Ciampini, *Vetera monimenta,* pars I, cap. IV.) Il faut constater avec soin, sur les monuments de tout âge, le nom et la place respective des différents apôtres.

Au XIII° siècle, avant peut-être, on attribua à chacun des douze apôtres l'une des douze propositions du symbole, et l'on arrêta ainsi le nom des apôtres et la place qu'ils doivent occuper dans l'iconographie. On lit, dans Guillaume Durand (*Rationale divin. offic.*), que les apôtres, avant de se disperser dans toutes les parties du monde pour convertir et baptiser les nations, se réunirent afin de composer le *Credo*, symbole de la foi commune qu'ils allaient prêcher. Chacun d'eux apporta un des douze articles dans l'ordre suivant :

Saint Pierre : « Credo in Deum Patrem omnipotentem, creatorem cœli et
« terræ. »

Saint André : « Et in Jesum Christum, filium ejus unicum, dominum nos-
« trum. »

Saint Jean le Théologos et l'évangéliste, assis dans une

Saint Jacques : « Qui conceptus est de Spiritu Sancto, natus ex Maria Vir-
« gine. »

Saint Jean : « Passus sub Pontio Pilato, crucifixus, mortuus et sepultus. »

Saint Philippe : « Descendit ad inferos, tertia die resurrexit à mortuis. »

Saint Barthélemi : « Ascendit ad cœlos, sedet ad dexteram Dei Patris omni-
« potentis. »

Saint Thomas : « Inde venturus est judicare vivos et mortuos. »

Saint Matthieu : « Credo in Spiritum Sanctum. »

Saint Jacques : « Sanctam Ecclesiam catholicam, sanctorum communio-
« nem. »

Saint Simon : « Remissionem peccatorum. »

Saint Thaddée : « Carnis resurrectionem. »

Saint Mathias : « Et vitam æternam. »

Saint Paul n'était pas encore apôtre et il n'est pour rien dans le *Credo ;* saint Mathias a donc pu trouver sa place parmi les douze. Il semble que cette attribution de l'un des articles du *Credo* à chacun des douze apôtres était un fait assez grave pour qu'elle n'eût pas changé ; cependant, il n'en a pas été ainsi. Dans la cathédrale d'Albi, à l'intérieur de la clôture du chœur, les apôtres sont représentés en pierre. Chacun d'eux porte une banderole où est écrit l'article du symbole dont on le croit l'auteur. J'ai lu, entre autres variantes sur Guillaume Durand, que saint Philippe avait dit : « Sanctam Ec-
« clesiam, » etc. à la place de saint Jacques le Mineur ; que saint Jacques le Majeur avait prononcé le « Resurrexit tertia die » à la place de saint Philippe ; que saint Barthélemi, et non saint Matthieu, avait apporté le « Credo in Spi-
« ritum Sanctum. » Du reste, dans la cathédrale d'Albi comme dans le *Rationale* de Guillaume Durand, saint Pierre ouvre le *Credo* et saint Matthieu le termine.

Guillaume Durand ( *Rationale div. offic.*) dit encore sur les apôtres :

« Quandoque Christo circumpinguntur vel potius subpinguntur apostoli qui
« fuerent testes ejus verbo et opere usque ad ultimum terræ. Et pinguntur
« criniti quasi Nazaræi, id est sancti, Lex enim fuit Nazareorum ut a tempore
« suæ separationis a communi vita hominum novacula non transiret super ca-
« put eorum.

« Adverte quod patriarchæ et prophetæ pinguntur cum rotulis in manibus ;
« quidam vero apostoli cum libris et quidam cum rotulis. Nempe quia ante
« Christi adventum fides figurative ostendebatur, et quoad multa in se impli-
« cita erat. Ad quod ostendendum patriarchæ et prophetæ pinguntur cum

grotte, en extase. Il tourne la tête en arrière et vers le ciel;

« rotulis, per quos quasi quædam imperfecta cognitio designatur. Quia vero
« apostoli a Christo perfecte edocti sunt, ideo libris per quos designatur con-
« grue perfecta cognitio uti possunt. Sed quia quidam illorum quod didicerunt
« ad doctrinam aliorum in scriptis redegerunt, ideo illis congrue tanquam
« doctores cum libris in manibus depinguntur, sicut Paulus, evangelistæ,
« Petrus, Jacobus et Judas. Alii vero, qui nihil stabile seu ab Ecclesia appro-
« batum scripserunt, non cum libris, sed cum rotulis, in signum suæ predi-
« cationis, pinguntur. »

On voit comme tout cela varie, se complique et reste flottant.

Guillaume Durand dit que les apôtres sont au nombre de douze, parce qu'ils devaient annoncer la croyance de la Trinité dans les quatre parties du monde, et que trois fois quatre font douze. Il ajoute qu'on les peint autour du Christ ou plutôt sous le Christ, parce qu'ils ont été ses témoins en paroles et en actions jusqu'aux extrémités du monde. On les peint chevelus, comme des Nazaréens, c'est-à-dire des saints. La loi voulait, en effet, que le rasoir ne passât point sur la tête des Nazaréens, à partir du jour où ceux-ci avaient quitté la vie commune. Durand dit encore qu'on les peint sous la forme de douze brebis, parce qu'ils ont été tués à cause de Dieu comme des agneaux. Nous avons donné, dans l'Iconographie chrétienne, tome I, notamment page 309, pl. 86, des exemples d'apôtres en agneaux et en brebis.

Enfin Durand déclare qu'on représente « les patriarches et les prophètes avec des rouleaux à la main; mais à quelques apôtres on donne des livres et à d'autres des rouleaux. En effet, avant la venue du Christ, la foi ne se révélait que par des figures, et, pour la traduire aux yeux, on ne donne aux patriarches et aux prophètes que des rouleaux, qui désignent la connaissance imparfaite. Mais aux apôtres, qui ont reçu du Christ une instruction complète, on peut donner des livres, qui désignent la parfaite connaissance. Cependant, quelques-uns d'entre eux ont réduit en doctrine, dans des écrits, ce qu'ils avaient appris; en conséquence, on leur met des livres en main comme à des docteurs. Ainsi représente-t-on Paul, les évangélistes, puis Pierre, Jacques et Jude. Les autres, qui n'ont rien écrit de fixe ou d'approuvé par l'Église, ont des rouleaux, qui figurent leur prédication; mais ils ne portent pas de livres. »

L'Iconographie n'est pas d'accord avec Durand : il y a des patriarches et des prophètes avec des livres; il y a des apôtres, Pierre, Paul, des évangélistes, Jacques et Jude, avec des rouleaux. De plus, à Saint-Denis entre autres, sur un rétable du XI$^e$ siècle, placé aujourd'hui dans la chapelle Saint-Louis, on voit tous les apôtres, sans exception, portant chacun un livre, ceux qui

la main droite sur ses genoux, la gauche étendue vers saint

n'ont pas écrit aussi bien que saint Jean et saint Jacques. Dans l'Iconographie chrétienne, tome I, page 419, pl. 110, nous avons donné David tenant un livre ouvert. Durand est souvent en désaccord avec les monuments, qu'il voyait et ne comprenait pas. Du reste, sur ce retable de Saint-Denis, les apôtres sont disposés dans cet ordre : Pierre, Paul, André, Jacques, Jean, Thomas, Jacques, Philippe, Barthélemi, Matthieu, Simon et Jude. Saint Pierre porte les deux clefs à la main droite et le livre à la main gauche. Ici Mathias est sacrifié à saint Paul. Cet ordre est celui des apôtres nommés dans le canon de la messe.

A Chartres, dans l'église Saint-Pierre, autrefois conventuelle et aujourd'hui paroissiale, on voit douze émaux exécutés, sous François Ier, par Léonard Limousin, et représentant les douze apôtres. En voici les noms et les attributs :

Saint Pierre : clefs.

Saint Paul : épée.

Saint André : croix en sautoir ( en X ).

Saint Jean : calice.

Saint Jacques mineur : livre et massue.

Saint Jacques majeur : bâton, chapeau à coquilles sur l'épaule, livre.

Saint Thomas : équerre.

Saint Philippe : petite croix de roseaux.

Saint Matthieu : pique.

Saint Mathias : hache.

Saint Barthélemi : livre et couteau.

Saint Simon : scie.

Saint Jude est sacrifié ici; dans le livre d'Heures de Henri IV (Bibliothèque royale, 1171 l.) saint Jude, au contraire, usurpe l'attribut de saint Thomas, et porte une équerre. On voit comme tout cela est mal fixé. Les émaux de Chartres ne sont pas de Bernard Palissy, comme on le croit, mais bien de Léonard de Limoges, dont les inititiales (LL) sont peintes sur le pommeau de l'épée de saint Paul.

Je ferai une dernière remarque sur le texte du Guide. Saint Luc, d'après la prescription, doit être représenté peignant la Mère de Dieu. On sent à ce trait qu'on est en Grèce, où l'on adore presque les images et où la peinture est une sorte de culte. La sculpture, au contraire, est repoussée comme favorisant les croyances du paganisme. Saint Luc, en effet, est très-souvent représenté assis devant un chevalet, et peignant Marie, qui pose quelquefois

Prochoros [1]. Prochoros est assis devant saint Jean, qui écrit ces mots : « Au commencement était le Verbe, et le Verbe était en Dieu..... » Au-devant des évangélistes, les animaux tétramorphes avec des ailes et portant l'Évangile. Ils tournent leurs regards vers les quatre évangélistes de la manière suivante : du côté de saint Matthieu, un homme ; du côté de saint Marc, un lion ; du côté de saint Luc, un bœuf ; du côté de saint Jean, un aigle. — Interprétation : Ce qui est semblable à un homme signifie l'incarnation ; ce qui est semblable à un lion caractérise la force et la royauté ; ce qui est semblable à un bœuf indique le sacerdoce et le sacrifice ; ce qui est semblable à un aigle indique l'inspiration du Saint-Esprit [2]. Il faut savoir aussi que saint Matthieu, saint Marc,

devant lui en tenant l'enfant Jésus. Souvent aussi Marie ne pose pas, et saint Luc peint entièrement d'imagination ou au moins de souvenir.

[1] Prochoros est un diacre qui accompagnait partout saint Jean, et qui, très-souvent, écrivait sous sa dictée. Ce diacre est à peu près inconnu dans l'Église latine.

[2] L'Église latine attribue aux évangélistes les mêmes symboles et en donne la même interprétation. Un évangéliaire in-folio, provenant de la Sainte-Chapelle de Paris, à laquelle il avait été donné en 1379 par Charles V, contient ces vers, qui résument les explications données à toutes les époques du moyen âge de ces attributs mystérieux :

> Quatuor hæc Dominum signant animalia Christum :
> Est homo nascendo, vituluisque sacer moriendo,
> Et leo surgendo, cœlos aquilaque petendo.
> Nec minus hos scribas animalia et ipsa figurant.

Ainsi les attributs figurent, comme dit le dernier vers, et le Christ et les évangélistes. Dans saint Matthieu, Jésus naît comme un homme ; il meurt comme une victime du sacrifice, dans saint Luc ; il ressuscite comme un lion, dans saint Marc, et il monte au ciel avec l'aigle de saint Jean. Comme attribut des évangélistes, l'homme figure saint Matthieu, qui raconte surtout la vie mortelle du Christ, et commence par la généalogie ; le bœuf, saint Luc qui s'attache à la passion, et raconte d'abord la vision du prêtre Zacharie ; le lion,

saint Luc sont représentés dans des maisons, lorsqu'ils écrivent, mais que saint Jean est représenté dans une grotte avec le Prochoros [1].

saint Marc, qui fait entendre les rugissements de sa voix sauvage (*Marcus frendens ore leonis,* disent les symbolistes du xiii° siècle), ou qui rugit avec saint Jean-Baptiste dans le désert; l'aigle, saint Jean, dont la parole est ailée et monte toujours au ciel comme pour regarder la divinité face à face. L'homme est ordinairement remplacé par un ange, comme attribut de saint Matthieu, et le veau de l'évangéliaire de Charles V par un bœuf, comme attribut de saint Luc. La place que ces attributs et les évangélistes doivent occuper est celle-ci, en ligne ascendante, de bas en haut : le bœuf, le lion, l'aigle, l'ange. Le bœuf, le plus lourd et le plus grossier, est en bas; l'ange, nature toute spirituelle, s'envole au sommet. Dans les angles d'un carré, comme on les met très-souvent, les attributs des évangélistes doivent être constamment placés dans cet ordre hiérarchique : en haut, l'ange est à droite et l'aigle à gauche; en bas, le lion est à droite et le bœuf sous l'aigle. Quand cet ordre n'est pas suivi, il y a erreur. Cependant on n'a pas toujours été d'accord, ni sur la place à leur donner, ni sur l'application spéciale qu'on en devait faire à chacun des évangélistes. Saint Iréné (*Traité contre les hérétiques,* liv. III, chap. ii) donne l'aigle à saint Marc et le lion à saint Jean. Saint Athanase (*Synopsis scripturæ,* tome II, page 155) attribue le bœuf à saint Marc et le lion à saint Luc. Saint Augustin (*De consensu evangelistarum*) applique le lion à saint Matthieu et l'homme à saint Marc. Mais saint Ambroise et saint Jérome (*Adv. Jovian.* liv. I; *In. Ezech.* ch. I, et dans la préface sur saint Matthieu) attribuent les symboles évangéliques comme on le fait généralement, et dans l'ordre qui est le plus communément adopté. M. Gabriel Peignot a écrit une dissertation sur ce sujet; elle est insérée dans le premier volume des Mémoires de la commission des antiquités de la Côte-d'Or.

[1] Avant d'entrer plus avant dans les diverses catégories des saints dont on va donner le signalement, il est bon de faire quelques réflexions générales sur la hiérarchie de ces personnages et sur le nom qu'ils portent.

Dans l'Église latine, comme dans l'Église grecque, les saints personnages sont divisés en plusieurs ordres, qui forment une hiérarchie chronologique et honorifique tout à la fois. En tête s'avancent les patriarches et les prophètes; puis les apôtres, qui sont suivis des martyrs, des confesseurs et des vierges. Des subdivisions morcellent ces groupes généraux, et l'on trouve des juges parmi les patriarches, comme des rois parmi les prophètes; les martyrs sont

Les soixante et dix [1] saints apôtres (disciples), et les caractères de leur figure [2].

## Saint Jacques l'Adelphothéos : vieillard, grande barbe [3].

encore ecclésiastiques et laïques; les confesseurs sont papes, évêques et prêtres. Voilà ce qui est commun aux deux Églises; voici maintenant ce qui leur est propre :

L'Église grecque honore les saints de l'Ancien Testament autant que ceux du Nouveau; aussi les patriarches, les prophètes, les juges et les rois de Juda occupent-ils une place très-importante dans les peintures byzantines. Chez nous, on ne fête pas les saints de l'Ancien Testament, parce que, comme dit la Légende dorée (*Legenda aurea, de sanctis Machabæis*), ils sont descendus en enfer. Ces personnages sont donc un peu sacrifiés dans notre système iconographique; les meilleures et les plus nombreuses places s'y donnent aux saints proprement dits, aux grands hommes du christianisme. En Grèce, non-seulement on aime à figurer les personnages de l'Ancien Testament, mais encore on les canonise; au baptême, on impose leur nom aux enfants. Le secrétaire du couvent de Sainte-Laure, en 1839, s'appelait Melchisedech; l'archevêque de Lacédémone se nommait Daniel, à la même époque.

Les noms d'Adam, d'Isaac, de Jacob, d'Abraham, de Moïse, de David, de Salomon, etc. sont très-communs en Grèce; il y a du juif dans tout cela. Il semble que Byzance, plus près que Rome de Jérusalem et de la Terre-Sainte, n'a pas pu se dégager suffisamment de l'Ancien Testament. Ce qu'il convient

---

[1] Οἱ ἅγιοι Ο ἀπόστολοι καὶ τὰ σχήματα αὐτῶν. Le manuscrit ne donne que soixante-huit noms; il en aura oublié deux probablement. En grec Ο vaut 70. (Note de M. Durand.)

[2] Ce sont les hommes apostoliques plutôt que les apôtres; cependant, le Guide met ici les apôtres qu'il n'a pas nommés dans sa première liste : saint Jacques le mineur, saint Mathias, saint Jude.

[3] C'est saint Jacques le mineur, fils de Cléophas et de Marie, sœur de la Vierge. Pour cette raison on l'appelle le frère de Dieu, de Jésus; mais il n'en était que le cousin germain. Chez nous, on le fait ordinairement jeune et imberbe, pour le distinguer de saint Jacques le majeur, qui est toujours âgé et barbu. On voit que les Grecs sont en complète opposition avec nous. Saint Jacques mineur est le frère de saint Jude.

Mathias : vieillard, barbe arrondie [1].
Cléopas : vieillard, barbe en pointe [2].

de remarquer, c'est que l'Angleterre, juive par le commerce, est judaïque et byzantine par ses mœurs religieuses. Bentham s'appelait Jérémie; Reynold, Josué; Newton, Isaac; Garrick, David; O'Connel se nomme Daniel. Saint Georges, le patron de la Grèce, et auquel l'église patriarchale de Constantinople est dédiée, est le patron de l'Angleterre; l'Angleterre a donné ce nom au bras de mer qui la sépare de l'Irlande. Le célèbre Canning s'appelait Georges.

La vraie croix grecque n'est pas, comme on le dit, la croix à branches égales, puisque Procope déclare (*De ædificiis Justiniani*, page 13) que l'église des Saints-Apôtres, à Constantinople, fut construite sur le plan d'une croix, et qu'on fit le pied de cette église, ou la nef, plus long que le sommet ou le chœur, afin de lui donner exactement la forme de la croix. D'ailleurs, les plus anciennes croix grecques sont à branches inégales. La vraie croix grecque est à double traverse, comme celle que portaient les chevaliers de l'ordre du Saint-Esprit, comme notre croix de Lorraine; c'est la hampe traversée d'abord par les bras, puis par le titre, qui déborde beaucoup et forme un double croisillon. C'est la croix dont nous avons donné divers exemples dans l'Iconographie chrétienne, notamment aux pages 366 et 374, pl. 96 et 99. Or, ce qui mérite attention, c'est que plusieurs des plus grandes et des plus magnifiques cathédrales romanes et gothiques de l'Angleterre offrent en plan la croix à double traverse, tandis que chez nous c'est la croix simple. Ces faits, et d'autres encore qu'il serait facile de recueillir, ne prouvent-ils pas que l'Angleterre s'est laissé modifier assez profondément par l'esprit oriental, le génie byzantin, l'instinct juif?

Plus on remonte haut dans l'histoire du christianisme, plus on trouve de ces influences juives et byzantines pesant sur nos contrées. L'Occident, la France surtout, a fini par se dégager de cette étreinte orientale, mais nous en trouvons quelques traces dans nos plus anciens monuments de l'art et de la liturgie. Ainsi Baluze (*Miscellanea*, vol. IV) a publié de vieilles litanies du diocèse de Sens. Là nous voyons invoqués saint Abel, saint Énoch, saint Isaac, saint Jacob, saint Moyse, saint Samuel, saint Daniel, saint Hélie, saint Jérémie, saint Isaïe, tous les saints patriarches, prophètes et docteurs de la

[1] C'est l'apôtre nommé pour remplacer l'Iscariote.

[2] Ou Cléophas, père de saint Jacques mineur et de saint Jude, oncle maternel de Jésus-Christ.

Andronic : jeune, peu de barbe.
Agavos : vieillard, barbe séparée en deux.

loi. « Sancte Moyses, ora pro nobis. — Sancte Daniehl, ora pro nobis. — «Omnes sancti patriarchæ, prophetæ, legis doctores, orate pro nobis, etc. » Dans la cathédrale de Strasbourg, sur les anciens vitraux, qui peuvent dater facilement du XII° et même du XI° siècle, nous voyons une rangée de huit soldats saints, comme dans les églises de la Grèce : «Sanctus Innocentius, « sanctus Georgius (c'est un des plus illustres patrons de l'Allemagne, où l'es-« prit byzantin se trahit à chaque pas ), sanctus Exuperius, sanctus Candidus, « sanctus Erastianus, sanctus Victor, sanctus Mauricius. » Ces soldats regardent une sainte, Euphémie, qui porte un nom grec, et un prophète, Isaïe, qui est nimbé comme un saint du Nouveau Testament. Mais, à part quelques faits glanés çà et là (d'ailleurs Strasbourg n'est pas français, mais allemand, et l'Allemagne doit beaucoup à Byzance), nous sommes Latins, et assez dédaigneux de l'Ancien Testament.

En Grèce, où la poésie a toujours joui d'une grande considération, on a fait tout un ordre de saints poëtes; en Orient, où les maladies sont si fréquentes et si terribles, et les médecins si rares et si vénérés, on a fait tout un ordre de saints médecins; en Asie, où la guerre a toujours été l'état permanent de la société, on a fait tout un ordre de saints soldats. Un grand couvent du mont Athos est dédié à un peintre, c'est le Zôgraphou; un autre au médecin Pantéléemon. Une des trois principales églises de Salonique est consacrée à saint Démétrius, le soldat, auquel appartient la cathédrale de Mistra. L'église patriarcale de Constantinople est, comme nous avons dit, sous la protection du soldat Georges, un des plus grands saints de la Grèce, l'honneur de la Cilicie (*Ciliciæ decus*), comme il est qualifié sur les stalles de la cathédrale d'Ulm. Quand on représente saint Luc, on ne le montre pas ordinairement écrivant son évangile, mais presque toujours peignant la Vierge ou Jésus. Saint Luc, assis dans son atelier, fait ses tableaux placés sur un chevalet. Chez nous, hommes d'action, pacifiques, parleurs, bourgeois bien nourris et bien vêtus, portés à la continence et à l'amour des choses immatérielles, nous nous en sommes tenus aux apôtres, aux martyrs, aux confesseurs, aux vierges. Nous avons développé ces ordres avec un plaisir manifeste; mais nous n'y avons trouvé ni soldats, ni poëtes, ni médecins. Saint Victor et saint Georges, les soldats, ne figurent pas séparément dans notre iconographie, mais bien parmi les martyrs; il en est de même des médecins Côme et Damien. Ambroise, Augustin, Jérôme, Thomas d'Aquin, Bonaventure, Ber-

Ananias : vieillard, longue barbe.
Philippe : jeune, barbe naissante [1].
Silvanus : vieillard, chauve, barbe courte.
Prochoros : cheveux gris, barbe courte.
Nicanor : jeune, barbe naissante.

nard, etc. sont rangés parmi les confesseurs; il ne font pas une section séparée, un ordre de saints poëtes ou théologiens.

Dans l'église du couvent de Césariani, au mont Hymète, sur les pendentifs de la coupole du porche, au lieu où l'on place d'ordinaire les plus grands mystères du christianisme, on a peint quatre poëtes : saint Cosmas (ὁ ποιητής), saint Romain (ὁ μελῳδός), saint Joseph (ὁ ποιητής), saint Jean Damascène, dont la célébrité peut se passer de qualification. Ces quatre artistes soutiennent la coupole, ce ciel de l'église, comme les quatre évangélistes soutiennent la religion chrétienne, et les quatre Pères, le catholicisme.

A Athènes, dans l'église presque entièrement ruinée de Saint-Sotyras, au quartier de la légation française, on voyait contre les parois, en 1839, de grands saints en pied, disposés quatre à quatre, suivant un ordre affectionné par les Grecs. En allant de l'entrée au sanctuaire, les quatre premiers (il n'y en a plus que deux aujourd'hui) sont des ermites; les quatre seconds, des médecins; les quatre qui suivent, des soldats; les quatre derniers, des évêques. Dans cette curieuse hiérarchie, les médecins sont préféés aux soldats.

L'ordre hiérarchique doit être étudié avec grand soin, parce qu'on peut en tirer des renseignements pleins d'intérêt. A Paris, ville d'intelligence, dans la voussure centrale du portail occidental, on a placé les confesseurs avant les martyrs; à Reims, ville sacerdotale et gallicane, dans la voussure principale du portail nord, on a mis les archevêques avant les papes; dans l'*Hortus deliciarum*, manuscrit écrit et peint par une abbesse et pour des religieuses, on a mis les vierges avant les martyrs, et même avant les apôtres. Tout cela est contraire à l'usage constant, à la raison générale, même à la chronologie et à l'histoire; mais ces dérogations à la loi accusent nettement tout un ordre de sentiments et d'idées. Nous reviendrons encore sur ces particularités importantes, qui dénotent la puissance de la raison à Paris, la suprématie métropolitaine à Reims, et l'insurrection de la femme contre l'homme dans le manuscrit de Sainte-Odile.

[1] C'est l'apôtre. Pourquoi répéter dans ce catalogue quelques apôtres nommés dans la liste des douze? ou pourquoi, dans une liste générale, ne pas les répéter tous?

## DEUXIÈME PARTIE.

Jacques, fils d'Alphée, l'un des douze : jeune, barbe en pointe [1].

Jude, frère du Seigneur : jeune, barbe naissante [2].

Linus : jeune, barbe arrondie.

Rufus : cheveux gris, barbe large.

Sosthène : vieillard, chauve, grande barbe.

Stachys : jeune, barbe en pointe.

Étienne : jeune, imberbe, diacre [3].

Timon : cheveux gris, barbe jonciforme.

Hermas : jeune, barbe naissante.

Phlégon : jeune, imberbe.

Sosipatros : jeune, barbe arrondie.

Jason : jeune, barbe naissante [4].

Gaïus : vieillard, large barbe.

Tichikos : jeune, imberbe.

Philémon : vieillard, barbe couleur de fumée.

Narcisse : jeune, barbe naissante.

César : jeune, imberbe.

Trophime : cheveux gris, grande barbe [5].

---

[1] C'est Jacques le majeur, qu'on s'obstine en Grèce à faire jeune, tandis que Jean évangéliste, son frère, y est représenté très-vieux.

[2] Frère de Jésus au même titre que Jacques le mineur.

[3] C'est le premier martyr.

[4] Tous ces noms, Jason, Phlégon, Sosthène, Hermès, Éraste, Narcisse, Appollos, Épaphrodite, Mercure, Bacchus, Philémon, Hermogènes, Nestor, Apollon, Pégase, etc. sentent la Grèce d'abord, et la mythologie ensuite. On est dans le pays d'où, quoi qu'on ait fait, les idées et surtout la terminologie des païens n'ont jamais pu être entièrement déracinées.

[5] C'est l'homme apostolique, l'ami de saint Paul. Il vint en Gaule convertir la Provence, et fut le premier évêque d'Arles. La cathédrale de cette ville lui est dédiée. Arles, grecque par son premier évêque, est toujours antique par la grandeur de ses vieux monuments et la beauté de ses femmes.

Aristarque : vieillard, barbe arrondie.

Marc, neveu de Barnabé : jeune, imberbe [1].

Silas : jeune, barbe naissante.

Hermès : vieillard, barbe longue et large.

Asyncritos : vieillard, barbe divisée en trois parties.

Apollos : vieux, barbe large.

Céphas : jeune, barbe naissante.

Clément : vieux, barbe en crochet.

Justus : vieillard, barbe en pointe.

Quartus : cheveux gris.

Éraste : jeune, barbe jonciforme.

Onésime : vieillard.

Carpos : vieillard, barbe séparée en deux.

Évode : jeune, barbe naissante.

Aristobule : vieillard.

Urbain : jeune, grande barbe.

Tichikos : jeune, barbe naissante.

Siméon, frère du Seigneur : très-vieux.

Poudès : jeune, barbe naissante.

Hérodion : vieillard.

Artémas : jeune, barbe en pointe.

Philologos : cheveux gris, barbe en crochet.

Lympas : vieillard.

Rhodion : jeune.

Luc : vieillard, large barbe [2].

Apelles : jeune, barbe en pointe [3].

---

[1] C'est l'évangéliste, disciple et interprète de saint Pierre ; il a fondé l'Église d'Alexandrie.

[2] Notez que cet évangéliste, le premier peintre chrétien, est suivi d'Apelles.

[3] Les plus illustres noms de la Grèce antique reviennent canonisés. Un

Amplias : jeune, barbe naissante.

Patrobas : jeune, barbe jonciforme.

Titus : jeune, imberbe.

Terpneus : vieillard, chauve, barbe séparée en deux.

Thaddée : cheveux gris, large barbe [1].

Épœnète : jeune, barbe séparée en trois.

Chaïcos : vieillard, grande barbe.

Akylas : vieillard, barbe séparée en cinq.

Lucius : jeune, imberbe.

Barnabas : cheveux gris, grande barbe.

Fortunatus : vieillard, barbe arrondie [2].

Épaphrodite : jeune, imberbe.

Crescès : vieillard, barbe en pointe.

Parmenas : jeune [3].

Tous ces saints tiennent des cartels non déroulés.

jeune enfant de M. Pittakys, conservateur des antiquités d'Athènes, s'appelle Platon, plutôt à cause du grand philosophe que d'un saint obscur qui a sanctifié ce nom déjà saint. En entendant M. Pittakys appeler son enfant Πλάτων, je lui fis observer que ce nom rappelait plutôt le paganisme que le christianisme : « Plût à Dieu, me répondit l'honnête antiquaire, que mon enfant fût aussi chrétien et aussi saint que Platon ! » Un jeune et déjà célèbre avocat d'Athènes, M. Argyropoulos, porte le prénom de Périclès. On est tout émerveillé, lorsqu'on parcourt les rues d'Athènes et qu'on visite la Grèce, d'entendre ces noms illustres donnés à des vivants; on se croirait volontiers revenu aux temps héroïques.

[1] Les Grecs, sans s'en inquiéter, font deux saints, deux apôtres, avec Jude et Thaddée, que les Latins réunissent en un seul homme, comme nous avons dit.

[2] C'est un de ces rares noms latins qui semblent dépaysés dans ce catalogue, où abondent les saints grecs.

[3] Les noms grecs, comme on le conçoit, dominent; de même, chez nous, dans nos litanies, ce sont les saints latins qui l'emportent. Cependant, plus nos litanies sont anciennes, plus grand est le nombre des saints grecs que nous

Les saints évêques, les traits de leur figure et leurs épigraphes.

Le grand Basile : cheveux gris, grande barbe, sourcils arqués. Il dit sur un cartel : « Personne n'est digne, de ceux qui sont liés par les désirs charnels, » etc.

Saint Jean Chrysostome : jeune, peu de barbe. Il dit : « Le Dieu, notre Dieu, donne pour nourriture un pain céleste, » etc.

Saint Grégoire le Théologos : vieillard, chauve, large barbe de couleur fuligineuse, et les sourcils de même. Il dit : « Le Dieu, le Saint qui repose parmi les saints, le trois fois Saint, » etc.

Saint Athanase d'Alexandrie : vieillard, chauve, large barbe. Il dit : « Souvent et de nouveau nous recourons à vous, » etc.

Saint Cyrille d'Alexandrie : cheveux gris, grande barbe séparée en deux. Il porte sur sa tête un voile orné d'une croix[1]. Il dit : « Particulièrement d'une vierge sans tache, » etc.

Saint Nicolas : vieillard, chauve, barbe arrondie. Il dit : « Vous nous avez tous gratifiés avec bonté de ces biens, » etc.

Saint Spiridon : vieillard, grande barbe séparée en deux;

---

admettons. Dans de vieilles litanies extraites d'un manuscrit qu'on croit du IX<sup>e</sup> siècle (*Liber psalmorum,* bibliothèque municipale d'Amiens, n° 90), je lis : « Cleophas, Cypriane, Hermes, Chromaci, Polycarpe, Babyllos, Georgi, Dionysi, Eleutheri, etc. » Mais, avec le schisme, les saints grecs et même les noms grecs des saints latins furent rayés en partie de nos catalogues.

[1] Saint Cyrille est très-reconnaissable à cette croix qui est constamment figurée sur son voile. Le même ornement décore, toujours et à la même place, le voile des vierges byzantines; or, comme on vient de le dire, c'est à la Vierge que s'appliquent les paroles prononcées par saint Cyrille.

il porte un bonnet. Il dit : « Nous vous apportons encore cette juste, » etc.

Saint Jacques l'Adelphothéos : vieillard, cheveux frisés, grande barbe. Il dit : « Seigneur, vous qui bénissez ceux qui vous bénissent, et qui sanctifiez, » etc.

Saint Jean l'Aumônier : vieillard, grande barbe blanche. Il dit : « Et nous, avec le secours des bienheureux, » etc.

Saint Denys l'Aréopagite : vieillard, cheveux frisés, barbe à deux pointes. Il dit : « S'étant souvenus de celle qui a sauvé, » etc.

Saint Ignace le Porte-Dieu : vieillard à large barbe. Il dit : « Seigneur tout-puissant, vous seul, » etc.

Saint Bessarion, évêque de Larisse : comme le précédent.

Saint Silvestre, pape de Rome [1] : vieillard à grande barbe. Il dit : « Nous vous sacrifions notre vie, » etc.

Saint-André le Crétois : barbe blanche. Il dit : « Écoutez, Seigneur Jésus-Christ, notre Dieu, du haut de votre saint, » etc.

Saint Grégoire de Nysse : vieillard, barbe en pointe. Il dit : « Nous vous rendons grâces, invisible Roi, » etc.

Saint Pierre d'Alexandrie : vieillard, barbe arrondie. Il dit : « O Sauveur ! qui vous a enlevé votre tunique ? » Et le Christ, petit enfant, debout devant lui, le bénit en lui disant sur un cartel : « Pierre ! c'est l'insensé et exécrable Arius [2]. »

Saint Grégoire le Palamas : cheveux blancs, large barbe.

[1] Pape de Rome, et non pape simplement, parce que les patriarches, celui de Constantinople surtout, se proclament papes également, et se mettent au même rang que celui de Rome.

[2] Ce sujet est fréquemment figuré en Grèce. Je l'ai vu au mont Athos, notamment dans la principale église du couvent de Chilandari, contre les parois inférieures de la petite abside de gauche, ou chapelle latérale du nord.

Il dit : « Ceux qui soutiennent que l'Esprit saint procède du Fils, divisent la monarchie de Dieu pour en faire une diarchie[1]..... »

Saint Grégoire de Néocésarée : vieillard, cheveux frisés, barbe courte. Il dit : « Seigneur, notre Dieu, accorde-nous la force, » etc.

Saint Grégoire le Dialogos[2] : jeune, peu de barbe. Il dit : « Seigneur, notre Dieu, étendez votre main, » etc.

Saint Grégoire de la grande Arménie : vieillard, barbe large et courte.

Saint Grégoire d'Acragante : vieillard, barbe courte.

Saint Iérothée d'Athènes : vieillard, grande barbe[3].

Saint Prochoros de la ville de Constantinople : vieillard, grande barbe[4].

Saint Polycarpe de Smyrne : vieillard, barbe arrondie.

Saint Sophronius de Jérusalem : cheveux gris, barbe en pointe.

---

[1] On voit que le dogme catholique romain est attaqué jusque dans l'iconographie; c'est ce qui donne à la peinture et à la statuaire chrétiennes un vif intérêt, et c'est ce qui demande une scrupuleuse attention. Beaucoup d'hommes graves traitent l'iconographie chrétienne avec trop de légèreté. La personne chargée par M<sup>gr</sup> l'archevêque de Paris, sur ma demande, de revoir les épreuves de mon Iconographie de Dieu, n'attacha qu'une médiocre importance à toutes ces images que je cherchais à expliquer; elle s'est aperçue, lorsqu'il n'était plus temps, que l'Iconographie n'est rien moins que la théologie mise en figures, et que l'ouvrage d'un antiquaire mérite une attention tout aussi sérieuse que le livre d'un autre écrivain.

[2] Le pape saint Grégoire le Grand, auteur des Dialogues.

[3] Il est évêque; on le voit assistant, avec saint Denys l'Aréopagite, à la mort de la Vierge, et il est ainsi peint dans une petite église d'Argos, consacrée à Marie.

[4] C'est le diacre, l'élève de saint Jean évangéliste. Il est représenté, dans les peintures grecques, écrivant l'Apocalypse sous la dictée de son maître.

Saint Méthodius de Constantinople : vieillard, barbe touffue.

Saint Blaise de Sébaste : vieillard, barbe en pointe, cheveux frisés.

Saint Ambroise de Milan : vieillard, barbe en pointe.

Saint Parthénios de Lampsaque : vieillard, large barbe.

Saint Tarasios de Constantinople : vieillard, barbe en pointe.

Saint Antipas de Pergame : vieillard, grande barbe.

Saint Léon, pape de Rome : vieillard, grande barbe.

Saint Léon de Catane : vieillard, large barbe.

Saint Achillios de Larisse : vieillard, barbe jonciforme [1].

Saint Nicandre de Constantinople : vieillard.

Saint Théophylacte : vieillard, barbe rare.

Saint Athimos : jeune, peu de barbe.

Saint Babylas : vieillard, large barbe.

Saint Autonomos : vieillard, barbe courte et arrondie.

Saint Patricius : jeune, peu de barbe.

Saint Nicéphore de Constantinople : vieillard, barbe jonciforme.

Saint Métrophane de Constantinople : vieillard, barbe épaisse.

Saint Hypatius de Gagra : vieillard, barbe en pointe.

Saint Eusèbe : barbe naissante.

Saint Agapet : vieillard, barbe en pointe.

Saint Martin de Rome : jeune, barbe en pointe.

Saint Joseph de Thessalonique : jeune, barbe pointue.

---

[1] Larisse, la ville de Thessalie, devait donner un saint du nom d'Achille, le roi et le héros thessalien.

Saint Thérapon : vieillard, barbe courte; il porte une lancette[1].

Saint Éleuthère : jeune, barbe naissante.

Saint Meletius : grande barbe, séparée en trois.

Le roi saint Amasias : vieillard, barbe en pointe; il ressemble au grand Basile.

Saint Boucolos de Smyrne : vieillard, barbe séparée en trois.

Saint Paul l'Homologuète : jeune, barbe courte, séparée en deux.

Saint Amphiloque : extrêmement âgé.

Saint Cyrille de Jérusalem : vieillard, barbe arrondie.

Saint Jean le Jeûneur : vieillard, mais peu âgé.

Saint Cyprien : jeune, cheveux frisés, barbe grande et séparée en deux.

Saint Donat le Fortuné : vieillard, barbe blanche.

Saint Michel le Chanteur : vieillard à barbe pointue[2].

Saint Léonide : vieillard à barbe courte.

Saint Hippolyte de Rome : jeune, à peu de barbe.

Saint Clément de Rome : vieillard, large barbe.

Saint Clément d'Ancyre : cheveux blancs, barbe arrondie.

Saint Charalampos, prêtre : vieillard, barbe en pointe et séparée en deux.

Saint Joseph, prêtre : vieillard, barbe en pointe.

---

[1] Outre l'ordre spécial des saints médecins, les Grecs mêlent encore des médecins et des chirurgiens parmi les autres saints.

[2] Il y a, pour les chanteurs et les musiciens, la même remarque à faire que pour les médecins. Les Grecs semblent avoir canonisé des chrétiens uniquement parce qu'ils s'occupaient de soulager le corps ou de charmer l'esprit. Chez nous, le mot de saint comporte un sens tout autre et beaucoup plus limité.

Les saints diacres.

Saint Étienne, premier martyr et chef des diacres : jeune, imberbe [1].
Saint Romain le musicien : jeune, barbe naissante.
Saint Euplos : jeune, imberbe.
Saint Laurent : jeune, barbe naissante.
Saint Rufin : jeune, imberbe.
Saint Benjamin : jeune, imberbe.
Saint Cyrille : jeune, imberbe [2].

Les saints martyrs et les caractères de leur figure.

Saint Georges [3] : jeune, imberbe.
Saint Démétrius : jeune et portant des moustaches.
Saint Procope : jeune, imberbe.
Saint Théodore l'officier : jeune, cheveux frisés, barbe jonciforme.

[1] Chez nous, comme en Grèce, saint Étienne est le chef d'une classe de saints.
[2] Tous ces diacres imberbes ou à barbe naissante me rappellent un jeune homme charmant qui exerçait les fonctions de diacre dans le grand couvent de Sainte-Laure, au mont Athos, lors de notre voyage de 1839. Quand, aux offices et à l'approche de la consécration, il déroulait respectueusement sa longue et noire chevelure sur ses épaules, on ne pouvait se lasser de l'admirer. Ce diacre et Melchisedech, le jeune secrétaire du même couvent, étaient liés d'une étroite amitié. Ils nous avaient pris en affection toute particulière et répondaient avec une grande bienveillance aux nombreuses questions que nous leur adressions sur la liturgie grecque et le régime politique du mont Athos.
[3] En tête de son catalogue des martyrs, le peuple grec, peuple guerrier, place Georges, Démétrius, Procope, Théodore, Mercure, etc. La cathédrale de Chartres a de même appliqué contre le portail méridional, à une place d'honneur, les statues colossales de saint Georges et de saint Victor.

Saint Théodore le soldat : barbe noire, cheveux descendant sur les oreilles, qui en sont couvertes.

Saint Mercure : jeune, barbe naissante.

Saint Artémius : semblable au Christ.

Saint Nicétas : de même.

Saint Minas, Égyptien : vieillard, barbe arrondie.

Saint Victor et saint Vincent : jeunes, imberbes.

Saint Jacques le Perse : jeune, barbe noire séparée en deux.

Saint Callistrate : jeune, barbe noire séparée en deux.

Saint Gourias : vieillard, barbe courte.

Saint Samonas : jeune, barbe courte.

Saint Abbos, diacre : barbe arrondie légèrement.

Saint Aréthas : vieillard, barbe en pointe.

Saint Minas, le bon[1] musicien : jeune, barbe en pointe.

Saint Hermogène : barbe naissante.

Saint Eugraphe : imberbe.

Saint Eusthache ou Placidas : cheveux gris, barbe arrondie[2].

Saint Agapios et saint Théopistos avec ses trois fils : jeunes, imberbes.

Saint Sergius et saint Bacchus : jeunes, sans barbe.

[1] Remarquez cette curieuse épithète. Comme on y sent le génie artistique de la Grèce! Quel est le saint auquel, dans notre Occident, on donne le titre de bon musisien! Une des églises de Salonique, dévorée par l'incendie de 1839, et fumant encore lors de notre arrivée dans cette ville, était dédiée à saint Minas. Elle possédait une vieille chaire en vert antique et d'où, selon la tradition, saint Paul avait prêché.

[2] Avant sa conversion et son baptême, saint Eustache s'appelait Placidas. (Voyez la Légende dorée, *Vie de saint Eustache*, et un vitrail qui orne le collatéral nord de la cathédrale de Chartres. Les inscriptions du vitrail portent indifféremment le nom d'*Eustachius* et de *Placidas*.)

Saint Hermylos : vieillard, barbe arrondie.

Saint Stratonicus : jeune, imberbe.

Saint Gymnasios : jeune, barbe arrondie.

Saint Nazaire : cheveux gris, peu de barbe.

Saint Gervais : jeune, barbe large.

Saint Protais : jeune, barbe courte.

Saint Celse : jeune, imberbe.

Saint Probus : vieillard.

Saint Tarachos : jeune.

Saint Andronic : barbe naissante.

Saint Nestor : jeune, imberbe.

Saint Marcien et Martyrius : jeunes ; ils tiennent des encriers [1].

Saint Onésiphore : jeune, barbe naissante.

Saint Sisinios : vieillard, barbe courte.

Saint Pamphile : jeune, peu de barbe.

Saint Irinarque : jeune, imberbe.

Saint Platon [2] et saint Romain : jeunes, imberbes.

Saint Andronic et saint Adrien : jeunes, barbe en pointe.

Saint Lucien : jeune, imberbe.

Saint Léonce : jeune, imberbe.

Saint Gordien : jeune, barbe naissante.

Saint Néophyte : jeune, imberbe.

Saint Phloros et saint Lavros : jeunes, imberbes.

---

[1] Appliquez aux littérateurs et aux poëtes l'observation que nous avons faite pour les médecins et les musiciens. Remarquons toujours que la Grèce affectionne, bien plus que l'Église latine, ces classes particulières de saints.

[2] Voilà le Platon qui avait probablement donné son nom au jeune fils de M. Pittakys, conservateur des antiquités d'Athènes. Cependant, le père reconnaissait lui-même que c'était au grand philosophe et non pas au compagnon de saint Romain, qu'il avait emprunté le nom de son enfant.

Saint Boniface : jeune; saint Émilien : jeune.
Saint Akakios : semblable à saint Mercure.
Saint Lucien : cheveux gris, barbe arrondie.
Saint Agathonic : jeune, peu de barbe.
Saint Eulampios : jeune, barbe arrondie.
Saint Nicéphore : jeune, barbe arrondie.
Saint Quartus : jeune, barbe courte.
Saint Mokios : jeune, peu de barbe.
Saint Zénobie : jeune, barbe naissante.
Saint Maur : jeune, barbe arrondie.
Saint Polyeucte : jeune, barbe courte.
Saint Gobdelas : jeune, imberbe.
Saint Loup : jeune, imberbe.
Saint Jean le jeune, martyr : semblable à saint Nestor.
Saint Cyr : âgé de trois ans [1].
Saint Julien d'Égypte : jeune, barbe naissante.
Saint Mammas : jeune, imberbe [2].
Saint Akindinos : jeune, barbe en pointe.
Saint Pégaze [3] : jeune, barbe arrondie.
Saint Aphthonios : jeune, barbe séparée en deux.
Saint Elpidiphore : jeune, imberbe.
Saint Anempodiste : jeune, sans barbe.
Saint Sébastien : jeune, barbe naissante.
Saint André l'officier : vieillard, cheveux frisés.
Saint Thyrsus : vieillard, barbe en pointe.
Saint Leucius : jeune, barbe naissante.

[1] La cathédrale de Nevers est dédiée à ce tout jeune saint.
[2] La cathédrale de Langres est sous l'invocation de saint Mammès.
[3] Quel nom bizarre pour un chrétien et pour un saint, que celui de cette monture de Bellérophon et des Muses, et comme notre Occident diffère de la Grèce!

Saint Philémon et saint Apollon : jeunes, imberbes.

Saint Arianus : jeune, barbe naissante.

Saint Basiliscus : jeune.

Saint Maurice : cheveux gris, barbe arrondie.

Saint Théodule : jeune, barbe naissante.

Saint Agatopus : jeune, imberbe.

Saint Crescès de Myre : jeune, barbe naissante.

Saint Isidore de Chio : barbe naissante, semblable à saint Artemius.

Saint Christophe : jeune, imberbe [1].

### Les cinq martyrs.

Saint Eustratius : vieillard, barbe en pointe.

Saint Auxentius : vieillard, barbe en pointe, cheveux frisés.

Saint Mardarius : vieillard, barbe arrondie.

Saint Eugène : jeune, barbe naissante.

Saint Oreste [2] : jeune, imberbe.

### Les dix martyrs de Crète.

Saint Théodule : jeune, imberbe.

---

[1] En Grèce, on représente ordinairement saint Christophe comme une divinité égyptienne, avec une tête de chien ou de loup. J'en ai plusieurs fois demandé l'explication, et l'on n'a jamais su me la donner. Les Grecs d'aujourd'hui, moins croyants que leurs ancêtres, détruisent ou badigeonnent cette tête de chien, ainsi que je l'ai remarqué sur une fresque du couvent de Sainte-Laure de l'Athos.

[2] Saint Oreste et saint Apollon nous ramènent toujours dans l'histoire héroïque et la mythologie des anciens Grecs.

Saint Satornisse : barbe naissante.
Saint Euporos : jeune, barbe arrondie.
Saint Eunicianus : jeune, barbe en pointe.
Saint Gelasius : jeune, barbe naissante.
Saint Zôticos : jeune, barbe en pointe.
Saint Agathopos : jeune, imberbe.
Saint Basilidès : vieillard, barbe arrondie.
Saint Évareste : jeune, cheveux frisés, moustaches.
Saint Pompios : vieillard, barbe en pointe.

Les quarante martyrs [1].

Saint Esychius : jeune, moustaches.
Saint Méléton : jeune, imberbe.
Saint Héraelius : jeune, barbe en pointe.
Saint Smaragdus : jeune, moustaches.
Saint Domnos : vieillard, barbe en pointe.
Saint Eunoïkos : jeune, barbe arrondie.
Saint Valès : jeune, barbe en pointe.
Saint Vivianus : vieillard, barbe en pointe.
Saint Claudius : vieillard, cheveux frisés.
Saint Priscus : vieillard, peu de barbe.
Saint Théodule : cheveux gris, barbe en pointe.
Saint Eutychius : vieillard, barbe en pointe.
Saint Jean : jeune, barbe en pointe.

[1] Les quarante martyrs sont l'objet d'un culte particulier en Grèce; nous avons rapporté du mont Athos une gravure sur cuivre où on les voit nus dans un étang glacé. L'un d'eux, ne pouvant supporter le froid, sort de l'étang; mais il est remplacé par Aglaïos, le gardien, qui obtint la couronne du martyre, que l'autre perdit par sa lâcheté.

## DEUXIEME PARTIE.

Saint Xanthias : jeune, cheveux frisés.
Saint Élien : vieillard, large barbe.
Saint Sisinius : vieillard chauve, barbe arrondie.
Saint Kyrion : jeune, imberbe.
Saint Aggée : jeune, imberbe.
Saint Aétius : jeune, barbe naissante.
Saint Flavius : jeune, cheveux frisés, barbe en pointe.
Saint Akaki : jeune, barbe en pointe.
Saint Ecdicée : jeune, imberbe.
Saint Lysimaque : vieillard, barbe séparée en deux.
Saint Alexandre : jeune, cheveux frisés, barbe en pointe.
Saint Élie : jeune, barbe arrondie.
Saint Candide : cheveux gris et rares, barbe arrondie.
Saint Théophile : jeune, imberbe.
Saint Domitien : cheveux gris, barbe en pointe.
Saint Gaïus : vieillard, barbe en pointe.
Saint Gorgonius : jeune, moustaches.
Saint Eutychès : jeune, barbe naissante.
Saint Athanase : vieillard, barbe séparée en cinq.
Saint Cyrille : jeune, barbe arrondie.
Saint Sacerdon : vieillard, barbe en pointe.
Saint Nicolas : jeune, moustaches.
Saint Valérius : jeune, barbe courte.
Saint Philoctimon : jeune, barbe arrondie.
Saint Sévérianus : jeune, peu de barbe; chauve.
Saint Choudion : jeune, imberbe.
Saint Aglaïos, leur gardien : jeune, barbe naissante [1].

---

[1] C'est dans la ville de Sébaste que ces quarante martyrs, après avoir péri dans un étang glacé, furent consumés dans un brasier.

Les saints Machabées [1].

Saint Abéir : moustaches.
Saint Gourias : jeune, imberbe.
Saint Antonios : jeune, imberbe.
Saint Éléazar : jeune, imberbe.
Saint Eusébonas : jeune, imberbe.

---

[1] Tout ce martyrologe, on le voit, est grec à peu près exclusivement; cependant, de même que certains saints latins se mêlent parmi ces Orientaux, de même les Latins ont recueilli, dans leur catalogue sacré et dans leur iconographie, plusieurs saints de l'Orient. Malgré sa répugnance pour les saints de l'Ancien Testament, l'Église latine a néanmoins rangé parmi les saints les sept Machabées; elle leur a fait une légende, elle a institué une fête en leur honneur, elle les a sculptés ou peints dans nos cathédrales. Jacques de Vorage, dans sa Légende dorée, à l'article *De septem fratribus Machabæis*, fait cette remarque, d'un haut intérêt pour la liturgie et l'iconographie tout à la fois : « Et « notandum quod Ecclesia orientalis facit festa de sanctis utriusque Testamenti; « occidentalis autem non facit festa de sanctis Veteris Testamenti, eo quod ad « inferos descenderunt, præterquam de Innocentibus, ex eo quod in ipsis sin- « gulis occisus est Christus, et de Machabæis. » L'archevêque de Gênes ajoute qu'on a dérogé pour les Machabées, parce qu'ils ont souffert d'horribles tourments; parce que leur nombre, qui est de sept, et qui est le nombre de l'universalité, comprend tous les Pères de l'Ancien Testament; parce qu'ils sont un exemple aux chrétiens, qui doivent souffrir pour la loi de l'Évangile au moins ce que des juifs ont souffert pour la loi de Moïse; parce qu'ils ont souffert pour la défense de la loi. Ces raisons, continue Jacques de Vorage, se trouvent dans l'ouvrage de Jean Beleth, *Summa officii*. On a donc, chez nous, représenté les Machabées comme en Grèce. Nous les voyons en effet sculptés, au XIIIe siècle, dans une voussure du porche méridional de la cathédrale de Chartres. Au XVIe, on les a peints dans l'église de Brou, faisant partie du cortége qui porte Jésus-Christ en triomphe. A Chartres, ils ornent une voussure dans le tympan de laquelle saint Étienne, le premier martyr, est lapidé. Ces jeunes martyrs de l'Ancien Testament servent de cadre, comme de guirlande, au premier martyr du Nouveau.

Saint Aléim : enfant.

Saint Marcellus : enfant.

Saint Éléazar, leur maître : vieillard, grande barbe [1].

Sainte Solomoné, leur mère : vieille femme.

### Les sept enfants d'Éphèse.

Saint Maximilien : jeune, imberbe.

Saint Jambible : jeune, imberbe.

Saint Martinianus : jeune, imberbe.

Saint Dionysios : jeune, imberbe.

Saint Antonios : jeune, imberbe.

Saint Hexacustodianos : jeune, imberbe.

Saint Constantin : jeune, imberbe.

### Les saints Anargyres.

Il y a trois séries de saints Anargyres. Les uns, qui s'appellent Côme et Damien, sont de Rome; d'autres sont d'Asie Mineure, et d'autres d'Arabie [2].

---

[1] Éléazar était prêtre.

[2] Ces trois séries des saints Anargyres sont très-fréquemment peintes dans les églises de la Grèce. Des églises leur sont dédiées; la ville d'Athènes en possède encore une placée sous cette invocation. Les Anargyres sont ainsi nommés à cause de leur mépris pour les richesses et du désintéressement absolu avec lequel ils se sont consacrés au service de l'humanité. Quant à saint Tryphon, le dernier des Anargyres, c'est le saint Fiacre des Grecs; il est le patron des champs, surtout des jardins et des vignes. Au mont Athos, les chapelles qu'on voit s'élever au milieu d'une plantation de noisetiers ou d'oliviers, au centre d'un champ d'exploitation, sont presque toutes dédiées à saint Tryphon, qu'on représente ordinairement une serpette à la main, comme, chez nous, on met une bêche entre les mains de saint Fiacre.

Ceux de Rome, Côme et Damien : **jeunes, barbe en pointe.**

Ceux d'Asie Mineure : **jeunes et imberbes.**

Ceux d'Arabie : **noirs, peu de barbe, la tête enveloppée d'un voile.**

Saint Cyr : vieillard chauve, grande barbe séparée en deux.

Saint Jean : cheveux gris, barbe en pointe.

Saint Pantéléémon : jeune, imberbe, cheveux frisés.

Saint Hermolaüs, prêtre : vieillard, barbe en pointe.

Saint Sampson, prêtre : vieillard, barbe arrondie.

Saint Diomède : jeune, barbe en pointe.

Saints Photius et Anicétus : jeunes, imberbes.

Saint Thalaléus : jeune, barbe noire.

Saint Tryphon : jeune, imberbe, cheveux crépus.

Les saints solitaires[1], les caractères de leur figure et leurs épigraphes.

Saint Antoine : vieillard, barbe courte et séparée en deux, le menton un peu chauve. Il porte un manteau et dit : « Solitaire, que les appétits du ventre ne te séduisent pas ; l'obéissance et la force domptent les démons[2]..... »

Saint Euthyme : vieillard chauve, grande barbe qui descend jusqu'aux cuisses. Il dit : « Frères, les armes du solitaire sont la méditation, la prière, l'humilité et la soumission à Dieu. »

Saint Sabbas : vieillard, barbe séparée en deux. Il dit :

---

[1] Οἱ ὅσιοι, comme ils sont appelés.

[2] En Grèce, on ne voit pas saint Antoine accompagné d'un cochon, comme on le figure chez nous, surtout à partir du xv$^e$ siècle.

« Celui qui a vaincu son corps a vaincu la nature, et celui qui a vaincu la nature est au-dessus du monde entier. »

Saint Arsène : vieillard, cheveux frisés, grande et large barbe. Il dit: « Frères, combattez, puisque vous n'êtes venus que pour cela; ne cessez de méditer sur votre salut.... »

Saint Théodose, le chef des cénobites : vieillard, barbe divisée en deux. Il dit : « Si vous ne rompez pas avec toutes les choses du monde, vous ne pourrez devenir solitaires. »

Saint Hilarion le grand : vieillard, barbe jonciforme et séparée en trois. Il dit: « Se faire violence en tout, c'est la voie de Dieu.... »

Saint Pachôme : vieillard, chauve, barbe divisée en cinq. Il dit : « Un œil vigilant sait purifier l'âme, amortir le feu des passions, mettre en fuite les visions.... » Au-devant de lui, l'ange du Seigneur tient une image de moine, avec la robe et le capuchon sur la tête. Il dit sur une banderole, en lui indiquant du doigt cette image : « O Pachôme, toute chair sera sauvée dans cet habillement [1]. »

Saint Athanase du mont Athos : vieillard, chauve, barbe en pointe [2].

Saint Thomas de Malée : vieillard, chauve, cheveux crépus.

Saint Hilarion: vieillard, cheveux frisés, barbe courte et divisée en deux.

---

[1] Ce manuel étant sorti des mains d'un moine pour servir à des peintres moines et qui ont surtout couvert de leurs peintures les monastères du mont Athos, on conçoit cette glorification, peut-être excessive, de la vie monastique.

[2] Le mont Athos a fourni une très-grande quantité de saints; aujourd'hui encore il y a des religieux vivants qu'on y vénère presque à l'égal des saints. Saint Athanase, du mont Athos, est le fondateur de Sainte-Laure, le plus ancien et le plus grand couvent de la sainte péninsule. On a gravé sur cuivre son portrait, que nous avons rapporté.

Saint Paul de la Thébaïde : vieillard, grande barbe qui descend jusqu'au milieu du corps. Il est vêtu d'une natte, il dit : « Les jours de nous autres mortels sont comme l'herbe des prés, dit le prophète David. Il convient donc que nous mangions de l'herbe et que nous en portions des vêtements pendant toute notre vie. »

Saint Étienne le Jeune, confesseur : jeune, barbe en pointe. Il tient dans la main droite une image du Christ, et dit : « Si quelqu'un ne révère pas les images peintes de notre Seigneur Jésus-Christ, qu'il soit anathème [1]. »

Saint Maxime le Confesseur : vieillard, chauve. Il dit : « Frère ! domptez votre chair, appliquez-vous à la prière. »

Saint Théodore, le pénitent au cilice : vieillard, grande barbe séparée en deux.

Saint Théodore le Sykeotès : vieillard, grande barbe séparée en deux [2].

Saint Théodore le Studite : vieillard, chauve, barbe séparée en deux.

Saint Theoctistos : barbe noire et épaisse.

Saint Martianus : vieillard, barbe en pointe. Il dit : « O moine ! fuyez dans le désert, et vous serez sauvé. »

Saint Paphnuce : vieillard, chauve, grande barbe séparée en deux.

Saint Abramios : vieillard, longue barbe en pointe.

Saint Isidore le Pélusite : vieillard, barbe en pointe.

---

[1] C'est en Grèce, où les guerres des iconoclastes ont été si furieuses, qu'on devait trouver de ces représentations qui rappellent le souvenir de ces luttes ardentes. On n'en voit pas chez nous, et saint Étienne le jeune y est complétement inconnu.

[2] Saint Théodore, le mangeur de figues, appartient à un pays où les figues composent une des plus délicates parties de la nourriture.

Saint Pœmin : vieillard, longs cheveux, grande barbe.

Saint Akakios : vieillard, chauve, barbe courte et jonciforme.

Saint Moïse l'Éthiopien : barbe ronde et crépue.

Saint Luc le Styrien : jeune, barbe en pointe.

Saint Copris : vieillard, grande barbe blanche.

Saint Marc : vieillard, cheveux et barbe rares, n'ayant que peu de barbe au menton.

Saint Daniel l'Ascète : vieillard, barbe en pointe.

Saint Cassien de Rome : vieillard, barbe en pointe.

Saint Nil : vieillard, grande barbe séparée en deux. Il dit : « Recherchez ce qui est bien, et fuyez ce qui est mal. »

Saint Jérôme : vieillard, barbe épaisse.

Saint Macaire l'Égyptien : très-avancé en âge.

Saint Jean Climaque[1] : vieillard, grande barbe. Il dit : « Avancez comme par degrés dans les vertus, en élevant votre âme par la pratique et la contemplation. »

Saint Stylianos de Paphagonie : vieillard, barbe épaisse. Il dit : « O gardien naturel des enfants, présent de Dieu, etc.

Saint Éphrem de Syrie[2] : vieillard, cheveux rares, peu

---

[1] Le nom de Climaque lui vient de son livre appelé l'*Échelle* (κλίμαξ) *des vertus*.

[2] En Champagne, où se révèlent de singulières influences orientales, une église est dédiée à saint Éphrem; cette église est à Jâlons, bourg situé entre Épernay et Châlons-sur-Marne. Le corps de sainte Hélène, la mère de l'empereur Constantin, est à Hautvillers, près Épernay. Saint Parres (Patrocles), est le patron d'une commune voisine de Troyes; Patrocles est aux portes de Troyes. Une église de cette ville prend le nom de saint Pantaléon; une autre église y est dédiée à sainte Savine, qui était de Samos. A Provins, que chérissaient les comtes de Champagne, Saint-Quiriace domine Sainte-Croix, et l'évêque de Jérusalem; Quiriace, a découvert la vraie Croix en présence de sainte Hélène. Saint Nicaise et saint Sixte sont deux grands évêques de Reims;

de barbe; il porte un manteau, et dit : « Une heureuse liberté élève facilement les âmes au-dessus de la terre. »

Saint Chariton : très-vieux.

Saint Joannicios : vieillard, grande barbe, grands cheveux. Il ne porte qu'une seule tunique, n'a pas de chaussure; mais, les mains et les pieds nus, il tient une croix et dit sur un cartel : « O Père, vous êtes mon espérance ! O Fils, vous êtes mon refuge ! O Saint-Esprit, vous êtes mon protecteur ! Trinité sainte ! Gloire à vous ! »

Saint Zacharie : vieillard, barbe divisée en cinq.

Saint Jean le Solitaire : très-âgé.

Saint Jean le Cénobite : grande barbe séparée en deux.

Saint Amoun : vieillard, grands cheveux.

Saint Théodule : vieillard, barbe en pointe.

Saint Lazare le Confesseur : vieillard, chauve, grande barbe.

Saint Basile le Jeune : cheveux gris, barbe crépue.

Saint Benoît : vieillard, peu de barbe.

Saint Onuphre : vieillard, nu, grands cheveux, barbe descendant jusqu'aux pieds. Il dit : « Que les appétits du ventre ne vous séparent pas du Christ; que la fange des passions ne vous séduise pas, ou bien vous pleurerez dans le feu dévorant. »

---

un autre évêque, le grand saint Remi, eut pour mère sainte Célénie (Σελήνη, Lune). Saint Hippolyte est le patron de l'église de Dormans. Saint Chrysanthe est un des saints vénérés particulièrement dans la cathédrale de Châlons-sur-Marne. Une autre cathédrale de Champagne, celle de Langres, a pour patron saint Mammès, qui est Grec, au moins de nom. Cette série de faits, qui n'embrasse que les patrons, concorde avec bien d'autres témoignages pour prouver que la Champagne a eu, pendant tout le moyen âge, beaucoup d'affinités avec l'Orient.

Saint Barlaam : vieillard, barbe blanche.

Saint Joasaph ; roi de l'Inde : jeune, barbe naissante ; il tient une couronne et dit [1] : ......

Saint Pierre du mont Athos : vieillard, entièrement nu ; sa barbe lui descend jusqu'aux genoux. Il porte une croix et dit : « Celui-là est véritablement solitaire qui, dans la vie présente, ne s'attache à rien, si ce n'est au Christ seul. »

Saint Cyriaque l'Anachorète : vieillard, barbe en pointe.

Saint Sisoès : vieillard, chauve, large barbe.

Saint Jean le Palæolaurite [2] : vieillard, barbe courte.

Saint David de Thessalonique : vieillard, grands cheveux, longue barbe descendant jusqu'aux pieds.

Saint Jean le Mutilé : vieillard, grande barbe séparée en cinq.

Saint Paul de Latros : vieillard, chauve, barbe séparée en cinq. Il porte une peau de bouc.

Saint Akakios le Climaque : jeune, barbe naissante.

Saint Patapios : vieillard, barbe en pointe.

Saint Jean le Calybite : jeune, imberbe. Il tient un évangile fermé.

Saint Paul le Simple : vieillard, peu de barbe.

Saint Paul l'Habile : cheveux gris, barbe à deux pointes.

Saint Auxentius le Montagnard : vieillard, barbe en pointe.

Saint Jean l'Higoumène [3] du couvent des purifiés : vieillard.

---

[1] La sentence a été oubliée dans le texte. (Voyez, dans la Légende dorée (*de sanctis Barlaam et Josaphat*), ce qui concerne ces deux saints.)

[2] C'est-à-dire le cénobite de l'ancien monastère de Sainte-Laure du mont Athos.

[3] L'higoumène, l'abbé, le directeur du couvent. C'est encore ce nom que

Saint Siméon le Persécuté pour le Christ : vieillard, barbe en pointe.

Saint Jean persécuté avec le précédent : vieillard, barbe courte.

Saint Étienne le Sabbaïte : jeune, barbe en pointe.

Saint Alexis l'Homme de Dieu : semblable au Précurseur, il baptise et dit sur un cartel : « Que l'amour de Dieu consume l'amour des parents ! »

Saint Anastase le Perse : jeune, barbe en pointe.

Saint Nikôn le Pénitent : jeune, barbe arrondie, cheveux longs et ébouriffés.

Saint Macaire d'Alexandrie : visage souriant.

Saint Xénophon : vieillard, barbe en pointe.

Saint Jean, fils du précédent : cheveux gris, barbe jonciforme.

Saint Arcadius : jeune, barbe en pointe.

### Les Stylites.

Saint Siméon le Stylite : vieillard, barbe courte, séparée en deux.

Saint Siméon le Merveilleux orateur, vieillard, barbe arrondie.

Daniel le Stylite : vieillard, barbe en pointe.

Alypius de la colonne : vieillard, grande barbe.

Saint Luc le Néostylite : cheveux gris, barbe séparée en deux.

les chefs de couvents portent au mont Athos. Saint Jean le Palæolaurite appartient à l'ancien couvent de Sainte-Laure, et saint Jean le Calybite, à la skite ou village monastique de Capsa-Kalyvi, au mont Athos.

Notez que les sentences que nous avons écrites pour chaque saint en particulier, vous pouvez également les employer pour d'autres saints : vous pouvez aussi prendre les œuvres d'un saint, et écrire ensuite tel passage qu'il vous plaira de choisir [1].

### Les poëtes [2].

Germain le Patriarche : vieillard, barbe rare. Il dit : « Que le chœur des saints se réjouisse dans tous les siècles, car ils ont hérité du royaume des cieux ! »

Sophronius de Jérusalem : cheveux gris, barbe en pointe. Il dit : « Écoute, ciel ; terre, prête l'oreille : que les fondations s'ébranlent..... »

Philothée le Patriarche : vieillard, barbe en pointe. Il dit : « Recueillez le parfum céleste, car le Christ..... »

André de Crète : vieillard, barbe blanche. Il dit : « Sois mon aide et mon protecteur pour le salut.... »

Jean aux beaux cheveux : vieillard [3], barbe séparée en deux. Il dit : « Le Verbe était au commencement en Dieu le Père coéternel..... »

Georges de Nicomédie : vieillard chauve, barbe en pointe.

---

[1] On laisse au peintre une assez grande liberté. — Quant aux stylites, ce sont les saints qui vivaient sur des colonnes.

[2] Il n'y a que l'Église orientale pour avoir songé à faire un ordre de saints poëtes. L'Orient est la patrie de la poésie.

[3] Saint Jean évangéliste est constamment représenté âgé par les Grecs ; chez nous, c'est fort rare, et seulement aux époques et dans les moments où l'on surprend une influence byzantine. En toute autre circonstance, saint Jean est jeune et imberbe, tel qu'il était lors de sa vocation ou de la cène de Jésus-Christ.

Il dit : « Que les hauteurs du ciel se réjouissent, que la joie des nuées..... »

Méthodius le Patriarche : vieillard, barbe épaisse. Il dit : « O Roi ! vous qui êtes et qui demeurez dans tous les siècles... »

Cyprien : jeune, cheveux frisés, barbe séparée en deux. Il dit : « Vous êtes admirable, ô notre Dieu ! et vos merveilles..... »

Anatole, patriarche : vieillard, barbe arrondie. Il dit : « Votre royaume, ô Dieu Christ ! est le royaume de tous..... »

Jean Damascène : vieillard, barbe séparée en deux. Il porte un manteau, et dit : « Recevez nos prières du soir..... »

Cosme : vieillard, chauve, barbe en pointe. Il dit : « Sagesse, Verbe et Force ! vous qui êtes le Fils du Père dont.... »

Joseph : vieillard, barbe en pointe. Il dit : « Voici le jour du salut, qui illumine ceux qui étaient dans la nuit..... »

Théophane : vieillard, barbe en pointe. Il dit : « En vous trouvant, ô la plus pure, ô la plus chaste de toute la terre !..... »

Byzantios : vieillard, barbe séparée en deux. Il dit : « Vous avez voulu sauver l'homme enseveli dans l'erreur..... »

Étienne Agiopolite : vieillard, il porte un manteau, et dit : « On compare à la nuit l'ombre de la loi..... »

Georges de Sicile : cheveux gris, barbe séparée en deux. Il dit : « O Église ! réjouissez-vous dans le Seigneur, tressaillez de joie ! dansez [1]..... »

---

[1] Dans l'Église grecque, la danse fait partie intégrante des offices ; on danse pendant l'administration des sacrements. Les génuflexions, les processions et les gestes des officiants occidentaux se formulent en rondes dans l'Église orientale. Nos monuments religieux sont longs et faits pour des processions, pour des *allées*, pour des marches ; les églises de l'Orient sont carrées ou plutôt circulaires et disposées pour des danses, pour des rondes. C'est ainsi que, dans

Siméon, le merveilleux orateur : vieillard, barbe arrondie. Il dit : « Seigneur, vous êtes redoutable ! qui pourra se soustraire à votre justice !.... »

Arsène : jeune, barbe naissante. Il dit : « Tous les orthodoxes reconnaissent une seule puissance dans une trinité..... »

Éphrem de Carie : vieillard, barbe courte, séparée en deux. Il dit : « Vos anges ! ô Christ ! entourent le trône de votre splendeur..... »

André le Pyrrhos : cheveux gris et rares, barbe large et séparée en deux. Il dit : « O vous que supplient avec crainte les saints liturgistes !.... »

Théodore Studite : vieillard, chauve, barbe séparée en deux. Il dit : « Soyez confondus, impies qui raillez le Seigneur !.... »

Romanos le musicien : jeune, barbe naissante. Il dit : « La Vierge enfante aujourd'hui le Supersubstantiel..... »

Sergius : cheveux gris, barbe en pointe. Il dit : « Au jour merveilleux de notre fête, que la trompette..... »

Léon l'Archevêque : vieillard, barbe en pointe. Il porte une mitre, et dit: « Vous êtes mon inébranlable refuge, vous me fournissez..... »

Léon le Maïstor [1] : cheveux gris, barbe en pointe. Il porte

---

l'église d'Éleusis, j'ai vu danser en rond, autour de la cuve baptismale, le prêtre, le parrain, la marraine et les invités au baptême d'un jeune enfant. Ainsi encore, dans une église d'Athènes, j'ai vu danser en rond des jeunes gens qu'on venait de marier et les prêtres qui officiaient.

[1] Aujourd'hui, en Grèce, au mont Athos, on donne ce nom aux architectes. Ce que nous devons admirer ici, c'est que ce Léon l'architecte soit inscrit dans la série des poëtes. Personne, en effet, n'est plus poëte, plus faiseur ou créateur, que celui qui exprime la beauté par les dimensions et les formes matérielles ; il est, dans l'art, ce que le Créateur est dans la nature.

un chapeau de paille, et dit : « Mères, réjouissez-vous ! Vierges, tressaillez de joie !.... »

Basile le Pigriote [1] : vieillard, barbe arrondie. Il porte un chapeau, et dit : « Trinité égale en essence, Père et Esprit saint..... »

Christophe le Protasicritès : jeune, grande barbe. Il porte un voile, et dit : « A cause d'une grande miséricorde et d'une commisération infinie..... »

Justin : jeune, barbe arrondie. Il dit : « O Dieu saint dans le Père, dans le Fils et dans le divin Esprit !.... »

Nicolas : vieillard, chauve, grande barbe séparée en deux. Il dit : « Ceux qui évitent le mal pestiféré des fausses gloires..... »

La juste Cassianie. Elle dit : « Seigneur ! celle qui est tombée dans un grand nombre de fautes [2]..... »

Les justes [3].

Saint Constantin, le premier roi des chrétiens : jeune, barbe naissante ; il tient un évangile [4].

Sainte Hélène, sa mère : de même [5].

---

[1] Le sauvage.

[2] Parmi cette foule d'hommes, les Grecs, qui ont divers ordres de femmes, trouvent encore le moyen de glisser une sainte, et une sainte de la série des poëtes. On aime à trouver, dans le pays de Sapho, une femme chrétienne qui a fait de la poésie.

[3] Οἱ δίκαιοι.

[4] Constantin est constamment nimbé chez les Grecs ; il y a peu de saints qui soient plus souvent et plus glorieusement représentés que lui.

[5] Comme son fils, elle est nimbée, glorieuse et richement vêtue. Nous avons dit que son corps entier était conservé dans l'église paroissiale, autrefois abbatiale, d'Hautvillers, près Épernay.

## DEUXIÈME PARTIE. 341

Le juste Pierre, le publicain : cheveux gris, barbe en pointe.

Le juste Philarète, le charitable : vieillard, grande barbe.

Le juste Eulogios, le tailleur de pierres [1] : cheveux gris, barbe arrondie.

Le juste Eudocimos : jeune, barbe naissante.

Le juste Jean : vieillard, barbe en pointe.

Le juste Zacharie, le corroyeur [2] : cheveux gris.

Sainte Pulchérie, l'impératrice.

La juste Placille, l'impératrice, femme de Théodose le Grand.

### Les saintes myrrhophores [3].

Marie Magdeleine.
Sainte Solomé.
Sainte Jeanne.
Marie et Marthe, sœurs de Lazare.
Marie, sœur de Cléophas.
Sainte Sôsane [4].

---

[1] L'amour de l'art est bien vif chez un peuple qui donne une pareille place à ses artistes. Ni notre *Lathomus*, Jean de Chelles, ni Libergier, ni d'autres architectes de nos merveilleuses cathédrales n'ont été aussi bien traités dans notre froid Occident.

[2] Le christianisme égalise et confond tous les rangs : les empereurs et les cordonniers, les impératrices et les tailleurs de pierre, les corroyeurs et les princesses, jouissent des mêmes priviléges.

[3] Qui portent des parfums, de la myrrhe.

[4] Chez nous, trois femmes seulement apportent des parfums au tombeau de Jésus : Marie-Magdeleine, Marie, mère de Jacques, et Marie Salomé ; c'est plus conforme à l'Évangile. (Voyez saint Marc, XVI, 1.) Dans l'Orient, la patrie des parfums, on double le nombre des myrrhophores.

Les femmes martyres.

Sainte Thècle, première martyre.
Sainte Catherine.
Sainte Cyriaque.
Sainte Marine.
Sainte Barbe.
Sainte Anastasie, qui donne des médicaments [1].
Sainte Anysie.
Sainte Tatiane.
Sainte Théodotie.
Sainte Théopistie, épouse d'Eusthatios.
Sainte Agathe.
Sainte Daria.
Saintes Agape, Irène et Chionia [2].
Sainte Maure.
Sainte Sophie, sainte Foi, sainte Espérance, sainte Charité [3].
Sainte Pélagie.
Sainte Photine.
Sainte Glycérie.
Sainte Cécile.
Sainte Agrippine.
Sainte Julitte.

[1] Une sainte exerçant la médecine, dans ce pays à maladies et où l'on institue un ordre de saints médecins, est parfaitement à sa place.

[2] Ἀγάπη, amour; Εἰρήνη, paix; Χιονία (de Χιών), blanche comme la neige, *Sancta Candida*.

[3] Plus haut, nous avons parlé de cette intéressante généalogie, de cette singulière personnification des grandes vertus théologales.

Sainte Christine.

Sainte Natalie.

Sainte Anthouse.

Sainte Calliste.

Sainte Ménodore, sainte Métrodore, sainte Nymphodore.

Sainte Euphémie.

Sainte Justine.

Sainte Eulampie.

Sainte Charitine.

Sainte Calliope [1].

Sainte Hermione.

Sainte Myrope, sainte Agnès.

Sainte Cyprille.

Les saintes solitaires martyres [2].

Sainte Anastasie la Romaine.

Sainte Épistime.

Sainte Eugénie.

Sainte Févronie.

Sainte Eudocie.

Sainte Paraskevi [3].

---

[1] Comme on sent la Grèce dans ces beaux noms légués par la mythologie!

[2] Αἱ ὁσιομάρτυρες γυναῖκες.

[3] C'est une des plus grandes saintes de la Grèce; beaucoup d'églises lui sont dédiées. Une importante et curieuse église de Chalkis, dans l'île d'Eubée, porte son nom. Ce monument est en ogive, long comme une basilique latine, percé d'une rose à l'occident, flanqué d'un clocher à l'orient, orné de chapiteaux qui portent les plantes de notre pays, ayant des boudins à la voûte de l'abside du nord. Il a été bâti par les croisés français, mais il a une grecque pour patronne. On y voit peinte sainte Paraskevi; assise sur un trône, elle tient une croix de la main droite, et, de la gauche, une banderole où on lit : εἰς

Les justes femmes.

Sainte Eupraxie.
Sainte Théodora.
Sainte Euphrosyne.
Sainte Pélagie.
Sainte Matrone.
Sainte Mélanie.
Sainte Théodora d'Alexandrie.
Sainte Macrine.
Sainte Marie l'Égyptienne.
Sainte Théoctiste de Lesbos.
Sainte Xénie.
Sainte Théophano, la reine.

L'exaltation de la sainte et vivifiante Croix.

Un temple. Au dedans, sur un ambon[1], saint Macaire, patriarche de Jérusalem, tenant la vénérable croix du Christ. Au-dessous de l'ambon, sainte Hélène l'impératrice, et avec elle un grand nombre de princes et une foule de peuple regardant en haut, et les mains élevées[2].

---

Θεὸς ἐν τριάδι, καὶ τριάδι (pour τριάς) ἐν μονάδι. Οὕτω πιστεύοντες σωθεῖ. Le dogme de la Trinité paraissait essentiel aux Occidentaux, nos compatriotes, surtout dans un pays où l'on chercha souvent à l'ébranler.

[1] Une estrade.

[2] Ce sujet, l'un des plus imposants de la peinture grecque, n'est pas suffisamment développé ici. Je l'ai décrit dans l'Iconographie de Dieu, aux pages 399-402, et je crois utile de reproduire à peu près ce que j'en ai dit.

«Comme le Christ lui-même, la croix est portée en triomphe, et les repré-

# DEUXIÈME PARTIE. 345

LES SEPT SAINTS SYNODES.

Le premier saint synode œcuménique, à Nicée, sous Constantin le Grand, l'an 325, contre Arius. (318 pères sacrés de l'Église.)

Maisons. En haut le Saint-Esprit. Saint Constantin assis

sentations de cette cérémonie sont nombreuses dans nos monuments religieux. On se contentera de citer d'abord une sculpture qui complète, au portail occidental de la cathédrale de Reims, l'invention de la croix par sainte Hélène; puis des vitraux qui représentent, dans quatre églises de la ville de Troyes, la légende que nous avons déjà signalée. Mais, en France, l'histoire et le triomphe de la croix sont assez sommairement traités; en Italie, on les a figurés avec plus de détails; en Grèce, le triomphe ou l'exaltation de la croix est l'objet d'une prédilection particulière. Il n'y a peut-être pas une église qui ne possède une fresque ou un tableau à l'huile représentant ce sujet. L'ordonnance de tout le triomphe est réglée comme il suit :

« En bas, la terre; en haut, le ciel. Sur la terre, une ville immense remplie de palais et d'églises, de tours et de dômes. La ville représente Constantinople, au milieu de laquelle s'étend une vaste place, qui est l'hippodrome. Des galeries à arcades cintrées, des estrades en bois sculpté encadrent la place. La foule occupe cette place, ces galeries et ces estrades. Au milieu de l'hippodrome se dresse un piédestal gigantesque, sur lequel est debout le patriarche orné de la couronne en coupole comme celle des empereurs byzantins, et du nimbe circulaire comme celui des saints. C'est le patriarche de Jérusalem, saint Macaire. Il tient de ses deux mains et présente à l'adoration du peuple une croix qui a deux fois la grandeur d'un homme. La foule, qui éclate en acclamations, se compose des trois ordres de la société : des militaires, des ecclésiastiques et du peuple. Les ecclésiastiques, précédés du patriarche de Constantinople, qui porte un nimbe comme saint Macaire, entourent la croix. Les militaires, en tête desquels s'avancent l'impératrice et l'empereur, Hélène et Constantin, sont à droite[*]; à gauche, c'est la foule des hommes, des femmes, des enfants, des vieillards.

« La croix, par son piédestal, touche à la terre; par son sommet, elle atteint

[*] L'empereur est nimbé comme un saint, suivant l'usage oriental et grec; nous en avons parlé dans le chapitre consacré au caractère du nimbe, p. 133. Du reste, Constantin est saint pour les Orien-

au milieu sur un trône. A droite et à gauche sont assis, en habits pontificaux, ces saints évêques : Silvestre de Rome, Alexandre d'Alexandrie, Eustathe de Jérusalem, saint Paphnuce le Confesseur, saint Jacques de Nisibe, saint Paul de

le ciel. La foule qui peuple le ciel est innombrable. Sur la terre on voit l'Église militante ; dans les nuages brille l'Église triomphante. A gauche, se déroulent les neuf ordres des anges, suivant la division de saint Denys l'Aréopagite ; à droite, on voit les saints distribués en militaires, ecclésiastiques et laïques, proprement dits. Le ciel répond donc à la terre par cette triple division, mais c'est la terre transfigurée. Chaque saint, debout sur les nuages, presse contre sa poitrine une petite croix, miniature de celle que l'on adore. Au centre du ciel, mais bien plus haut que les anges et les saints, resplendit la Trinité. Le Père, vénérable vieillard, couronné du nimbe triangulaire, est à gauche. A droite est le Christ, orné du nimbe, sur les croisillons duquel on lit : O ΩN. Au centre, et enveloppant les deux autres personnes dans un rayonnement qui embrase le paradis, éclate le Saint-Esprit sous la forme d'une colombe.

« En bas, au pied de la croix, un jeune diacre porte un flambeau à trois branches, lequel semble réfléchir, sur un support unique, les trois personnes divines. Mais, de plus, le ciel est encore uni à la terre par différents anges qui s'abaissent vers le sommet de la croix, et qui s'inclinent respectueusement devant elle. Ces êtres célestes composent à cette croix comme une sorte de nimbe, car ils se rangent en couronne tout autour d'elle. Chacun d'eux porte un des instruments de la passion : l'un tient la lance, l'autre l'éponge, un troisième le marteau, un quatrième les clous, un cinquième la couronne d'épines ; celui-ci montre la corde qui a lié les mains de Jésus, et celui-là le fouet qui a déchiré son beau corps. Des lumières qui sortent du Saint-Esprit et de la Trinité, qui s'échappent du nimbe des saints, du nimbe et du corps des anges, viennent se réfléchir vers la grande croix ; celle-ci, à son tour, leur renvoie son éclat.

« Tel est ce triomphe ; fréquemment peint dans les églises de la Grèce, il

laux, absolument comme sainte Hélène. En Occident même, plusieurs martyrologes l'honorent comme saint, et marquent sa fête au 22 mai ; c'est le 21 du même mois que les Grecs la célèbrent. Des gravures que j'ai rapportées du mont Athos représentent Hélène et Constantin tenant à gauche et à droite une croix gemmée enracinée dans le globe du monde. Hélène et Constantin sont nimbés tous deux et portent autour de leur tête les inscriptions : ἡ ἁγία Ἑλένη — ὁ ἅγιος Κωνσταντῖνος. »

## DEUXIÈME PARTIE. 347

Néocésarée; d'autres évêques et pères sont assis tout autour sur trois rangs. Au milieu d'eux, un philosophe dans l'étonnement. Devant lui, saint Spiridon, debout, étend une main vers lui, et de l'autre, il presse une brique d'où il sort de l'eau et du feu. Le feu s'échappe et monte, et l'eau s'é-

en fait un des plus beaux ornements[*]. Chez nous, le même sujet est quelquefois figuré, mais avec moins de détails et moins d'éclat. Il n'est pas rare, comme la cathédrale de Reims en offre un exemple sculpté[**], de voir la croix enlevée au ciel par des anges ; mais le cortége qui accompagne le bois triomphal est beaucoup moins nombreux et surtout moins complet. Cependant, il faut noter une peinture sur verre, exécutée au temps de l'abbé Suger, et qui orne aujourd'hui l'abside de Saint-Denis[***]. Le sujet est simple, mais il représente à la fois la glorification de la croix et celle du Christ. On voit une croix verte, historiée comme en filigrane, et à laquelle est attaché Jésus. Le Père tient entre ses bras cette croix, qui est placée sur un char à quatre roues, un quadrige, comme dit une inscription peinte au-dessous. Ce char n'est autre que l'arche d'alliance, dans laquelle la croix semble implantée, et où l'on voit les tables de la loi et la verge d'Aaron. Près de chaque roue est comme attelé un des attributs des évangélistes. Ce curieux tableau rappelle entièrement le triomphe du Christ dans l'église de Brou; mais là c'est plutôt le triomphe du crucifié. D'ailleurs, la présence du Père, l'absence du Saint-Esprit, et l'arche d'alliance qui sert de piédestal à la croix, donnent à ce sujet un intérêt tout spécial. On voit en légende explicative le distique suivant, composé par Suger lui-même :

« Federis ex arca cruce $\overline{\text{Xpi}}$ sistitur ara ;
« Federe majori wlt (*sic*) ibi vita mori. »

« Il faut, pour noter tous les triomphes dont la croix a été l'objet, rappeler ces croix dont les ordres religieux, chevaleresques, militaires et même civils faisaient une distinction ou une récompense, et qui viennent aboutir à notre Croix d'honneur et comme s'y résumer. »

[*] Sur les tableaux et gravures qui représentent ce triomphe, on lit : Ἡ παγκόσμιος ὕψωσις τοῦ τιμίου σ7αυροῦ. J'ai rapporté de Karès, capitale du mont Athos, une gravure de ce remarquable sujet. »

[**] Au portail occidental, plus haut que l'invention de la Croix par sainte Hélène. »

[***] Page 377, note 1, nous avons signalé ce curieux sujet. MM. Arthur Martin et Charles Cahier donnent ce vitrail de Saint-Denis, dans les Vitraux peints de Saint-Étienne de Bourges, comme point de comparaison. »

coule à terre entre ses doigts. Arius, debout, également en habits pontificaux. Devant lui, saint Nicolas étend la main pour le souffleter. Les hérétiques, sectateurs d'Arius, sont tous ensemble assis au-dessous. Saint Athanase, jeune, imberbe, diacre, est assis et écrit : « Je crois en Dieu..... » jusqu'à « et au Saint-Esprit[1]. »

Le second saint synode œcuménique, à Constantinople, sous Théodose le Grand, l'an 381 (150 pères de l'Église), contre Macédonius[2].

Maisons. Au-dessus, le Saint-Esprit[3]. Au milieu, le grand Théodose assis sur un trône. De chaque côté, on voit assis les saints suivants : saint Thimothée d'Alexandrie, Mélétius d'Antioche, Cyrille de Jérusalem. Grégoire le Théologos, patriarche de Constantinople, écrit le *Credo* depuis ces mots : « Et au Saint-Esprit, » jusqu'à la fin. Auprès d'eux, d'autres évêques et prêtres assis, qui s'entretiennent ensemble.

[1] Ce sujet des conciles œcuméniques, si beau à traiter, est entièrement grec ; on ne le voit jamais dans nos églises d'Occident. C'est une lacune importante et qu'il faudra compléter dans l'avenir. Remarquons la rudesse de ces mœurs primitives qui fait souffleter Arius par saint Nicolas. Saint Nicolas, ardent défenseur de la Trinité, est particulièrement vénéré par les Russes, qui le représentent tenant à la main trois boules parfaitement égales. C'est ainsi que, dans un tableau exécuté récemment par M. Ingres, et destiné à l'empereur de Russie, saint Nicolas a été figuré avec ses trois boules en présence de la Vierge qui adore l'Eucharistie. Faire sortir d'une terre cuite de l'eau et du feu, c'est une manière de figurer la Trinité, qui comprend un Dieu en trois personnes comme la brique contient trois éléments dans une seule substance. Le symbole de saint Athanase, proclamé dans ce concile, est consacré au developpement du dogme de la Trinité.

[2] Macédonius combattait la divinité du Saint-Esprit.

[3] Le Saint-Esprit plane au-dessus de tous les conciles ; mais c'est à celui-là surtout qu'il apparaît dans toute sa splendeur.

Le troisième saint synode œcuménique, à Éphèse, sous Théodose le jeune, l'an 431 (200 pères de l'Église), contre Nestorius [1].

Maisons. Au-dessus, le Saint-Esprit. Au milieu, le roi Théodose le jeune. Il est jeune, à barbe naissante, assis sur un trône. De chaque côté de lui sont assis : Saint Cyrille d'Alexandrie, Juvénal de Jérusalem et d'autres pères et archevêques. Devant eux, Nestorius, vieillard, en habits d'archevêque ; il controverse avec eux. Auprès de lui, ses sectateurs hérétiques avec des démons sur les épaules [2].

Le quatrième saint synode œcuménique, à Chalcédoine sous le roi Marcien, l'an 451 (630 pères de l'Église), contre Eutychès et Dioscore [3].

Maisons. Au-dessus, le Saint-Esprit. Le roi Marcien, vieillard, assis sur un trône. Auprès de lui, des princes avec des bonnets de fourrures et des chapeaux rouges et enrichis d'or. De chaque côté sont assis : saint Anatole de Constantinople, Maxime d'Antioche, Juvénal de Jérusalem et les évêques Paschasinus et Lucensius, représentants de Léon,

---

[1] Nestorius admettait deux personnes en Jésus-Christ, et voulait que la Vierge fût appelée Mère du Christ et non Mère de Dieu.

[2] Chez les gothiques, les démons qui soufflent le mal se placent également sur les épaules et parlent à l'oreille des gens qu'ils veulent séduire. (Voyez le roi Hérode, à la clôture du chœur de Notre-Dame de Paris.) Dans l'iconographie du Saint-Esprit, pages 453 et 454, planches 120 et 121, nous avons donné un diable en oiseau funèbre et un petit démon en moucheron humain, qui viennent parler à l'oreille d'un mauvais philosophe et d'une idole.

[3] Eutychès et Dioscore soutenaient qu'il n'y avait qu'une seule nature en Jésus-Christ.

pape de Rome, avec d'autres évêques et prêtres. Au-devant, Dioscore en habits pontificaux, et Eutychès, auprès de lui: ils conversent avec eux. Des diables sur les épaules des hérétiques, qu'ils enchaînent.

Le cinquième saint synode œcuménique, à Constantinople, sous Justinien le Grand, l'an 553 (151 pères de l'Église), contre Origène.

Maisons; au-dessus, le Saint-Esprit. Le roi assis sur un trône; à sa droite et à sa gauche sont assis : saint Vigile, pape de Rome; Eutychius de Constantinople, et d'autres archevêques et prêtres. Devant eux, Origène, vieillard, s'entretient avec eux; un démon, assis sur ses épaules, lui retient les yeux [1].

Le sixième saint synode œcuménique, à Constantinople, sous Constantin Pogonat, l'an 680 (160 pères de l'Église), contre Honorius, Sergius et Pyrrhus [2].

Maisons; au-dessus, le Saint-Esprit. Le roi, cheveux gris, barbe séparée en deux, est assis sur un trône. Derrière lui, les doryphores (porte-lance), et, de chaque côté, sont assis ces saints : Saint Georges de Constantinople, Théodore et Georges, représentants du pape de Rome, et d'autres évêques et prêtres. Les hérétiques s'entretiennent avec eux.

[1] Rien n'est plus triste ni plus touchant à la fois que de voir cet Origène, surnommé cœur de diamant et entrailles d'airain; cette colonne, cette lumière de l'Église, aveuglé et ruiné par un petit monstre noirâtre, auquel le colosse n'a pas la force de résister.

[2] Ce sont les monothélites, qui n'admettent qu'une seule volonté en Jésus-Christ.

Le septième saint synode œcuménique, à Nicée, sous Constantin et Irène, l'an 787 (350 pères de l'Église), contre les iconomaques.

Maisons; au-dessus, le Saint-Esprit. Le roi Constantin, petit enfant, et sa mère Irène, assis sur des trônes. Constantin tient entre ses mains l'image du Christ, et Irène, l'image de la Vierge. A leurs côtés sont : saint Tarasius de Constantinople, les deux évêques Pierre, représentants du pape, et d'autres pontifes et prêtres, tous assis et tenant des images. Au milieu d'eux, un évêque écrit : « Si quelqu'un ne révère pas les saintes images et la vénérable Croix, qu'il soit anathème [1]! »

L'exaltation des saintes images.

Un temple. Hors du temple, saint Méthodius, le patriarche, en habits d'archevêque et tenant une crosse. Derrière lui, d'autres archevêques portant des images. Au-devant, deux

[1] L'ardente dévotion que les Grecs ont toujours professée pour les images devait amener cette guerre de l'iconoclastisme. Chez nous, on est plus froid, et cette querelle excita beaucoup moins de tumulte. — Il y a eu vingt et un conciles généraux, en comptant celui de Trente. Ainsi les Grecs eux-mêmes sont fort incomplets dans la représentation de ces assemblées, que nous avons totalement négligées dans notre art occidental. Au mont Athos, le porche ouvert, le porche extérieur (il y en a deux autres intérieurs et fermés) de la grande église d'Ivirôn, est entièrement peint. On y voit l'Apocalypse, la vie de la Vierge, divers tableaux mystiques en l'honneur de Marie, et la représentation des conciles. Comme l'église est une Kimisis-Panagias (mort de la Vierge), on y a donné une belle place au troisième concile général, celui d'Éphèse, où Marie fut déclarée, en 431, MÈRE DE DIEU. On y remarque aussi le premier concile œcuménique, tenu à Nicée, où Arius fut anathématisé.

diacres tiennent l'image du Christ; deux autres portent l'image de la sainte Vierge dite Conductrice[1], et dont la chaussure est dorée. Derrière le patriarche, la reine Théodora et le roi Michel son fils, encore petit enfant, portent aussi des images. Derrière eux, des prêtres avec des encensoirs et des lampes. Les saints ascètes, Jean, Arsakios et Isaïe, et une foule d'autres solitaires. Auprès d'eux sainte Cassie, et avec elle une foule de religieuses solitaires. Un grand nombre d'autres personnes laïques, hommes, femmes et enfants, portant des croix et des cierges [2].

## COMMENT ON REPRÉSENTE LES MIRACLES DES PRINCIPAUX SAINTS.

### MIRACLES DE L'ARCHANGE MICHEL.

Michel montrant de l'eau à Agar.

Une maison. A la porte, Abraham; devant lui, Agar, tenant par la main Ismaël petit enfant. Elle porte une outre d'eau, et une corbeille de pain sur ses épaules. Plus loin,

[1] Ὁδηγήτρια. Ce titre est donné à la Vierge sur une foule de peintures qui la représentent.
[2] Ce splendide sujet fait ordinairement le pendant de l'exaltation de la croix. Ce fut au huitième concile œcuménique, celui qui se tint à Constantinople en 869, que le culte des images de la Vierge et des saints fut maintenu avec énergie. Ce culte, comme on vient de le voir, avait été prescrit en 787, au septième concile général, qui siégea à Nicée, sous Irène et son fils Constantin.

sur une montagne, Ismaël couché à la renverse sous un arbre; Agar est auprès, ainsi que l'archange, qui lui montre du doigt de l'eau à terre.

### Michel empêche Abraham de sacrifier Isaac.

Voyez le sacrifice d'Abraham, page 89.

### Michel défend au démon d'entrer dans le corps de Moïse.

Voyez pages 101-102.

### Michel apparaît à Gédéon, et le fortifie contre Madian.

Voyez page 102.

### Michel apparaît à Josué, fils de Nun, et lui ordonne de délier sa chaussure.

Voyez page 102.

### Michel apparaît à Manué, et lui annonce la naissance de Samson.

Voyez page 103.

### Michel, exterminant le peuple, apparaît à David, et s'arrête à cause du sacrifice.

Voyez page 108.

### Michel descend vers les trois enfants.

Voyez page 118.

### Michel apporte de la nourriture à Daniel par l'intermédiaire d'Habacuc.

Voyez page 120.

### Michel préserve la ville de Constantinople et l'empêche d'être prise par les Perses.

Une ville fortifiée, grande et belle. Au-dessous, des tentes. Une foule de soldats à pied et à cheval s'entretuent; d'autres appliquent des échelles contre les murs. En haut, Michel sur des nuages; une grande lumière l'environne, et il tient une épée de feu.

### Michel empêche son église d'être engloutie dans une inondation.

Une église. Au milieu, saint Archippos, vieillard, barbe en pointe, est en prières. Michel se tient debout devant lui; il frappe avec une lance les fondations de l'église, et fend une pierre. Au loin, deux torrents, qui descendent des montagnes, se réunissent devant l'église, et pénètrent dans la fente de la pierre. Au-dessus, sur les montagnes, des hommes, armés de pioches et d'autres outils, débarrassent le cours des torrents.

Les archanges Michel et Gabriel sauvent un enfant du gouffre de la mer.

La mer. Au milieu, trois moines dans un caïque à la voile[1]. L'un d'eux tient le gouvernail; les deux autres ont attaché une pierre au cou de l'enfant, et le jettent dans la mer, la tête la première. De chaque côté de l'enfant, les deux archanges ailés le reçoivent. Au bord de la mer, un monastère, avec l'église, au milieu de laquelle se trouve le même enfant, endormi et la pierre au cou. L'higoumène du monastère, debout auprès de lui, le touche avec une baguette. Derrière l'higoumène, une foule de moines dans l'étonnement et l'admiration[2].

### LES MIRACLES[3] DU PRÉCURSEUR.

Le prophète Zacharie averti par l'archange de la conception du Précurseur.

Le temple et l'autel. Devant l'autel, Zacharie, debout,

---

[1] A Constantinople, on donne surtout le nom de caïque à ces élégantes petites barques qui traversent la Corne-d'Or et le Bosphore. Ce sont les fiacres et cabriolets maritimes de cette grande capitale.

[2] L'higoumène est l'abbé, le *directeur* des monastères grecs. On peut voir dans la Légende dorée (*De sancto Michaele archangelo*) les apparitions diverses et les nombreux miracles de saint Michel. Cet archange joue un grand rôle dans l'histoire de la religion chrétienne, comme dans celle de la religion juive. Jacques de Vorage dit : « Ipse (Michael) olim princeps fuit synagoge, sed « nunc constitutus est a Domino in principem ecclesiae. »

[3] Il vaudrait peut-être mieux traduire par les *prodiges*, les *histoires merveilleuses* ou *remarquables* du Précurseur. Saint Jean n'a pas fait de miracles

tient dans la main droite un encensoir ; il a la main gauche étendue, et les regards levés au ciel. Au-dessus de l'autel, Gabriel, lui disant : « Ne craignez pas, Zacharie, car votre prière a été exaucée. » Hors du temple, une foule d'Hébreux, hommes et femmes, en prière.

### La naissance du Précurseur.

Maisons. Élisabeth couchée dans un lit sur des matelas. Devant elle, une servante la rafraîchit avec un éventail [1]; d'autres servantes, entrant dans la maison, apportent des aliments à sainte Élisabeth et les lui présentent. Auprès du lit, d'autres servantes lavent l'enfant au milieu d'un bassin. Zacharie, assis, écrit sur un papier : « Jean sera son nom. »

### Élisabeth prend Jean, et fuit dans le désert.

Montagnes. Élisabeth portant dans ses bras Jean, petit enfant ; elle s'enfuit en regardant par derrière. Au-devant d'elle, une grande pierre, fendue depuis le haut jusqu'au bas, et dans laquelle elle se trouve déjà un peu cachée ; plus loin, par derrière, un soldat armé d'une épée la poursuit [2].

---

proprement dits, et θαύματα signifie prodiges, merveilles. La langue ecclésiastique s'est spécialement emparée de ce mot, et en a restreint le sens à celui de miracles.

[1] Toujours la couleur locale.

[2] Élisabeth sauve du massacre des innocents le jeune saint Jean. Ce sujet est fréquent également chez nous ; on le voit sculpté en ivoire sur le magnifique triptyque venant de Poissy, et qui est aujourd'hui au musée du Louvre. Ce triptyque, d'origine italienne, est de la fin du xiii⁰ siècle.

*Le Précurseur prêche, sur les bords du Jourdain, le baptême de la pénitence.*

Une foule d'hommes et de femmes portant sur leurs épaules et dans leurs bras des petits enfants. Au milieu d'eux, le Précurseur ; il dit sur un cartel : « Faites pénitence, car le royaume des cieux approche [1]. »

*Le Précurseur instruit les juifs et les pharisiens sur les bords du Jourdain.*

Foule de peuple ; des docteurs et des pharisiens. Auprès d'eux, de grands arbres, et une hache enfoncée dans leur racine. Au milieu de la foule, le Précurseur montrant la hache d'une main, et, de l'autre, tenant un cartel avec ces mots : « Race de vipères, qui vous a montré ? » etc. Auprès de l'arbre où est la hache, on lit : « Mais déjà la hache [2], » etc.

*Le Précurseur baptisant le peuple.*

Foule d'hommes, de femmes et d'enfants. Les uns se déshabillent, les autres entrent au milieu de l'eau. Le Précurseur baptise un homme et dit sur un cartel : « Je vous baptise dans l'eau, mais celui qui vient, » etc.

[1] Des gravures, que nous avons rapporté du mont Athos, offrent saint Jean-Baptiste tenant une banderole sur laquelle sont écrites ces paroles.

[2] Ce sujet est sculpté dans la cathédrale de Reims, sur le mur occidental, à l'intérieur. (Voyez, dans saint Matthieu, ch. III, v. 7 - 10, les textes qui ont fourni ce tableau.)

### Le Précureur montrant le Christ [1].

### Le Précurseur faisant des reproches à Hérode à cause d'Hérodiade, femme de Philippe, son frère.

Un palais. Au dedans, le roi Hérode, vieillard, assis sur un trône; auprès de lui, Hérodiade, assise également sur un trône. Un cercle de soldats autour d'eux. Le Précurseur, debout devant Hérode, lui montre Hérodiade, et lui dit sur un cartel : « Il ne vous est pas permis de garder cette femme. » Deux soldats se saisissent de Jean.

### Le Précurseur conduit en prison.

Une prison obscure. Au-devant un soldat tient d'une main le Précurseur garrotté; de l'autre, il ouvre la porte avec une clef. Derrière le Précurseur, d'autres soldats qui le tiennent de force.

### La décollation du Précurseur.

Un palais. Au dedans, une table devant laquelle est assis Hérode, et avec lui des princes et des grands. Deux serviteurs reçoivent divers plats des mains d'un autre domestique

---

[1] Ce tableau est omis dans le manuscrit; mais il est connu de tout le monde. Jean montre à la foule, qui regarde avec étonnement, Jésus, qui passe dans le lointain. Jean le désigne avec l'index de la main droite, en disant : « Voici l'Agneau de Dieu. » C'est en faisant ce geste que saint Jean-Baptiste est fréquemment représenté chez nous.

que l'on voit par une fenêtre jusqu'à la poitrine et aux bras. Devant la table, danse une jeune fille, richement parée. Près de la table, sur le côté, une chambre, dans laquelle est assise Hérodiade en habits royaux; devant elle, la jeune fille apporte dans un plat la tête du Précurseur. Dans le lointain, à quelque distance du palais, la prison avec une fenêtre grillée en fer. Au dehors, le Précurseur décapité; il est étendu à terre. Le bourreau, tenant la tête dans ses mains, la pose sur le plat que présente devant lui la jeune fille. Un peu plus loin, les apôtres André et Jean portent le corps dans un tombeau [1].

### La première invention de la vénérable tête du Précurseur.

Une maison avec une porte. Hors de la porte, un petit escalier; au bas de l'escalier, un tombeau ouvert, dans lequel est la tête du Précurseur. Un solitaire avec une pioche ôte la pierre qui couvre le tombeau; devant lui, un autre tient un coffre. Un peu plus loin, on voit encore les deux solitaires : l'un porte au bout d'un crochet des habits enroulés; le second, devant lui, donne à un autre homme la tête du Précurseur, qui est dans le coffre. Devant eux, une ville, et cette inscription : « Le potier reçoit la tête du Précurseur des mains de deux solitaires [2]. »

[1] Cet enterrement de Jean-Baptiste par saint André et son frère résulte d'une tradition spéciale aux Orientaux, et que les Latins ne représentent que très-rarement.

[2] Ce potier était d'Émèse, en Syrie. Il vola aux solitaires la tête de saint Jean. (Voyez, dans la Légende dorée, laquelle reproduit l'Histoire ecclésiastique, ce qui est relatif à ces diverses inventions des reliques de saint Jean.)

### La seconde invention.

Une grotte. Au dedans, une urne de terre cuite, dans laquelle est la tête du Précurseur. Des rayons de lumière descendent du haut de la grotte sur cette tête. Un prêtre, portant une lampe et un encensoir, encense la tête. Devant lui, un solitaire, un peu penché, tient un cierge d'une main; de l'autre, il montre la tête. Derrière la grotte, il y a une petite maison. Plus loin, sur les montagnes, un solitaire, vieillard à grande barbe, s'enfuit et regarde en arrière. Deux laïques, derrière lui, le poursuivent et le frappent à coups de bâton. Au-dessus d'eux, il y a cette inscription : « Eustache l'arien poursuivi par les orthodoxes parce qu'il accuse de fausseté les miracles de la tête sacrée du Précurseur. »

### La troisième invention de la vénérable tête du Précurseur.

Une église. Au milieu, la vénérable tête dans une châsse d'or. Devant elle, un chandelier et des lampes allumées. De chaque côté de la châsse, deux diacres tiennent des chandeliers et des cierges; un évêque l'encense avec un encensoir. A côté de lui, un roi[1], à barbe naissante, se tient debout avec respect. Derrière le roi, son gouverneur et d'autres seigneurs. De l'autre côté, des prêtres, et deux musiciens jouant

---

[1] Ce monarque, c'est l'empereur Théodose le Grand, qui fit venir de Chalcédoine à Constantinople la tête de saint Jean-Baptiste. On dit que sous le règne de Pépin cette tête passa de Constantinople à Poitiers, où elle fit de nombreux miracles.

de la harpe. Au milieu d'eux, un diacre dirige la musique. Du côté du roi, un autre chanteur. Foule de peuple en cercle. En haut, cette inscription : « La vénérable tête du Précurseur révérée par le roi et tout le peuple [1]. »

### LES MIRACLES DE L'APÔTRE PIERRE.

#### Pierre guérit le boiteux de naissance.

Le temple avec ses degrés. Sur ces degrés, en haut, devant la porte du temple, un homme assis, la tête enveloppée d'un voile; une besace est suspendue à ses épaules. Il lève les mains et les yeux vers Pierre. A côté de lui, deux béquilles pendues au mur du temple. Pierre, debout devant lui, le bénit d'une main ; de l'autre il tient un cartel roulé. Derrière lui, Jean le Théologos, jeune, imberbe.

#### Pierre faisant périr Ananias et Saphira.

Maisons. Au-devant, Pierre debout, une main étendue ; Saphira couchée à ses pieds et morte. Plus loin, deux hommes emportent le corps mort d'Ananias, son mari. Derrière Pierre, les apôtres et une grande foule.

---

[1] Voyez la Légende dorée, *De decollatione sancti Johannis Baptistæ*. La clôture du chœur de la cathédrale d'Amiens porte, sur le côté septentrional, la légende assez complète de saint Jean-Baptiste. De petits sujets, en bas reliefs dans des médaillons inférieurs, et de grands sujets, en ronde bosse dans des cadres supérieurs, représentent les principales scènes de la vie et de la mort du saint. Des inscriptions françaises expliquent ces sculptures, qui sont peintes et qui fournissent mille détails curieux sur les mœurs des premières années du XVI° siècle.

### Pierre ressuscite Tabitha.

Une maison élevée. En haut, une femme couchée dans un lit. Pierre, la prenant par la main gauche, la bénit avec la droite. Tout autour, des femmes veuves et infirmes montrent à Pierre des tuniques et d'autres vêtements qu'elles apportent[1].

### Pierre baptise le centurion Cornélius et ceux qui sont avec lui.

De l'eau. Au milieu de cette eau, Cornélius, cheveux gris, grande barbe, et tout nu. Cinq autres personnages. Pierre, la main droite sur la tête de Cornélius. Hors de l'eau, une foule d'hommes et de femmes[2].

---

[1] « Circumsteterunt illum (Petrum) omnes ³¹æ flentes et ostendentes ei « tunicas et vestes quas faciebat illis Dorcas (T. .ιαa). » (*Act. Apost.* cap. ιx, v. 39.)

[2] Dans l'église Saint-Barthélemi, à Liége, on voit des fonts baptismaux en cuivre, qui ont été exécutés au xιι° siècle, par Lambert Patras, célèbre orfévre de Dinant. C'est un précieux échantillon de ces fameuses dinanderies si renommées au moyen âge. Ces fonts avaient été exécutés pour l'église de Notre-Dame-aux-Fonts, qui est totalement détruite. Ils ont la forme d'une cuve, ou de la mer d'airain que fit exécuter Salomon et qui était portée par douze bœufs; ils étaient effectivement portés par douze bœufs, dont dix existent encore. Diverses scènes de baptême sont représentées sur cette cuve, entre autres celles du baptême de Jésus par saint Jean-Baptiste, du baptême du philosophe Craton par saint Jean Évangéliste et du baptême de Cornélius par saint Pierre. Des inscriptions fort curieuses expliquent tous ces sujets. Je dois à M. Fabry-Rossius, de Liége, la connaissance de cet important monument de l'orfévrerie du moyen âge. M. Fabry-Rossius a recueilli les plus curieux renseignements sur ces fonts baptismaux, que j'ai visités avec lui dans l'église Saint-Barthélemi.

*Pierre retiré de la maison d'Hérode par un ange* [1].

Une prison. Au milieu, Pierre est assis entre deux soldats endormis; il a ses chaussures aux pieds, et deux chaînes sont étendues à terre près de lui. Un ange est devant lui et lui tend la main.

*Pierre fait périr Simon le Magicien.*

Maisons; le temple. En l'air, deux démons ailés. Simon le Magicien couché par terre, le crâne brisé. Pierre étend la main et menace les démons. Autour de lui, une foule d'hommes [2].

*L'apôtre Pierre crucifié la tête en bas et mis à mort.*

Une croix enfoncée en terre. Saint Pierre crucifié à l'envers, les pieds en haut et la tête en bas. Une foule de soldats en cercle autour de lui : les uns lui clouent les mains, d'autres les pieds [3].

[1] C'est ce qu'on appelle saint Pierre ès liens.
[2] Ce sujet est fréquent chez nous. On le voit, peint sur verre et avec de grands développements, dans une des chapelles absidales de la cathédrale de Chartres.
[3] Pierre fut crucifié verticalement, comme Jésus-Christ, mais la tête en bas. Saint André fut crucifié horizontalement. C'est au xv° siècle qu'on attache saint André verticalement sur une croix en sautoir; antérieurement, il est représenté sur la croix ordinaire, la croix de Jésus, mais fichée en terre par la traverse, horizontalement.

### LES MIRACLES DE L'APÔTRE PAUL.

#### Paul appelé par le Seigneur sur la route de Damas.

Saint Paul couché à terre sur le ventre; ses mains sont sur ses yeux. En haut, le ciel, dans lequel est le Christ. Une vive lumière, formée de plusieurs rayons, sort du ciel et s'arrête sur la tête de Paul. Au milieu de ces rayons, on lit : « Saul ! Saul ! pourquoi me persécutez-vous ? » Près de lui, quatre hommes avec des bonnets de fourrure et des turbans; ils se tiennent debout et sont frappés de stupeur.

#### Paul baptisé par Ananias.

Paul, nu, debout, au milieu de l'eau. Ananias lui met la main sur la tête; il tombe des yeux de Paul des écailles comme celles d'un poisson [1].

#### Paul aveuglant le magicien Bar-Jésu.

Un archonte assis sur un trône, le diadème sur la tête. Devant lui, le magicien, les deux mains sur ses yeux. En face de lui, Paul étend la main vers les yeux du magicien. Derrière Paul est Barnabé. Autour d'eux, une foule d'hommes et de femmes dans l'étonnement.

---

[1] Saint Paul avait été aveuglé sur la route de Damas. (Voyez les Actes des Apôtres, ch. ix.)

Paul secouant au milieu du feu la vipère qui lui mordait la main.

Un feu de broussailles et de fagots. Paul debout, la main ouverte au-dessus du feu. Une vipère lui mord le doigt du milieu et y reste suspendue. Auprès de lui, saint Luc, d'autres hommes et des soldats assis en cercle et se chauffant.

Saint Paul décapité.

Saint Paul à genoux, les yeux couverts avec un voile. Le bourreau lève son épée au-dessus de saint Paul. D'autres soldats sont à l'entour. Un peu plus loin, une femme qui n'a qu'un œil regarde saint Paul [1].

### LES MIRACLES DE SAINT NICOLAS.

Saint Nicolas jetant de l'argent dans une maison.

Une maison élevée. Au dedans, un homme endormi; un peu plus loin, ses trois filles. Saint Nicolas, jeune, debout au-dessous de la maison, tient un mouchoir rempli de pièces d'argent; il le jette par une fenêtre dans l'intérieur de cette maison [2].

---

[1] Cette femme est Plantilla, Platilla ou Lémobie (elle porte ces trois noms), disciple de saint Paul. Elle donna son voile à l'apôtre, pour qu'il s'en couvrît les yeux avant la décapitation. Lisez les Actes des apôtres et la Légende dorée; voyez nos vitraux et nos statues gothiques. Ces événements divers y sont racontés, peints et sculptés.

[2] Un père, noble d'origine et plongé dans une misère complète, allait livrer ses trois filles à la prostitution, pour vivre de ce métier. La nuit, saint

### Saint Nicolas ordonné diacre.

Une église; le sanctuaire et la table [1]. Le saint, jeune, barbe arrondie, est un peu incliné devant la table sainte. Un archevêque, vieillard à grande barbe, place sur la tête du saint sa main, son hypogonation et l'extrémité de son homophore. En haut, le Saint-Esprit avec des rayons. De chaque côté, deux diacres portant des chandeliers à trois branches. Hors du temple, des flambeaux et des lampes allumés. Un peuple nombreux [2].

Nicolas jeta de l'argent dans la chambre de ce malheureux et le sauva de l'infamie ainsi que ses trois filles. Cette scène est une des plus affectionnées par nos artistes du moyen âge. Jamais on ne la passe quand on représente la vie entière du saint. Quand on n'en donne qu'un ou deux sujets, c'est celui-là qu'on préfère comme le plus héroïque, comme le plus propre à inspirer la charité. On le voit sculpté, à la cathédrale de Chartres, sur le tympan de la porte droite du portail méridional; il est en regard de saint Martin coupant son manteau pour en donner la moitié au pauvre d'Amiens. La légende de saint Nicolas est une des plus populaires de notre pays; elle est peinte et sculptée dans une foule d'églises. La cathédrale de Chartres en a fait une magnifique verrière. Les enfants de nos villages, en Champagne surtout, chantent un cantique en l'honneur de saint Nicolas le jour de la fête de cet illustre saint, qui est le patron des petits garçons, comme sainte Catherine est la patronne des petites filles. Ce cantique, qui raconte la légende entière de l'évêque de Myrrhe, commence par ces vers : « Du grand saint Nicolas célébrons la mémoire. » (Voyez, dans la Légende dorée, l'histoire de ce célèbre saint.)

[1] L'autel, qui est une table chez les Grecs, et non un tombeau, comme chez les Latins.

[2] L'hypogonation est un petit ornement en losange, qui tombe sur le genou des évêques, d'où vient son nom (ὑπὸ γόνυ), et qui devait primitivement contenir le mouchoir de l'officiant. L'homophore correspond à notre étole. L'hypogonation de saint Nicolas est célèbre; on y avait brodé les trois personnes divines, le Saint-Esprit en colombe, le Père en vieillard, le Fils en homme de trente-cinq ans; le Père et le Fils ayant à la tête un nimbe triangulaire,

### Saint Nicolas ordonné prêtre.

Même disposition.

### Saint Nicolas ressuscite un matelot mort dans un vaisseau.

La mer. Un vaisseau, au milieu duquel le saint en prières. Un matelot mort est étendu devant lui. Tout autour, d'autres matelots dans l'étonnement.

### Saint Nicolas sacré évêque.

De même que plus haut, si ce n'est qu'il y a trois évêques.

### Saint Nicolas en prison; du Christ il reçoit l'Évangile, et, de la Mère de Dieu, un homophore.

Une prison. Au dedans, le saint. A sa droite, le Christ tenant l'Évangile; à sa gauche, la mère de Dieu portant un homophore : ils lui donnent ces objets.

### Saint Nicolas délivre des innocents de la mort.

Une ville. Au dehors, des montagnes et trois hommes

l'Esprit enfermé dans une auréole rayonnante. Sur une très-grande gravure que j'ai rapportée du mont Athos et qui représente, en seize tableaux, la légende de saint Nicolas, on voit, dans le centre, le saint habillé en évêque et portant l'hypogonation ainsi figuré. Le tableau où Nicolas est ordonné diacre est exécuté suivant la prescription du Guide; seulement, c'est un seul diacre et non deux qu'on voit portant deux chandeliers à trois branches.

condamnés à mort, à genoux, les yeux couverts avec un voile, et les mains liées derrière le dos. Derrière eux, le bourreau une épée nue à la main ; le saint, derrière lui, la lui arrache avec colère. Auprès du saint, trois hommes avec des pelisses et des bonnets fourrés. Le prince Eustache est devant le saint ; il s'humilie jusqu'à terre et se repent. Derrière lui, un cheval avec des harnais dorés.

Saint Nicolas apparaît en songe à l'empereur Constantin et à Eulavius ; il délivre des soldats.

Palais. Le grand Constantin, endormi sur un lit d'or, est recouvert jusqu'à la poitrine avec des couvertures étincelantes de dorures. Le saint, lui apparaît au-dessus de la tête et le frappe de terreur. Un peu plus loin, un autre palais et le saint effrayant également Éulavius endormi.

La mort de saint Nicolas.

Le saint, étendu mort sur un lit, en habits pontificaux. Autour de lui, des évêques avec des Évangiles ouverts ; un d'eux embrasse le saint. Des diacres avec des encensoirs, des flambeaux et des livres ouverts. La foule du peuple, moines et laïques. Un moine, revêtu d'un manteau, frappe sur une simandre [1] et la fait résonner [2].

[1] C'est une planche sur laquelle on frappe avec un marteau. Dans tout le mont Athos, le sonneur frappe ainsi sur une planche, dont il tire des sons divers, en se promenant dans le cloître pour annoncer les offices. Σήμανδρον vient de σημεῖον, signal. *Signum*, en latin, signifie cloche, pendant une grande partie du moyen âge. Sonner, c'est donner le *signal* avec une cloche.

[2] Tous ces événements sont représentés dans la gravure qui vient du mont

## DEUXIÈME PARTIE.

LES MIRACLES DE SAINT GEORGES.

Saint Georges parle hardiment à Dioclétien.

Un palais. L'empereur Dioclétien assis sur un trône. Auprès de lui, son épitrope[1] Magnence, assis sur un trône moins élevé. Derrière l'empereur, deux soldats avec des lances. Près de là, d'autres archontes et des soldats. Le saint, debout devant l'empereur, étend sa main droite vers lui. Deux soldats le percent avec deux javelots.

Le saint jeté en prison.

Une prison. Au milieu, le saint couché sur le dos, les pieds serrés dans un instrument de bois[2]. Un soldat ferme cet instrument avec une clef; deux autres soldats mettent une grande pierre sur la poitrine du saint.

Le saint mis sur une roue.

Une poutre carrée, couverte de fers de lance, et surmon-

Athos; mais on y voit, en outre, saint Nicolas arrachant un enfant aux flots, apaisant une tempête, démasquant le démon, brisant des idoles, souffletant Arius, etc. Voyez la légende dorée (*de sancto Nicolao*) et les sculptures et peintures innombrables, on peut le dire, qui décorent une très-grande quantité de nos églises et reproduisent tous ces faits. La légende de saint Nicolas est une des plus compliquées.

[1] Le vicaire, le remplaçant, le vice-empereur.

[2] Cet instrument de supplice était en usage chez nous, au moyen âge. Sur des verrières de la cathédrale de Troyes, dans la grande nef, on voit des suppliciés dont les jambes sont enfermées dans les trous d'une planche.

tée par une roue. Le saint attaché sur cette roue par les pieds et les mains. Deux bourreaux, tenant des cordes, tournent la roue. L'empereur est assis vis-à-vis sur un trône; Magnence, devant lui, lui montre le saint. Au-dessus de la roue, un ange sur un nuage, près du saint, qu'il vient délier. Hors de la ville, deux archontes et un grand nombre de soldats sont décapités par les bourreaux.

Le saint a les pieds serrés dans des chaussures de fer rouge.

Le saint assis, les mains liées. Un soldat lui serre un pied dans un soulier de fer rouge. Derrière eux, un brasier sur lequel est l'autre soulier.

Le saint boit un poison mortel.

L'empereur assis sur un trône ainsi que Magnence. Tous deux ont les mains étendues vers le saint. Celui-ci, debout devant eux, boit le poison dans un vase de terre à col étroit. Le magicien Athanase est debout devant lui; il tient dans la main gauche un vase semblable, et, de la droite, il montre du doigt le saint à l'empereur. Près de là, grand nombre de soldats.

Le saint ressuscite un mort.

L'empereur, assis sur un trône, ainsi que Magnence. Le magicien Athanase est près d'eux dans l'étonnement[1]. Au-

---

[1] Il s'étonne que le saint ait échappé au poison, et qu'il soit en outre sur le point de ressusciter un mort.

devant et un peu plus loin, le saint en prières devant un tombeau ouvert, dans lequel le mort se relève tout debout et plein de vie. Près de là, peuple nombreux dans l'admiration. Plus loin, le magicien Athanase et le ressuscité décapités par le bourreau[1].

Le saint ressuscite le bœuf d'un paysan.

Le saint, assis dans une prison et bénissant. Devant lui, hors de la prison et près de son maître, le bœuf ressuscité. Le paysan, à genoux, a les mains et les yeux tournés vers le saint.

La décollation de saint Georges.

Le saint à genoux. Devant lui, le bourreau avec une épée. Un peu plus loin, la reine Alexandra assise sur une pierre; elle rend le dernier soupir et un ange reçoit son âme[2].

---

[1] Ils sont décapités pour s'être convertis en voyant ces miracles.

[2] Saint Georges est l'un des plus grands saints de la Grèce. Ce pays guerrier devait avoir à sa tête un saint guerrier. Georges était chevalier romain en Cappadoce. La cathédrale actuelle de Constantinople lui est dédiée; la chapelle de la citadelle d'Argos porte son nom. Il protége les châteaux forts et les armées. L'Angleterre, qui a subi plusieurs influences byzantines, a pour patron saint Georges. Ce grand saint est sculpté en statue colossale, et peint en figure plus colossale encore dans la cathédrale de Chartres, où l'art byzantin semble se trahir quelquefois. Le saint, à la verrière comme au soubassement de la statue, est martyrisé sur une roue, ainsi que le manuscrit grec le prescrit. Il est peint, en compagnie de sept autres soldats saints, sur une des grandes verrières de la cathédrale de Strasbourg, dans la nef. (Voyez la vie de saint Georges dans la Légende dorée.) La reine Alexandra ou Alexandrine nommée dans ce tableau de la décollation de saint Georges, était femme de Dacien, proconsul ou roi des Perses, qui fit martyriser et décapiter saint

LES MIRACLES DE SAINTE CATHERINE.

La sainte instruite par son confesseur.

Une grotte. Au dedans, un solitaire, confesseur, assis sur un siége : il étend les mains sur la sainte. Celle-ci est devant lui et reste dans l'étonnement; sa mère est auprès d'elle.

Le Christ se détourne de sainte Catherine parce qu'elle n'est pas baptisée.

Une grotte. La sainte se tient humblement devant la Mère de Dieu portant dans ses bras le Christ, comme on tient un petit enfant. Celui-ci tourne son visage d'un autre côté, afin que sainte Catherine ne puisse pas le voir.

La sainte baptisée par son confesseur.

Une grotte. Au dedans, le même solitaire que plus haut;

Georges. Ce Dacien fit pendre par les cheveux et battre de verges sa femme, qui s'était convertie. J'ai rapporté du mont Athos une grande gravure sur cuivre où l'on voit saint Georges à cheval et tuant le monstre qui allait dévorer la fille du roi de Libye. Sur cette image, comme sur toutes les peintures qui représentent saint Georges, on voit un enfant, un domestique, assis sur la croupe même du cheval qui porte le saint. Cet enfant tient à la main gauche, à bras tendu, une aiguière assez ornée. En Grèce, aux Météores et au mont Athos, j'ai demandé ce que signifiaient cet enfant et cette aiguière, dont ne parle pas la Légende dorée; personne n'a pu me le dire. Chez les Grecs, saint Georges est presque toujours représenté imberbe et en face de saint Démétrius, imberbe également. Saint Démétrius, le patron de Salonique, était un chevalier comme saint Georges, le patron de Constantinople.

il baptise la sainte. Auprès d'elle, sa mère porte un cierge allumé.

La sainte reçoit du Christ un gage de fiançailles.

Une grotte. Au dedans, la sainte debout, la main droite étendue ouverte. Devant elle, la sainte Vierge tenant d'une main le Christ comme un petit enfant; de l'autre, elle prend la main droite de la sainte. Le Seigneur avec une main lui met un anneau au petit doigt de la main droite; de l'autre main, il tient un cartel avec ces mots : « Vois, aujourd'hui je te prends pour une épouse inviolable[1]. »

La sainte parlant librement au roi.

Un temple. Au dedans, des idoles; devant ces idoles, un autel avec des animaux qui brûlent dessus. Des hommes : les uns tuent des bœufs et des brebis avec des cordes; d'autres apportent des oiseaux; d'autres sacrifient. Le roi assis sur un trône, entouré de ses gardes. La sainte est devant lui et lui adresse la parole[2].

[1] Les quatre tableaux qui précèdent ne se représentent ordinairement pas chez nous. Le quatrième, le mariage mystique de sainte Catherine, est célèbre en Occident, mais en Italie et en Allemagne seulement, où les plus grands peintres se sont exercés sur ce charmant sujet. En France, comme dans la Légende dorée, on commence la vie de sainte Catherine au cinquième tableau.

[2] Lisez ces belles paroles et toute cette légende, une des plus intéressantes qui soit dans la Légende dorée. « Tu admires ce temple élevé par la main des artistes, tu admires ces ornements précieux qui s'envoleront comme de la poussière devant la face du vent..... Admire plutôt le service des astres, qui, du commencement à la fin du monde, courent à l'occident et reviennent à l'orient sans jamais se fatiguer..... »

### La sainte discute avec cinquante rhéteurs.

Un palais. Au dedans, le roi assis sur un trône. Cinquante rhéteurs sont assis d'un côté et d'un autre; ils ont des voiles étendus sur leur tête [1]. Le plus âgé de tous ces rhéteurs, debout près du trône du roi, discute avec la sainte en la montrant du geste aux autres rhéteurs. Tous sont dans l'étonnement. Les uns tiennent leur barbe dans leurs mains; les autres causent entre eux et se montrent la sainte [2].

### La sainte attachée sur des roues.

Quatre roues, garnies tout autour de fers de lances et traversées par un seul axe. Au-dessous, la sainte étendue à terre pieds et mains liés. Un ange, debout auprès d'elle, lui ôte ses liens. A côté des roues, plusieurs soldats taillés en pièces et morts; vis-à-vis, le roi assis sur un trône. La reine, sortant de la porte d'une maison, lui adresse des reproches. Tout autour, une grande foule d'hommes. Un peu plus loin, on voit de nouveau la reine décapitée par un bourreau. Un grand nombre d'autres soldats ont la tête tranchée par d'autres bourreaux, parce qu'ils croient à Jésus-Christ [3].

---

[1] C'est le costume des philosophes chez les Byzantins. Socrate et Platon, quand on les représente, ont ordinairement un voile sur la tête. Un philosophe est assimilé à un prêtre, et le voile est une coiffure sacerdotale. Aujourd'hui encore les moines du mont Athos portent un voile noir sur leur coiffure.

[2] Nos vitraux gothiques, notamment ceux de Chartres et de Bourges, représentent en détail cette scène et les suivantes.

[3] Le martyre de la sainte convertit la reine et ces soldats, que le tyran fit décapiter.

La décollation de sainte Catherine.

La sainte à genoux : le bourreau lève une épée au-dessus d'elle. Une grande foule d'hommes et de femmes versent des larmes [1].

### LES MIRACLES DE SAINT ANTOINE.

Le saint battu par les démons.

Un tombeau. Le saint y est couché, au fond. Les démons, en cercle autour de lui, le frappent à coups de bâton. D'autres démons arrachent le couvercle du tombeau [2].

Le saint, fuyant dans le désert, trouve sur le chemin un disque d'argent et de l'or.

Montagnes et route. Au milieu de la route, gît à terre un

---

[1] La légende ne devrait pas s'arrêter là, car la fin est plus populaire et plus fréquemment représentée encore que les tableaux qui précèdent. Lorsque sainte Catherine fut décapitée, du lait, non du sang, sortit de son corps virginal. Les anges descendirent du ciel, prirent le corps de la jeune martyre et l'emportèrent, à plus de vingt journées de marche, sur le mont Sinaï, où ils l'ensevelirent avec de grands honneurs. Une huile miraculeuse et qui fortifie les membres débiles coule sans cesse du tombeau de sainte Catherine. Des peintures admirables du Campo-Santo de Pise représentent l'assomption et la sépulture de cette sainte, la patronne des philosophes. Comme les petits garçons se mettent chez nous sous la protection de saint Nicolas, nos petites filles ont pour patronne la jeune et savante sainte Catherine.

[2] Callot n'a pas été surpassé par les peintres byzantins dans les formes horribles ou bizarres prêtées aux démons qui tentent saint Antoine.

grand disque d'argent; un peu plus loin un gros monceau d'or. Le saint porte sur ses épaules un bâton et des vêtements; il quitte la route en voyant ces objets[1].

### Saint Antoine travaillant à la terre.

Un petit champ avec des légumes. Au bout, une grotte. Le saint, armé d'une pioche, est occupé à sarcler ses légumes.

### Le saint confond les philosophes et guérit les possédés du démon.

Le saint debout. Trois possédés sont étendus à la renverse devant lui; des démons sortent de leur bouche. A côté, trois philosophes la tête couverte d'un voile; ils paraissent dans l'embarras et l'étonnement[2].

### Le saint conduit par un lion dans la grotte de saint Paul.

Le désert. Le saint marche derrière un lion. Au loin, devant eux, la grotte de saint Paul paraît à travers les arbres et les montagnes.

---

[1] C'était le diable; ainsi transformé, il habitait cet argent et cet or. (Voyez la belle vie de saint Antoine, écrite par saint Athanase.)

[2] Dans cette Égypte, où florissait l'école d'Alexandrie, on était souvent aux prises avec les philosophes. Les femmes chrétiennes elles-mêmes, comme sainte Catherine nous en a fourni la preuve, devaient discuter contre les sophistes et se faire dialecticiennes. — Nous avons trouvé le moyen, dans notre Occident, de rendre saint Antoine ridicule. Cependant, c'est un saint, et même un philosophe plein d'intelligence et d'élévation, de bon sens et de poésie. Il me semble que, corps et âme, Socrate a véritablement revécu dans saint Antoine.

Saint Antoine, ayant trouvé saint Paul, l'embrasse.

Une grotte. Au dehors, saint Paul le Thébain, portant une natte qui l'enveloppe depuis les épaules jusqu'aux genoux. Lui et saint Antoine s'embrassent. Un corbeau, perché au sommet d'un arbre, tient un pain dans son bec [1].

Saint Antoine enterrant le corps de saint Paul.

Une grotte. Dehors, saint Paul étendu mort à terre; saint Antoine l'enveloppant d'un suaire. Près de là, deux lions creusent la terre avec leurs pattes de devant.

Mort de saint Antoine.

Une fosse creusée. Deux frères portent le saint enveloppé d'un suaire; l'un est descendu dans la fosse, l'autre est au dehors. Auprès d'eux, une pioche et une pelle jetées à terre. Au-dessus du saint, une foule d'anges, avec des cierges et des encensoirs, portant son âme vêtue de blancheur et l'enlevant au ciel [2].

Voici ce que nous avons indiqué d'une manière explicite et spéciale touchant les miracles et les martyres des princi-

---

[1] Le corbeau apporte ce pain pour la nourriture des deux solitaires.

[2] Les âmes sont figurées, ici comme en Orient, sous la forme d'un petit être humain, nu, sans sexe, entouré d'une auréole lumineuse et blanc comme la neige. C'est en quelque sorte de la lumière solidifiée et prenant la forme humaine.

paux saints. Ainsi donc, en suivant cette méthode, on peut représenter, soit complétement, soit partiellement, les miracles des autres saints. Lorsqu'un peintre voudra les représenter, qu'il parcoure la vie et la légende des saints, et qu'il suive ces indications pour ses tableaux[1].

[1] Nous donnerons le même conseil que le peintre grec, et nous engagerons les artistes et les antiquaires à recourir aux vies et légendes, aux sculptures et aux peintures de nos vitraux, pour étudier et comprendre la poésie du christianisme. Il est fâcheux que l'écrivain grec n'ait pas donné plus de développement à cette partie de sa description; mais il a reculé devant l'immense quantité des légendes, comme nous reculons nous-même. Il faudrait un travail à part sur ce point. Ces légendes ou histoires merveilleuses et détaillées des saints, si complètes chez nous, dans nos cathédrales, où elles reluisent sur les vitraux, où elles s'étalent dans les voussures, sont très-rarement représentées en Grèce. Dans les trop étroites églises byzantines, la place manquait, mais non pas le goût, pour ces petites épopées chrétiennes, car elles fourmillent dans les livres byzantins. Siméon le Métaphraste en a rempli douze énormes volumes in-folio. Les plus belles légendes chrétiennes sont les légendes orientales, surtout celles de l'Asie et de l'Égypte. La légende de saint Eustache, celles de saint Marc l'ermite, sont des romans pleins de grâce, des épopées remplies d'un merveilleux souvent sublime. Il faut donc regretter que la petitesse des églises grecques n'ait pas permis le développement de ces belles légendes, qui font du Métaphraste une lecture si attachante. Cependant, nous avons rencontré quelques-unes de ces légendes peintes à fresque; nous nous contenterons d'en indiquer deux, celle de sainte Catherine, dont parle notre auteur, et celle de saint Eustache, dont il s'occupe trop peu. A Athènes, dans une église à moitié détruite, au quartier du temple de Jupiter Olympien, la légende de sainte Catherine est peinte en six tableaux, qui encadrent sa grande figure. La sainte est en pied, nimbée, couverte de longs cheveux noirs où brillent des perles; elle est couronnée d'une couronne à rayons ourlés de perles. Elle tient une croix à la main droite; à la gauche, sa roue, instrument de son supplice. Au premier tableau, elle offre à l'enfant Jésus une corbeille de fruits, et l'enfant lui remet un anneau de fiançailles en signe qu'il la prend éternellement pour épouse. Au second tableau, elle est entourée de philosophes, en présence d'un roi; au troisième, elle est assise et discute devant les philosophes; le quatrième est détruit. Au cinquième tableau, le bourreau va lui trancher la tête; au sixième, des anges l'enterrent sur le mont

## DEUXIÈME PARTIE.

COMMENT ON REPRÉSENTE LES MARTYRS DE L'ANNÉE.

Mois de septembre.

1. Les saints frères Évodos, Callistie et Hermogènes, décapités. —Description. — Saint Évodos et saint Hermogènes étendus à terre et décapités, l'un jeune, l'autre vieux. Auprès d'eux, leur sœur Callistie; à côté d'elle, le bourreau avec une épée.

2. Saint Mamas périssant les entrailles arrachées. — Description. —Montagnes avec une grotte. Saint Mamas, jeune, imberbe, couché à la renverse. Au-dessus de lui, un soldat est armé d'un harpon à trois dents, qu'il enfonce dans le ventre du saint.

3. Le saint martyr d'Anthymos décapité. — Description. —Une ville. Hors de la porte, le saint, barbe naissante, jeune, revêtu d'habits pontificaux, à genoux et la tête tranchée. Au-dessus de lui, le bourreau tenant une épée ensanglantée. Devant lui, un autre bourreau tenant la tête coupée.

4. Saint Babylas, avec trois enfants, décapités. — Description. — Saint Babylas, en costume épiscopal, vieillard à large barbe, la tête tranchée. Près de lui, trois enfants à

---

Sinaï. — Dans cette même ville d'Athènes, où les églises sont si nombreuses, dans l'église de la Grande-Vierge, qui est bâtie sur l'emplacement du temple de Junon ou de la Grande Déesse, est peinte la légende de saint Eustache. On distingue parfaitement la scène où la femme d'Eustache est seule en mer avec le batelier, et celle où Eustache est debout au milieu d'un fleuve, pendant qu'un lion emporte un de ses enfants.—Dans les pages suivantes du manuscrit, on trouvera quelques indications sur les autres légendes. Il aurait fallu un peu plus de développements.

genoux, baissant leur tête. Au-dessus d'eux, le bourreau avec une épée.

5. *Le prophète Zacharie, père du Précurseur, égorgé entre le temple et le sanctuaire.*—Description.—Le temple. Au dedans, une coupole, sous laquelle est une table [1]. Au devant, le saint, vieillard à grande barbe, habillé en grand-prêtre juif, les mains et les yeux élevés au ciel. Un soldat lui saisit la tête par les cheveux et lui enfonce une épée dans la gorge.

6. *Saints Eudoxe, Zénon, Romulus et Macaire, décapités.* — Description. — Saint Eudoxe et saint Zénon, jeunes, barbe naissante, à genoux, les mains élevées au ciel, et leur tête à terre devant eux. Au-dessus d'eux, un bourreau remettant l'épée dans le fourreau. A côté, saint Romulus, vieillard, décapité par un autre bourreau. Saint Macaire, jeune homme à genoux; un bourreau lui enfonce une épée dans le cou.

7. *Saint Sozon, assommé à coups de massue.* — Description. — Le saint étendu à terre; deux soldats le frappent avec des pieux en bois.

8. *Saint Sévérianus pendu à un mur, et une pierre attachée à ses pieds.* — Description. — Une ville. Deux soldats sur les murs où ils suspendent le saint. Une grosse pierre est attachée à ses pieds.

9. *Sainte Ménodora, sainte Métrodora et sainte Nymphodora périssent sous les verges.* — Description. — Les saintes, étendues à terre, nues jusqu'au milieu du corps;

---

[1] C'est l'autel, qui a toujours la forme d'une table chez les Grecs, et non d'un tombeau, comme chez nous. Pour les Orientaux, l'autel est la table où la Cène se renouvelle chaque jour.

des voiles cachent leur tête. Trois soldats les frappent à coups de baguettes.

10 Saints Diodore, Diomède et Didyme périssent sous les coups. — Description. — Saint Diodore, vieillard ; saint Diomède[1] et saint Didyme, jeunes, barbes naissantes, couchés à terre, le corps tout couvert de plaies ; trois soldats les assomment avec des nerfs de bœuf.

11. Saint Autonomos périt sous les coups de pierres et de bâtons. — Description. — Le saint, jeune, barbe arrondie, est à genoux, les mains élevées au ciel ; au-dessus de lui, quatre soldats, les uns avec des pierres, les autres avec des bâtons, l'assomment de coups.

12. Saints Cronidès, Marrobios, Léontius et Sérapion périssent précipités dans la mer. — Description. — La mer. Au milieu, une petite embarcation, avec des soldats qui jettent les saints dans la mer. Saint Macrobios, vieillard, est à moitié dans la barque et à moitié dehors. Saint Cronidès, diacre et jeune ; les deux autres ont les cheveux gris.

13. Saint Nicétas périt dans le feu. — Description. — Un grand feu dans lequel est le saint, jeune, barbe naissante, les yeux et les mains élevés au ciel. Deux soldats attisent le feu.

14. Sainte Euphémie, livrée en proie aux ours et aux lions, n'en reçoit aucun mal, et rend son âme à Dieu. — Description. — Lions et ours. Au milieu d'eux, la sainte à genoux, les mains et les yeux levés au ciel.

15. Sainte Sophie et ses trois filles, sainte Foi, sainte Es-

---

[1] Il n'est plus nécessaire, après ce que nous avons dit plus haut, de faire remarquer ces noms de Zénon, de Diomède, d'Hermogènes, empruntés à la philosophie et à la mythologie des anciens Grecs.

pérance, sainte Charité, décapitées. — Description. — Montagnes et maisons; près de là sont les saintes. Deux sont étendues à terre et décapitées; les deux autres, à genoux, inclinent leur tête. Le bourreau lève son épée au-dessus d'elles[1].

[1] Voici ce que nous disons dans l'Iconographie chrétienne, pag. 532 et 533, sur ce curieux sujet : « A Rome, dans le XVII° siècle, le chevalier Bernini a marqué de la forme triangulaire l'église de la Sapience, qui est dédiée à la Trinité. La sagesse, en effet, est aux vertus principales ce que Dieu est aux personnes divines. La sagesse est l'unité morale d'où procèdent, comme les filles d'une mère commune, la foi, l'espérance et la charité. La vive imagination byzantine a donné la vie à ces trois filles de la sagesse et à la sagesse leur mère. On lit, dans les légendes, la vie de sainte Sagesse, mère de trois filles d'une rare beauté et d'une vertu incomparable, sainte Foi, sainte Espérance et sainte Charité. La mère et les filles, converties au christianisme, baptisées, prêchant la vérité et convertissant à leur tour une immense quantité de païens, sont persécutées. Amenées devant un proconsul, elles refusent de sacrifier aux faux dieux; on les torture et on finit par les décapiter. Un couvent du mont Athos, celui de Chilandari, contient, peinte sur mur, la légende entière de cette intéressante famille, depuis sa naissance jusqu'à sa mort. Dans la cathédrale de Cantorbéry, parmi les reliques des vierges, on possédait celles de sainte Sagesse et de ses filles, Foi, Espérance et Charité\*. Cette personnification et cette généalogie de la Vertu rappellent la généalogie et la personnification de l'Intelligence, dont nous avons déjà parlé, et qu'on voit figurée dans une bible manuscrite de la bibliothèque publique de Reims\*\*. La Philosophie en-

\* « De reliquiis S. Sapientiæ et filiarum ejus, Fidei, Spei et Charitatis. » ( Voyez le *Monasticon anglicanum*, par Dodsworth et Dugdale, vol. 1, p. 5.) Je vois, dans ce fait assez curieux, une certaine influence byzantine à laquelle aurait obéi l'Angleterre. Je ferai remarquer encore que les véritables croix grecques ne sont pas les croix à quatre branches égales, puisque le grec Procope déclare que la croix doit avoir le pied plus long que le sommet et les bras. Les croix grecques sont à double traverse, comme celles que nous avons fait graver et qui viennent d'Athènes et du mont Athos; des reliques provenant de Grèce, et que les rois de France avaient données à la Sainte-Chapelle de Paris, étaient enfermées dans des étuis en forme de croix à double traverse. Or c'est sur ce plan que sont fondées plusieurs grandes cathédrales d'Angleterre, et j'apercevrais encore dans ce fait la preuve que l'Angleterre a subi une influence byzantine qu'il faudrait constater avec le plus grand soin. On ne voit rien ou presque rien d'analogue en France; chez nous, l'art gothique, l'art chrétien, est autochthone, à peu d'exceptions près. »

\*\* « Dans le manuscrit d'Herrade, *Hortus deliciarum*, on voit la Philosophie assise sur un trône et versant de ses deux mamelles la source des arts libéraux. Pour fleurons à son diadème, elle porte trois têtes humaines, qui sont l'Éthique, la Logique et la Physique, comme le dit la légende. »

16. Saint Trophime et Dorymédon, décapités. Saint Sabbatius périt sous les coups. — Description. — Saint Trophime, barbe naissante, est étendu à terre et décapité. Saint Dorymédon, imberbe, à genoux, les mains liées derrière le dos; le bourreau lui tranche le cou avec un glaive. Saint Sabbatius est étendu sur le dos, le corps tout couvert de plaies. Au-dessus de lui, deux soldats avec des bâtons; l'un frappe, l'autre brandit son bâton en l'air [1].

20. Saint Eustache [2] et sa famille sont jetés et périssent dans un taureau d'airain rougi sur le feu. — Description. — Un bœuf d'airain. Au dedans, le saint, cheveux gris, barbe arrondie, avec ses fils et sa femme. Sous le taureau, deux soldats entretiennent un grand feu.

21. Saint Codratès meurt par l'épée. — Description. — Saint Codratès, vieillard, barbe jonciforme, à genoux, ayant les mains tendues vers le ciel. Le bourreau, qui le domine, le frappe avec le glaive.

22. Saint Phocas, décapité. — Description. — Le saint, vieillard, avec des habits pontificaux, étendu à terre, la tête tranchée; derrière ses pieds, du feu. Le bourreau se retourne par derrière.

24. Sainte Thècle entre dans un rocher qui se déchire,

---

gendre la Physique, la Logique et l'Éthique, absolument comme sainte Sophie donne le jour à Foi, Espérance et Charité. » Le moyen âge affectionne ce genre d'allégorie subtile. Le nombre trois est celui qu'il chérit par-dessus tout, et il se plaît à décomposer en trois parties congénères une foule d'idées et de faits.

[1] Le manuscrit a oublié le 17, le 18 et le 19. Nous allons constater, dans chaque mois, un certain nombre de ces omissions. Il faudrait voir si ces vides ne sont pas laissés avec intention pour faire place à certaines fêtes, qui sont si nombreuses en Grèce.

[2] Eustache, nommé Placidas avant sa conversion.

et périt. — Description. — Montagnes et une grotte. Un peu au-devant de la grotte, une grande pierre fendue ; la sainte y est cachée et paraît encore à moitié. Au-dessus d'elle, le Christ sur une nuée ; il bénit la sainte de la main droite, et, de la main gauche, il montre la pierre.

25. Saint Paul, sa mère et ses enfants, périssent dans les tortures. — Description. — Maisons et montagnes. Au-devant, saint Paul, vieillard, et sa mère fort âgée. Les enfants : Savinien, jeune, barbe arrondie ; Maxime, barbe naissante ; Rufus, jeune, imberbe ; Eugène, petit enfant. Tous sont nus, couverts de plaies et expirants. Deux soldats tiennent le petit enfant, l'un par la tête, l'autre par les pieds et le torturent[1].

26. Saint Jean le Théologos meurt à Éphèse, où il est enterré par ses disciples. — Description. — La terre et une fosse. Devant la fosse, sept disciples du saint. Les uns tiennent des pioches, les autres des haches et des pelles. Le saint est enfoncé dans la fosse, et deux autres disciples lui bandent les yeux avec un voile[2].

27. Saint Callistrate et ses compagnons, décapités. — Description. — Un vaisseau ; dedans, des idoles pendues et brisées. Auprès, les saints, jeunes et vieux : les uns sans

---

[1] C'est dans ces terribles sujets que le génie dramatique des peintres byzantins réussit plus sûrement. Il y a, sous ce rapport, une certaine analogie entre les Byzantins et les Espagnols.

[2] La légende de saint Jean évangéliste est une des plus importantes ; elle est souvent figurée en peinture et en sculpture dans nos églises. On la voit sur un vitrail de la cathédrale de Chartres, dans le collatéral du sud. Il faut l'étudier avec soin. Saint Jean, âgé de quatre-vingt-dix-neuf ans, descendit vivant dans la fosse qu'il avait fait creuser derrière l'autel de l'église d'Éphèse. Une grande lumière éclata et empêcha de voir ce qui s'était passé. La lumière dissipée, on trouva la fosse pleine de manne ; cette manne paraissait sortir en sable fin comme de l'eau d'une source.

tête ; les autres, debout ou à genoux, sont décapités par le bourreau avec une épée. Auprès d'eux, saint Callistrate, vieillard, à genoux, les mains liées derrière le dos. Au-dessus de lui, le bourreau avec une épée.

28. Saints Marc, Alexandre, Zosime et Alphée périssent écrasés sur la pierre. — Description. — Montagnes ; les saints dessus. Saint Alexandre, cheveux gris ; saint Zosime et saint Alphée [1], barbe naissante, écrasés sur des pierres, et morts. Saint Marc, avec une chevelure blanche qui lui descend jusqu'aux pieds, est aussi écrasé sur la pierre ; il respire encore. Au-dessus de lui, le bourreau avec une épée.

29. Saint Gobdéléas, attaché par les pieds à un cheval. Saint Dadas, coupé en morceaux. Sainte Casdoa dans les jardins du roi ; elle rend son esprit en paix au Seigneur. — Description. — Montagnes ; dessus, Saint Gobdéléas, jeune, imberbe, attaché par les pieds, avec des cordes, à un cheval qui le traîne sur des rochers. Saint Dadas, vieillard à grande barbe, avec un habillement très-riche ; il est étendu à terre, décapité. Autour de lui, les soldats avec leur épée. Sainte Casdoa communie dans un jardin : un prêtre et un ange sont auprès d'elle.

30. Saint Mardonius périt, le ventre couvert de charbons ardents. — Description. — Maisons ; dedans, le saint, cheveux gris, barbe jonciforme, étendu à terre à la renverse. Auprès de lui, du feu. Un soldat prend des charbons avec une pelle, et les met sur le ventre du saint.

Voici jusqu'où nous avons expliqué les martyrs pendant un mois ; les autres martyrs de toute l'année sont représentés de la même manière, suivant ce que vous lirez dans

---

[1] Singulier nom que celui d'un fleuve pour un saint.

leur vie et leur légende. Cherchez, dans les tables, le caractère de la figure de certains saints et quelles sont les paroles qu'ils profèrent[1].

Mois d'octobre.

1. L'apôtre Ananias meurt lapidé: vieillard, barbe en pointe.

2. Saint Cyprien périt par l'épée : vieillard, barbe arrondie ; suivant d'autres : jeune, chauve, barbe séparée en deux.

3. Saint Denys l'Aréopagite périt par l'épée : vieillard, portant sa tête dans ses mains[2].

---

[1] Je ne sais pour quelle raison notre manuscrit grec commence par le mois de septembre, et pourquoi il ne décrit pas de préférence les saints du mois de janvier, qui ouvre l'année civile, ou bien ceux des mois de décembre et d'avril, où se trouvent Noël et Pâques, têtes de l'année religieuse. De plus, le manuscrit laisse une lacune du seizième au vingtième jour, de saint Trophime à saint Eustache; il passe également le vingt-troisième jour. Ce sont des erreurs de copiste, sans doute; mais il serait tellement hypothétique de combler ces lacunes, que nous avons dû les laisser subsister. Il n'y a aucun danger à ne rien supposer.

Dans la grande église du monastère de Chilandari, au mont Athos, le porche extérieur est peint du martyre des saints principaux. D'après la prescription du manuscrit grec, les saints sont disposés dans douze grandes sections, suivant les mois de l'année, et distribués depuis le premier jusqu'au dernier jour de chaque mois : c'est un calendrier en peinture. On est ému, en entrant sous ce porche, de voir ce glorieux martyrologe qui vous environne de toute part et qui compose une véritable épopée cyclique, dont le cours est celui du soleil. Nos peintres et nos sculpteurs pourraient profiter de cette admirable disposition que les Grecs ont inventée, et qui n'existe en aucune façon dans nos édifices du moyen âge.

[2] On voit que la distinction établie entre saint Denis de France et saint Denys l'Aréopagite n'est pas admise par les Grecs. Dans le couvent de Cara-

## DEUXIÈME PARTIE. 387

5. Saint Capétolion, les yeux arrachés, meurt en croix : jeune, barbe naissante.

5. Sainte Charitine meurt les ongles des pieds et des mains arrachés.

6. Saint Thomas percé de coups de lance par cinq soldats[1].

7. Saints Sergius et Bacchus périssent, le premier dans les supplices, le second par l'épée : jeunes, imberbes.

8. L'apôtre saint Jacques périt crucifié.

9. Saint Eulampius et ses compagnons périssent par l'épée. Le saint est jeune et les autres d'âge divers.

10. Saints Probus, Tarachus et Andronic périssent hachés en morceaux. Saint Tarachus, vieillard; les deux autres, jeunes.

11. Saints Carpos, Papylos, Agathodore, Agathonic périssent par l'épée. Saint Carpos, vieillard; saint Papylos, barbe naissante; saint Agathodore, imberbe.

12. Saints Gervais, Nazaire, Protais et Celse. Saint Nazaire, cheveux gris; saint Celse, enfant; les deux autres, jeunes.

13. Saint Longin et deux autres soldats périssent par l'épée. Le saint, vieillard, barbe arrondie; les deux autres, jeunes.

14. Saint André périt les pieds coupés avec un tranchet de boucher et entraîné par des soldats. Vieillard, grande barbe.

<small>caillou, au mont Athos, saint Denys est martyrisé entre ses deux disciples; il tient dans ses mains sa tête, qu'il donne à une femme nommée sainte Catula (ἁγία Κατοῦλα). C'est exactement le personnel sculpté en bas-relief dans l'église royale de notre saint Denis.

[1] C'est l'apôtre.</small>

15. Saint Marin le vieux périt par l'épée.

16. Saint Varus[1] périt par l'épée : jeune.

20. Saint Artemius périt par l'épée : jeune, barbe naissante.

21. Les sept enfants d'Éphèse endormis dans une grotte : jeunes, imberbes[2].

23. Saint Jacques l'Adelphothéos (frère de Jésus-Christ); enseignant sous le portique du temple, il a la tête brisée par les juifs.

24. Saint Aréthas et ses compagnons périssent par l'épée. Le saint, vieillard; les autres, d'âge différent.

25. Saint Marcien le martyr périt par l'épée : imberbe.

26. Saint Démétrius : moustaches.

27. Saint Nestor périt par l'épée : jeune.

28. Saint Africanus et ses compagnons périssent par l'épée. Le saint, vieillard; les autres, différents d'âge.

29. Sainte Anastasie. On lui arrache les seins, les ongles, les dents et la langue; on lui coupe les pieds et les mains, et on lui tranche la tête[3].

### Mois de novembre.

1. Saintes Cyriène et Juliane périssent dans le feu.
2. Saints Akindynos, Pégasios. Aphthonios, Elpidiphore

---

[1] Tous ces noms de l'histoire ancienne, qui reviennent canonisés, donnent un grand intérêt, même à ce simple catalogue.

[2] C'est un sujet aussi fréquemment représenté chez les Grecs que le martyre des sept enfants Machabées l'est chez nous.

[3] Du 16 au 20 et du 21 au 23 même lacune qu'en septembre; de plus, ni le 30 ni le 31 n'ont de saints. — Sainte Anastasie est très-honorée en Grèce; elle y occupe un rang plus élevé que celui de sainte Agathe chez nous.

et Anempodiste. Ils périssent dans une fournaise où ils sont précipités. Voyez plus haut.

3. Saints Aképsimas, Joseph et Æthalas périssent dans divers tourments. Saint Aképsimas est jeune; saint Joseph, vieillard; saint Æthalas, barbe naissante.

4. Saint Nicandre et saint Hermœus : vieillards.

5. Saint Galaction : jeune, barbe naissante.

6. Saint Paul, célébrant la messe, est étranglé par les Ariens avec son propre homophore : jeune, barbe courte et séparée en deux.

7. Saint Onésiphore et saint Porphyre : jeunes.

8. Saint Oreste : cheveux gris [1].

10. Saints Ménas, Victor et Vicentius périssent dans divers supplices. Voyez plus haut.

11. Saint Philippe : jeune, imberbe.

12. Saints Gourias, Samonas et Abidos. Plus haut.

13. L'apôtre saint Matthieu : vieillard, grande barbe.

14. Saint Lazare le peintre [2] : vieillard, grande barbe.

15. Saint Platon : jeune, imberbe.

16. Saint Barlaam : vieillard, barbe en pointe [3].

20. Saint Dasios : jeune, imberbe [4].

22. Saints Valérianus et Tiburce : jeunes.

23. Saint Sisinius : vieillards.

24. Saint Clément : vieillard, grande barbe.

25. Sainte Catherine. Voyez pages 372-375.

26. Saint Jacques : jeune, barbe séparée en deux.

---

[1] Le 9 est passé.
[2] Toujours perce l'amour des Grecs pour la peinture.
[3] Les 17, 18 et 19 passés.
[4] Le 21 est passé.

27. Saint Étienne : cheveux gris.

28. Saint Paramonos : jeune.

29. L'apôtre saint André : vieillard [1].

Mois de décembre.

1. Saint Ananias : jeune.

2. Sainte Myrope.

3. Saint Théodore d'Alexandrie : vieillard, barbe séparée en deux.

4. Saint Séraphin, évêque du Fanar [2] : comme saint Grégoire de Palama.

5. Sainte Barbe.

6. Saint Anastase : barbe naissante.

7. Saint Athénodore : vieillard, grande barbe.

8. Saints Sosithée et Narsès : vieillards, grande barbe.

9. Saints Ménas, Eugraphe et Hermogènes. Plus haut.

10. Saints Akepsie et Aïthalas : le premier, vieillard ; le deuxième, jeune, diacre.

11. Saint Synétus : jeune, lecteur, longue chevelure.

12. Les cinq saints martyrs. Voyez plus haut.

13. Saint Thyrse [3] : vieillard ; saint Leucius et saint Callinique : barbe naissante.

14. Saint Éleuthère : jeune, barbe naissante.

15. Saint Probus et saint Hilarion : jeunes, imberbes.

[1] Pas de saint au 30.

[2] Le Fanar est le quartier de Constantinople où habitent le patriarche et les chrétiens.

[3] Saint Bacchus, saint Thyrse, saint Mercure, saint Apollon, saint Pégase, saint Nestor, saint Achille, etc. sont de singuliers noms pour nous autres chrétiens de l'Occident.

16. Saint Patermouthios : vieillard.

17. Saint Sébastien : jeune, barbe naissante.

18. Saint Boniface : jeune [1].

20. Saint Ignace le Théophore : vieillard, grande barbe.

21. Sainte Julienne : jeune.

22. Sainte Anastasie.

23. Les dix martyrs de Crète. Voyez plus haut.

24. Sainte Eugénie.

25. Saint Euthyme : vieillard.

26. Saint Étienne, le premier martyr : jeune, imberbe.

27. Les vingt mille saints de Nicomédie [2].

### Mois de janvier.

1. Saint Théodote : jeune.

2. Saint Théogène : vieillard.

3. Saint Gordios : jeune, barbe naissante.

4. Saint Zosime et saint Athanase : vieillards.

5. Saint Théopemtus et saint Théonas : vieillards.

6. Saint Julien : cheveux gris [3].

9. Saint Polyeucte : jeune [4].

11. Saint Maïr : barbe naissante.

12. Sainte Tatianie.

13. Saint Hermylos, diacre : barbe naissante. Saint Stratonic : vieillard, barbe arrondie.

14. Les abbés du Sinaï et de Raïtho.

---

[1] Pas de 19.
[2] De 27 à 31 pas de saints.
[3] 7 et 8 sont passés.
[4] 10 est passé.

15. Saint Pansophios, religieux et martyr : cheveux gris[1].

17. Les saints frères Peusippe et Élasippe : jeunes. Démésippe : enfant.

18. Sainte Théodule.

19. Sainte Euphrasie.

20. Saint Basos : vieillard.

21. Saint Néophyte : jeune, imberbe.

22. Saint Timothée : jeune, barbe arrondie.

23. Saint Clément : jeune, grande barbe ; et saint Agathangélos : jeune, barbe naissante.

24. Saint Théodotion : cheveux gris.

25. Sainte Médulie.

26. Saints Philothée, Hypérélios, Abibos, Julien le Romain, et autres ; différents[2].

Mois de février.

1. Saint Tryphon : jeune, imberbe[3].

2. Saint Agathodore : barbe naissante.

3. Saint Adrien : jeune, barbe arrondie.

4. Saint Abramios : vieillard, grande et large barbe.

5. Sainte Agathe.

---

[1] Pas de 16. — Ce trésor de sagesse, Pansophios, est bien du pays de Platon ; il est de la patrie des philosophes, voisine de cet Orient où les gymnosophistes sont encore honorés.

[2] Ces autres divers remplissent-ils les jours 27, 28, 29, 30 et 31, ou bien le mot *différents* s'applique-t-il, comme c'est probable, aux quatre saints précédents et qui diffèrent entre eux d'âge et de physionomie ?

[3] Saint Tryphon est, comme nous l'avons déjà dit, le patron grec des jardiniers ; il tient ordinairement une serpe à la main, comme notre saint Fiacre tient une bêche.

## DEUXIÈME PARTIE.

6. Saint Évilasius : jeune; et saint Maxime : barbe naissante [1].

8. Saint Théodore le Soldat : voyez plus haut.

9. Saint Nicéphore : barbe naissante.

10. Saint Charalampos : vieillard, barbe blanche.

11. Saint Blaise : vieillard.

12. Saint Saturnin : vieillard, large barbe.

13. Saint Akylas : jeune, barbe naissante [2].

17. Saint Théodore le Jeune : voyez plus haut.

18. Saint Léon : chauve, barbe jonciforme [3].

20. Saint Sadoc, prêtre et martyr : vieillard.

21. Saint Maurice : cheveux gris.

22. Sainte Anthouse.

23. Saint Polycarpe, prêtre et martyr : vieillard, grande barbe séparée en deux [4].

25. Saint Riginus, prêtre et martyr : barbe naissante.

26. Sainte Photinie.

27. Saint Gélase : jeune.

28. Saint Porterios, prêtre et martyr : vieillard, large barbe.

Mois de mars.

1. Sainte Eudoxie, religieuse et martyre [5].

---

[1] Pas de 7.
[2] Pas de 14, 15, ni 16.
[3] Pas de 19.
[4] Pas de 24.
[5] Sans Eudoxie, qui ouvre le mois, mars n'aurait pas de saintes. Dans le calendrier grec, comme dans le nôtre, les femmes sont en minorité; mais, chez les Byzantins, cette minorité est plus faible que chez nous encore.

2. Saint Nestor : vieillard; saint Tribimius : barbe naissante.

3. Saint Cléonic : jeune, barbe obtuse; saint Eutrope : cheveux frisés, barbe en pointe; saint Basilisc : imberbe.

4. Saint Paul : jeune, barbe naissante.

5. Saint Conon : vieillard.

6. Les quarante-deux martyrs d'Amorio : d'âge différent.

7. Saint Éphrem : vieillard. Ses compagnons : d'âge différent.

8. Saint Dion : barbe naissante.

9. Les quarante saints : voyez plus haut.

10. Saint Codratos : barbe naissante.

11. Saint Trophime : vieillard; saint Thalos : cheveux gris.

12. Saint Orpasianos : vieillard chauve, barbe en pointe[1].

15. Saint Agapios : vieillard; les autres : d'âge différent.

16. Saint Savin : vieillard, grande barbe.

17. Saint Paul : barbe naissante [2].

19. Saint Chrysanthe : jeune [3].

21. Saint Philémon et saint Domninus : barbe naissante.

22. Saint Basile l'Ancien : vieillard.

23. Saint Nicon, prêtre et martyr : vieillard.

24. Saint Artémon : vieillard à grande barbe [4].

26. Les saints martyrs en Gothie : différents.

27. Saint Jonas : jeune; saint Pharichysios : barbe jonciforme.

---

[1] Pas de 13 ni de 14.
[2] Pas de 18.
[3] Pas de 20. — Saint Chrysanthe, nous l'avons déjà dit, est un des patrons de la cathédrale de Châlons-sur-Marne.
[4] Pas de 25.

28. Saint Philétus et ses compagnons : différents.

29. Saint Marc, prêtre et martyr : vieillard ; ses compagnons : différents[1].

31. Saint Hypatios : vieillard, barbe en pointe.

## Mois d'avril.

1. Saint Gérontius : jeune. Saint Basilide : barbe naissante.

2. Saint Amphianos : vieillard.

3. Saint Elpidiphore : jeune, imberbe[2].

4. Saint Théodule et saint Agatopos : jeunes, imberbes.

5. Saint Claude : vieillard[3].

7. Saint Calliopios : jeune, imberbe[4].

9. Saint Eutychios : jeune.

10. Saint Térence et ses compagnons : différents.

11. Le saint martyr Antipas : vieillard, grande barbe.

12. Saint Démos : barbe naissante. Saint Protinon : barbe recourbée.

13. Saint Maxime : jeune. Saint Quintilien : vieillard[5].

15. Saint Crescès : barbe naissante.

16. Les saintes sœurs, Irène, Agape et Chionie[6].

17. Saint Siméon : vieillard ; ses compagnons : différents.

---

[1] Pas de 30.

[2] Il convenait que ce *porte-espérance* fût jeune et encore plein d'illusions.

[3] Pas de 6.

[4] Pas de 8.

[5] Pas de 14.

[6] Ces trois saintes sont représentées dans le porche de la grande église de Chilandari, au mont Athos : ce sont trois jeunes filles charmantes.

18. Saint Sabbas l'officier.

19. Saint Théodore : jeune, barbe naissante [1].

21. Le saint martyr Janvier : vieillard.

22. Saint Néarque : jeune, imberbe.

23. Saint Georges : jeune, imberbe.

24. Saint Sabbas, nommé plus haut : jeune, barbe blonde [2].

26. Le saint martyr Basile : barbe naissante [3].

Mois de mai.

1. Saint Bétas de Perse : vieillard, barbe arrondie.

2. Saint Espérius : barbe naissante.

3. Saint Timothée : jeune, barbe jonciforme.

4. Sainte Pélagie.

5. Sainte Irène [4].

7. Saint Akakios : jeune, imberbe.

9. Le prophète Isaïe [5] : vieillard.

10. Saint Simon le Zélateur : vieillard, chauve, barbe arrondie.

11. Le saint martyr Mokios : jeune, barbe naissante.

12. Le saint martyr Théodote : vieillard, barbe arrondie.

13. Sainte Glycérie [6].

[1] Pas de 20.

[2] On en fait deux fois la fête. Les saints soldats sont très-honorés en Grèce. Nous en voyons ici quatre qui se suivent, à la fin de ce mois. — Pas de 25.

[3] 27, 28, 29 et 30 passés.

[4] Pas de 6 ni de 8. — Remarquez l'affectation du Guide à ne pas décrire la figure des saintes ; il en donne le nom, et c'est tout.

[5] Chez les Grecs, Isaïe est saint, comme tous les prophètes et les patriarches, comme plusieurs juges et rois de Juda.

[6] Ce doux nom, porté par des courtisanes célèbres de l'antiquité, revient sanctifié dans le martyrologe chrétien.

14. Saint Isidore : jeune, barbe naissante [1].

16. Saint Bachthise : vieillard ; ses compagnons : différents.

17. Saint Solochon : jeune, barbe arrondie.

18. Saint Denys et saint Pierre : vieillards.

19. Saint Patrice : vieillard; les autres : barbe naissante; saint Apolyène : imberbe.

20. Saint Thalalée . jeune, barbe noire [2].

22. Saint Basilisc : jeune [3].

25. Saint Pancharios : cheveux gris.

26. Saint Aberkios : jeune, grande barbe.

27. Le saint martyr Elladios [4] : vieillard.

28. Le saint martyr Eutychios : jeune, large barbe.

29. Sainte Théodosie.

30. Saint Hermios : barbe naissante [5].

Mois de juin.

1. Saint Justin le Philosophe : vieillard, grande barbe [6].

3. Saint Lucien : vieillard [7].

5. Le saint martyr Dorothée : vieillard, chauve, grande barbe [8].

---

[1] Pas de 15.

[2] Pas de 21.

[3] Pas de 23 ni de 24.

[4] Toujours des noms qui rappellent la patrie ancienne. Les Byzantins jettent constamment un regard d'amour sur la vieille Grèce.

[5] Pas de 31.

[6] Pas de 2.

[7] Pas de 4.

[8] Pas de 6.

7. Le saint martyr Théodote : cheveux gris.
8. Sainte Calliope [1].
9. Sainte Pélagie.
10. Saint Alexandre : barbe naissante.
11. Saint Barthélemi et saint Barnabé. Voyez plus haut[2].
12. Sainte Antonine.
13. Sainte Akyline.
14. Le saint martyr Cyrille : jeune, chauve, barbe naissante.
15. Saint Doulas : jeune [3].
17. Saints Manuel, Sabel, Ismael : barbe naissante [4].
18. Saint Hypate : cheveux gris; saint Léontius : barbe naissante.
19. Le saint apôtre Jude.
20. Le saint martyr Méthodius : vieillard à grande barbe.
21. Saint Aphrodisius : jeune, forte barbe [5].
22. Le saint martyr Eusèbe : vieillard, large barbe [6].
25. La juste martyre Févronie [7].
27. Saint Anectos : barbe naissante.
28. Saint Papios : jeune [8].

---

[1] On purifie le Parthénon, le temple de Minerve, et on en fait une église à la sainte Vierge; on canonise une muse, et on en fait sainte Calliope.

[2] Ils sont décrits ailleurs avec les apôtres et disciples.

[3] Pas de 16.

[4] Ces noms rappellent l'Orient, l'Inde et l'Arabie, où tant de noms, humains ou célestes, se terminent en *el*.

[5] Remarquez ce descendant de Vénus, au moins par le nom, qui est jeune et plein de force. C'est comme un frère de l'Amour antique, mais virilisé et sanctifié par le christianisme.

[6] Pas de 23 ni de 24.

[7] Pas de 26.

[8] 29 et 30 manquent.

## DEUXIÈME PARTIE. 399

Mois de juillet [1].

1. Les saints anargyres Côme et Damien : barbe naissante.
2. Saint Quintus : jeune.
3. Saint Hyacinte : barbe naissante.
4. Saint Théodote : vieillard, barbe naissante.
5. Sainte Agnès.
6. Sainte Lucie ; saint Rexos : barbe naissante.
7. Sainte Cyriaque.
8. Saint Procope : imberbe.
9. Le saint martyr Pancrace : cheveux gris, barbe en pointe.
10. Saint Léonce et ses compagnons : différents [2].
12. Saint Proclus : vieillard ; saint Hilarios : jeune [3].
14. Saint Just : jeune, barbe naissante.
15. Saint Cyrique : âgé de trois ans.
16. Le saint martyr Athénogène : vieillard.
17. Sainte Marine [4].
19. Saint Théophile : barbe naissante [5].

---

[1] Dans notre calendrier latin, le mois de juillet est celui où il y a le plus de saintes ; il en est de même en Grèce. Ainsi, juillet annonce août, dont la Vierge est le signe astronomique. Les femmes précèdent la Vierge, et les saintes marchent devant Marie.

[2] Pas de 11.

[3] Pas de 13.

[4] Pas de 18. — Aux saintes, le nom, quelquefois la qualité, mais jamais le signalement ; l'Orient, où les femmes vivantes se voilent et se cachent, se refuse à en décrire même les mortes.

[5] Pas de 20.

21. Le saint martyr Phocas : vieillard, barbe arrondie[1].

23. Sainte Christine[2].

26. Sainte Paraskévi.

27. Saint Pantéléémon : jeune, imberbe[3].

29. Saint Callinic.

30. Sainte Julitte.

Mois d'août.

1. Les sept saints enfants Machabées. Voyez plus haut.

2. Saint Phocas : jeune, barbe arrondie.

3. Le saint martyr Étienne : vieillard, barbe en pointe.

4. Saint Thalouel : barbe naissante.

5. Saint Eusigne : vieillard[4].

7. Saint Dométius, religieux et martyr : vieillard ; ses deux disciples : barbe naissante.

8. Saint Éleuthère[5] : barbe naissante; saint Léonide : imberbe.

9. L'apôtre saint Mathias : vieillard, barbe arrondie.

10. Le saint martyr Hippolyte, barbe recourbée ; saint Xyste, vieillard ; saint Laurent, barbe naissante.

11. Saint Euplos, diacre : jeune, imberbe.

12. Saint Photius et saint Acinète : jeunes[6].

---

[1] Pas de 22.

[2] Pas de 24 ni de 25.

[3] Pas de 28 ni de 31.

[4] Pas de 6.

[5] Saint Démos, au mois d'avril, saint Doulas ou Doulos, au mois de juin, saint Éleuthère, au mois d'août, devaient sortir du pays qui fut le véritable berceau de la liberté.

[6] Pas de 13.

## DEUXIÈME PARTIE.

14. Le saint martyr Marcellus : vieillard [1].
16. Saint Diomède : jeune, barbe en pointe.
17. Saint Myron : vieux et prêtre.
18. Saint Phlôros et saint Lauros : jeunes, imberbes.
19. Saint André l'officier : vieillard, tête frisée; ses compagnons : différents.
20. Les trente-trois martyrs de Byzie : différents.
21. Sainte Basa et ses enfants.
22. Saint Irénée, diacre : jeune.
23. Saint Loup : jeune, imberbe.
24. Saint Georges : vieillard [2].
26. Saint Andrianos : jeune, barbe naissante.
27. Sainte Euthalie [3].
29. La décollation du Précurseur.
30. Les seize martyrs de la Thébaïde : différents [4].

Voilà, en abrégé, les saints martyrs de toute l'année. Vous, lorsque vous voudrez peindre leur supplice, lisez soigneusement la légende, et représentez-les ainsi.

---

[1] Pas de 15.
[2] Pas de 25.
[3] Pas de 28.
[4] Pas de 31.

## ALLÉGORIES ET MORALITÉS[1].

Comment on représente la vie du véritable moine.

Faites un caloyer[2] attaché à une croix, revêtu de son habit de moine (robe), la tête couverte d'un calimafki[3]; qu'il soit déchaussé; qu'il ait les pieds attachés sur le marchepied de la croix, les yeux baissés, la bouche fermée. Près de sa tête, au-dessus de la croix, cette épigraphe : « Seigneur, fils de Dieu, placez une garde auprès de ma bouche et une porte près de mes lèvres. » Il tient dans les mains des cierges allumés; auprès des cierges, cette épigraphe : « Qu'ainsi brille votre lumière devant les hommes, afin qu'ils voient vos belles actions et qu'ils glorifient votre Père, qui est dans les cieux. » Il a sur la poitrine un cartel en forme d'hypogonation[4], avec ces mots : « Créez en moi, ô mon Dieu, un cœur pur, et renouvelez un esprit de droiture dans mes entrailles. » Sur son estomac, un autre cartel, comme un titre, avec ces mots : « O moine, ne vous laissez pas tromper par les appétits du ventre! » Au-dessous, sur son hypogastre, un autre cartel dit : « Mortifiez vos membres sur la terre. » Plus bas encore, au-dessous des

---

[1] Ce titre, que nous jugeons utile de mettre ici, n'est pas dans le manuscrit.

[2] Moine grec, de καλός, bon, et γέρων ou ἱερεύς, vieillard ou prêtre.

[3] C'est la coiffure des moines; une sorte de toque d'avocat.

[4] L'hypogonation, avons-nous déjà dit, est un petit ornement en forme de losange que les évêques portent et qui pend sur ou sous leur genou; de là son nom, de ὑπό ou ἐπὶ γονύ. Aujourd'hui, c'est un pur ornement; autrefois, c'était comme une poche à mettre un mouchoir.

genoux, un autre cartel dit : « Préparez vos pieds pour la route de l'Évangile de la paix. » En haut, sur la partie la plus élevée de la croix, faites un titre cloué, avec ces paroles : « Ne vous glorifiez pas auprès de moi, si ce n'est dans la croix de mon Seigneur. » Aux trois autres extrémités de la croix, faites des sceaux. Sur celui de droite, écrivez ces mots : « Qui persévère jusqu'à la fin sera sauvé. » A gauche, ces mots : « Celui qui ne renonce pas à tout ce qu'il a ne peut être disciple du Christ. » Sur le sceau qui est au-dessous du marchepied de la croix, écrivez : « La route qui conduit à la vie est étroite et remplie d'afflictions. » Du côté droit de la croix, faites une grotte obscure ayant au milieu un grand dragon caché, et écrivez : « L'enfer tout dévorant. » Au-dessus, sur la gueule du dragon, un jeune homme, nu, les yeux bandés avec un voile, et portant un arc; il dirige une flèche vers le moine[1]. Un cartel est attaché sur ce trait avec ces mots : « Commets la luxure. » Au-dessus de lui, mettez cette épigraphe : « La passion de l'amour. » Au-dessus de la grotte, faites un grand nombre de serpents, et écrivez : « Les soucis[2]. » Auprès de l'enfer, faites un démon tirant la croix avec une corde, et disant : « La chair est faible et ne peut résister. » A l'extrémité droite du marchepied, faites une lance, avec une croix et un étendard, et écrivez dessus : « Je puis tout dans le Christ, qui me fortifie. » Du côté gauche de la croix, faites une tour avec une porte; il en sort un homme monté sur un cheval blanc. Ce personnage porte un bonnet fourré, des habillements étincelants d'or et garnis de fourrures. Dans

---

[1] On est en Grèce, et le christianisme n'y a pas tué la forme de l'amour mythologique ; nous y retrouvons Cupidon grandi et devenu jeune homme.

[2] Les remords.

la main droite il tient un vase rempli de vin; dans la main gauche, une lance, au bout de laquelle il y a une éponge. Un cartel attaché à cette lance dit : « Prenez toutes les délices du monde. » Et il montre au caloyer toutes ces richesses. Au-dessus de cet homme, écrivez cette épigraphe : « Le monde insensé. » Au-dessous de lui, faites la Mort : elle semble sortir de cet homme; elle porte une grande faux sur ses épaules et un cadran sur sa tête; elle regarde le caloyer. Au-dessus d'elle, cette épigraphe : « La mort et le sépulcre. » Plus bas que les mains du moine, faites, de chaque côté, deux anges tenant des cartels. Sur celui de droite, écrivez ces mots : « Le Seigneur m'a envoyé à votre secours. » Sur celui qui est à gauche, ceux-ci : « Faites le bien et ne craignez rien. » Au-dessus de la croix, peignez le ciel, avec le Christ tenant sur sa poitrine l'Évangile ouvert à ces mots : « Que celui qui veut venir à ma suite renonce à lui-même, qu'il prenne sa croix et qu'il me suive. » Il tient à la main droite une couronne royale; à la gauche, une couronne de fleurs [1]. Au-dessous de lui, de chaque côté, deux anges regardent le caloyer et lui montrent le Christ; ils supportent à eux deux un grand cartel avec ces mots : « Combattez afin de recevoir la couronne de la justice, et le Seigneur vous donnera une couronne de pierres précieuses. » Puis écrivez cette épigraphe :

« LA VIE DU VÉRITABLE MOINE [2]. »

---

[1] Le génie grec se traduit dans cette double récompense politique et civile, qui atteint les deux grandes conditions de la société.

[2] Les moines grecs se plaisent à faire représenter ce sujet dans leurs couvents. J'en ai trouvé un bel exemple peint à fresque dans le porche de l'église principale du couvent de Philothéou, au mont Athos. Le moine attaché à la croix n'est pas seulement attaqué par la Luxure et la Vanité, mais à la fois

L'échelle du salut de l'âme et de la route du ciel.

Un monastère. Hors de la porte, une foule de moines jeunes et vieux. Devant, une échelle fort grande et très-élevée, allant jusqu'au ciel. Des moines sont dessus, les uns en train de monter, les autres saisissant le bas de l'échelle afin de parvenir plus haut. Au-dessus d'eux, des anges ailés semblent les aider. En haut, dans le ciel, le Christ. Devant lui, au dernier degré de l'échelle, un vieux moine; semblable à un prêtre, il étend les mains et regarde le ciel. Le Seigneur le prend d'une main; de l'autre, il lui met sur la tête une couronne de fleurs, en lui disant : « Venez à moi, vous tous qui êtes fatigués et accablés de fardeaux, et je vous ferai reposer. » Au-dessous de l'échelle, un grand nombre de démons ailés saisissent les moines par la robe : ils tirent les uns, mais ils ne peuvent les faire tomber; quant aux autres, ils sont parvenus à les éloigner un peu de l'échelle (les moines eux-mêmes saisissent l'échelle, les uns avec une seule main, les autres avec les deux mains). Enfin, d'autres moines sont tout à fait détachés de l'échelle, et les démons les prennent par le milieu du corps pour les emporter. Au-dessous d'eux, l'enfer tout dévorant, sous la forme d'un énorme et terrible dragon, tenant dans sa gueule un moine tombé à la renverse et dont on n'aperçoit plus que les pieds. Écrivez cette épigraphe : « Regardez l'échelle appuyée sur le ciel, et réfléchissez bien aux fondements des vertus. Quelle vitesse

par les sept péchés capitaux personnifiés dans des démons inventés d'une manière très-spirituelle. Le vrai moine est vainqueur; il est couronné sept fois, pour avoir remporté sept victoires.

emporte cette vie fragile ! Approchez-vous de l'échelle, et montez avec courage. Vous avez pour défenseurs les chœurs des anges; vous traverserez les embûches des mauvais démons. Parvenus aux portes du ciel, vous obtiendrez la couronne de la main du Seigneur [1]. »

[1] Le manuscrit intitulé *Hortus deliciarum*, qui appartient à la bibliothèque publique de Strasbourg, qui date de 1160 et dont nous parlons si souvent, a plus d'un rapport avec l'art byzantin. On y voit une échelle morale peinte en miniature, avec une assez grande quantité de personnages. Un texte explique les scènes suivantes.

Une grande échelle est dressée et s'élève de la terre au ciel. En haut, au dernier échelon, la main de Dieu sort des nuages et tend la couronne de vie à ceux qui montent sans se laisser tomber. En bas, au premier échelon, le diable, sous la forme d'un dragon, tend des embûches à ceux qui veulent gravir l'échelle.

Deux démons tirent de l'arc contre ceux qui s'élèvent; mais deux anges, armés du bouclier et de l'épée, parent les flèches et empêchent que les démons ne percent ceux qui veulent monter.

D'abord, au second échelon, on voit un soldat et une laïque. Le soldat est renversé; il tombe sur les chevaux et les boucliers dans lesquels il s'est complu. La femme du monde est renversée également sur des villes et des objets de luxe qu'elle a désirés.

Aux troisième et quatrième échelons, un jeune prêtre et une religieuse. Le prêtre offre de l'argent à la religieuse, qui le prend, et qui entraîne le prêtre avec elle vers des vêtements précieux et les villes impures.

Au quatrième échelon, un clerc est renversé sur une table chargée de mets et de boisson. Une jeune femme (*amica clerici*), habillée de blanc, appelle le clerc, qui se laisse aller.

Au septième, un moine, bourse au cou, tombe sur une masse d'argent monnayé, un trésor.

Au dixième, un reclus (*inclusus*) se laisse tomber sur son lit, où il se repose par paresse et plaisir.

Au douzième, un ermite, vieillard barbu, se laisse aller en tombant vers son jardin, où il s'est complu, qu'il a trop aimé, où il a mieux aimé planter que méditer et prier.

Au treizième échelon, on voit la Vertu (*Virtus; id est Caritas*), une jeune

### Comment on représente la mort de l'hypocrite.

Un moine enveloppé dans des couvertures; de sa bouche sort un grand serpent. Au-dessus de lui, un démon lui enfonce dans le cœur un pieu à trois dents [1].

### Comment on représente la mort du juste.

Un homme, avec une barbe naissante, étendu d'une manière décente et modeste sur un pauvre lit, les yeux fermés et les mains en croix sur la poitrine. Au-dessus de lui, un ange le regarde avec joie, et prend son âme avec respect et vénération [2].

femme à longs cheveux blonds, tête nue, qui s'avance pour prendre la couronne que Dieu lui tend.

Sur un des montants de l'échelle, on lit : « Hos omnes, periculose ab alto « cadentes, potest Dominus medicina penitentiæ verum ad virtutum culmen « restituere. » On sent, dans ces paroles, toute la douceur, toute la grâce de la religion chrétienne de l'Occident. En Orient, on ne vous donne aucun espoir : une fois tombé, c'en est fait pour l'éternité. C'est dans ce dur pays qu'on nie le purgatoire.

Sur l'autre montant : « Septem sunt scalæ quibus ascenditur ad regnum « cœlorum : castitas, mundi contemptio, humilitas, obedientia, fides, caritas « de puro corde. »

L'allégorie byzantine se rapporte exclusivement aux moines; celle du manuscrit de Strasbourg, quoique peint et écrit par une religieuse et pour des religieuses, à ce qu'on dit, embrasse la vie séculière et la vie religieuse tout à la fois.

[1] Le trident fait voir qu'on est dans le pays de Neptune, au bord de la mer.

[2] Le juste, en mourant, renaît à une vie nouvelle; il est jeune et commence à peine à prendre de la barbe. C'est ainsi que les artistes du moyen âge ont représenté les justes chez nous. Voyez surtout le portail occidental de Notre-Dame de Paris, porte du milieu.

La mort du pécheur.

Un homme âgé, nu, couché sur un lit, enveloppé à mi-corps dans une magnifique couverture, détournant avec horreur ses regards, agitant les pieds et étendant les bras de côté et d'autre. Au-dessus de lui, un démon lui enfonce dans le cœur un harpon à trois dents de feu [1]; il le tourmente d'une atroce manière et lui arrache l'âme de force.

Comment on représente le temps mensonger de cette vie.

Décrivez un petit cercle; faites au dedans un homme âgé, barbe arrondie, en habits royaux et la couronne sur la tête, assis sur un siége, les mains étendues de chaque côté, et portant la même chose que le Monde qui est figuré au-dessous des apôtres, à la Pentecôte. Autour de ce cercle, écrivez ces mots : « Le monde insensé, trompeur et séducteur. »

Hors du premier cercle, faites-en un autre plus grand. Entre ces deux cercles, inscrivez quatre demi-cercles disposés en croix. Au milieu d'eux, représentez les quatre saisons de l'année : le printemps [2], l'été, l'automne et l'hiver. — En haut, le printemps, de cette manière : un homme assis au milieu des fleurs et des prés verdoyants; il porte sur sa tête une couronne de fleurs, et tient entre les mains une harpe

[1] Toujours le trident, même enflammé.
[2] L'année commence par le printemps, à la fin du carême, ce qui est parfaitement convenable, tandis que plus haut, dans le calendrier des saints, on la fait commencer en septembre.

qu'il fait résonner[1]. — Du côté droit, représentez l'été, de cette manière : un homme, avec un chapeau, tient une faux et moissonne un champ. — Au bas, représentez ainsi l'automne : un homme gaule un arbre, et fait tomber à terre des fruits et des feuilles. — Du côté gauche, représentez ainsi l'hiver : un homme assis, portant une pelisse et un capuchon, se chauffe à un feu allumé devant lui.

Hors de ce second cercle, décrivez-en un autre encore plus grand. Tout autour, faites douze cases ; puis, au dedans, les douze signes des douze mois. Faites bien attention de placer chaque signe auprès des saisons qui y répondent. Ainsi donc vous mettrez, auprès du printemps, le bélier, le taureau, les gémeaux ; auprès de l'été, le cancer, le lion, la vierge ; auprès de l'automne, la balance, le scorpion, le sagittaire ; auprès de l'hiver, le capricorne, le verseau et les poissons. Disposez donc ces signes suivant leur ordre, tout autour du cercle, et ayez soin d'écrire, au-dessus de chacun, son nom, et aussi les noms des mois, de la manière suivante. Au-dessus du bélier, écrivez mars ; au-dessus du taureau, avril ; au-dessus des gémeaux, mai ; au-dessus du cancer, juin ; au-dessus du lion, juillet ; au-dessus de la vierge, août ; au-dessus de la balance, septembre ; au-dessus du scorpion, octobre ; au-dessus du sagittaire, novembre ; au-dessus du capricorne, décembre ; au-dessus du verseau, janvier ; au-dessus des poissons, février.

En dehors du troisième et plus grand cercle, faites les sept âges de l'homme de la manière suivante. — En bas, du côté droit, faites un petit enfant qui monte ; écrivez devant

[1] Chez nous, où on est moins musicien, on voit rarement un instrument de musique à la main d'une *saison* quelconque.

lui, sur le cercle : enfant de sept ans. — Au-dessus de cet enfant, faites-en un autre plus grand, et écrivez : enfant de quatorze ans. — Plus haut encore, faites un jeune homme avec des moustaches, et écrivez : adolescent de vingt et un ans. — En haut, sur le sommet de la roue, faites un autre homme, avec la barbe naissante, assis sur un trône, les pieds sur un coussin, les mains étendues de chaque côté, tenant dans la droite un sceptre, et, dans la gauche, un sac rempli d'argent; il porte des vêtements royaux et une couronne sur la tête. Au-dessous de lui, sur la roue, écrivez : jeune homme de vingt-huit ans. — Au-dessous de lui, du côté gauche, faites un autre homme, la barbe en pointe, étendu la tête en bas et regardant en haut; écrivez : homme de quarante-huit ans. — Au-dessous de lui, faites un autre homme à cheveux gris et couché à la renverse, et écrivez : homme mûr, de cinquante-six ans. — Au-dessous de lui, faites un homme à barbe blanche, chauve, étendu la tête en bas et les mains pendantes, et écrivez : vieillard de soixante et quinze ans. — Puis, au-dessous de lui, faites un tombeau, dans lequel est un grand dragon, ayant dans la gueule un homme à la renverse et dont on ne voit plus que la moitié. Près de là, dans un tombeau, est la Mort, armée d'une grande faux. Elle l'enfonce dans le cou du vieillard, qu'elle s'efforce de tirer en bas. — En dehors du cercle, écrivez les inscriptions suivantes, près de la bouche des personnages. Près du petit enfant : « Quand donc, étant monté, arriverai-je en haut? » Près de l'enfant : « O temps, hâte-toi de tourner, afin que j'arrive promptement au sommet. » Près de l'adolescent : « Voici, je suis arrivé au point de m'asseoir bientôt sur le trône. » Sur le jeune homme : « Qui est-ce qui est roi comme moi ? Qui est au-dessus de moi ? » Auprès de l'homme mûr, écrivez : « Malheureux que je suis ! O temps, comme tu m'as trompé ! » Auprès du vieillard : « Hélas ! hélas ! ô mort, qui peut t'éviter ? » Auprès du tombeau, ces paroles : « L'enfer tout dévorant et la mort. » Auprès de celui qui est dévoré par le dragon : « Hélas ! qui me sauvera de l'enfer tout dévorant ? »

Faites, du côté droit et du côté gauche de la roue, deux anges, ayant chacun au-dessus de leur tête la moitié des saisons, et tournant la roue avec des cordes. Au-dessus de l'ange qui est à droite, écrivez : « le Jour ; » au-dessus de celui de gauche : « la Nuit. » En haut de la roue, écrivez cette épigraphe :

« LA VIE INSENSÉE DU MONDE TROMPEUR [1]. »

---

[1] A l'église Saint-Étienne de Beauvais, autour de la rose qui s'ouvre dans le pignon du portail septentrional, sont sculptés divers personnages : celui du haut est debout, droit et fier ; celui du bas, renversé et comme près d'être englouti dans une sorte de tombeau. A droite, le long de la circonférence de cette rosace, montent d'autres individus qui cherchent à atteindre celui qui est au sommet ; à gauche, d'autres personnages sont précipités et viennent rejoindre celui qui va être englouti. Des explications fort diverses ont été données de cette ornementation. Les partisans du système historique pour l'interprétation de la statuaire du moyen âge, ont vu, dans le personnage assis au sommet de la rose, le maire de Beauvais tendant la main aux échevins nouvellement élus, et renvoyant de leur charge les échevins sortants. D'autres ont reconnu au sommet Jésus-Christ appelant à lui les élus et refoulant les damnés en enfer ; mais ils n'ont pas pris garde que les élus, dans ce cas, seraient à la gauche du Christ, et les damnés à droite. D'autres, plus près de la vérité, ont pensé qu'il y avait là une roue de hasard, et qu'au point culminant de la roue serait la Fortune, distribuant ses faveurs à ceux qui montent, et humiliant les victimes de ses caprices, qu'elle repousse du pied ou de son sceptre. J'ai moi-même, le premier et longtemps, soutenu cette explication contre les deux précédentes ; mais, toute voisine qu'elle soit de la réalité, elle s'en écarte encore un peu. Ce n'est pas une roue de fortune, mais un cercle

de la vie humaine, de l'âge et des désirs des hommes. Pendant mon voyage en Grèce, je me tourmentais pour trouver une solution à divers problèmes d'iconographie, dont la rose de Beauvais était un des principaux, lorsque j'avisai, dans l'église de Sophadès, village de la Thessalie et sur le Penée, une peinture à fresque, tapissant le mur occidental. Cette fresque figure une roue à six rayons. Au centre, est assis un jeune homme imberbe, couronné d'une couronne royale, tenant dans une nappe une grande quantité de fleurs. Sur sa tête, on lit Χρόνος (le Temps). Le Temps est donc ici le symbole de la vie plutôt que de la mort; il est jeune, il fait naître plutôt qu'il ne détruit. Le Temps est cantonné par les quatre saisons personnifiées, qui occupent un cercle intérieur. Près de chaque saison, on a figuré l'élément qui prédomine sous son règne : en été, c'est le feu, l'eau glacée en hiver, l'air parfumé au printemps, la terre chargée de fruits en automne. Les quatre saisons figurent les quatre âges principaux de la vie : le Printemps est un adolescent; l'Été, un jeune homme; l'Automne, un homme mûr; l'Hiver, un vieillard. Ces âges, ces époques de la vie humaine, se divisent et se détaillent en parties plus petites, et avec d'autres nuances, dans un cercle plus grand et concentrique au premier. A chaque extrémité des six rayons, est à cheval un individu, qui est enfant tout en bas, homme fort au sommet, vieillard caduc en bas aussi, mais du côté opposé à celui de l'enfant, au côté gauche. L'enfant ne demande qu'à marcher, et il se plaint que la roue ne tourne pas assez vite; il grimpe. L'homme qui touche à la vieillesse, au contraire, cherche à remonter le cours du temps, à rebrousser chemin; mais il est emporté. Celui qui est au sommet se tient immobile et parfaitement en équilibre; mais on sent qu'il vient d'arriver, et l'on s'aperçoit déjà qu'il va repartir. Celui qui est au bas remue encore; mais il est déjà sur le point de mourir et de tomber dans l'éternelle immobilité. Au-dessus de toute la scène domine le Monde (Κόσμος); c'est un jeune roi couronné, âgé de trente-cinq ans, à la barbe fine et courte, couvert de vêtements fort riches. La roue est inscrite dans un carré, aux quatre angles duquel sont peints : en haut et à droite, le soleil, rouge comme du feu; à gauche, la lune, blanche comme de l'argent. Dans le bas, du côté du soleil, est le Jour; du côté de la lune, la Nuit. La Nuit est un grand esprit entièrement noir, aux ailes étendues; elle est couronnée d'une couronne noire ou de fer, et à trois pointes. Le Jour est entièrement blanc; il porte une couronne d'or, qui est le plus lumineux des métaux. Tous deux tiennent à la main une corde attachée à la roue; avec cette corde, ils tirent alternativement à eux la roue qui, dans sa rotation perpétuelle, fait passer les âges de la vie humaine de la nuit au jour, du jour à la nuit; du printemps à l'été, à l'automne et à l'hiver; de la vie à la mort.

## DEUXIÈME PARTIE. 413

Avant d'avoir trouvé le Guide au mont Athos, j'avais ébauché cette description, et j'avais pensé que la roue de Beauvais n'était autre chose que la roue de la vie humaine, et que ce motif de notre pays, pour être plus restreint que celui de Sophadès et du Guide, n'en était pas moins le même motif identiquement. D'ailleurs, à Beauvais, la pierre où est taillée cette sculpture est un calcaire fort tendre, une sorte de craie extrêmement fruste aujourd'hui, et l'on pourrait croire que les personnages ou les attributs étaient plus nombreux autrefois. Cette rose était primitivement remplie de vitraux historiés : ces vitraux pouvaient représenter le reste de l'allégorie. On y voyait peut-être le soleil, la lune, les saisons, les personnifications de la nuit et du jour. Peut-être, comme la rose septentrionale aussi de la cathédrale de Reims, cette verrière de Beauvais représentait-elle la création du monde, la création du temps et des êtres bruts, organisés et vivants. Dans ce cas, la sculpture extérieure formait un complément naturel à la peinture du dedans. Enfin, au moyen âge, un vaste sujet ne se sculpte ni ne se peint pas toujours complétement. Ainsi le Guide entre, pour la roue du monde, dans des détails que ne reproduit pas la fresque de Sophadès, laquelle ne donne ni les mois, ni les signes du zodiaque. A Ivirôn, grand couvent du mont Athos, l'entrée du réfectoire est peinte à fresque d'un sujet semblable. Au lieu des six rayons seulement qui sont à la roue de Sophadès, il y en a huit à Ivirôn; mais on y a passé les saisons, le soleil, la lune, les signes du zodiaque et les mois. Ivirôn est sur le bord de la Méditerranée, qui vient battre ses murailles; c'est peut-être pour cela qu'on a représenté le vieillard qui meurt précipité dans un tombeau, et ce tombeau flottant sur les eaux de la mer, qui figure sans doute l'éternité. Le génie des artistes, la diversité des siècles, la variété des climats et des positions géographiques impriment des modifications à l'art le plus immobile et le moins arbitraire.

Je dois ajouter qu'à la cathédrale d'Amiens, autour de la rose du portail méridional, à l'extérieur, sont sculptés des personnages qui ont la plus grande analogie avec ceux de Beauvais, et qui représentent certainement les âges de l'homme. A ce portail d'Amiens, c'est un demi-cercle, non un cercle entier, comme en Grèce et à Beauvais, que ce sujet occupe. A gauche du spectateur, huit individus, jeunes et sans barbe, montent vers le sommet. A droite, huit individus, âgés et barbus, descendent et sont renversés vers la base. Ceux de droite sont joyeux, les yeux en l'air et pleins d'espérance. Ceux de gauche sont tristes, faisant des contorsions et s'efforçant de se retenir pour ne pas tomber; mais ils sont sur la pente, emportés par le temps, par la vie. Ces huit personnages de gauche et ces huit personnages de droite se ressemblent beaucoup entre eux et n'accusent pas les variétés notables, bien senties, nécessaires même pour caractériser les différents âges de la vie, les différents degrés de la fortune. Au sommet, arrivé enfin, paisible, fixe de contentement, assis sur un trône, la couronne royale en tête, se voit un jeune homme à peine barbu, tandis qu'à sa droite on est imberbe et qu'à sa gauche on porte une barbe touffue. A sa droite, en face de lui, et le regardant avec affection, est accroupi un chien aux oreilles pendantes et satisfaites. On ne voit de chien qu'à ce roi, qu'à cet homme arrivé au sommet de la vie et parfaitement heureux; ni ceux qui n'ont pas encore atteint le but, ni ceux qui l'ont dépassé déjà n'ont auprès d'eux un pareil compagnon. Le chien est le symbole de la fidélité, et, par la place qu'il occupe ici, ne voudrait-il pas signifier que les amis, les fidèles, ne vous restent attachés que quand vous êtes parfaitement heureux; mais qu'ils vous quittent au moindre nuage, et qu'ils vous laissent seuls quand vous n'avez que des espérances encore ou déjà plus que des souvenirs? Ce chien traduirait donc, à sa façon, ce fameux distique d'Ovide :

> Donec eris felix, multos numerabis amicos ;
> Tempora si fuerint nubila, solus eris.

Nous donnons cette explication et nous sommes persuadé que cette roue ou demi-roue de la cathédrale d'Amiens représente à la fois le cercle de la vie humaine et la roue de la fortune ou du bonheur. Cette pensée serait profonde, car ces deux cercles, distincts en apparence, sont concentriques en réalité; ils composent à eux deux le cycle total de la vie humaine.

MM. Jourdain et Duval, chanoines honoraires et vicaires de la cathédrale d'Amiens, correspondants du comité historique des arts et monuments, ont proposé, dans un récent ouvrage sur cette partie de la cathédrale d'Amiens (*le portail Saint-Honoré, dit de la Vierge dorée*, in-8°, Amiens, 1844), l'explication de cette sculpture. Nous croyons utile de la transcrire ici, pour apporter toute la lumière possible sur ce curieux sujet. Du reste, nous avons donné (*Annales archéologiques*, vol. I$^{er}$, liv. VIII), un article entier sur cette allégorie de la vie humaine et une gravure représentant le sujet de la cathédrale d'Amiens. — MM. Jourdain et Duval s'expriment ainsi :

« La rose est renommée pour la beauté de ses flammes projetées en mille formes et en mille couleurs du centre à la circonférence. Ce qui n'est pas moins remarquable, et ce dont nous avons à nous occuper exclusivement, puisqu'il ne s'agit ici que de l'extérieur de la rose, c'est l'ornement qui forme la bordure et comme les cils de cet œil étincelant de l'édifice.

« Il consiste en une série de dix-sept personnages sculptés en relief, dont les huit premiers gravissent avec ardeur la rampe de l'orbite à droite, tandis que les huit derniers descendent rapidement, la tête en bas, du côté gauche.

« Le caractère général de ceux qui montent est facile à saisir. Tous sont convenablement vêtus, bien chaussés, de visage agréable et sans barbe, les cheveux abondants et dûment agencés : ils atteignent à peine le milieu de la vie. Pleins d'espérance et de joie, ils s'accrochent avec bonheur aux fleurons du segment de cercle dans lequel ils sont encadrés, et qui les aide à suivre le mouvement de la zone. Le huitième, c'est-à-dire le plus voisin du sommet, porte seul une robe flottante à capuchon, et sur la tête un bonnet en forme de calotte. Il ne reste malheureusement que quelques vestiges méconnaissables de l'objet qu'il tenait des deux mains.

« Au versant de la roue, les personnages qui tombent offrent un tout autre aspect. Une figure vieillie, des cheveux négligés, une barbe sordide au menton, des vêtements en désordre et en partie perdus, les pieds dépouillés de chaussures, ne permettraient pas de douter de leur misère, lors même qu'elle serait moins visiblement accusée par la position d'hommes précipités la tête en bas, et par la manière dont ils tournent la tête en arrière, avec un air de souvenir, de tristesse et de regret. Les trois premiers principalement ont toute la partie inférieure du corps dénudée, la robe, qui est leur unique habit, retombant des reins sur le dos et presque jusque sur la tête, par le fait même de leur chute. Si on a donné une chaussure au quatrième, ce n'est sans doute que pour le faire paraître plus misérable en montrant les doigts de ses deux pieds qui crèvent le bout de ses souliers usés. La petite calotte étoffée qui coiffe le cinquième, et le visage imberbe et plus jeune du sixième, ne rachètent qu'imparfaitement l'apparence de misère qu'ils partagent avec leurs compagnons. Une mutilation a fait totalement disparaître le septième.

« Au centre et à la tangente supérieure de la roue, un dix-septième personnage, ayant à sa droite ceux qui montent et à sa gauche ceux qui descendent, siége sur un simple banc sans dossier, la couronne au front, les mains gantées. Un bout de bâton qui lui reste dans la main gauche paraît bien être l'extrémité inférieure d'un sceptre. A sa droite (du côté des heureux, ou de ceux qui gravissent l'existence), un chien assis sur le derrière, les oreilles longues et pendantes, le regarde fixement. »

Après cette description, que nous avons cru devoir reproduire, parce que MM. Jourdain et Duval, qui habitent Amiens, ont examiné cette sculpture avec un soin minutieux, les deux jeunes archéologues déclarent, avec une grande raison, que ce tableau ne peut représenter le jugement dernier, mais le symbole de la vicissitude des choses humaines, l'action de la providence dans tous les événements de la vie, la roue de notre existence (*rotam nativitatis nostræ*, comme dit saint Jacques, III, 5). La demi-roue d'Amiens, la roue entière de Beauvais, représentent une roue de la fortune ou du destin, mais une roue sanctifiée par le christianisme, qui a fait du destin aveugle une providence éclairée. « C'est vraiment, dit saint Augustin (*De civitate Dei*, lib. V, cap. 1), à la providence divine qu'appartient l'établissement des royaumes terrestres. Si on veut l'attribuer au destin, parce qu'on appelle de ce nom la volonté même et la puissance de Dieu, il faut garder la pensée, mais changer le langage. »

« La Providence sage et puissante, ajoutent les deux antiquaires, ainsi mise à la place de l'aveugle destin, on n'avait plus de raison pour réprouver l'image qui l'exprimaït d'une façon dès lors innocente. Une traduction de la Cité de Dieu de saint Augustin, du xiv<sup>e</sup> siècle, conservée à la bibliothèque d'Amiens (ms. 216 du catalogue), nous offre en effet une représentation enluminée de la roue de la fortune, ainsi composée : Sur un fond formant ciel et terre, l'un de couleur bleue et rouge semée d'un réseau d'or, l'autre d'un vert pâle et poncé, tourne une roue que paraît gouverner, de ses deux bras étendus, un personnage couronné, en manteau d'hermine sur une robe bleue, et déployant de longues ailes de même couleur. Trois individus, accrochés à la circonférence, subissent les vicissitudes de ses mouvements. Celui qu'elle élève est distingué en même temps par le bon ordre et la richesse de ses vêtements bordés d'hermine et munis de ceinture aux reins; celui qui déchoit n'a pas de ceinture, et sa tunique s'en va en désordre, tombant sur sa tête et laissant presque nue une partie de son corps; le troisième, au bas de la roue, est dans une détresse plus grande encore, et cherche à retenir son bonnet, qui lui échappe. C'est, on le voit, la même idée qu'à notre portail; mais ici le sens est clairement déterminé par la place même qu'elle occupe. Elle sert de titre au cinquième livre de la Cité de Dieu, dans lequel le saint docteur établit que la Providence, et non la Fortune, a été la cause de la grandeur de l'empire romain : or on sait que le titre d'un chapitre en est toujours l'argument. Le manuscrit dont nous parlons en fournirait au besoin la preuve, puisque toutes les têtes de ses livres sont en rapport avec les matières qui y sont traitées. Il n'est donc pas possible de méconnaître l'idée saillante du titre orné du chapitre : le texte parle de la Providence, l'image aussi. »

MM. Jourdain et Duval déclarent que définitivement, à leurs yeux, ces tableaux analogues à ceux d'Amiens et de Beauvais, soit sculptés, soit peints, représentent la Providence ou la Fortune chrétienne présidant aux destinées de l'homme. Nous partageons à peu près cet avis; mais, cependant, nous en restreignons la portée, et nous disons que ces allégories représentent, non pas la destinée générale de l'homme, mais le cours particulier de son existence. Dans ces allégories, nous voyons, non pas une roue de Fortune, mais une échelle circulaire de la vie. Enfin, ce sont les *âges* de l'homme, c'est la

# DEUXIÈME PARTIE. 417

vie humaine que nous trouvons là, partagée dans ses principales divisions.

A Troyes, dans l'église Saint-Nizier, on voit un vitrail peint entre 1498 et 1510, sur lequel une femme, sept fois figurée et habillée d'une robe bleue, rouge, violette ou verte, présente un objet qui varie suivant l'âge de l'homme auquel elle parle. A un enfant galoppant sur un cheval de bois, c'est un petit modèle d'église ; à un adolescent amoureux ou qui tient une rose, un objet qui est malheureusement cassé ; à un troisième qui a disparu, un vaisseau ; à un jeune homme qui tient un faucon au poing et va monter à cheval, un objet cassé encore ; à un homme mûr, un savant, un docteur qui tient un livre, elle offre un ostensoir où brille une hostie ; à un homme âgé, impotent et qui marche appuyé sur deux béquilles, une horloge pour lui rappeler l'heure dernière qui est prochaine ; à un vieillard étendu mourant sur un grabat et pour qui l'heure de la justice va sonner, la femme mystérieuse tend la main gauche, tandis qu'elle tient à la droite une épée nue. En face de cette Justice-Espérance (elle est habillée en vert), se tient la Mort, squelette tout blanc, qui porte une faux sur l'épaule gauche, tient un aviron à la main droite et vient réclamer le moribond.

Ce vitrail est fort endommagé, horriblement bouleversé et troué ; les légendes qui expliquaient les sujets ont presque toutes disparu. Cependant, près de l'enfant au cheval de bois, j'ai lu : *enfance;* près de l'adolescent à la rose, j'ai déchiffré : ..... *dénote et signifie l'âge de puérilité.* On le voit, ce sont les sept âges de la vie humaine. A chaque période de son existence, l'homme est emporté par des affections humaines ou par des passions mauvaises ; mais la Religion, femme sévère, vient le rappeler sans cesse à l'idée de Dieu et au souvenir de son salut. M. l'abbé Tridon, directeur au petit séminaire de Troyes et correspondant du comité historique des arts et monuments, prépare, sur les nombreux et importants vitraux de la ville et des environs de Troyes, un travail considérable qui nous dispensera d'entrer dans de plus longs détails.

Dans la cathédrale de Cantorbéry, sur un vitrail de la nef, on voit également les âges de la vie humaine. Il y en a six, et non pas sept comme à Troyes. Ils sont représentés par six figures ou personnages, au-dessus desquels on lisait ces inscriptions, détruites ou très-mutilées aujourd'hui : *Infantia.* — *Pueritia. Adolescentia.* — *Juventus.* — *Virilitas.* — *Senectus.* Une inscription générale encadrait ces six tableaux ; elle a été détruite également par un nettoyage maladroit ; toutefois, on lit encore le titre :

SEX HOMINIS (ÆTATES).

Mais un fait nouveau et qui, on le verra, va acquérir une certaine importance, c'est qu'en face de ces âges de l'homme sont figurés les six âges de l'Église, représentés également par six personnes, mais six personnes historiques. En tête, on lit encore :

(MUNDI) SEX ETATES.

En allant de haut en bas, on voit, avec leur nom ainsi écrit, les personnages suivants : *Adam.* — *Noe.* — *Abrah.* — *David.* — *Iechonias.* Le nom de Jésus, qui est la sixième personne, n'est pas écrit ; mais on reconnaît le Christ à son nimbe crucifère, dont le champ est rouge et les croisillons blancs.

L'inscription qui régnait autour de ces six personnages a beaucoup souffert ; mais on lit encore :

Hydria metretas capiens est quælibet etas :
Lympha dat historiam, vinum notat allegoriam.

Effectivement, ces six âges de l'homme et ces six âges du monde sont à droite et à gauche des noces de Cana, où l'on voit six flacons, six hydres, qui figurent les six âges humains et historiques. Les hydres remplies d'eau, ce sont les âges du monde antérieurs à Jésus-Christ ; mais l'eau changée en vin et remplissant les mêmes vases, c'est l'homme sanctifié par Jésus, c'est la réalité vulgaire transformée en idéal poétique, en savoureuse allégorie. Je remercie M. le baron de Guilhermy de m'avoir donné obligeamment connaissance de ce renseignement important.

Il est important, en effet, car, à ce même portail d'Amiens, à la rose duquel se voit cette demi-roue sur laquelle nous nous sommes étendu complaisamment, se trouvent, dans la voussure de la porte, les six âges du monde ; ils se réunissent autour de Jésus-Christ, qui est l'objet de leur attente.

C'est d'abord Adam, qui représente le premier âge, l'enfance, et qui bêche la terre. Puis Noé, qui construit l'arche, et avec qui vint la *puéritie.* Puis Melchisedech, Abraham, Isaac, Jacob et Job, types du troisième âge, de l'adolescence. Moïse, Aaron et David figurent le quatrième âge, la jeunesse. Salomon et Judith composent le cinquième âge, ou la virilité. Judas Machabée ouvre le sixième, la vieillesse, que ferme saint Jean Baptiste. Alors arrive le septième âge, ou plutôt le renouvellement du monde, dans la personne de Jésus-Christ.

Voilà ce que MM. Jourdain et Duval (*Portail Saint-Honoré*, p. 37-47) ont reconnu dans leur cathédrale d'Amiens, sous la roue symbolique. L'histoire est sous l'allégorie ; la réalité est *inférieure* à l'idéal, comme l'eau au vin :

Lympha dat historiam, vinum notat allegoriam.

Nous ne pouvons nous empêcher de voir une singulière concordance entre la sculpture d'Amiens et la peinture de Cantorbéry, et nous pensons être autorisé de nouveau à dire que la demi-roue d'Amiens, la roue entière de Beauvais, les échelles allégoriques de nos manuscrits, les perrons gradués des images grossières d'Épinal, etc. sont des roues, des échelles, des perrons de la vie humaine et non de la fortune. On voudra bien nous pardonner la longueur de cette note, surtout si nous avons résolu un problème iconographique assez difficile, incompris jusqu'à présent, et dont la solution nous arrive par le Guide de la peinture et la fresque de Sophadès.

Ce sujet, rare en France, n'est pas fréquent non plus hors de chez nous. En Grèce même, où il est comme indigène, je ne l'ai rencontré que deux fois. Je crois l'avoir reconnu sculpté à Bâle, au portail septentrional de la cathédrale, autour de la rosace et à l'extérieur, comme au portail septentrional de Saint-Étienne de Beauvais. Ainsi qu'à Beauvais, la sculpture de Bâle est romane, du XI$^e$ ou XII$^e$ siècle. Au-dessus de la porte, qui est couverte de fort curieuses figures, on voit autour de la rose des individus qui s'étagent à gauche et à droite. Ceux de droite, relativement aux spectateurs, tombent, tandis que ceux de gauche montent. Celui qui est en bas et qu'un tombeau engloutit à Beauvais, tient, à Bâle, une truelle de la main droite; il semble porter comme une pierre sur son épaule avec la main gauche. Serait-ce l'architecte de l'église qui aurait été surpris par la mort au milieu de son travail ? Il n'y aurait là rien d'impossible, car cette cathédrale est demi-romane et demi-gothique, et les architectes semblent avoir été fiers de ce monument, qui n'est cependant pas remarquable, surtout quand on le compare aux nôtres. L'architecte roman, plein d'orgueil pour l'édifice qu'il commençait à bâtir, aura été interrompu par la mort ; il sera, lui aussi, descendu tout au bas de l'échelle de la vie. Dans l'intérieur de l'église, contre le mur du portail occidental, on voit, assis dans une niche géminée, les deux architectes successeurs de l'artiste roman et qui confèrent entre eux sur l'œuvre qui leur est confiée. Sous cette belle sculpture, qui est du XIII$^e$ siècle, on lit:

> Aula celesti lapides
> Vivi titulantur
> Ut duo templi hujus qui
> Structure famulantur.

Enfin, pour donner tout ce qui est arrivé à notre connaissance sur cette allégorie de la vie humaine, nous transcrirons ce passage de la Légende dorée (*de sanctis Barlaam et Josaphat*), qui a bien une certaine analogie avec la peinture de Sophadès, avec le génie blanc du Jour et le génie blanc de la Nuit, ces deux êtres qui tirent à eux, alternativement, le Temps, la Vie, le Monde. Le moine Barlaam habitait les déserts de Sennaar, où il avait puisé cet amour de l'allégorie, cette affection de l'apologue qui distinguent les Orientaux. Il vint à la cour d'Avennir, parla contre la vanité et les joies menteuses du monde, et dit: « Ceux qui désirent les plaisirs du corps et laissent leur âme mourir de faim ressemblent à un homme qui, fuyant rapidement devant une licorne, pour ne pas en être dévoré, tomba dans un profond précipice. Mais, dans sa chute, il se retint par les mains à un arbuste et fixa ses pieds sur un appui glissant et peu stable. En regardant, il vit deux rats, l'un blanc, l'autre noir, rongeant sans interruption la racine du petit arbre qu'il avait saisi, et déjà ces deux animaux étaient sur le point de la couper. Puis, au fond du gouffre, il vit un dragon terrible, vomissant du feu, et qui, la gueule ouverte, aspirait à le dévorer. En outre, il vit sortir de l'appui où il posait ses pieds quatre têtes d'aspics. Mais, en levant les yeux, il aperçut un peu de miel découlant des branches de son petit arbre ; alors, oubliant le péril où il était de toute part, il se livra en entier à la douceur de ce petit rayon de miel. Quant à la licorne, c'est l'image de la mort, qui poursuit constamment l'homme et cherche à l'atteindre. Le gouffre, c'est le monde rempli de tous les maux. L'arbuste, c'est la vie de chacun, laquelle est rongée sans cesse par les heures du jour et de la nuit, comme par le rat blanc et par le rat noir, et qui est bien près d'être tranchée. L'appui d'où sortent les quatre aspics, c'est notre corps, dont l'économie est détruite par les désordres des quatre éléments qui le composent. L'horrible dragon, c'est la gueule de l'Enfer qui veut nous dévorer tous. La douceur du miel qui découle du rameau, c'est le faux agrément du monde qui séduit les hommes et les empêche complétement de voir le danger qu'ils courent. »

Il est inutile de faire remarquer le curieux rapport qui unit cet apologue de saint Barlaam avec la description donnée par le Guide, avec les peintures d'Ivirôn et de Sophadès, et même avec les sculptures de Beauvais et de Bâle. Désormais, c'est un sujet parfaitement éclairci et dont nous recommandons les intéressants motifs à nos sculpteurs et à nos peintres modernes.

A la suite de ces représentations allégoriques du bien et du mal, de la vie et peut-être de la fortune, il faut dire un mot de deux sujets dont le Guide ne parle pas, qui sont peints au mont Athos et relatifs à la haine que les Grecs, comme schismatiques, portent au pape. Le pape, pour eux, est sur la même ligne que l'Antéchrist et Mahomet ; c'est l'ennemi de l'Église. La capitale du mont Athos s'appelle Karès ; suivant la plupart et les plus instruits des moines, elle prendrait son nom de Καρά, tête, parce qu'un pape, revenant de Constantinople, où on n'aurait pas voulu reconnaître son autorité, aborda au mont Athos et fit trancher les têtes de tous les moines de Karès qui refusèrent de lui prêter serment. Ce pape, on ne dit et on ne sait pas lequel, poursuivant sa marche désolatrice, fit brûler les monastères abandonnés, pilla les autres, et ne fut reçu qu'à Sainte-Laure, qui délaissa, dans cette circonstance, la cause de la sainte montagne. Aujourd'hui encore, les autres couvents regardent Sainte-Laure d'un très-mauvais œil ; il est vrai qu'il faut compter comme cause de cette inimitié autant la prospérité de Sainte-Laure que sa prétendue défection. Ce sont des pauvres qui envient le sort d'un riche.

Dans des peintures, assez récentes et postérieures à la rédaction du Guide, on a représenté cette dévastation des monastères par le pape. Au couvent de Zôgraphou, dans le narthex, on voit le pape ordonnant aux gens de sa suite de brûler les couvents. L'incendie dévore les moines et leurs églises en face du pape qui est crossé et mitré comme un évêque. Le pape est couvert d'une longue chape à ramages dont la queue traînante est portée par un enfant de chœur.

Le second sujet où le pape est en cause, est représenté avec de grands développements dans le couvent de Chilandari. Dans un grand vaisseau qui flotte sur la mer, et qui représente le vaisseau de l'Église orthodoxe (pour nous c'est l'église schismatique grecque), est figurée la foule des chrétiens personnifiée dans toutes les conditions de la société, et faisant le voyage du monde au milieu des orages. En tête, les apôtres, les patriarches grecs et les ecclésiastiques ; ils sont suivis des séculiers, qui ont leurs femmes derrière eux. Les âges et les états divers ont là chacun une place. Au gouvernail, guidant son Église à travers les tempêtes et les écueils, se tient le Christ lui-même. Cependant, hors du vaisseau, sur le rivage, au-dessus d'un promontoire, est debout Mahomet, qui envoie d'abord des flèches aux passagers et se met ensuite en demeure de les décapiter avec un long cimeterre, lorsque se fera l'abordage. Arius, qui niait la divinité du Verbe, cherche à faire sombrer le Christ, en lançant sur le pont des livres pleins d'hérésies et gros comme des quartiers de roches. Mais le vaisseau de l'Église est déjà loin ; il se rit des flèches de Mahomet comme des livres d'Arius. Le pape alors vient en aide aux assaillants. Plus aveugle que ses deux alliés, le pape croit pouvoir atteindre à la main, pour ainsi dire, le vaisseau qui est déjà hors de la portée des flèches. Il jette sa croix pontificale comme un grappin d'abordage, et veut attirer à lui le vaisseau ; mais le vaisseau, qui fuit toujours sous le souffle d'un vent providentiel, aborde au port de la foi. Mahomet, au contraire, Arius et le pape se désespèrent à la vue du vaisseau qui leur échappe. Alors on voit le promontoire qui les porte s'ouvrir comme une gueule, car c'est la gueule de l'enfer, et les trois impies, Mahomet d'abord, Arius après lui, le pape en dernier lieu comme le plus criminel, tombent engloutis dans les entrailles de la terre pour y être torturés éternellement. Cependant le vaisseau aborde sur le rivage opposé. Là se tiennent les prêtres grecs ; ils attirent à eux, avec des crochets, la barque sacrée, tandis que saint Paul s'apprête, au commandement du Christ, à jeter l'ancre.

# TROISIÈME PARTIE.

## DISTRIBUTION DES SUJETS [1].

Comment on peint les différentes hauteurs des murs d'une église.

Lorsque vous voudrez peindre les murs d'une église, faites d'abord, au sommet de la coupole, un cercle de différentes couleurs et semblable à l'arc-en-ciel que l'on aperçoit sur les nuages par un temps pluvieux. Au milieu, représentez le Christ bénissant, et portant sur son sein l'Évangile. Peignez cette épigraphe : « Jésus-Christ, le Tout-Puissant. »

IHC XC
Ο ΠΑΝΤΟΚΡΑΤΩΡ [2].

Autour du cercle, faites une foule de Chérubins et de Trônes, et écrivez cette épigraphe : « Voyez ! voyez que moi je suis seul ! qu'il n'y a pas d'autre Dieu que moi [3] ! Moi, j'ai

---

[1] On voit dans cette partie que toutes les scènes et figures qu'on vient de décrire ne se placent pas indifféremment, ici ou là, dans une église. Un ordre qu'on a nié, mais qui est incontestable, préside à la distribution des peintures. Ce qui se fait en Grèce s'est fait chez nous à toutes les époques, surtout pendant le vrai moyen âge.

[2] Le Pantocrator, cette admirable figure qu'on voit presque toujours au fond des coupoles, comme dans le ciel de l'église.

[3] Deutéronome, xxxii, 39 : « Videte quod ego sim solus, et non sit alius « Deus præter me. »

créé la terre, et j'en ai tiré l'homme ! Moi, de ma main, j'ai posé les fondations du ciel ! » (Isaïe, XLV, 12 [1].) Au-dessus du Tout-Puissant, faites tout autour les ordres des anges ; et, au milieu d'eux, du côté de l'orient, la sainte Vierge [2], les mains étendues de chaque côté. Au-dessus de Marie, écrivez cette épigraphe : « La mère de Dieu et la reine des anges. »

ΜΗΤΗΡ ΘΕΟΥ Η ΚΥΡΙΑ ΤΩΝ ΑΓΓΕΛΩΝ.

Vis-à-vis d'elle, du côté de l'ouest [3], faites le Précurseur ; au-dessous d'eux, les prophètes. Au-dessous des prophètes, écrivez en cercle, autour de la coupole, ce verset : « Seigneur, affermissez votre Église, formée de la réunion de ceux qui espèrent en vous, et que vous avez fondée avec votre sang vénérable. » Plus bas, dans les pendentifs des voûtes [4], représentez les quatre évangélistes. Entre les évangélistes, et au sommet des archivoltes de ces voûtes, faites, à l'orient, le saint voile ; vis-à-vis, le saint vase ; du côté droit, Jésus-Christ, tenant l'Évangile et disant : « Je suis la vigne, et vous, vous êtes les branches ; » du côté gauche, Emmanuel, tenant un cartel avec ces mots : « L'Esprit du Seigneur est sur moi ; c'est pour cela qu'il m'a oint. » De ces quatre sujets faites sortir des branches de vigne, partant du bas, où sont les évangélistes, et montant jusqu'aux angles des pendentifs, pour entrelacer les apôtres dans des rinceaux. Au dedans de la voûte de la coupole, au sommet de chacune des arcades en

---

[1] « Ego feci terram, et hominem super eam creavi ego. Manus meæ teten-« derunt cœlos.... »
[2] La Panagia, la toute sainte.
[3] La Vierge se voit à l'est, au soleil levant.
[4] De la coupole.

voûte, faites trois prophètes, avec des cartels sur lesquels sont les prophéties relatives aux fêtes représentées au-dessous de ces prophètes ; chacun d'eux indique du doigt la fête qu'il a prophétisée. Cherchez plus haut [1].

[1] Le plus remarquable exemple d'une disposition de sujets analogue à celle que prescrit le Guide, est fourni par la coupole de la grande église du couvent de Saint-Luc, avec les différences suivantes, et que l'on fera bien de remarquer. Du reste, toutes les peintures sont en mosaïque à fond d'or.

La coupole est partagée en trois zones ; elle est portée par quatre pendentifs, qui font comme la quatrième section. En allant de haut en bas, comme le Guide, on voit, dans la première zone, tout au sommet de la coupole, le Pantocrator. Le Christ, fort endommagé par les Turcs, qui lui ont tiré des coups de fusil, regarde l'entrée, l'occident ; il bénit de la main droite, et tient, de la gauche, l'Évangile fermé.

La seconde zone est occupée par six personnes. Celle de l'orient, c'est la Vierge, la Panagia, comme le veut le Guide ; elle regarde le Précurseur, qui est à l'occident. Entre eux sont quatre archanges : deux au nord, saint Michel et saint Gabriel ; deux au sud, saint Raphaël et saint Uriel. (Notre Église gothique ne reconnaît pas ce dernier archange.)

La troisième zone est remplie par seize prophètes en pied et debout, et non par douze seulement, comme le veut notre manuscrit. En regardant le sanctuaire, en prenant la section de gauche et en allant d'occident en orient, on voit : Ozée, Malachie, Moïse, Sophonias, Jérémie, Daniel, Isaïe, David. David est à l'orient, sous la Vierge, comme Salomon, son fils, est à l'occident et sous le Précurseur. A la section de droite, toujours d'occident en orient, on trouve : Salomon, Michée, Johel, Zacharie, Aggée, Jonas, Habacuc, Ézechiel.

Dans les pendentifs, nous ne trouvons pas les évangélistes, mais les quatre principales scènes de l'Évangile. Au nord-est, l'Annonciation ; au sud-est, la Nativité ; au sud-ouest, la Circoncision ; au nord-ouest, le Baptême. Aux pendentifs de la coupole qui surmonte la croisée de la grande église de Daphné, on voit : au nord-est, l'Annonciation ; au sud-est, la Nativité ; au sud-ouest le Baptême, et au nord-ouest la Transfiguration. Cette mosaïque est à fond d'or, comme celle de saint Luc, et sans doute du XIIe siècle. Dans la plupart des autres coupoles, surtout celles qui sont peintes à fresque, au mont Athos, on remarque : saint Jean au nord-est, saint Matthieu au sud-est, saint Marc au sud-ouest, et saint Luc au nord-ouest. Saint Jean, on le voit, contrairement à l'usage de l'Église latine, est en tête des évangélistes ; ce devrait être saint

Commencement du premier rang[1].

Au dedans du sanctuaire, au milieu de la voûte située vers l'orient, sous les prophètes, qui sont en haut, faites la sainte Vierge, assise sur un trône et portant le Christ comme un petit enfant. Au-dessus d'elle, écrivez cette épigraphe : « La Mère de Dieu, la reine des cieux. »

ΜΗΤΗΡ ΘΕΟΥ ΥΨΗΛΟΤΕΡΑ ΤΩΝ ΟΥΡΑΝΩΝ.

De chaque côté, faites les deux archanges Michel et Ga-

---

Matthieu. Quant aux apôtres, ils sont rangés dans une coupole à part, entre la coupole centrale et le sanctuaire. Il n'y a, dans l'église de Saint-Luc, ni le voile de sainte Véronique, ni le calice de la consécration, ni Jésus en Vigne, ni Jésus en Emmanuel. Ces quatre sujets appartiennent à l'âge plus récent de la peinture à fresque, et on les voit dans les églises séculières de Mistra et d'Athènes, comme dans les églises conventuelles des Météores et du mont Athos. Elles sont placées entre les pendentifs, au sommet, à la clef des quatre arcades sur lesquelles porte la grande coupole centrale. Jésus, comparé à la vigne, et racine d'un cep qui porte dans ses branches, à gauche, les prophètes, à droite, les apôtres, se voit dans le porche de l'église du couvent de Césariani, sur le mont Hymette. Le Guide, comme on le voit ici et comme on va le remarquer dans toute cette partie, renvoie sans cesse aux pages diverses où il a donné la description des sujets dont il prescrit la place ici ; nous renvoyons de même à ces différentes pages pour les notes complémentaires que nous avons ajoutées.

[1] Le Guide distribue les peintures dans l'ordre où l'artiste doit les exécuter, de haut en bas, en ravalement. Il a commencé par la coupole, il continue par le sanctuaire, et descend de la première hauteur, du sommet de l'abside jusqu'à la cinquième zone, au rez-de-chaussée. Une église suffisamment élevée se partage, pour les peintures, en cinq étages, depuis le rez-de-chaussée jusqu'à la voûte. La coupole, qui domine toute l'église, forme un sixième étage. A chacune de ces hauteurs est attachée une série spéciale de peintures, et chaque zone se partage, en outre, en trois ou quatre sections, qui ont également leurs peintures à elles.

briel, s'inclinant avec respect. Ensuite, du côté gauche[1], commencez à représenter les douze fêtes principales, la sainte passion, et les miracles qui ont suivi la résurrection; représentez-les au-dessous des prophètes, en faisant tout le tour de l'église, et revenant vers le côté droit[2] de la partie élevée. C'est ainsi que se fait la première rangée de peinture[3].

### Commencement du second rang.

Au-dessous de cette rangée supérieure, représentez la divine liturgie. (Voyez pages 229-234.) Ensuite, et commençant par la gauche, représentez les œuvres divines et les miracles du Christ, en suivant tout le tour de l'église, jusqu'au côté droit de la liturgie. C'est ainsi que se termine la seconde rangée de peinture[4].

Dans les deux petites coupoles hémisphériques du sanctuaire, représentez, du côté des offrandes, le Christ en habits épiscopaux, assis sur un nuage et donnant sa bénédiction. Il porte l'Évangile ouvert et dit : « Je suis le bon pas-

[1] Le nord, qui est la gauche de l'église quand on regarde le sanctuaire.
[2] Le sud.
[3] On fait tout le tour de l'église en prenant la Vierge pour point de départ et pour point de retour. On commence par la gauche, et on revient à la droite après avoir parcouru l'église où l'on stationne pour peindre les principaux événements de l'Évangile. Cependant, à l'orient, au fond du sanctuaire, au milieu de l'abside, la Vierge, honorée par les archanges et les prophètes, tient l'enfant Jésus, qu'elle offre à l'adoration des hommes. Dans nos cathédrales, sur nos vitraux, Marie, tenant l'enfant Jésus, brille au milieu de la verrière centrale, au fond du sanctuaire. C'est donc, en Orient comme en Occident, une disposition absolument pareille et très-remarquable.
[4] Les grands liturgistes Basile, Grégoire de Nazianze, Chrysostome, Jean Damascène, sont placés sous la Vierge, qui tient Jésus, dans le haut de l'abside.

teur. » Au-dessus de lui, cette épigraphe : « Jésus-Christ, le grand patriarche. »

IHC XC O ΜΕΓΑC ΑΡΧΙΕΡΕΥC.

Représentez en cercle, autour de lui, les Chérubins et les Trônes, et, au-dessous, une rangée d'évêques que vous choisirez à votre gré. Plus bas, vous représenterez : le sacrifice d'Abel et de Caïn (voyez page 83); le sacrifice de Manué (voyez page 103). Sur la voûte des offrandes, la descente de croix.

Dans la coupole du côté opposé, représentez la sainte Vierge, avec l'enfant Jésus au milieu d'une auréole circulaire, et les bras étendus d'un côté et d'un autre. Écrivez cette épigraphe : « La Mère de Dieu, la plus grande des cieux. »

ΜΗΤΗΡ ΘΕΟΥ Η ΠΛΑΤΥΤΕΡΑ ΤΩΝ ΟΥΡΑΝΩΝ.

Au-dessous, une rangée circulaire d'évêques, ceux que vous voudrez. Au-dessous d'eux, Moïse, regardant le buisson ardent (voyez page 94); les trois enfants dans la fournaise (voyez page 118); Daniel dans la fosse aux lions (voyez page 120); Abraham, donnant l'hospitalité (voyez page 88) [1].

---

[1] A droite et à gauche de l'abside centrale du sanctuaire proprement dit, il y a une abside latérale, plus petite, une chapelle. Celle de droite, ou du sud, s'appelle *δουλάπια* ou *διακονικόν*, office, sacristie où l'on renferme les objets grossiers du culte, les ustensiles ordinaires, le charbon, les encensoirs, les cierges. Dans les églises bien tenues, comme à Chilandari de l'Athos, il y a toujours du feu allumé dans cette abside. C'est un magasin, en quelque sorte, où, comme l'indique le nom de *διακονικόν*, se tiennent les officiers inférieurs de l'église. Au nord, l'abside se nomme ordinairement *προσκομιδή*, oblation. C'est une sacristie encore; mais une sacristie relevée, un véritable trésor, où l'on renferme les vases sacrés, où s'habillent et d'où sortent les prêtres pour aller dans le sanctuaire. C'est dans la coupole de l'abside nord

Au dehors du sanctuaire, dans la partie supérieure des quatre niches ou petites absides, au-dessus des diaconies [1], représentez, dans la première, l'ange de la grande volonté. Sur un nuage, et supporté par quatre anges, il tient un cartel et dit : « Moi, je viens de Dieu, et j'y retourne ; car je ne suis pas venu de moi-même, mais c'est lui qui m'a envoyé. » Écrivez cette épigraphe : « Jésus-Christ, l'ange de la grande volonté. » Dans la seconde, représentez, sur la voûte, Emmanuel sur un nuage, et disant sur un cartel : « L'Esprit de Dieu est sur moi ; c'est pourquoi il m'a oint. » Aux quatre extrémités de la nuée, représentez les tétramorphes des évangélistes. Dans la troisième, représentez, sur la voûte, l'archange Michel, tenant dans la main droite une épée, et dans la gauche un cartel avec ces mots : « Ceux qui se présentent avec des cœurs impurs dans la sainte et divine maison de Dieu, je les frapperai de mon inexorable épée. » Dans la quatrième, représentez, sur la voûte, le Précurseur ; qu'il soit sur un nuage, donnant sa bénédiction de la main droite, et tenant dans la gauche une croix et un cartel avec ces mots : « Faites pénitence, le royaume des cieux approche. »

qu'est peinte la Vierge en orante, et dans celle du sud qu'est représenté le bon pasteur. Dans celle du nord, les sujets se rapportent à la Vierge : le buisson ardent, les trois enfants dans la fournaise, Daniel dans la fosse aux lions, etc. sont des symboles de la virginité de Marie, qui resta vierge au milieu de la maternité. Dans l'abside du sud, on devait figurer des sujets relatifs au sacrifice, et rappeler que c'est là que se préparent les officiants.

[1] De l'abside du sud, celle où se mettent les diacres, les officiants inférieurs. Dans l'église du couvent de Daphné, sur la route sacrée d'Athènes à Éleusis, des inscriptions, placées à l'entrée des deux petites absides latérales, disent que celle du nord est destinée aux vases sacrés et celle du sud aux officiants. Le calice, le pain et le vin de la consécration se mettent au nord ; le sud, avons-nous dit, est réservé aux ustensiles et aux vêtements des officiants.

Sur la partie inférieure, représentez, dans la première niche, Moïse, tenant les tables de la loi, et Aaron, tenant un vase d'or et une verge fleurie. Tous deux sont revêtus d'habillements archiépiscopaux, et ils portent la mitre. Puis figurez Noë, tenant l'arche dans ses mains, et Daniel, tenant un cartel. Dans la seconde niche, faites le prophète Samuel, tenant une corne d'huile et un encensoir; Melchisedech, tenant sur un disque [1] trois pains; le prophète Zacharie, père du Précurseur, avec un encensoir. Ils portent aussi des vêtements sacerdotaux. Ajoutez le juste Job, ayant une couronne sur la tête, et tenant un cartel avec ces mots : « Que le nom du Seigneur soit béni, maintenant et dans tous les siècles. » Dans la troisième et la quatrième niche, représentez les douze apôtres, tels qu'on les décrit plus haut.

Du côté de l'orient, au-dessus des deux colonnes, représentez l'Annonciation de l'ange à la Mère de Dieu. Derrière la Vierge, le prophète-roi David, tenant un cartel avec ces mots : « Écoutez, fille, et que votre oreille soit attentive! » Derrière l'ange, Isaïe indique du doigt la sainte Vierge; il dit sur un cartel : « Voici! la Vierge concevra et enfantera un fils, et ils l'appelleront..... »

Sur les quatre chapiteaux des colonnes, écrivez ces inscriptions :

Sur le premier : « Cette maison, c'est le Père qui l'a bâtie. »

Sur le second : « Cette maison, c'est le Fils qui l'a fondée. »

Sur le troisième : « Cette maison, c'est le Saint-Esprit qui l'a renouvelée. »

Sur le quatrième : « Trinité sainte, gloire à vous [2] ! »

---

[1] Un plat.

[2] Ces quatre colonnes sont celles qui portent la coupole centrale. Les ins-

Commencement du troisième rang.

Au-dedans du sanctuaire, au-dessous de la divine liturgie, représentez la distribution du corps et du sang du Seigneur aux apôtres (voyez page 231). A droite de cette communion [1], en allant vers l'église, représentez les sujets suivants :

La Présentation de la sainte Vierge (voyez plus haut).

Moïse et Aaron célébrant le sacrifice dans le tabernacle (voyez page 99).

Au côté gauche de la communion, également en revenant vers l'église, représentez :

L'échelle de Jacob (voyez page 89);

L'arche portée à Jérusalem (voyez plus haut).

Hors du sanctuaire, autour du temple, du côté droit et du côté gauche, représentez un choix de paraboles (voyez

---

criptions que l'on peint sur chacune d'elles, pour honorer les trois personnes divines et qualifier la part que chacune a prise dans l'établissement de l'Église, de la religion, rappellent cette inscription, qui avait cours au moyen âge et qu'on voyait sur des vitraux : «Pater plantavit, Filius rigavit, sed Spiritus «Sanctus fructum dedit.» Dans l'église Saint-André, à Reims, on trouve à peu près ce sujet peint en figures et en inscription sur un vitrail du xvie siècle. Le Père plante un arbre, les apôtres l'arrosent, et le Christ lui fait porter des fruits.

[1] C'est à la gauche du spectateur qui regarde le sanctuaire, ou, pour être plus aisément compris, au nord de l'église. En Grèce, comme en France, les églises sont constamment orientées. Le sanctuaire et les absides latérales sont à l'orient; l'entrée principale, le grand portail, qui est précédé d'un ou de deux porches, à l'occident; les flancs, et, quand il y en a, les croisillons, sont au nord et au sud; la coupole est au centre de ces quatre parties ou régions qu'elle domine et couronne. Il faut constamment avoir cette disposition présente à l'esprit pour se rendre compte de la distribution des peintures, telle qu'elle est ordonnée dans cette partie du Guide.

pages 206 et suiv.); et aussi l'exaltation de la croix et le triomphe des images. Du côté du couchant, au-dessus de la porte de l'église, représentez la mort de la Mère de Dieu[1] et ses autres fêtes. Ainsi finit la troisième rangée de peintures.

Commencement du quatrième rang.

Au-dessous du troisième ordre, tout autour de l'église et du sanctuaire, représentez des saints dans des cercles ou médaillons. Placez à l'intérieur du sanctuaire les évêques, les martyrs en dehors, et, du côté du couchant, les religieux et les poëtes[2] que vous voudrez.

Commencement du cinquième rang.

Au-dessous du quatrième ordre, représentez, tout autour de la sainte table, les saints évêques : à droite, le grand saint Basile ; à gauche, saint Chrysostome, et les autres évêques les plus célèbres, avec des cartels et des inscriptions. Auprès de l'abside des offrandes, représentez saint Pierre d'Alexandrie, tenant un cartel avec ces mots : « O Sauveur, qui a déchiré ainsi vos vêtements ? » Devant lui, représentez le Christ, petit enfant, debout sur la sainte table, et revêtu d'une tunique déchirée ; il bénit le saint de la main droite, et, de la gauche, il tient un cartel avec ces mots : « Pierre,

---

[1] Marie meurt où le soleil se couche ; elle est vivante et tient Jésus à l'orient, où le soleil se lève. C'est à peu près de même chez nous, et nous ne connaissons pas de plus sublime harmonie.

[2] On fait toujours, dans ce pays de la poésie antique, une place spéciale aux poëtes chrétiens.

c'est Arius, l'insensé, le détestable[1] ! » Au-dessous des voûtes, faites les saints diacres ( voyez plus haut). En dehors, vers les chœurs des chantres, représentez les principaux martyrs : à droite, saint Georges ; à gauche, saint Démétrius, et les autres par ordre (voyez plus haut). Représentez ensuite les saints anargyres (voyez plus haut); puis saint Constantin et sainte Hélène, soutenant ensemble la vénérable croix du Seigneur. Au couchant, faites, à droite, saint Antoine, et, à gauche, saint Euthyme, et les autres saints religieux et poëtes, avec des cartels et des inscriptions (voyez les différentes pages où on les décrit). A l'intérieur de la porte du temple, à droite, l'archange Michel; il tient une épée et un cartel avec ces mots : « Je suis soldat de Dieu et armé d'une épée. Ceux qui entrent ici avec crainte, je les défends, je les garde, je les protége et je les observe; mais ceux qui entrent avec un cœur impur, je les frappe impitoyablement

---

[1] C'est un sujet tout à fait grec que celui-là; aussi le voit-on assez souvent dans les absides d'oblation. Au monastère de Thessalie appelé le Météore parce qu'il est le principal des couvents de ce nom, la grande église offre cette conversation entre saint Pierre d'Alexandrie et Jésus-Christ. Jésus est représenté nu, jeune, imberbe, âgé de dix ans, couvert à peine d'un pauvre manteau. Pierre, plein de compassion, dit au Sauveur : Τίς οὕτω χιτῶνα, Σῶτερ, δεῖλεν; Jésus lui répond : Οὗτός ὁ παγκάκιστος Ἄριος, Πέτρε. Mais le sujet est plus complet que dans le Guide : à côté de cette scène, on voit Arius, habillé en archevêque, avalé par un requin, avec l'inscription ὁ ἄφρων Ἄριος. Les moines modernes, comme de vrais enfants, se sont fâchés contre cet Arius en peinture que leurs prédécesseurs avaient fait exécuter, et lui ont déchiré toute la figure. Ce zèle est vraiment puéril. Quand j'étais enfant, apprenant à lire dans un évangéliaire illustré, je mis un jour en pièces un Satan de papier qui tentait le Sauveur, et un Judas enluminé qui venait de trahir son maître. Ces vieux moines de soixante ans ne sont pas plus raisonnables qu'un enfant de huit. Ils ont ainsi détruit une peinture assez remarquable.

avec cette épée. » A gauche, Gabriel tient un cartel et y trace ces mots avec un roseau : « J'écris avec ce roseau la disposition intérieure de ceux qui entrent ici ; je prends soin des bons, mais je fais périr promptement les méchants. » Au-dessus de la porte, représentez le Christ, sous la figure d'un petit enfant de trois ans, endormi et couché sur un tapis, et la tête appuyée sur sa main. La sainte Vierge se tient respectueusement devant lui. Tout autour, un cercle d'anges qui portent des éventails ; ils agitent l'air pour rafraîchir Jésus[1]. Au-dessous de lui, faites un titre, et mettez cette inscription :

« La présente et très-sainte église du divin et sacré monastère de...... a été peinte avec le concours et aux frais de....... en l'année.......[2].

[1] Nous avons déjà signalé ce sujet, peint dans l'endroit voulu par le Guide et qu'on voit dans le couvent de Philothéou, au mont Athos. Marie et deux anges sont agenouillés devant le jeune Enfant-Dieu, aux pieds duquel dort un lion. On lit une inscription tirée de la Genèse (XLIX, 9) et relative à ce sommeil. Nous l'avons donnée plus haut, dans une note, page 145. Au couvent de Saint-Grégoire, il y a de même un Sommeil de Jésus placé au-dessus de la porte de l'église principale, à l'intérieur.

[2] Dans le monastère de Caracallou, voisin de celui de Philothéou, où est le Jésus endormi, on trouve l'inscription que demande le Guide, mais, en outre, le peintre a mis son nom comme il suit :

« Cette église a été rebâtie et peinte par l'argent et les soins de Néophyte, prohigoumène, né à Milos ; elle a été historiée par le peintre Damascène Hiérarque en 1717, le 5 juin. »

J'ai relevé avec soin toutes ces inscriptions et le nom de tous les peintres aghiorites ; j'ai un catalogue de quarante-sept de ces peintres. Moins humbles que les nôtres, et c'est tant mieux pour les antiquaires et les historiens de l'art, ils ont peint ordinairement leur nom, quelquefois leur pays, et presque toujours le nom des élèves qui les aidaient dans les travaux considérables dont ils étaient chargés.

Je me propose de faire un travail spécial sur cette école de peinture aghio-

### Comment on peint les narthex[1].

Dans le cas où le narthex que vous voulez orner de peinture est couvert de deux coupoles, représentez dans l'une la réunion des esprits, de la manière suivante. Décrivez un cercle, et faites au milieu le Christ, avec les ordres des anges, et, un peu plus bas, sur trois zones, les ordres des saints (voyez aux pages précédentes). Dans l'autre coupole, faites en haut les prophètes. Décrivez un cercle pour le ciel. Au milieu, faites la sainte Vierge avec l'enfant Jésus; des anges la soutiennent, et des prophètes sont un peu plus bas, tout autour (voyez plus haut).

Au-dessous, dans les pendentifs, les poëtes, assis et écrivant. A droite, au lieu où est la réunion de tous les esprits, saint Jean Damascène écrivant ces mots : « Celui qui est engendré par son père avant tous les siècles, le Dieu Verbe fait chair dans le sein de la Vierge Marie..... » Saint Côme écrivant : « Image égale de celui qui est; sceau inébranlable, immuable; fils et Verbe de Dieu; le bras, la droite, la force du Très-Haut, nous te glorifions avec ton Père et avec l'Esprit saint. » Saint Anatole écrivant : « Réjouissez-vous, cieux ! fondements de la terre, sonnez ! montagnes, retentissez de joie ! car voici Emmanuel..... » Saint Cyprien

---

rite; comme les écoles d'Italie et d'Allemagne, elle mérite d'être connue et étudiée avec le plus grand soin. Sous l'indication ou la description des œuvres de ces peintres du mont Athos, je donnerai leur nom, que j'ai copié et collationné moi-même.

[1] Les porches. Il y en a toujours un, assez souvent deux et quelquefois trois qui précèdent l'église proprement dite. Le premier, quand il y en a trois ou deux, est à jour et sans portes; c'est une simple galerie.

écrivant : « Vous êtes admirable, ô notre Dieu ! vos œuvres sont merveilleuses, et vos voies, impénétrables; car vous êtes la sagesse de Dieu, l'hypostase parfaite, la puissance coïnfinie et coéternelle. »

Du côté gauche, où sont représentés en haut les prophètes, peignez les personnages suivants. Saint Métrophane écrivant : « Les paroles des prophètes ont annoncé, ô Vierge immaculée ! ton enfantement ineffable et inexplicable, que nous avons appris comme un mystère d'une divinité à la fois triple et unique. » Saint Joseph écrivant : « Celui qui a déployé le ciel, par sa seule volonté, vous a formée comme un autre ciel terrestre, ô immaculée Mère de Dieu ! et l'a manifesté en naissant de vous. » Saint Théophane écrivant : « Avertis par les paroles des orateurs divins, ô vous qui êtes sans la moindre tache ! nous connaissons votre divin enfantement; car vous avez engendré un Dieu fait chair, etc. » Saint André écrivant : « O enfantement inexplicable d'une immaculée conception, etc. [1] ! »

Plus bas, sur les voûtes des petites absides, représentez un certain nombre de martyrs de l'année, autant que la place vous le permettra (voyez aux martyrs). Tout autour, sur les murs et symétriquement, représentez les vingt-quatre stations de la Mère de Dieu (voyez les stations). Plus bas, vers l'orient, au-dessus de la porte [2], représentez le Christ sur un trône, avec l'Évangile ouvert et ces mots : « Je suis

---

[1] Toutes ces inscriptions, pleines de poésie, sont aussi belles que les peintures elle-mêmes. C'est d'une élévation, d'un idéal, qu'on ne rencontre pas toujours dans nos églises, même du moyen âge.

[2] Porte conduisant du narthex dans l'église. On voit ici l'appropriation évidente de l'inscription avec la situation du Christ.

la porte : si quelqu'un entre par moi, il sera sauvé, etc. »
Sur les deux côtés, représentez la sainte Vierge et le Précurseur, s'inclinant avec respect. A l'occident, faites les saints conciles œcuméniques (voyez ces conciles). Vers le chœur de droite, faites l'arbre de Jessé (voyez plus haut); la faute et le bannissement d'Adam (voyez page 81); et autres sujets de l'Ancien Testament. Vers le chœur de gauche, représentez les paraboles et l'échelle céleste. Plus bas, représentez des religieux et des poëtes, ceux que vous voudrez [1].

[1] Ainsi, à côté des prescriptions qu'il faut absolument suivre pour les personnages importants, on laisse une certaine liberté pour les autres. Il est tout simple que, dans ce cas, on ait surtout choisi et préféré les patrons, les bienfaiteurs. C'est dans le narthex surtout, le lieu le moins saint de l'église, qu'on laisse plus de liberté aux artistes.

Au couvent de Caracallou, dans la mont Athos, le narthex intérieur de l'église offre une disposition de peinture dont je dois dire un mot. Sur les voûtes et à l'intrados des archivoltes, on a représenté le supplice des différents martyrs. Ces martyrs sont glorifiés dans le catholicon, comme dans un lieu de paix, une sorte de paradis. Au-dessus de la porte du narthex est peinte la philoxénie ou hospitalité donnée par Abraham aux trois anges, puis la Trinité. Il faut, en effet, croire en Dieu et à la Trinité pour être reçu dans le temple. La philoxénie est donc l'hospitalité exercée comme par Dieu envers ceux qui croient en lui. Dans l'église de Césariani, au mont Hymette, les paraboles du Nouveau Testament, et Jésus, fils des prophètes et père des apôtres, sont peints dans le narthex; c'est comme l'entrée à la croyance chrétienne, comme le germe de la religion, comme l'initiation à la vie spirituelle.

Le plus important de tous les narthex du mont Athos et de la Grèce entière c'est celui qui précède l'église centrale où se réunissent, à certans jours de l'année, les représentants de tous les monastères. Ce narthex est à Karès, devant l'église qu'on peut appeler, par sa destination, sinon par son importance matérielle et par ses dimensions, une cathédrale, une métropole. Les Grecs s'appliquent, avec une attention délicate, à mettre en harmonie les objets avec leur destination particulière; ils approprient chaque chose à l'usage spécial qu'on doit en faire. Chez eux, les chapelles qui sanctifient les forteresses sont volontiers consacrées à saint Georges, le soldat illustre, l'honneur

Comment on peint la fontaine.

En haut, dans la coupole, faites le ciel avec le soleil, la lune et les étoiles. Hors du cercle où est le ciel, faites

de la Cilicie (*Ciliciæ decus*), comme il est qualifié sur les stalles de la cathédrale d'Ulm, ou bien à saint Michel, le chef des guerriers célestes. Le Christ sur le Thabor, Élie sur le Carmel, sont honorés dans les églises qui dominent les montagnes, et qu'on appelle la Transfiguration (Métamorphose) et Saint-Elie. Les églises rurales sont protégées par saint Tryphon, le jardinier, le saint Fiacre de l'Orient*. Les chapelles funéraires des couvents, où tant de vertueux moines sont ensevelis, se dédient à tous les saints, ou bien, et c'est plus tranchant encore, à la mort de la Vierge. On appelle ces petits édifices Ἅγιοι-Πάντες et Παναγίας-Κοιμήσις. On a l'espoir, quand on entre dans une Κοιμήσις-Παναγίας, de ressusciter un jour comme Marie, et d'être porté, comme elle, en paradis, sur les bras du Sauveur. Il en est des personnages et des sujets représentés dans les monuments religieux de la Grèce comme des noms imposés à ces monuments mêmes. On a vu l'attention des Grecs à représenter la Cène dans le βῆμα, où se font la consécration et la communion ; le paradis orne la coupole, qui est le ciel de l'église. Des sujets, où l'eau joue toujours un rôle, sont peints dans la fontaine qui précède l'église. Des sujets d'abstinence, ou des histoires fatales à l'intempérance, tapissent les réfectoires. Des scènes ou des allégories d'hospitalité se montrent à l'entrée des couvents, à la porte où viennent se présenter les voyageurs.

On comprend, dès lors, que la grande église de Karès, qui est la métropole des vingt couvents du mont Athos, de tous les skites, cellules et ermitages qui y sont disséminés, devait être peinte de sujets capables de rappeler sa destination. C'est dans le porche de cette métropole (on l'appelle le Πρώτατον) que viennent siéger les représentants des monastères, pour élire chaque année les quatre épistates ou gouverneurs de toute la province ; c'est là que ces épis-

* L'église du jardin de Chilandari (grand couvent de l'Athos), est dédiée à saint Tryphon. Saint Tryphon, serpe en main, protége les jardins ; il détruit les insectes malfaisants, conjure les chaleurs excessives et les gelées, qui perdent les arbres frileux. Le lendemain de sa fête, qui tombe le 1ᵉʳ février, ceux qui ont des vignes vont aux champs rogner les ceps. Lorsque les légumes languissent, on porte les reliques du saint dans le jardin, et la végétation renaît. Le monastère de Chilandari, qui est le plus dévôt à saint Tryphon, possède le plus beau jardin et certainement le mieux fourni de tout le mont Athos.

une gloire avec la multitude des anges. Au-dessous des anges et circulairement, représentez, dans une première rangée, ce qui est arrivé au Précurseur dans le Jourdain (voyez page 163). Du côté de l'orient, faites le baptême du Christ; au-dessus de la tête du Christ, un rayon descendant du ciel, et, à l'extrémité du rayon, le Saint-Esprit. Sur le milieu du rayon et de haut en bas, on lit ces mots : « Celui-ci est mon fils bien-aimé, dans lequel j'ai mis mes

tates, par l'organe de leur secrétaire et en présence de tous les députés, rendent leurs comptes annuels. On a donc peint, à côté et sur la tête de ces députés et épistates vivants, les plus illustres et les plus vertueux d'entre les morts, qui ont été, dans leur temps, higoumènes des couvents ou épistates de la province. Les gouverneurs sont donc élus, et ils rendent leurs comptes en présence d'une double assemblée, devant les morts et les vivants, le passé et le présent, devant toutes les générations qui ont jusqu'alors régné dans le mont Athos. Il y a là un enseignement qui profite aux épistates vivants, et qui les empêcherait de mal gouverner si l'envie pouvait leur en venir. Ces grands personnages, peints dans le narthex du Prôtaton, sont d'abord le Christ, la Vierge, qui est à sa droite; saint Jean-Baptiste, qui est à sa gauche; des archanges et des anges, qui sont autour de lui. Puis saint Pierre et saint Paul, saint Pierre l'Athonite, saint Athanase l'Athonite, saint Euthymos l'Ivirite, saint Paul le Xéropotamite, saint Gabriel l'Ivirite, saint Théophane le Dochiarite, saint Maxime le Capsacalivite, saint Gennadios le Vatopédien, saint Grégoire le Grégorien, saint Denys du mont Olympe, saint Sannas et saint Siméon qui ont fondé Chilandari, saint Nectaire qui fut ascète de Karès dans la cellule de Iangari, saint Cosmas le Zôgraphite, saint Denys du petit Athos, saint Niphon de Salonique, saint Grégoire de Palama. C'est-à-dire que chaque monastère, Ivirôn, Xéropotamou, Dochiariou, Capsacalivi (c'est une skite qui appartient à Sainte-Laure), Vatopédi, Saint-Grégoire, Chilandari, Zôgraphou, les couvents de l'Olympe, de Salonique et de Palama, les cellules du petit Athos et de Karès, sont représentés dans ce porche où se règlent annuellement, après Pâques, les intérêts de tous les couvents de la province entière et de ses dépendances extérieures.

Le Guide n'ayant rien dit de ce narthex important, qui est aux autres ce qu'une cathédrale est à une église de paroisse, nous avons dû compléter le manuscrit.

complaisances. » Au-dessous, faites, dans une seconde rangée, tous les miracles de l'Ancien Testament qui étaient la figure du divin baptême :

Moïse sauvé des eaux (voyez page 93);

Les Égyptiens engloutis dans la mer (voyez page 97);

Moïse adoucissant les eaux amères (voyez page 98);

Les douze plaies, des eaux, etc. etc. (voyez page 98);

L'eau de la contradiction (voyez page 100);

L'arche d'alliance traversant le Jourdain (voy. page 102);

La toison de Gédéon (voyez page 103);

Le sacrifice d'Élie (voyez page 110);

Élie traversant le Jourdain (voyez page 112);

Élisée purifiant les eaux (voyez page 113);

Naaman lavé dans le Jourdain (voyez page 114);

La fontaine de vie (voyez page 289).

Sur les chapiteaux, représentez les prophètes et ce qu'ils ont prophétisé touchant le baptême [1].

---

[1] La fontaine, nommée φιάλη ou πηγή, est un petit monument qui précède l'entrée de l'église, et qui en est distinct. Au centre s'élève un bassin de marbre, qui s'emplit d'une eau naturelle qu'on fait couler le jour des fêtes et pour des cérémonies particulières. Cette eau se bénit solennellement en certains jours de l'année, surtout à Pâques, avant la messe. Autrefois, on s'en servait au moment d'entrer dans l'église, non-seulement en y trempant le bout de la main, comme chez nous, mais les deux bras, et en s'y lavant la figure et quelquefois les pieds. C'était une véritable ablution, une formalité liturgique que les musulmans, qui n'ont rien inventé, ont empruntée au christianisme et ont conservée. En prenant Sainte-Sophie et les autres églises aux Byzantins, les Turcs ont conservé la fontaine, et c'est là qu'ils font leurs ablutions. L'eau de cette fontaine servait, non-seulement pour l'ablution pure et simple, mais encore pour le baptême; voilà l'origine du baptistère antique. C'est pour cela que les peintures qui décorent la fontaine font allusion au baptême. La cuve où l'eau se recueille est abritée par un petit bâtiment à jour, par un toit, une coupole, que portent des colonnes. Ces colonnes sont rangées sur

Comment on peint le réfectoire.

Lorsque vous voudrez orner de peintures un réfectoire, faites d'abord dans la voûte, au-dessus de la table de l'higoumène (l'abbé), le souper mystique (la Cène). Au dehors

un plan circulaire, et vont soutenir six, huit, dix, et même douze arcades. Cette disposition fait de chaque fontaine un petit temple rond, tout orné de peintures, et qui a pour autel un bassin de marbre rempli d'eau vive et sanctifiée. Ces colonnes et ces arcades sont quelquefois à double rangée, et l'on a ainsi un temple à nef centrale et à bas-côté tournant. Si le baptistère de Pise était moins considérable et percé d'arcades à jour, on aurait une fontaine grecque. Les plus belles fontaines sont au mont Athos, dans les couvents de Sainte-Laure et de Vatopédi; celle de Vatopédi a deux rangées de colonnes. Comme en Italie, cette fontaine de Vatopédi est dédiée à saint Jean-Baptiste, le premier qui ait baptisé. Toutes les actions de saint Jean, surtout les divers baptêmes qu'il a donnés, sont peints dans ce monument.

A Chilandari du mont Athos, outre la φιάλη, où l'on bénit l'eau tous les mois, il y a un petit bénitier nommé ἁγίασμα, et où l'on met de l'eau bénite qu'on ne renouvelle que tous les ans. C'est une espèce de réservoir particulier. Voici une description sommaire de la fontaine du couvent de Sainte-Laure.

La πηγή ou φιάλη de Sainte-Laure est circulaire, voûtée en coupole et découpée de huit arcades à jour que portent huit colones de marbre blanc. Deux arcades sont entièrement ouvertes et servent d'entrée, l'une à l'occident, du côté du réfectoire, l'autre à l'orient, du côté de la grande église. Les six autres arcades sont défendues par une petite dalle de marbre blanc, posée debout et un peu au-dessous de hauteur d'appui. Ces dalles sont sculptées de rosaces et de croix à double traverse (la véritable croix grecque), du soleil, de la lune, de vases, de cyprès. Le diamètre du monument a cinq mètres quarante centimètres; chaque entre-colonnement a deux mètres, et la circonférence dix-sept. Au centre de la rotonde s'élève, à trois mètres cinquante centimètres, une cuve en marbre d'un seul morceau. Du milieu de la cuve s'élance un jet d'eau dont le conduit est en cuivre, doré autrefois, mais peint aujourd'hui en rouge et en bleu. Un aigle aux ailes éployées plane au sommet et porte sur la tête un croissant comme on en voit sur la tête de certaines divinités égyptiennes. Deux lions, qui ont un air tout à fait chinois, grimpent contre le

de cette voûte, sur les côtés, l'annonciation de la Mère de Dieu, et, tout autour, les actions suivantes de Jésus-Christ :

Le Christ mangeant avec des publicains (voy. page 172);

support de deux cierges qu'on allume pendant la bénédiction de l'eau. De petits animaux, distribués en trois étages, versent l'eau du jet dans la cuve. A l'étage inférieur, des serpents dévorent des moutons et des bœufs qui vomissent l'eau. A l'étage du milieu, des serpents se redressent contre les bêtes de l'étage supérieur pour leur lancer des filets d'eau. A l'étage d'en haut, ce sont des lions ailés et des griffons très-calmes qui remplissent d'eau la cuve entière. C'est, en petit et en grossier, à peu près le bassin de Latone qu'on voit à Versailles : les jets d'eau se croisent de cette façon. L'aigle, triomphant et les ailes déployées, tient la place de Latone humiliée. Sur le bord de la cuve, on a sculpté une croix à branches égales, dans un médaillon, comme les croix qu'on voit au zodiaque de la cathédrale d'Athènes. Cette cuve était peut-être un bassin antique qu'on a voulu sanctifier en y gravant cette croix.

La coupole et les pendentifs de la fontaine sont peints à fresque. A la coupole, il y a deux zones de peintures, comprenant chacune douze sujets. En allant d'occident en orient, et de gauche à droite, voici les sujets que nous trouvons.

D'abord, la Vierge tient l'enfant Jésus. Elle domine une fontaine, un bassin d'où s'échappent des sources diverses et où viennent puiser des chrétiens, hommes et femmes, de tout âge et de toute condition. La Vierge est nommée ή Ζωοδόχος Πηγή, la source qui donne la vie. Cette source est comme une fontaine de Jouvence, rajeunissant au moral comme au physique ceux qui viennent y puiser. On voit deux jeunes gens qui se sont déjà rafraîchis à cette source, et qui accourent encore y prendre de l'eau avec des vases de forme antique comme la pose de ceux qui puisent. — Puis Moïse est sauvé des eaux par la fille de Pharaon.—Le prophète Élisée, chauve et nimbé, purifie les eaux de la fontaine de Jéricho. — Un enfant, qui figure la source du Nil, répand de l'eau d'une corne d'abondance ; il forme un fleuve, où surnagent deux berceaux, dont l'un est celui de Moïse, que recueille une suivante de la fille de Pharaon. — Élie, vieux, blanc de barbe et de cheveux, donne son manteau à Élisée ; il tient les rênes de quatre chevaux ailés et de feu qui l'emportent au ciel dans un char antique, comme un triomphateur romain. — Un lépreux se lave dans les eaux du Jourdain.—Le prophète Gédéon est debout, regardant le ciel, d'où sort la main de Dieu. De cette main divine s'échappe la pluie qui mouille la toison sans mouiller la terre. — Gédéon exprime dans un vase l'eau dont la

Les apôtres broyant des épis dans leurs mains (voyez page 174);

Le Christ bénissant les cinq pains (voyez page 176);

toison est remplie. — Passage de la mer Rouge. Un ange enfonce de ses propres mains les Égyptiens dans la mer : il les noie lui-même. — Les Hébreux sont en marche sur la rive de la mer et s'avancent vers la terre promise. — Aaron porte à la main sa branche fleurie et symbolique. — Moïse fait camper les Hébreux devant les douze fontaines et les soixante et dix palmiers. — Moïse frappe le rocher d'où sort l'eau miraculeuse. — Il adoucit les eaux amères. — L'arche d'alliance traverse le Jourdain. — Jésus demande à saint Jean le baptême. — Jésus est baptisé par saint Jean. — Saint Jean donne le baptême à un Hébreu; d'autres juifs sont derrière, attendant le baptême également. Une femme plonge par le talon, comme la mère d'Achille, son enfant tout nu dans le Jourdain; un autre enfant se sauve à la nage et atteint le bord opposé. — Saint Jean prêche et baptise les différentes classes de la société sur différents tableaux : les pharisiens, les soldats, les gens du peuple, les hommes, les femmes, les enfants. — Saint Jean montre à la foule Jésus, qui est debout sur une aire à battre le blé : cette aire est circulaire et jaune de couleur. Jésus tient à la main droite une pelle, comme pour ramasser le grain, qui est à sa droite, et il extrait de la paille des épis qui sont à sa gauche.

Tous ces sujets sont encadrés dans le bas par une mer continue, où se rendent les fleuves sacrés : le Nil, le Jourdain, l'eau du rocher de Moïse, les sources diverses, l'eau de la fontaine où est la Vierge, les flots de la mer Rouge. Dans cette mer générale, résultat de toutes ces eaux saintes, nagent une foule de poissons brillants qui sont rouges ou roses.

Les huit pendentifs qui portent la coupole et reposent sur les arcades, sont peints chacun de trois prophètes : l'un, de grande stature, s'élève au milieu entre un plus petit à droite et un plus petit à gauche. Ces prophètes sont en buste, cernés par un rinceau; chacun d'eux tient une banderole où est peinte une inscription relative au baptême et à la vertu de l'eau. En allant d'occident en orient, et de gauche à droite, on voit :

Moïse entre Daniel, qui est à droite, et Aaron à gauche; Hélie entre Habacuc à droite et Élisée à gauche; Jérémie entre Ozée à droite et Sophonias à gauche; David entre Nahum à droite et Salomon à gauche; Isaïe entre Aggée à droite et Amos à gauche; Jonas entre Job à droite et Johel à gauche; Zacharie entre Michée à droite et Jacob à gauche; Ézéchiel entre Zacharie le jeune à droite et Gédéon à gauche. — David et Salomon sont couronnés;

L'hospitalité de Marthe (voyez page 181);

Le Christ à Emmaüs et fractionnant le pain (voy. p. 202);

Le Christ mangeant du poisson grillé et du miel (voyez page 202);

Le Christ sur la mer de Tibériade (voyez page 203).

Représentez aussi des paraboles, que vous choisirez comme vous l'entendrez. Peignez aussi les miracles du patron du monastère, la chute de Lucifer[1] (cherchez plus haut).

Commencement du second ordre.

Au-dessous du souper mystique, faites les évêques les plus éminents, avec des ornements pontificaux et des légendes appropriées. — A droite, saint Basile dit sur un cartel : « Il

Job est couvert d'un bonnet en forme de coupole; Zacharie, Daniel, Moïse et Aaron sont coiffés d'un bonnet pointu. Tous les autres sont nu-tête et nimbés comme des saints. Amos et Gédéon seuls sont chauves. Salomon, Daniel, Zacharie le jeune, Habacuc, sont jeunes et imberbes; les autres barbus et vieux, à l'exception de Jonas, qui peut avoir trente-cinq ans, et Ozée trente.

La fontaine du couvent de Xéropotamou porte les mêmes peintures que celles de Sainte-Laure; les autres piscines en ont plus ou moins, mais elles sont analogues, et toutes destinées à prouver la vertu régénératrice de l'eau et du baptême. On a vu comment le Guide prescrit de peindre la fontaine sacrée de la Grèce. Les artistes sont fidèles à ces prescriptions. Au couvent d'Esphigménou, lors de notre voyage, la fontaine venait d'être construite, et le père Joasaph se disposait à la peindre; les sujets qu'il préparait étaient exactement ceux du manuscrit.

[1] On permet de choisir les paraboles, mais toujours parmi celles qui peuvent convenir à un réfectoire; car les sujets doivent toujours être appropriés à la destination du bâtiment qu'on peint. Ainsi, comme dans le réfectoire de Vatopédi, on voit le roi de l'Évangile faisant jeter dans les enfers l'homme qui arrive au festin sans y être convié. Dans la chute de Lucifer, on s'attache à montrer les vices qui découlent directement de la gourmandise, comme la luxure et la paresse, et surtout la gourmandise elle-même. Nous

faut conserver avec grand soin la beauté de l'âme ; Dieu la recherchera dans votre sobriété. » Saint Grégoire le Théologien disant : « Que le pasteur d'un troupeau sagement dirigé soit simple, humble, clément et doux ; car, par ce moyen, vous croîtrez dans le Seigneur. » Saint Nicolas, disant : « Il n'y a qu'un seul Dieu, père du Verbe vivant et principe de la sagesse. » — A gauche, saint Chrysostome, disant : « Que chacun, pour se sauver, promette sincèrement de quitter les péchés qui l'ont déjà souillé. » Saint Athanase, disant : « Nous vénérons un seul Dieu dans une trinité, et trois personnes dans une unité. » Saint Cyrille, disant : « Ceux qui rejettent les armes du jeûne tombent dans le scandale de la gourmandise, et périssent dans les désordres de la débauche. » — Hors de la voûte, faites, du côté droit, saint Antoine, se tournant vers la table et disant sur un cartel : « O moine ! que les appétits du ventre ne vous séduisent pas ; l'obéissance et l'abstinence domptent les démons. » — Du côté gauche, saint Éphrem, se tournant vers la table et disant : « Une table silencieuse, glorifiant Dieu et régulièrement conduite, reçoit les applaudissements des anges ; mais une table à conversation frivole et servie délicatement est avilie par les démons. » — Autour de la table, faites d'autres religieux, ceux que vous voudrez, et avec des inscriptions. — Au bas du réfectoire, représentez la vie du solitaire[1] (voyez plus haut), et la vie insensée des hommes[2] (voyez plus haut).

ne saurions trop insister sur ce génie particulier des Grecs, qui paraissent se préoccuper, plus que les autres peuples, de la convenance, de l'harmonie des diverses choses entre elles.

[1] On voit ce sujet au réfectoire de Sainte-Laure du mont Athos.

[2] Ce sujet est peint dans le réfectoire du grand couvent d'Ivirôn, au mont Athos.

— Si le réfectoire est grand et en forme de croix, ajoutez l'Apocalypse de saint Jean le Théologien, et encore ce que vous voudrez. — Hors du réfectoire, au-dessus de la porte, représentez le patron du monastère [1].

[1] Ces réfectoires sont, après les églises, ce qu'il y a de plus riche dans les monastères, surtout dans les monastères du mont Athos. Ordinairement, comme dans les grands couvents de Sainte-Laure, de Vatopédi, d'Ivirôn, de Chilandari, le réfectoire fait face au portail occidental de l'église, et n'en est séparé que par la petite cour pavée en marbre, au milieu de laquelle s'élève la fontaine. On entre dans l'église par l'occident, on entre dans le réfectoire par l'orient. Du reste, le réfectoire, comme l'église, est un rectangle terminé par une abside et coupé dans le milieu par une nef transversale, par des transsepts. La nef, les transsepts, le chœur et l'abside du réfectoire sont occupés par des tables de marbre circulaires ou carrées, et à chacune desquelles trois ou quatre religieux prennent place. Dans l'abside, lieu d'honneur, est assise la table de l'higoumène et de ses vicaires. Cette abside est à l'occident, et de là on voit la fontaine, on voit l'entrée et même le fond de l'église, en sorte que la présence continuelle de la divinité et de son temple vient sanctifier les repas. Le réfectoire est le reflet terrestre d'un idéal céleste, qui est l'Église. On mange et on boit, dans l'église, le pain et le vin célestes, le corps et le sang de Dieu; on mange et on boit, dans le réfectoire, le pain terrestre, le vin de l'homme, mais bénis par l'higoumène au nom de la Divinité. Le réfectoire est peint à fond d'or, comme l'église même, mais de sujets qui conviennent plus particulièrement à cet édifice. Pour tempérer l'appétit et refréner la gourmandise, on expose au-dessus de l'entrée, qui est à l'orient et en pleine lumière, le jugement dernier et l'enfer, où les gourmands sont punis d'une façon plus terrible que les autres damnés. Ainsi le mauvais riche, qui fit chasser le pauvre par ses laquais, tandis qu'il se délectait à table avec des courtisanes, est assailli par des nuées de démons qui le retournent dans un lac de feu avec des fourches de fer rougi. Dans le réfectoire de Vatopédi, on voit, à l'embouchure d'une porte latérale, la Mort appelée Charon, ὁ Χαρός, tenant une faux à la main gauche, et à la main droite une faucille pour abattre tous ceux qui se laissent aller à la gourmandise. Le porche, ou plutôt le portique des réfectoires, comme celui de Sainte-Laure de l'Athos, abrite les planches en bois et les jantes en fer qui servent de cloches. Le moine sonneur frappe à coups de marteau sur ces timbres de fer et de bois pour appeler la communauté aux offices.

### Comment il faut orner une église qui a quatre voûtes en croix.

Lorsque vous voudrez peindre une église où il y a quatre bras de croix, faites au milieu le Pantocrator ; autour de lui, les ordres des anges ; dans les pendentifs, les quatre évangélistes. Au-dessous, sur les voûtes, faites les patriarches et les prophètes que vous voudrez. Mais, si l'église est grande et qu'elle ait cinq coupoles[1], faites, dans la grande coupole du milieu, le Pantocrator, comme il est décrit plus haut. Pour le reste, faites, dans l'une, l'Ange de la grande volonté ; dans l'autre, Emmanuel ; dans la troisième, la sainte Vierge avec l'enfant ; dans la quatrième, le Précurseur. Au-dessous, sur les voûtes, les évangélistes, les prophètes et les patriarches. Représentez symétriquement, sur les murs, les fêtes principales, la sainte passion, les miracles du patron du monastère, et les autres sujets que nous avons expliqués plus haut.

### Comment on peint une église voûtée en berceau.

Il peut arriver que vous ayez à orner de peintures une église dont la voûte soit en forme de berceau. Dans le haut, au milieu de la voûte, faites le Pantocrator environné d'un cercle. Vers l'orient, toujours en haut du temple, la sainte Vierge ; vers l'occident, le Précurseur. Depuis la sainte Vierge jusqu'au Christ, et depuis le Christ jusqu'au Précurseur, faites

[1] Une coupole au centre de la croisée et les quatre autres au-dessus des quatre branches, comme à Saint-Marc de Venise et à Saint-Front de Périgueux.

le ciel, et, au dedans, une multitude d'anges. De chaque côté du ciel, faites les prophètes et les patriarches, vers le nord et le midi. Au-dessous d'eux, faites le premier rang des fêtes principales, la sainte passion et les miracles qui ont suivi la résurrection. Dans la voûte du sanctuaire, représentez la Reine des cieux. Au-dessous de ce premier rang de peintures, faites le deuxième, comme c'est indiqué plus haut. Hors du sanctuaire, les évangélistes et les miracles du patron du monastère. Pour le reste, faites comme il est dit plus haut [1].

[1] Il y a, en Grèce, deux types d'églises. Selon le premier type, le monument est en croix à branches égales et voûté en coupole, cinq coupoles pour le tout, comme à Saint-Marc de Venise. Selon le second, l'église est longue, en forme de basilique, sans coupole et sans croix, comme Saint-Démétrius de Salonique, comme la plupart des basiliques de Constantin, à Rome. On conçoit que la disposition des peintures soit différente pour le premier et pour le deuxième type. Le Guide devait, en conséquence, donner des prescriptions spéciales et diverses.

Fait par des moines et pour des peintres moines aussi, le Guide ne s'en tient pas seulement aux églises et aux fontaines sacrées; mais il dit encore comment on doit peindre les réfectoires où les caloyers se nourrissent en commun. Il faut donc s'étonner que ce livre ne parle pas d'une partie importante dans les couvents, et qui est peinte habituellement: c'est la grande porte d'entrée. Cette porte, pratiquée souvent comme celle d'une forteresse, s'ouvre sous une voûte plus ou moins profonde, passé laquelle on débouche dans le monastère, sur la grande cour occupée par le catholicon, l'église principale. Cette cour est bornée par les galeries, espèce de cloître à plusieurs étages.

Au-dessus de cette porte d'entrée est peinte la Vierge dite portière (Παναγία Πορταΐτισσα ou Θυρώρα), défendue par les deux archanges Gabriel et Michel, ou par les deux saints soldats Georges et Démétrius. Sous la voûte, à droite et à gauche, sont figurées des scènes d'hospitalité qui rassurent tout d'abord et ne tardent pas à enchanter le voyageur. Au couvent de Dochiariou, dans l'Athos, est peinte sous cette porte la parabole de ce bon Samaritain, qui recueille le voyageur allant de Jérusalem à Jéricho, qui verse de l'huile et du vin sur ses blessures, qui bande ses plaies, le met sur son cheval et le mène à une hôtellerie. Or, cette hôtellerie, c'est le couvent même, le couvent, qui répudie le mauvais lévite ou le moine inhospitalier, et glorifie le Samaritain, le schismatique charitable. Comme pendant est peinte la parabole de la porte étroite et de la porte large. Des anges, pleins d'affabilité, guident les hommes de bien à travers un chemin rude et dangereux, vers l'entrée resserrée du monastère, qui est comme un port sûr, mais d'accès difficile. Au couvent de Chilandari, les mêmes sujets sont peints, mais complétés par d'autres. Après la grande porte de Chilandari, s'ouvre comme une sorte de porche qui est surmonté d'une coupole. C'est contre les murs de ce porche et dans le bassin de la coupole qu'est peinte l'hospitalité. Le Samaritain, ou plutôt Jésus-Christ lui-même, Jésus en personne (touchante allégorie!), bande les plaies du voyageur et le conduit dans une hôtellerie. La porte large et la porte étroite se présentent à côté de cette parabole. Puis on voit l'histoire du mauvais riche et du pauvre Lazare: l'un à table et repu; l'autre en haillons, mourant de faim. Le mauvais riche meurt et tombe en enfer; Lazare meurt et se réjouit dans le sein d'Abraham.

Après avoir contemplé ces charmantes invitations à demander l'hospitalité aux moines, on fait un pas en avant, et l'on voit les patrons du monastère, tous les saints qu'on y révère d'un culte spécial, peints aux pendentifs des arcades; ils vous tendent la main, et ils sont là comme venant à vous et vous recevant à bras ouverts. J'avoue que ces images firent sur moi la plus vive impression, et j'étais sous le charme de cette hospitalité en peinture, lorsque les deux higoumènes (abbés du monastère) me tirèrent de ma rêverie en s'écriant: καλ' ἡμέρα, καλ' ἡμέρα (bonjour! bonjour!), et nous invitèrent à descendre de nos mulets. Nos conducteurs et des moines déchargèrent nos bagages, menèrent les mulets à l'écurie, montèrent nos effets dans des chambres. Quant à nous, un des deux higoumènes nous conduisit dans la salle des hôtes, échauffée par un bon feu (on était à la fin de novembre), et nous fit servir des confitures et du café en attendant le repas. Le couvent de Chilandari est celui où l'on a exercé envers nous la plus généreuse hospitalité. On a même été, avant notre demande, jusqu'à nous faire pénétrer dans le riche sanctuaire de la grande église, nous laïques et, pour ces Grecs, de vrais schismatiques. Cette généreuse hospitalité peinte sur la porte se changea donc en réalité complète. On doit s'étonner que le Guide ne dise rien de ces peintures, qui ouvrent l'entrée des monastères de la Grèce.

# APPENDICE.

*Comment nous avons appris à peindre les saintes images.*

Nous avons appris, non-seulement des saints pères, mais même des apôtres et, j'ose le dire, du Christ lui-même, ainsi que nous l'avons montré au commencement de ce livre, comment il fallait faire les saintes images. Nous représentons en peinture le Christ sous une forme humaine, parce qu'il a paru sur la terre conversant avec les hommes et qu'il s'est fait homme mortel, semblable à nous, excepté pour le péché [1]. De même nous représentons le Père éternel comme un vieillard, parce que c'est ainsi que l'a vu Daniel (ch. VII). Nous représentons le Saint-Esprit comme une colombe, parce que c'est ainsi qu'il a été vu dans le Jourdain. Nous représentons aussi les traits de la sainte Vierge et de tous les saints, et nous les révérons avec respect, mais nous ne les adorons pas. Ainsi nous ne disons pas que telle ou telle représentation en peinture est le Christ ou la sainte Vierge, ou un saint véritable; mais, lorsque nous rendons un hommage de vénération à une image, nous rapportons cet hommage au prototype que nous représente cette image. Lorsque, par exemple, l'image que nous saluons et que nous embrassons représente le Christ, ce respect que nous avons pour cette figure, nous le rapportons au Christ lui-même, fils de Dieu, fait homme pour nous. Nous n'adorons pas les couleurs et

---

[1] Baruch, 4.

l'art, mais le type du Christ, la personne réelle du Christ, qui est dans les cieux; car, dit saint Basile, l'honneur rendu à une image s'adresse au modèle. Pareillement, lorsque nous regardons avec respect l'image de la sainte Vierge, ou de quelque autre saint, c'est le prototype que nous honorons. Si nous les représentons, c'est afin de nous rappeler leurs vertus, leurs travaux, et d'élever vers eux nos âmes. Nous agissons donc avec sagesse en représentant et honorant les saintes images. Anathème aux calomniateurs et aux blasphémateurs [1] !

### Sur le caractère du visage et du corps de notre Seigneur, ainsi que nous l'ont appris ceux qui l'ont vu de leurs yeux.

Le corps, humain et en même temps divin, de notre Seigneur a trois coudées de hauteur. La tête est un peu penchée. Le principal caractère du visage est la douceur. De beaux sourcils se réunissant; de beaux yeux, et un beau nez. Un teint couleur de blé. Une chevelure frisée et un peu dorée; une barbe noire. Les doigts de ses mains si pures sont très-longs et bien proportionnés. Son caractère est simple, comme celui de sa Mère, dont il a reçu la vie et la forme humaine [2].

---

[1] On n'a pas besoin de faire observer que cet anathème et ces belles réflexions sur le culte des images sont on ne peut mieux placés dans la bouche des Grecs, qui ont eu cruellement à souffrir des iconoclastes.

[2] Comme, dans l'Iconographie chrétienne, à l'Histoire du Fils de Dieu, il est assez longuement question des différents traits qui caractérisaient la figure et le corps du Christ, nous nous contenterons d'en dire un mot seulement ici. Voici d'abord le portrait qu'en a tracé Lentulus, proconsul en Judée avant Hérode, et contemporain de Jésus-Christ, qu'il avait vu. La lettre que Len-

### Sur le caractère de la Mère de Dieu.

La très-sainte Vierge était dans un âge moyen. Plusieurs assurent qu'elle avait aussi trois coudées ; le teint couleur

tulus écrivit au sénat romain est apocryphe, mais elle date des premiers siècles de notre ère ; d'ailleurs, le signalement qu'elle donne de Jésus est à peu près celui que les plus anciens Pères ont mentionné. On trouve le texte de cette lettre dans Fabricius, à la page 301 du *Codex apocryphus Novi Testamenti*, publié à Hambourg, en 1703 :

« Dans ce temps parut un homme, qui vit encore et qui est doué d'une grande puissance : son nom est Jésus-Christ. Ses disciples l'appellent Fils de Dieu ; les autres le regardent comme un prophète puissant. Il rappelle les morts à la vie ; il guérit les malades de toute espèce d'infirmités et de langueurs. Cet homme est d'une taille haute et bien proportionnée ; sa physionomie est sévère et pleine de vertu, de façon qu'à le voir on puisse l'aimer et le craindre aussi. Ses cheveux ont la couleur du vin, et, jusqu'à la naissance des oreilles, sont droits et sans éclat ; mais, des oreilles aux épaules, ils brillent et se bouclent. A partir des épaules, ils descendent dans le dos, distribués en deux parties, à la façon des Nazaréens. Front pur et uni, figure sans tache et tempérée d'une certaine rougeur, physionomie noble et gracieuse. Le nez et la bouche sont irréprochables ; la barbe est abondante, de la couleur des cheveux, et fourchue. Ses yeux sont bleus et très-brillants. Pour reprendre et blâmer, il est redoutable ; pour instruire et pour exhorter, il a la parole aimable et caressante. Sa figure est d'une gravité et d'une grâce merveilleuses. Personne ne l'a vu rire une seule fois, mais on l'a vu plutôt pleurer. Élancé de corps, il a les mains droites et longues, les bras charmants. Grave et recherché dans ses discours, il est sobre de paroles. De figure, c'est le plus beau des enfants des hommes. »

Au XIVe siècle, Nicéphore Callixte recueille cette tradition, comme saint Jean Damascène l'avait fait au VIIIe ; il dit dans son Histoire ecclésiastique :

« Porro effigies formæ Domini nostri Jesu-Christi, sicuti a veteribus accepi-
« mus, talis propemodum, quatenus eam crassius verbis comprehendere licet,
« fuit. Egregio is vividoque vultu fuit. Corporis statura ad palmos prorsus sep-
« tem. Cæsariem habuit subflavam, ac non admodum densam, leviter quodam-
« modo ad crispos declinantem ; supercilia nigra, non perinde inflexa. Ex oculis
« fulvis et subflavescentibus mirifica prominebat gratia. Acres ii erant, et nasus

de blé; les cheveux bruns ainsi que les yeux. De beaux yeux et de grands sourcils; un nez moyen et de longs doigts. De beaux vêtements. Humble, belle, sans défaut; aimant les vêtements avec leurs couleurs naturelles, ce que témoigne son homophore conservé dans le temple qui lui est dédié [1].

« longior. Barbæ capillus flavus, nec admodum demissus. Capitis porro capillos « tulit prolixiores. Novacula enim in caput ejus non ascendit, neque manus « aliqua hominis, præterquam matris, in tenera duntaxat ætate ejus. Collum « fuit sensim declive, ita ut non arduo et extento nimium corporis statu esset. « Porro tritici referens colorem, non rotundam aut acutam habuit faciem, sed « qualis matris ejus erat, paulum deorsum versum vergentem, ac modice ru- « bicundam. Gravitatem atque prudentiam cum lenitate conjunctam, placabi- « litatemque iracundiæ expertem, præ se ferentem. Persimilis denique per « omnia fuit divinæ et immaculatæ suæ genitrici. Ac hæc quidem hactenus. » (Nicephori Callisti *Ecclesiastica historia*, t. I, lib. I, cap. XL, édit. de Paris, in-fol. 1630.)

L'art byzantin, mieux que le nôtre, est presque toujours d'accord avec ces textes. Quand il en diffère, ce qui arrive rarement, ce n'est que sur des points insignifiants, par exemple sur la couleur des cheveux, de la barbe et des yeux, qui n'était pas bien arrêtée. Le Guide, comme le Damascène (*Opera S. Joh. Damasc.* t. I, p. 630-31), fait la barbe noire, tandis qu'elle est rousse dans Nicéphore Callixte et dans quelques mosaïques byzantines du x° siècle. Dans la grande église du couvent de Saint-Luc, en Livadie, bâtie de 920 à 974, voici ce que j'ai remarqué. Sur les pendentifs de la grande coupole, on a figuré en mosaïque les principales scènes de la vie de Jésus-Christ. Au pendentif du nord-ouest est représenté le baptême. Jésus est nu et plongé dans l'eau du Jourdain jusqu'aux épaules. Ses yeux sont très-noirs; ses cheveux, assez longs, sont d'un blond ardent, comme sa barbe, qui est fine et courte.

A la voûte du croisillon nord, dans la même église, Jésus a de grands yeux bruns, la barbe et les cheveux d'or, la figure allongée. A la voûte du croisillon sud, le Christ a de grands yeux noirs; la barbe fine, courte et fauve, comme les cheveux, qui sont longs; les joues creuses, la peau sèche et comme parcheminée. Sa robe est d'un jaune d'or, et son manteau est bleu.

Quant à l'attitude du Christ, qui était un peu penchée, ce détail est emprunté au Damascène, qui dit : « Veteres historici descripsere.... subcurvum, « eleganti colore, nigra barba, tritici coloris vultu pro materna similitudine. »

[1] Le portrait de Marie est également tracé dans Nicéphore Callixte, plus au

### Comment on représente la main qui bénit.

Lorsque vous représentez la main qui bénit, ne joignez pas trois doigts ensemble; mais croisez le pouce avec le quatrième doigt, de manière que le second, nommé index, restant droit, et le troisième étant un peu fléchi, ils forment à eux deux le nom de Jésus (IHCOYC), IC. En effet, le second doigt, restant ouvert, indique un I (iôta), et le troisième

long que dans le Guide. « Marie avait, dit l'historien ecclésiastique, les sourcils arqués et noirs, le nez long, les lèvres rouges. Ses cheveux étaient jaunes, ses yeux ardents, fauves et colorés à la pupille, comme l'olive. Sa figure, ni ronde, ni aiguë, mais légèrement allongée, avait la couleur du froment. Sans gaieté, comme sans trouble, elle parlait peu, mais librement à tous les hommes. Point de faste dans ses vêtements, point de fard dans sa toilette, point de mollesse en elle. »

Il est vrai que tout cela est tempéré par l'affabilité de sa parole et par l'humilité de sa contenance; mais ce n'en est pas moins un portrait énergique, un peu sauvage, et qui convient à ce beau type de figures de femmes qu'on rencontre partout en Orient. Du reste, voici le texte de Nicéphore :

« Mores autem, formæque et staturæ ejus (Virginis) modus, talis, ut inquit
« Epiphanius, fuit. Erat in rebus omnibus honesta et gravis, pauca admodum
« eaque necessaria loquens; ad audiendum facilis, et perquam affabilis, hono-
« rem suum et venerationem omnibus exhibens. Statura mediocri; quamvis sint
« qui eam aliquantulum mediocrem longitudinem excessisse dicant. Decenti di-
« cendi libertate adversus homines omnes usa est, sine risu, sine perturbatione,
« et sine iracundia maxime. Colore fuit triticum referente, capillo flavo, oculis
« acribus, subflavas, et tanquam oleæ colore, pupillas in eis habens. Supercilia
« ei erant inflexa, et decenter nigra. Nasus longior, labia florida, et verborum
« suavitate plena. Facies non rotunda et acuta, sed aliquanto longior; manus
« simul et digiti longiores. Erat denique fastus omnis expers, simplex, minime-
« que vultum fingens; nihil mollitiei secum trahens, sed humilitatem præcel-
« lentem colens. Vestimentis, quæ ipsa gestavit, coloris nativi contenta fuit :
« id quod etiamnum sanctum capitis ejus velamen ostendit. Et, ut paucis di-
« cam ; in rebus ejus omnibus multa divinitus inerat gratia. » (Nicephori Callisti *Ecclesiastica historia*, t. I, lib. II, cap. xxiii, édit. in-fol. Paris, 1630.)

forme, par sa courbure, un C (sigma). Le pouce se place en travers du quatrième doigt; le cinquième est aussi un peu courbé, ce qui forme l'indication du mot (XPICTOC) XC; car la réunion du pouce et du quatrième doigt forme un X (chi), et le petit doigt forme, par sa courbure, un C (sigma). Ces deux lettres sont l'abrégé de *Christos.* Ainsi, par la divine providence du Créateur, les doigts de la main de l'homme, qu'ils soient plus ou moins longs, sont disposés de manière à pouvoir figurer le nom du Christ [1].

Inscriptions pour la sainte Trinité.

Le Père éternel; — l'Ancien des jours.
Le Fils coéternel; — le Verbe de Dieu.

[1] Dans l'Église occidentale, on est moins mystique. La bénédiction se fait en ouvrant les trois premiers doigts de la main droite, et en tenant fermés l'annulaire et le petit doigt. Il est vrai que certains liturgistes, Guillaume Durand, entre autres, disent (*Rationale divinorum offic.* lib. V, cap. II) que cette façon de bénir rappelle la Trinité. Le pouce, symbole du Père, qui est le créateur et le tout-puissant, s'ouvre en compagnie du grand doigt, qui caractérise Jésus-Christ, et de l'index, qui est au milieu. L'index désigne le Saint-Esprit, qui unit le Père au Fils, et qui n'est pas sans rapport avec l'intelligence à laquelle l'index sert d'instrument et d'organe. Dans l'église du couvent de Césariani, sur le mont Hymette, le Père éternel bénit en ouvrant seulement le grand doigt et l'index; mais ce doit être une erreur, et j'ai peut-être mal vu. Il est possible qu'on rencontre chez nous une bénédiction grecque; il faudrait constater avec le plus grand soin un fait pareil, qui démontrerait invinciblement une influence byzantine. Déjà M. Aug. Aymard, correspondant, au Puy, du comité historique des arts et monuments, a trouvé peinte sur mur une main divine bénissant à la manière grecque. Or cette peinture se voit dans la cathédrale du Puy, qui est voûtée en coupoles, comme une église byzantine. Cette découverte est tout à fait capitale, et montre que nos églises à coupoles sont réellement byzantines; mais ce sont les seules auxquelles il est permis de donner cette qualification.

Le Saint-Esprit; — celui qui procède du Père.

La sainte Trinité; — seul Dieu de toutes choses.

Dans la croix marquée sur les couronnes[1] des trois personnes, du Père, du Fils et du Saint-Esprit, écrivez ces lettres : O ωN (celui qui est); car c'est ainsi que Dieu a parlé à Moïse lorsqu'il lui apparut dans le buisson ardent : ἐγώ εἰμι ὁ ὤν (je suis celui qui est). Disposez ainsi ces lettres : que l'omicron (O) soit sur la partie droite du nimbe, l'ôméga (ω) sur la partie supérieure, le ny (N) sur la partie gauche[2].

---

[1] Couronnes est ici pour nimbes. Le moyen âge, nous l'avons déjà dit, donne le nom de couronne à cette petite auréole qui entoure la tête des personnes divines, des anges et des saints.

[2] La droite et la gauche sont prises ici, non pas relativement au spectateur, mais à la personne divine qui porte le nimbe. — Nous renverrons, pour tout ce qui concerne le nimbe, à l'Iconographie chrétienne, vol. I, p. 1-146. Cependant, nous ferons remarquer que, dans l'Église latine, les branches de la croix qui partage le nimbe des personnes divines ne portent pas de lettres; ce motif est purement grec. Dans les pays où le génie grec a exercé une influence manifeste, on retrouve le ὁ ὤν. A Aix-la-Chapelle, la grande couronne (χόρος chez les Grecs) en cuivre doré et émaillé que Frédéric Barberousse a fait placer dans la coupole de l'église, au-dessus du tombeau de Charlemagne, offre un Christ jugeant les hommes, portant un nimbe dont les croisillons sont décorés d'un ornement ovale. C'est une coutume entièrement grecque que de suspendre un grand luminaire circulaire, une couronne de cuivre, dans la coupole des églises; les monuments du mont Athos en présentent de beaux exemples. A la distance où est le nimbe crucifère du Christ et à l'apparence de lettres qu'offraient les cabochons figurés sur les croisillons, j'avais cru lire ὁ ὤν. Depuis, j'ai acquis la certitude que je m'étais trompé. Mais, si la couronne offerte par Barberousse à Charlemagne ne donne pas le nimbe réellement byzantin, on en trouve l'équivalent dans l'œuvre d'un homme illustre, contemporain de Charlemagne, qui gouverna une ville voisine d'Aix-la-Chapelle. Rhaban-Maur, abbé de Fulde et archevêque de Mayence, génie tout byzantin par ses études et ses subtilités, a fait un poëme bizarre intitulé : *De laudibus sanctæ crucis*. Dans ce poëme, Jésus est figuré portant un nimbe timbré d'une croix grecque et dans les branches de laquelle sont inscrites les

Inscriptions pour la sainte Trinité, lorsque vous représentez le Père et le Fils avec des cartels déployés.

Sur le cartel du Père : « Je t'ai engendré avant Lucifer. »

trois lettres, A, M, Ω, qui sont le commencement le milieu et la fin de l'alphabet grec. Cela signifie que Jésus renferme en lui le passé, le présent et l'avenir; qu'il est le commencement, le milieu et la fin de tout. Rhaban exprime d'une manière symbolique ce que les Byzantins disent littéralement par ὁ ὤν; c'est le même principe en deux variétés. Quoique, dans l'Église latine, on ne marque pas ordinairement de lettres le nimbe des personnes divines, cependant, il y a quelques exemples (nous en donnons un dans l'Iconographie chrétienne, vol. I, p. 44) où l'on voit dans le champ de ce nimbe A, Ω. Dieu est le commencement et la fin de tout,

Alpha vel O, primus, finis michi convenit ergo,

comme dit le Christ lui-même sur une archivolte de la vieille église de l'Ile-Barbe, près de Lyon. Dieu se proclame, dans l'Apocalypse, l'origine et la fin de tout ce qui est. Je ne connais, jusqu'à présent, qu'un seul exemple où des lettres latines soient écrites sur les croisillons d'un nimbe divin; il est gravé dans Gori (*Thesaurus veterum diptychorum*, vol. III, p. 79). Le dessin représente un Christ sculpté sur ivoire et provenant d'un couvent de cette Venise, qui est toute byzantine, comme on sait. Les lettres latines, comme le ὁ ὤν grec, sont au nombre de trois, une pour chaque croisillon; on lit sur le croisillon de droite R, sur celui d'en haut E, sur celui de gauche X : REX. Jésus est roi. — Le nimbe que porte le Pantocrator de la Métamorphose, ancienne cathédrale d'Athènes, est crucifère, mais sans lettres, et simplement orné de cabochons. L'absence du ὁ ὤν est probablement une preuve d'ancienneté. Les peintures de cette église sont peut-être les plus vieilles fresques que je connaisse. Le ὁ ὤν ne me paraît pas antérieur au XI° ou X° siècle. On ne le voit pas sur les nimbes crucifères que portent les personnes divines dans la grande église de Saint-Luc en Livadie : les mosaïques de Saint-Luc datent du X° siècle, car le monastère, commencé en 920, fut terminé en 974.

Guillaume Durand donne au nimbe le nom de couronne, comme le Guide, et s'exprime ainsi, dans son Rational des divins offices (liv. I, ch. III) : « Christi « CORONA per crucis figuram a sanctorum coronis distinguitur..... Jesus sem-

Ou bien : « Asseyez-vous à ma droite, jusqu'à ce que je réduise vos ennemis à vous servir de marchepied. » — Sur l'Évangile du Fils : « O Père saint, je vous ai glorifié sur la terre, et j'ai fait connaître votre nom aux hommes. » Ou

« per coronatus depingitur..... Corona autem hujusmodi depingitur in forma
« scuti rotundi..... »

Chez les Grecs, comme chez nous, le nimbe des autres personnes sacrées, des anges, de la Vierge, des apôtres et des saints, est plus ou moins orné, suivant les époques où on le fait et la matière qui le compose; mais il n'est jamais crucifère. Ordinairement, comme chez les Italiens, et plus rarement ici, le nimbe byzantin est creusé au compas et modelé à l'ébauchoir sur les fresques, repoussé au marteau et orné d'arabesques sur les ouvrages d'orfévrerie. On peint sur ce modèle, et quelquefois on coule de l'émail sur ce repoussé. Le nimbe, par ces entaillures et ces reliefs, qui augmentent la puissance de la couleur, prend des jours éclatants et des aspects fort lumineux; on atteint presque à reproduire matériellement sa signification symbolique. Le nimbe ainsi fait est réellement une auréole, une sorte de soleil mystique.

La couleur du nimbe est quelquefois allégorique, même chez nous, à plus forte raison chez les Byzantins. Le nimbe est ordinairement en jaune d'ocre ou en jaune d'or; il est souvent en or pour les personnes divines, auxquelles on donne ce qu'on a de plus riche. Dans une église d'Athènes, une peinture à fresque représente Jésus distribuant son corps et son sang à ses apôtres, lors de la dernière cène. Le Christ a le nimbe crucifère et d'or; les apôtres portent le nimbe varié de couleur, mais brillant d'éclat. Judas, qui communie comme les autres, a un nimbe aussi bien qu'eux, puisqu'il est toujours apôtre; mais son nimbe est noir. Ce nimbe est en deuil; il est funèbre comme son âme.

Chez nous, assez souvent, Judas n'a pas de nimbe, parce que le nimbe est presque exclusivement l'attribut de la sainteté; chez les Grecs, il l'a presque toujours, parce que le nimbe désigne la puissance, bonne ou mauvaise, et non pas la sainteté seulement. En Orient, on nimbe le diable comme on nimbe Satan; Justinien et Théodora portent le nimbe comme le grand Constantin et sainte Hélène. L'Orient prodigue réellement le nimbe, et ne le restreint pas comme nous le faisons. En Orient, les personnages de l'Ancien Testament sont honorés à l'égal de ceux du Nouveau; les prophètes sont au même rang que les apôtres, et les individus qui s'appellent Melchisedech, Jacob, David, sont aussi nombreux que ceux qui portent le nom de Jean, de Pierre, de Thomas. Dans l'Iconographie grecque, les patriarches, les rois de Juda, les prophètes, les juges,

bien : « Moi et mon Père nous ne faisons qu'un : je suis dans mon Père et mon Père est dans moi. »

Les épithètes que l'on écrit sur les images du Christ.

IC. XC (Jesus-Christ). « Le Pantocrator. — Celui qui donne la vie. — Le Sauveur du monde. — Le Miséricordieux. — L'Ange de la grande volonté. — L'Emmanuel. » — Lorsque vous représentez le second avénement ou le jugement dernier : « Le juste Juge. » — Lorsque vous représentez le Christ en évêque : « Le Roi des rois, le grand Patriarche. » — Lorsque vous faites un crucifiment : « Le Roi de la gloire. » — Lorsque Jésus porte la croix sur ses épaules : « L'Agneau de Dieu qui enlève les péchés du monde. » — Le saint voile. — Le saint vase.

Les épithètes que l'on écrit sur les images de la Mère de Dieu.

MHP. ΘY. (Mère de Dieu). — La Miséricordieuse. — La Conductrice[1]. — La Vierge de Gorgopiko[2]. — La Reine des

sont nimbés et vêtus comme les apôtres le sont chez nous. Dans l'église du couvent de Césariani, sur le mont Hymette, les prophètes Malachie, Zacharie, Jonas, Gédéon, Élisée, etc. sont nimbés, en grande robe et long manteau, comme les apôtres. Chez nous, les prophètes ont quelquefois le nimbe et les pieds nus, mais rarement; ils les ont surtout à l'époque romane ou gothique primitive, et dans les monuments où se fait sentir quelque influence byzantine, directe ou indirecte. Toutes ces questions ont été traitées dans l'Iconographie chrétienne, à laquelle nous renvoyons de nouveau.

[1] Dans le trésor de Saint-Paul de Liége, aujourd'hui cathédrale, j'ai vu, en 1843, une madone byzantine, ὁδηγήτρια, peinte sur bois.

[2] Ἡ Γοργοϋπήκοος. En décomposant les racines, M. Durand avait cru pouvoir traduire par *la Très-Obéissante;* mais il pense que ce mot est intradui-

anges. — La Reine de tout ce qui existe. — La Maîtresse sans tache. — La plus élevée des cieux. — La plus grande des cieux. — La Fontaine de vie. — La douce Amie. — Celle qui nourrit de son lait. — La Protectrice redoutable [1]. — Le Salut des pécheurs. — La Consolatrice des affligés. — La Joie de tous. — La Gardienne de la porte d'Ivirôn [2]. — La Vierge de la grande grotte [3]. — La Vierge aux trois mains de Jean Damascène [4].

sible. D'ailleurs il y avait dans Athènes une église qui s'appelait *Gorgopiko*, et, suivant l'avis de M. Pittakys, archéologue d'Athènes, M. Durand croit que c'est un nom propre. On dit en Grèce la Vierge de Vatopédi, la Vierge de Mégaspilæon, etc. comme chez nous la Vierge du Puy, Notre-Dame de Cléry, Notre-Dame-de-l'Épine, etc.

[1] Redoutable à Satan, surtout dans le miracle de Théophile, lorqu'elle força le diable à rendre le contrat que Théophile avait signé.

[2] La Vierge qui est au-dessus de la porte du grand couvent de Vatopédi est aussi célèbre dans tout le mont Athos que celle d'Ivirôn. Pendant l'occupation du mont Athos par les Turcs, après la dernière insurrection, où le P. Nicéphore montra un si grand courage, un soldat mahométan tira un coup de pistolet contre la Vierge qui surmonte l'entrée de Vatopédi. Quelques jours après, ce soldat fut trouvé pendu au sommet d'un arbre, près du monastère. Les moines de Vatopédi m'ont dit que Dieu avait chargé des esprits célestes de faire cette exécution exemplaire. Quant à la Vierge, qui avait été blessée au cou, elle versa du sang, que l'on recueillit précieusement. Les légendes du moyen âge, comme on le voit, se font encore de nos jours dans le mont Athos. Pour ces Grecs, notre passé est au présent. Cette Vierge d'Ivirôn et de Vatopédi est appelée Θυρώρα, gardienne de la porte, ou Πορταΐτισσα, du mot latin grécisé. Dans le couvent de Sainte-Laure, à l'entrée de la première cour, s'élève une chapelle dédiée en entier et uniquement à la Vierge-Portière. Cette chapelle regarde en effet la grande porte, et la protége mieux que ne ferait une tour crénelée.

[3] Ou la Vierge de Mégaspilæon (en Achaïe).

[4] Selon la légende, saint Jean Damascène, le grand défenseur des images, eut la main droite coupée par les iconoclastes, cette main qui écrivait de si belles apologies de la peinture. Saint Jean de Damas, plein d'espérance dans la Vierge, approcha d'un tableau, qui représentait Marie, sa main coupée, et en

Inscriptions qu'il faut mettre sur l'Évangile du Christ, suivant les différents endroits où il est représenté.

Pour le Pantocrator : « Je suis la lumière du monde : celui qui me suit ne marche pas dans les ténèbres, mais il aura la la lumière de la vie. »

Pour le Sauveur du monde : « Apprenez de moi que je suis doux et humble de cœur, et vous trouverez..... »

Pour celui qui donne la vie : « Je suis le pain vivant descendu du ciel ; si quelqu'un mange de ce pain, il vivra dans l'éternité. »

Pour l'Ange de la grande volonté [1] : « Je suis venu de Dieu et j'y retourne ; car je ne suis pas venu de moi, mais celui... »

appliqua le moignon contre les lèvres de la Vierge. La main du saint repoussa comme une plante sous un souffle de printemps. Dès lors, on fit des images de la Vierge où l'on représenta cette troisième main miraculeuse. L'image même contre laquelle saint Jean appliqua son bras mutilé existerait au mont Athos, dans le couvent de Chilandari, où je l'ai vue en 1839. C'est une des plus vieilles et des plus remarquables peintures byzantines ou orientales. On l'apporta de Jérusalem en Servie, et de là au mont Athos, à Chilandari, qui est peuplé de moines serbes. On la mit à la clôture du sanctuaire, à l'iconostase, parmi les autres images ; mais elle n'y voulut jamais rester, et vint se placer dans le chœur, au côté sud, sur le trône épiscopal ou de l'higoumène. C'est là qu'elle est encore. Elle brille sur le trône comme sur un reposoir. Des cierges brûlent constamment en son honneur ; des *ex-voto*, en or et en argent, et une foule de pièces d'or sont attachés sur cette peinture. On y voit une image de la main qu'elle a fait repousser, et c'est pour cela qu'on la nomme Παναγία τριχερούσα. Parmi les pièces d'or qu'on lui a données, on voit briller une magnifique agate. Cette Vierge est d'un beau caractère, mais un peu dure de figure, comme l'enfant Jésus qu'elle tient dans ses bras. Du reste, c'est une des plus précieuses et des plus honorées reliques de tout le mont Athos, où il y a tant de belles reliques.

[1] On le voit aux Météores et dans l'Athos.

Pour l'Emmanuel : « L'esprit du Seigneur est sur moi ; c'est pour cela qu'il m'a oint et m'a envoyé prêcher l'Évangile aux pauvres. »

Lorsque vous représentez le Christ en évêque : « Je suis le bon pasteur. Le bon pasteur donne sa vie pour ses brebis ; mais le mercenaire n'étant pas le pasteur..... »

Lorsque vous le représentez avec les anges : « J'ai vu Satan tombant du ciel comme un éclair. »

Lorsque vous représentez le Christ avec les prophètes : « Celui qui reçoit un prophète en mon nom recevra la récompense de prophète. »

Lorsque vous le représentez avec les apôtres : « Voici : je vous donne le pouvoir de marcher sur les serpents et sur les scorpions..... »

Lorsque vous le représentez avec les évêques : « Vous êtes la lumière du monde : on ne peut pas cacher une ville qui est sur une montagne. »

Lorsque vous le représentez avec les martyrs : « Celui qui me confessera devant les hommes, je le reconnaîtrai aussi devant mon Père, qui est dans les cieux. »

Lorsque vous le représentez avec les solitaires : « Venez à moi, vous tous qui êtes chargés et fatigués, et je vous soulagerai. Prenez mon joug sur vous, et apprenez de moi que je suis doux et humble de cœur, et vous trouverez le repos de vos âmes. »

Lorsque vous le représentez avec les Anargyres : « Guérissez les malades, purifiez les lépreux, chassez les démons, refusez les présents, donnez aux autres, » etc.

Lorsque vous le représentez sur une porte : « Moi, je suis la porte : si quelqu'un, » etc.

Lorsque vous le représentez sur un cimetière : « Celui qui a confiance en moi vivra même après sa mort. »

Lorsque vous le représentez en grand pontife : « Seigneur, Seigneur, regardez du haut du ciel ; voyez et considérez cette vigne, et prenez soin de celle que votre main droite a plantée [1]. »

Inscriptions pour les cartels que portent les anges dans le tableau de la Nativité nommé la Rose.

Sur le cartel de saint Michel : « Aurore brillante ! salut, ô femme unique ! »

Sur le cartel de Gabriel : « Vous, qui avez fait germer un divin épi, salut ! »

Sur le cartel qu'ils supportent ensemble : « O rose incorruptible ! salut, fleur unique [2] ! »

---

[1] Les Grecs, plus parleurs que les Occidentaux, aiment à mettre des inscriptions partout. Il faut convenir que c'est un grand avantage. Si nos pères, les gothiques, en avaient agi ainsi, nous autres, archéologues, nous aurions moins de mal aujourd'hui pour spécifier ou nommer tous les personnages et tous les sujets sculptés ou peints dans nos églises.

[2] On voyait autrefois, dans la cathédrale d'Amiens, une série de tableaux exécutés aux frais et par les soins d'une société nommée la confrérie du Puy-Notre-Dame. Chaque année, le directeur faisait peindre un de ces tableaux, qu'il suspendait dans l'église. Il donnait pour thème, au peintre qui devait la développer, une comparaison tirée d'une rose, d'un épi, d'un palmier, etc. et qu'on appliquait à la Vierge. On montrait donc Marie, assise à l'ombre d'un palmier couvert de belles feuilles et de fruits nombreux ; la Vierge tenait l'enfant Jésus, que la foule des confrères adorait. Tous ces tableaux, retirés de la cathédrale par des chanoines beaucoup trop amis de la nudité des églises et ennemis de la belle peinture, ont été relégués dans les combles, dans les magasins de l'église et de l'évêché ; plusieurs se sont perdus. M$^{gr}$ Mioland, évêque actuel d'Amiens, qui est d'un autre avis que les chanoines du xviii$^e$ siècle, a

APPENDICE. 465

Pour les cartels que tiennent le Précurseur et la Mère de Dieu, lorsque vous les représentez auprès de la Trinité. — Sur le cartel de la sainte Vierge : « Fils éternel, verbe du Dieu vivant, né du Père sans vous en séparer, et qui y restez toujours uni ; vous qui, à l'accomplissement des temps, vous êtes incarné dans mon sein, semence spirituelle descendue d'en haut, ne jugez pas les péchés, mais exaucez les supplica-

<small>réuni et placé avec honneur une grande partie de ces tableaux dans une salle de l'évêché ; mais d'autres tableaux ont disparu. La collection de l'hôtel de Cluny en possède un des plus beaux, celui précisément où Jésus est comparé à un épi divin que Marie a fait germer. Les cadres de ces tableaux, sculptés avec une rare délicatesse, ont été donnés à madame la duchesse de Berri par M. de Chabons, ancien évêque d'Amiens et confesseur de la princesse. M. de Chabons n'avait pas le droit de faire un pareil don. Ces cadres, au nombre de cinq aujourd'hui, sont déposés dans une salle du château de Rosny, près de Mantes ; c'est là que M. le baron de Guilhermy et moi les avons pour ainsi dire retrouvés en 1843, car on les croyait perdus. Ils sont en chêne et complétement sculptés d'ornements historiques en haut relief ; ils datent du XVI$^e$ siècle. L'un de ces cadres est en style de la renaissance, avec arabesques très-fines ; les autres sont en style ogival flamboyant. Trois d'entre eux ont trois mètres de haut, et l'un quatre ; ils ont un mètre cinquante centimètres de large. La sculpture des cadres est peut-être supérieure encore à la belle peinture des tableaux qu'ils entouraient. La plus grande de ces boiseries précieuses offre deux bas-reliefs finement travaillés, où l'on voit des femmes qui, sur l'un, cueillent des oranges, et, sur l'autre, des dattes, fruits emblématiques de la Vierge au même titre que l'épi et la rose dont parle le Guide. L'un des cadres est formé d'un grand arbre qui projette, à droite et à gauche, des branchages touffus où sont assis les ancêtres de la Vierge ; à la racine est couché Jessé, racine lui-même de la généalogie du Christ. Autrefois ces sculptures étaient entièrement peintes et dorées, et les ornements s'enlevaient sur un fond rouge. En les faisant restaurer, madame la duchesse de Berri en a fait laver et gratter la peinture. Ces boiseries, certainement uniques en France, peuvent rivaliser avec la fameuse cheminée de Bruges. Il est bien à désirer qu'elles reviennent entourer les anciens tableaux pour lesquels on les a faites. Des démarches, entreprises sur mes instances, pour faire retourner ces cadres à Amiens, n'ont eu encore aucun résultat.</small>

30

tions de votre Mère ! » — Sur le cartel du Précurseur : « Et moi aussi, je me joins aux prières de votre Mère, ô mon maître ! avec la voix qui a eu le bonheur de vous annoncer, ô Verbe de Dieu ! Ceux que vous avez rachetés de votre sang précieux, en vous laissant attacher à une croix et immoler injustement, accordez-leur la grâce de se réconcilier de nouveau, ô Verbe miséricordieux et qui aimez les hommes[1] ! » — Sur le cartel particulier du Précurseur : « Convertissez-vous, car le royaume des cieux approche[2]. » — Sur les Évangiles que tiennent les archevêques et les évêques : « Le Seigneur a dit : Celui qui n'entre pas dans la bergerie par la porte, etc. » Ou bien : « Le Seigneur a dit : « Que votre lumière brille devant les hommes, afin qu'ils voient vos bonnes actions et qu'ils glorifient votre Père qui est dans les cieux« ·

Inscriptions pour les fêtes de l'Église.

L'Annonciation de la Mère de Dieu. — La Nativité du Christ. — La Chandeleur. — Le Baptême du Christ. — La Transfiguration. — La Résurrection de Lazare. — Les Ra-

---

[1] Dans nos cathédrales, sur les tympans où l'on représente le jugement dernier, on voit la Vierge et saint Jean suppliant Jésus en faveur des hommes et paraissant lui adresser les paroles mêmes que le Guide nous donne. Il faut remarquer seulement que, chez nous, le saint Jean qui supplie est ordinairement l'évangéliste, tandis que, chez les Grecs, c'est saint Jean-Baptiste. Quelquefois, mais rarement, et seulement quand il y a influence byzantine, on voit en France saint Jean-Baptiste, qui est assez commun en Italie.

[2] Nous donnons, dans l'Iconographie chrétienne, vol. I, p. 48, planche 24, un saint Jean-Baptiste ailé, tenant sa tête dans un plat. Habituellement il porte, au lieu de sa tête, un cartel où est l'inscription absolument telle qu'elle est donnée par le Guide.

meaux. — Le Crucifiement du Christ. — La Descente de croix. — Les Pleurs sur le tombeau. — La Résurrection du Christ. — L'Incrédulité de Thomas. — L'Ascension. — La Descente du Saint-Esprit. — La Mort de la sainte Vierge.

Ayez toujours attention de mettre le crucifiement au milieu des fêtes représentées dans la partie supérieure des églises. Si l'édifice est grand et que vous vouliez mettre d'autres sujets, choisissez dans les miracles, dans les souffrances et aussi dans les actions du Christ après sa résurrection ; vous y trouverez ce que vous désirerez.

Inscriptions pour les autres fêtes et les images des saints.

La Conception de la Mère de Dieu. — La Nativité de la Mère de Dieu. — La Présentation de la Mère de Dieu. — Les neuf ordres des anges. — La Réunion de tous les esprits. — La Réunion des apôtres. — La Toussaint.

FIN.

## GLOIRE A NOTRE DIEU!

Après avoir achevé, j'ai dit : Gloire à vous, Seigneur !
Et j'ai redit : Gloire à vous, mon Seigneur !
Et une troisième fois j'ai dit : Gloire au Dieu de tout l'univers !

EN L'ANNÉE DU SALUT
MIL HUIT CENT QUARANTE,
AU MOIS DE MARS [1].

[1] A cette belle prière que le pauvre moine qui me copia ce manuscrit pour 280 piastres (70 francs), adresse à Dieu en terminant son travail, on sent que la poésie et l'élan sacré de l'âme vers la divinité vivent encore dans le mont Athos. Les malheurs et la misère n'ont pas éteint l'amour de Dieu dans le cœur de ces religieux.

# TABLE

## DU PRÉSENT OUVRAGE.

|  | Pages. |
|---|---|
| Dédicace | I |
| Introduction | III |
| A Marie | 3 |
| A tous les peintres | 7 |
| Exercices préliminaires | 11 |
| Invitatoire et conclusion | 13 |

## PREMIÈRE PARTIE.

| | |
|---|---|
| Comment il faut lever des calques | 17 |
| Comment il faut préparer le charbon pour dessiner | 19 |
| Sur la préparation des pinceaux | 20 |
| Sur la préparation de la colle | 21 |
| Comment il faut préparer le plâtre | 23 |
| Comment il faut enduire de plâtre les tableaux | 25 |
| Comment il faut faire les nimbes sur les tableaux | 26 |
| Comment il faut enduire de plâtre une clôture de chœur | 27 |
| Comment il faut enduire de plâtre une clôture de chœur sans la déplacer | 29 |
| Sur la préparation du rouge ampoli | 30 |
| Autre ampoli | Ibid. |
| Autre ampoli | 31 |
| Comment il faut dorer les images | Ibid. |
| Comment il faut dorer une clôture qui n'est pas encore en place | 32 |
| Comment il faut dorer une clôture qui est en place | Ibid. |
| Sur la préparation du proplasme de Pansélinos | 33 |

|                                                                                   | Pages. |
|-----------------------------------------------------------------------------------|--------|
| Comment il faut esquisser les yeux, les sourcils, etc.                            | 34     |
| Autre manière.                                                                    | Ibid.  |
| Comment il faut faire la couleur de chair.                                        | Ibid.  |
| Autre chair.                                                                      | 35     |
| De la préparation du glycasme.                                                    | 35     |
| Comment il faut faire les carnations.                                             | Ibid.  |
| Des rouges.                                                                       | 36     |
| Des chevelures et des barbes.                                                     | Ibid.  |
| Comment il faut donner des reflets aux habits.                                    | 37     |
| Comment il faut travailler sur la nacre.                                          | 38     |
| Comment il faut travailler sur toile avec de l'œuf.                               | Ibid.  |
| Sur le mordant à l'ail.                                                           | 39     |
| Comment il faut préparer le péséri.                                               | Ibid.  |
| Comment il faut faire la pégoula.                                                 | 40     |
| Vernis de péséri                                                                  | Ibid.  |
| Vernis de sandaloze.                                                              | 41     |
| Vernis de naphte.                                                                 | Ibid.  |
| Vernis jaune.                                                                     | 42     |
| Vernis de raki.                                                                   | Ibid.  |
| Comment il faut nettoyer les vieilles images.                                     | 43     |
| Comment il faut faire la peinture pour donner du lustre.                          | 44     |
| Comment il faut faire l'or en coquille.                                           | 45     |
| Comment on fait les lettres dorées.                                               | Ibid.  |
| Comment on fait les dorures.                                                      | Ibid.  |
| Comment on applique de l'or sur le papier.                                        | 46     |
| Comment il faut préparer la laque choisie avec le crépézi.                        | Ibid.  |
| Comment il faut faire la bardamon.                                                | 47     |
| Sur la préparation du cinabre.                                                    | Ibid.  |
| Comment il faut faire le fard.                                                    | 48     |
| Comment on prépare le lazouri avec le tsimarisma.                                 | Ibid.  |
| Autre préparation du lazouri.                                                     | 49     |
| Sur la préparation de l'encre.                                                    | Ibid.  |
| Comment il faut préparer le cinabre pour écrire sur le papier.                    | 50     |
| Comment travaillent les Moscovites.                                               | 51     |
| Comment travaillent les Crétois.                                                  | Ibid.  |
| Indication des proportions du corps humain.                                       | 52     |
| De la préparation des couleurs et comment on peint à l'huile sur toile.           | 54     |
| Guide pour la peinture sur mur.                                                   | 55     |

|  | Pages. |
|---|---|
| Comment on purifie la chaux | 56 |
| Comment on mêle la chaux avec la paille | Ibid. |
| Comment on mêle la chaux avec l'étoupe | Ibid. |
| Comment on enduit les murs | 57 |
| Comment il faut dessiner lorsqu'on travaille sur les murs | 58 |
| Comment on prépare le fard pour peindre sur mur | Ibid. |
| De la préparation du proplasme pour peindre sur mur | 59 |
| De l'esquisse des yeux, des sourcils et des autres endroits où l'on emploie la couleur de chair | Ibid. |
| Comment il faut faire les chairs et le glycasme pour peindre sur mur | 60 |
| Comment on emploie les rouges | Ibid. |
| Comment on donne des reflets sur le mur avec l'azur | Ibid. |
| Quelles sont les couleurs qui peuvent être employées sur mur, et quelles sont celles qui ne peuvent être employées ainsi | 61 |
| Comment il faut faire les nimbes en relief sur les murs | Ibid. |
| Comment on emploie l'azur sur le mur | Ibid. |
| Comment on fait le mordant pour dorer | 62 |
| Comment on emploie l'or sur les murs pour les nimbes ou autres ornements | Ibid. |
| Comment on restaure un tableau ancien et gâté | 63 |
| Avis exact pour la chrysographie | 64 |

## DEUXIÈME PARTIE.

### COMMENT ON REPRÉSENTE LES MERVEILLES DE L'ANCIENNE LOI.

| | |
|---|---|
| Sur les neuf chœurs des anges | 71 |
| Chute de Lucifer | 75 |
| La création d'Adam | 78 |
| Adam imposant des noms aux animaux | 79 |
| La formation d'Ève | Ibid. |
| La chute d'Adam et d'Ève | 80 |
| Expulsion d'Adam et d'Ève | 81 |
| Lamentation d'Adam et d'Ève | Ibid. |
| Adam bêchant la terre | 82 |

|  | Pages. |
|---|---|
| Naissance de Caïn | 82 |
| Naissance d'Abel | Ibid. |
| Caïn travaillant à la terre | Ibid. |
| Abel faisant paître des moutons | Ibid. |
| Sacrifice de Caïn et d'Abel | 83 |
| Caïn tuant Abel | Ibid. |
| Adam et Ève pleurent Abel | Ibid. |
| Noë reçoit de Dieu l'ordre de fabriquer l'arche | Ibid. |
| Noë fabrique l'arche | 84 |
| Le déluge | Ibid. |
| Sacrifice de Noë | Ibid. |
| Noë plante la vigne | 85 |
| Noë, enivré par le vin, montre sa nudité | Ibid. |
| Construction de la tour de Babel | Ibid. |
| Abraham reçoit de Dieu l'ordre de quitter son pays | 86 |
| Abraham allant en Égypte | Ibid. |
| Pharaon ayant pris Sara, femme d'Abraham, est réprimandé par Dieu | Ibid. |
| Abraham, emmenant sa femme Sara, que Pharaon a respectée, se dirige vers le désert | 87 |
| Abraham, ayant vaincu Chodorlahomor et ses compagnons, délivre Loth | Ibid. |
| Melchisedech vient au-devant d'Abraham | Ibid. |
| Hospitalité d'Abraham | 88 |
| Embrasement de Sodôme | Ibid. |
| — Sacrifice d'Abraham | 89 |
| Isaac bénissant Jacob | Ibid. |
| Échelle de Jacob | Ibid. |
| Songes de Joseph | 90 |
| Joseph vendu par ses frères | Ibid. |
| Joseph, abandonnant son manteau, évite le péché | Ibid. |
| Joseph, dans la prison, explique les songes du panetier et de l'échanson | Ibid. |
| Joseph expliquant les songes de Pharaon | 91 |
| Joseph établi par Pharaon maître de toute la terre d'Égypte | Ibid. |
| Joseph adoré par ses frères | Ibid. |
| Joseph se faisant reconnaître par ses frères | 92 |
| Joseph allant à la rencontre de son père Jacob et de ses frères | Ibid. |
| Jacob bénissant en croix les fils de Joseph, Éphraïm et Manassé | Ibid. |
| Jacob bénit ses douze fils | 93 |
| Moïse sauvé des eaux | Ibid. |

| | Pages. |
|---|---|
| Moïse, faisant paître les brebis, voit le buisson ardent............ | 94 |
| Moïse annonçant aux Hébreux leur rédemption................. | *Ibid.* |
| Moïse avertit Pharaon de renvoyer les Hébreux................. | *Ibid.* |
| Les dix plaies d'Égypte..................................... | 96 |
| Moïse faisant la Pâque avec les Hébreux...................... | 97 |
| Moïse, ayant fait traverser aux Hébreux la mer Rouge, submerge les Égyptiens................................................ | *Ibid.* |
| Moïse adoucissant les eaux amères........................... | 98 |
| Moïse et le peuple à Élim.................................... | *Ibid.* |
| Moïse sur la montagne; il tient les mains étendues et triomphe d'Amalec. | *Ibid.* |
| Moïse recevant la loi....................................... | 99 |
| Moïse et Aaron célèbrent dans le tabernacle du témoignage......... | *Ibid.* |
| Moïse frappe le rocher et fait jaillir de l'eau................... | 100 |
| Balaam va maudire les Hébreux; il en est empêché par un ange..... | 101 |
| Balaam bénissant les Hébreux................................ | *Ibid.* |
| Mort de Moïse............................................. | *Ibid.* |
| Douze prêtres portent l'arche au milieu du Jourdain............. | 102 |
| Josué, fils de Nun, considérant le chef de l'armée céleste.......... | *Ibid.* |
| L'ange du Seigneur apparaît à Gédéon et l'encourage contre les Madianites................................................... | *Ibid.* |
| Gédéon presse une toison qui donne de l'eau................... | 103 |
| Manuë et sa femme apprennent par un ange la naissance de Samson.. | *Ibid.* |
| Samson tue un lion......................................... | *Ibid.* |
| Samson, ayant attaché des torches allumées à la queue de trois cents renards, embrase les moissons des ennemis................... | 104 |
| Samson, avec une mâchoire d'âne, extermine dix mille ennemis..... | *Ibid.* |
| Samson enlève les portes de Gaza............................ | *Ibid.* |
| Samson aveuglé par les ennemis............................. | 105 |
| Mort de Samson........................................... | *Ibid.* |
| Le prophète Samuel assistant au sacrifice dans le temple du Seigneur. | *Ibid.* |
| Dieu révèle à Samuel la mort du vieillard Héli et de ses fils........ | 106 |
| Mort d'Héli et de ses fils.................................... | *Ibid.* |
| Les ennemis tourmentés renvoient l'arche aux Hébreux........... | *Ibid.* |
| David sacré roi par Samuel.................................. | *Ibid.* |
| David, jouant de la harpe devant Saül, chasse le démon de ce roi.... | 107 |
| David tue Goliath.......................................... | *Ibid.* |
| David, avec tout le peuple, transporte l'arche à Jérusalem......... | 108 |
| David réprimandé par Nathan............................... | *Ibid.* |

|                                                                                      | Pages. |
|---|---|
| David ayant fait un dénombrement du peuple, le Seigneur irrité envoie un ange qui fait périr soixante et dix mille hommes............ | 108 |
| Salomon sacré roi............................................ | 109 |
| Salomon bâtissant un temple à Dieu........................ | Ibid. |
| Salomon bâtissant des temples aux idoles................... | Ibid. |
| Élie nourri dans une grotte par un corbeau.................. | 110 |
| Élie bénissant la farine et l'huile de la veuve................. | Ibid. |
| Élie ressuscite le fils de la veuve............................ | Ibid. |
| Le roi Achab va au-devant d'Élie............................ | Ibid. |
| Élie, par ses prières, fait descendre le feu du ciel et brûler les victimes. | Ibid. |
| Élie faisant périr les prêtres de l'opprobre................... | 111 |
| Élie réveillé par un ange qui lui ordonne de manger............ | Ibid. |
| Élie consacrant Élisée prophète............................. | Ibid. |
| Élie attire le feu qui dévore deux capitaines................... | 112 |
| Élie, marchant sur son manteau, traverse le Jourdain......... | Ibid. |
| Enlèvement d'Élie dans un char de feu...................... | Ibid. |
| Élisée, à l'aide du manteau d'Élie, traverse les eaux à pied sec...... | 113 |
| Élisée purifie avec du sel les eaux dangereuses................ | Ibid. |
| Élisée maudissant des enfants qui sont dévorés par des ours........ | Ibid. |
| Élisée bénit l'huile de la veuve.............................. | Ibid. |
| Élisée ressuscite l'enfant de la Sunamite..................... | 114 |
| Naaman se baigne dans le Jourdain......................... | Ibid. |
| Lèpre de Giézée maudit.................................... | Ibid. |
| L'ange du Seigneur fait périr cent quatre-vingt-cinq mille hommes du peuple de Sennachérib, qui assiégeait Jérusalem............... | Ibid. |
| Vision du prophète Isaïe................................... | 115 |
| Supplice du prophète Isaïe................................. | 116 |
| Le prophète Jérémie jeté dans une citerne remplie de boue........ | Ibid. |
| Le prophète Jérémie retiré de la citerne par Abimelech.......... | Ibid. |
| Jérusalem prise pour la seconde fois........................ | Ibid. |
| Daniel et les trois enfants ne vivant que de légumes............ | Ibid. |
| Daniel justifie Suzanne.................................... | 117 |
| Daniel expliquant le premier songe de Nabuchodonosor........... | Ibid. |
| Les trois enfants dans la fournaise.......................... | 118 |
| Daniel expliquant le second songe........................... | Ibid. |
| Daniel lisant les caractères tracés par une main sur le mur du palais de Balthasar................................................ | Ibid. |
| Vision du prophète Daniel.................................. | 119 |

| | Pages. |
|---|---|
| Daniel découvre la ruse des prêtres; il brûle le temple et brise la statue de Baal................................................... | 119 |
| Daniel fait périr le dragon................................... | 120 |
| Daniel dans la fosse aux lions................................ | Ibid. |
| Jonas, fuyant devant la face du Seigneur, est précipité dans la mer... | Ibid. |
| Jonas rejeté par une baleine, près de Ninive..................... | 121 |
| Jonas prêche à Ninive........................................ | Ibid. |
| Jonas affligé de voir une tige de coloquinte desséchée............. | Ibid. |
| Job, privé de ses biens et de ses enfants, bénit Dieu.............. | 122 |
| Job sur le fumier............................................ | Ibid. |
| Job reçoit le double de ce qu'il avait perdu...................... | 123 |
| Judith tue Holopherne....................................... | Ibid. |
| Les saints patriarches, d'après la généalogie................... | 124 |
| Les douze fils de Jacob....................................... | 126 |
| Autres ancêtres hors de la généalogie.......................... | 129 |
| Les saintes femmes de l'Ancien Testament...................... | 132 |
| Les saints prophètes, leur signalement et leurs épigraphes........ | 136 |
| Autres prophéties sur les fêtes du Seigneur, ses miracles et sa passion. | 140 |
| Autres prophéties sur les fêtes de la Mère de Dieu................ | 147 |
| Philosophes de la Grèce qui ont parlé de l'incarnation du Christ..... | 148 |
| Comment on figure l'arbre de Jessé........................... | 151 |

## COMMENT ON REPRÉSENTE LES MERVEILLES DE L'ÉVANGILE [1].

| | |
|---|---|
| L'annonciation de la Mère de Dieu............................ | 155 |
| Joseph s'aperçoit de la grossesse de la Mère de Dieu et adresse des reproches à la sainte Vierge....................................... | 156 |
| La salutation de la Mère de Dieu et d'Élisabeth.................. | Ibid. |
| La vocation des Mages....................................... | 157 |
| La nativité du Christ......................................... | Ibid. |
| L'adoration des Mages....................................... | 159 |
| La Chandeleur............................................... | 160 |
| Joseph et la Mère de Dieu fuient en Égypte..................... | Ibid. |
| Massacre des enfants........................................ | 161 |

[1] Dans l'intérieur du manuscrit, les titres sont plus longs que dans la table; ils en diffèrent quelquefois légèrement, comme on le voit notamment ici. Pour laisser au manuscrit, même dans cette table, sa physionomie littérale, nous avons conservé la différence de ces titres.

|  | Pages. |
|---|---|
| Le Christ assis au milieu des docteurs. | 162 |
| Le Christ vient au Jourdain pour y être baptisé. | Ibid. |
| Baptême du Christ. | 163 |
| Le Christ tenté par le diable. | 164 |
| Le Précurseur rendant témoignage au Christ devant ses disciples. | 166 |
| Le Christ appelant les disciples, qui abandonnent la pêche des poissons. | Ibid. |
| Le Christ changeant l'eau en vin aux noces de Cana. | 167 |
| Le Christ interrogé par Nicodème. | Ibid. |
| Le Christ conversant avec la Samaritaine. | Ibid. |
| Le Christ guérissant le fils d'un officier. | 168 |
| Le Christ lisant dans la synagogue. | Ibid. |
| Le Christ guérissant le possédé dans la synagogue. | Ibid. |
| Le Christ guérit le lépreux. | 169 |
| Le Christ guérit le serviteur du centurion. | Ibid. |
| Le Christ ressuscite le fils de la veuve. | Ibid. |
| Le Christ guérissant la belle-mère de Pierre. | Ibid. |
| Le Christ guérit différentes maladies. | 170 |
| Le Christ commandant aux vents et à la mer. | Ibid. |
| Le Christ guérit deux possédés, et envoie les démons dans des pourceaux. | 171 |
| Le Christ guérit un paralytique dans une maison. | 172 |
| Le Christ appelant Matthieu. | Ibid. |
| Le Christ mangeant avec des publicains. | Ibid. |
| Le Christ guérit l'hémorroïsse. | 173 |
| Le Christ ressuscite la fille de Jaïre. | Ibid. |
| Le Christ guérit deux aveugles. | Ibid. |
| Le Christ guérit le possédé sourd-muet. | Ibid. |
| Le Christ interrogé par les disciples du Précurseur. | 174 |
| Le Christ traversant les moissons. | Ibid. |
| Le Christ guérit un homme dont la main est desséchée. | Ibid. |
| Le Christ guérit le possédé aveugle et muet. | 175 |
| Le Christ cherché par sa mère et ses frères. | Ibid. |
| Le Christ guérit le paralytique dans la piscine Probatique. | Ibid. |
| Le Christ bénissant les cinq pains. | 176 |
| Le Christ marchant sur la mer. | Ibid. |
| Le Christ guérit beaucoup de malades qui touchent la frange de ses vêtements. | Ibid. |
| Le Christ guérissant la fille de la Cananéenne. | 177 |

# TABLE.

|  | Pages. |
|---|---|
| Le Christ guérissant un bègue | 177 |
| Le Christ bénissant les sept pains | Ibid. |
| Le Christ guérissant un aveugle, à Bethsaïde | 178 |
| La Transfiguration | 179 |
| Le Christ guérit le lunatique | 180 |
| Le Christ, avec Pierre, acquittant la double drachme | Ibid. |
| Le Christ bénissant un petit enfant | Ibid. |
| Le Christ interrogé par un docteur de la loi | Ibid. |
| Le Christ reçu chez Marthe et Marie | 181 |
| Le Christ guérit la femme courbée | Ibid. |
| Le Christ guérissant l'hydropique | Ibid. |
| Le Christ guérissant les dix lépreux | 182 |
| Le Christ bénissant les petits enfants | Ibid. |
| Le Christ interrogé par le jeune riche | Ibid. |
| Le Christ instruit les fils de Zébédée | 183 |
| Le Christ, entrant à Jéricho, guérit un aveugle | Ibid. |
| Le Christ appelant Zachée | Ibid. |
| Le Christ, sortant de Jéricho, guérit un aveugle | 184 |
| Le Christ absout la femme adultère | Ibid. |
| Le Christ sur le point d'être lapidé par les Juifs | Ibid. |
| Le Christ guérit l'aveugle-né | Ibid. |
| Le Christ est une seconde fois sur le point d'être lapidé | 185 |
| La résurrection de Lazare | Ibid. |
| Marie, sœur de Lazare, parfume de myrrhe les pieds du Christ | Ibid. |
| La fête des Rameaux | 186 |
| Le Christ chasse du temple les vendeurs et les marchands | 187 |
| Le Christ guérit, dans le temple, les aveugles et les boiteux | Ibid. |
| Le Christ maudit un figuier | Ibid. |
| Le Christ interrogé par un docteur de la loi | Ibid. |
| Le Christ louant les deux deniers de la veuve | 188 |
| Le Christ a la tête parfumée de myrrhe par une courtisane | Ibid. |

### LA PASSION DU CHRIST.

| | |
|---|---|
| Le pacte de Judas avec les Juifs | Ibid. |
| La sainte ablution | 189 |
| Le souper mystique | Ibid. |
| La prière du Christ | 190 |
| La trahison de Judas | 191 |

|  | Pages. |
|---|---|
| Le Christ jugé par Anne et Caïphe.......................... | 191 |
| Le troisième reniement de Pierre............................ | 192 |
| Le Christ jugé par Pilate................................... | *Ibid.* |
| Judas déteste son crime et va se pendre...................... | 192 |
| Le Christ jugé par Hérode.................................. | 193 |
| Pilate se lave les mains et prononce la sentence................ | *Ibid.* |
| La flagellation............................................ | 194 |
| Le Christ bafoué.......................................... | *Ibid.* |
| Le Christ portant la croix.................................. | *Ibid.* |
| Le Christ cloué sur la croix................................ | *Ibid.* |
| Le crucifiement du Christ.................................. | 195 |
| Joseph demandant le corps du Seigneur...................... | 197 |
| La descente de croix...................................... | *Ibid.* |
| La lamentation sur le tombeau.............................. | 198 |
| Le Christ mis au tombeau.................................. | *Ibid.* |
| Des soldats gardent le tombeau............................. | 199 |
| La descente du Seigneur aux enfers......................... | *Ibid.* |
| La résurrection du Christ.................................. | 200 |
| Un ange apparaît aux saintes femmes qui portent de la myrrhe; il leur annonce la résurrection..................................... | 201 |
| Le Christ apparaît aux saintes femmes....................... | *Ibid.* |
| Pierre et Jean arrivent au tombeau........................... | *Ibid.* |
| Le Christ apparaissant à Magdeleine......................... | 202 |
| Le Christ à Emmaüs. Fraction du pain....................... | *Ibid.* |
| Le Christ, apparaissant aux apôtres, mange en leur présence...... | *Ibid.* |
| L'attouchement de Thomas................................. | 203 |
| Le Christ apparaît aux apôtres sur la mer de Tibériade.......... | *Ibid.* |
| La triple interrogation faite à Pierre.......................... | *Ibid.* |
| Le Christ apparaît aux apôtres sur la montagne de Galilée....... | 204 |
| L'ascension du Christ...................................... | *Ibid.* |
| La descente du Saint-Esprit................................. | 205 |

### LES PARABOLES.

| | |
|---|---|
| La parabole du semeur.................................... | 206 |
| La parabole de la zizanie.................................. | 207 |
| La parabole du sénevé..................................... | 208 |
| La parabole du levain..................................... | *Ibid.* |
| La parabole du trésor...................................... | 209 |

# TABLE.

Pages.

| | |
|---|---|
| La parabole de celui qui cherche de belles perles | 209 |
| La parabole du filet | 210 |
| La parabole des cent brebis | Ibid. |
| La parabole des dix drachmes | 211 |
| La parabole du débiteur de dix mille talents | Ibid. |
| La parabole des ouvriers loués à la journée | 212 |
| La parabole des deux fils | 213 |
| La parabole des ouvriers meurtriers | Ibid. |
| La parabole de la pierre angulaire | 214 |
| La parabole des noces | Ibid. |
| La parabole du festin | 215 |
| La parabole des talents | Ibid. |
| La parabole de ceux qui bâtissent des maisons | 216 |
| La parabole des deux aveugles | Ibid. |
| La parabole des dix vierges | 217 |
| La parabole de celui qui tombe entre les mains des voleurs | 218 |
| La parabole du juge inique | 219 |
| La parabole du prodigue | Ibid. |
| La parabole de l'homme aux riches moissons | 220 |
| La parabole du mauvais riche et du pauvre Lazare | 221 |
| La parabole de l'homme fort | 222 |
| La parabole du flambeau | Ibid. |
| La parabole du figuier stérile | 223 |
| La parabole de celui qui voulait bâtir une tour | Ibid. |
| La parabole du publicain et du pharisien | 224 |
| La parabole des serviteurs fidèles | Ibid. |
| La parabole des méchants serviteurs | 225 |
| La parabole du sel | Ibid. |
| La parabole de la lumière et des ténèbres | 226 |
| La parabole de la nourriture | Ibid. |
| La parabole de la porte et de la bergerie | 227 |
| La parabole de la vigne | Ibid. |
| La parabole de l'hypocrite | 228 |
| La parabole des bons et des mauvais arbres | Ibid. |
| La parabole de la porte étroite | 229 |
| | |
| La divine liturgie | Ibid. |
| La distribution aux apôtres du corps et du sang du Seigneur | 231 |

| | Pages. |
|---|---|
| La réunion de tous les esprits | 234 |
| L'Apocalypse de saint Jean le Théologos | 237 |
| Le second avénement du Christ | 262 |
| Le jugement universel | 268 |

## LES FÊTES DE LA MÈRE DE DIEU.

| | |
|---|---|
| La conception de la Mère de Dieu | 279 |
| La naissance de la Mère de Dieu | Ibid. |
| La Mère de Dieu bénie par les prêtres | Ibid. |
| L'entrée de la Mère de Dieu dans le temple | 280 |
| Joseph emmenant la Mère de Dieu de devant le saint des saints | 281 |
| La mort de la Mère de Dieu | Ibid. |
| La Mère de Dieu mise au tombeau | 282 |
| L'assomption de la Mère de Dieu | 283 |
| La fontaine de vie | 288 |
| Les prophètes d'en haut | 290 |
| Les salutations | 292 |
| Les vingt-quatre stations de la Mère de Dieu | 293 |
| Les douze apôtres et le caractère de leur figure | 299 |
| Les quatre évangélistes | 300 |
| Les soixante et dix saints apostoliques | 309 |
| Les évêques, leur figure et leurs épigraphes | 316 |
| Les saints diacres | 321 |
| Les saints martyrs | Ibid. |
| Les cinq martyrs | Ibid. |
| Les dix martyrs de Crète | 325 |
| Les quarante martyrs | 326 |
| Les saints Machabées | 328 |
| Les sept enfants d'Éphèse | 329 |
| Les saints Anargyres | Ibid. |
| Les solitaires, les caractères de leur figure et leurs épigraphes | 330 |
| Les stylites | 336 |
| Les poëtes | 337 |
| Les justes | 340 |
| Les saintes myrrhophores | 341 |
| Les femmes martyres | 342 |

# TABLE. 481

Pages.

Les saintes solitaires martyres................................ 343
Les justes femmes.......................................... 344
L'exaltation de la croix..................................... Ibid.
Les sept saints conciles œcuméniques........................ 345
L'exaltation des saintes images.............................. 351

#### MIRACLES DES PRINCIPAUX SAINTS.

Les miracles de l'archange Michel........................... 352
Les miracles du Précurseur.................................. 355
Les miracles de saint Pierre................................. 361
Les miracles de l'apôtre Paul................................ 364
Les miracles de saint Nicolas................................ 365
Les miracles de saint Georges................................ 369
Les miracles de sainte Catherine............................. 372
Les miracles de saint Antoine................................ 375

#### COMMENT ON REPRÉSENTE LES MARTYRS DE L'ANNÉE.

Septembre................................................. 379
Octobre................................................... 386
Novembre................................................. 388
Décembre................................................. 390
Janvier................................................... 391
Février................................................... 392
Mars..................................................... 393
Avril..................................................... 395
Mai...................................................... 396
Juin...................................................... 397
Juillet................................................... 399
Août..................................................... 400

## ALLÉGORIES ET MORALITÉS.

Comment on représente la vie du véritable moine............ 402
L'échelle du salut de l'âme et de la route du ciel........... 405
La mort de l'hypocrite..................................... 407
La mort du juste.......................................... Ibid.
La mort du pécheur........................................ 408
Comment on représente le temps mensonger de cette vie..... Ibid.

## TROISIÈME PARTIE.

### COMMENT IL FAUT DISTRIBUER LES PEINTURES DANS LES ÉGLISES.

Pages.

| | |
|---|---|
| Comment on décore de peintures, aux différentes hauteurs, les murs d'une église. | 423 |
| Commencement du premier rang. | 426 |
| Commencement du second rang. | 427 |
| Commencement du troisième rang. | 431 |
| Commencement du quatrième rang. | 432 |
| Commencement du cinquième rang. | Ibid. |
| Comment on peint le narthex. | 435 |
| Comment on peint la fontaine. | 438 |
| Comment on peint le réfectoire. (Premier ordre.) | 441 |
| Commencement du second ordre. | 444 |
| Comment on peint une église en croix. | 447 |
| Comment on peint une église en berceau. | Ibid. |

## APPENDICE.

| | |
|---|---|
| D'où nous avons appris à peindre les images. | 451 |
| Sur le caractère du visage et du corps de Jésus-Christ. | 452 |
| Sur la figure de la Mère de Dieu. | 453 |
| Comment on représente la main qui bénit. | 455 |
| Inscriptions pour la sainte Trinité. | 456 |
| Inscriptions pour les cartels déployés par les personnes divines. | 458 |
| Les épithètes différentes pour les images du Christ. | 460 |
| Les noms qualificatifs que l'on écrit sur les images de la Mère de Dieu. | Ibid. |
| Inscriptions que l'on doit mettre sur l'Évangile, suivant les circonstances. | 462 |
| Inscriptions que portent les anges, etc. | 464 |
| Épigraphes de la Mère de Dieu et du Précurseur, etc. | Ibid. |

# TABLE. 483

|  | Pages. |
|---|---|
| Épigraphes pour le cartel du Précurseur | 465 |
| Épigraphes pour l'Évangile des patriarches | 466 |
| Épigraphes pour les fêtes de l'Église | *Ibid.* |
| Épigraphes pour les autres fêtes et les images des saints | 467 |

FIN DE LA TABLE.

1481

53 —

— 299 — S. Lune

www.ingramcontent.com/pod-product-compliance
Lightning Source LLC
Chambersburg PA
CBHW051354230426
43669CB00011B/1637